Droit du contentieux fiscal camerounais

Finances publiques

Collection dirigée par Thierry LAMBERT

Les finances publiques connaissent un développement important et se diversifient. Les finances de l'État, les finances communautaires, les finances internationales et comparées, la science et la technique fiscales ne sont que quelques-uns des domaines couverts par les finances publiques contemporaines.

La présente collection a pour vocation de publier des travaux originaux (thèses, essais, colloques...) ou de facture plus classique (manuels, commentaires de textes, recueils de documents...).

Elle a aussi pour ambition de rééditer des ouvrages aujourd'hui introuvables, mais fort utiles, dès lors qu'ils s'imposent comme référence et qu'ils sont agrémentés d'une préface substantielle.

Déjà parus

PALMA-AMALRIC Valérie, *L'autonomie financière des autorités indépendantes*, 2017.

ALLOUARD Ophélie, *Les frontières fiscales dans l'Union européenne appliquées à la fiscalité des entreprises*, 2016.

DIOUKHANÉ Abdourahmane, *Les juridictions financières dans l'UEMOA. La Cour des comptes du Sénégal*, 2016.

EVINA OBAM Richard, *La politique discale au Cameroun depuis les années 1980*, 2016.

ONANGA OPISSINA Vianney, *Problématique de la TVA dans l'espace OHADA*, 2016.

EISINGER Thomas, *Les métamorphoses de la question tarifaire*, 2015.

CARUANA Nicolas, *La fiscalité environnementale. Entre impératifs fiscaux et objectifs environnementaux, une approche conceptuelle de la fiscalité environnementale*, 2015.

DAL VECCHIO Frédéric, *L'opposabilité des conventions de droit privé en droit fiscal*, préface de Thierry Lambert, 2014.

VAPAILLE Laurence (sous la direction de), *Refonder l'impôt sur le revenu ?*, 2013.

RIU Isabelle, *Sociétés et établissements stables en droit fiscal international et de l'Union européenne*, préface de Daniel Gutmann, 2012.

ALBERT Jean-Luc (sous la direction de), *Mélanges en l'honneur de Jean - Pierre Lassale, Gabriel Montagnier et Luc Saïdj. Figures lyonnaises des finances publiques*, 2012.

Félix ATECK A DJAM

DROIT DU CONTENTIEUX FISCAL CAMEROUNAIS

Nouvelle édition

Préface de Martin RISSOUK A MOULONG

L'Harmattan

5-7, rue de l'École-Polytechnique ; 75005 Paris
http://www.editions-harmattan.fr
ISBN : 978-2-343-11322-7
EAN : 9782343113227

SOMMAIRE

REMERCIEMENTS **9**

PRÉFACE **11**

AVANT-PROPOS **13**

ABSTRACT **15**

LISTE DES PRINCIPALES ABRÉVIATIONS **17**

INTRODUCTION GÉNÉRALE **19**

PREMIÈRE PARTIE : LE CONTENTIEUX DE L'ÉTABLISSEMENT DES IMPÔTS **57**

TITRE I : LES CONSIDÉRATIONS GÉNÉRALES SUR L'ÉTABLISSEMENT DES IMPOSITIONS 59

Chapitre 1 : Les procédures d'assiette et de contrôle des impôts, droits et taxes61

Chapitre 2 : Les sanctions fiscales 127

TITRE II : LES PROCÉDURES CONTENTIEUSES 141

Chapitre 1 : L'organisation de l'administration chargée du contentieux fiscal143

Chapitre 2 : Le règlement des litiges fiscaux devant l'administration fiscale : la réclamation préalable 149

Chapitre 3 : Les procédures d'urgence : le sursis de paiement 183

Chapitre 4 : Le règlement des litiges fiscaux devant la juridiction administrative. 199

DEUXIÈME PARTIE : LE CONTENTIEUX DU RECOUVREMENT235

Chapitre 1 : Les actes de poursuites 237

Chapitre 2 : La contestation des actes de poursuites 263

Chapitre 3 : La contestation de l'obligation de payer 289

TROISIÈME PARTIE : LE CONTENTIEUX SPÉCIFIQUE DES IMPÔTS LOCAUX **297**

Chapitre 1 : Le champ d'application des impôts locaux 299

Chapitre 2 : La procédure contentieuse spécifique relative aux impôts locaux305

QUATRIÈME PARTIE : LES AUTRES RECOURS JURIDICTIONNELS IMPLIQUANT L'ADMINISTRATION FISCALE 311

Chapitre 1 : Le recours pour excès de pouvoir contre les décisions des autorités fiscales 313

Chapitre 2 : Contentieux de l'indemnisation du fait des agissements de l'administration fiscale 341

Chapitre 3 : La répression pénale de la fraude fiscale 365

CINQUIÈME PARTIE : LA JURIDICTION GRACIEUSE 375

Chapitre 1 : Les remises et modérations 377

Chapitre 2 : La transaction 387

Chapitre 3 : La décharge de responsabilité 391

BIBLIOGRAPHIE 395

INDEX 401

À mon père DJAM Luc et à mon frère Joseph RIFOE A MAGUIP.

REMERCIEMENTS

Mes remerciements vont à :

– Irène MABEN et

– Joëlle Hortense EDISSIGUE, pour les relectures,

– Richard EVINA OBAM,

– Jean-Marie BENDEGUE,

– Fred EBONGUE MAKOLE et

– John KINYUY, pour les conseils.

PRÉFACE

Maîtriser l'ensemble des procédures relatives au traitement d'un contentieux quelle que soit sa nature n'est pas chose aisée. Le droit processuel est en effet l'une des disciplines les moins faciles à appréhender dans les enseignements juridiques. La complexité est accentuée lorsque les procédures contentieuses à examiner concernent la contestation de l'impôt. Car faut-il le rappeler, la complexité du contentieux fiscal camerounais tient aussi bien à la complexité de la phase administrative, qui comporte plusieurs étapes, qu'à celle de la phase juridictionnelle, marquée par la dualité des procédures civile et administrative.

Le mérite de l'ouvrage de Monsieur ATECK A DJAM Félix, que j'ai le grand plaisir de préfacer, est de venir à point nommé, combler un vide dans le droit processuel camerounais en général et la littérature fiscale camerounaise en particulier. Son principal atout est de dé-complexifier le contentieux fiscal camerounais, en ressortant toutes les subtilités et toutes les nuances qui constituent de véritables pièges à procédure pour les praticiens de tout bord.

L'auteur, qui a su mettre à profit sa triple expérience, de praticien dans l'administration, de défenseur des intérêts de l'État devant les juridictions administrative et civile et enfin d'enseignant, nous guide avec simplicité et pédagogie dans les différentes étapes à suivre par la réclamation d'un contribuable.

Il nous éclaire notamment avec rigueur, pertinence et subtilité sur les différentes approches procédurales, selon que la contestation porte sur l'assiette ou le recouvrement des impôts ; ou qu'elle porte sur les impôts directs et taxes assimilées ou les droits d'enregistrement et de timbre. Monsieur ATECK A DJAM Félix nous démontre avec talent que le contentieux d'assiette est foncièrement différent du contentieux du recouvrement. Le premier porte notamment sur la contestation du bien-fondé des impositions ; alors que le second porte sur la contestation de la régularité de la procédure suivie pour le recouvrement de l'impôt, sans remise en cause de celui-ci.

La même rigueur et la même pertinence sont présentes dans l'examen des lacunes du droit processuel fiscal camerounais. À cet égard, l'auteur relève les lacunes législatives, critique certaines pratiques de l'administration et certaines décisions juridictionnelles. Toutes ces critiques sont suivies de suggestions intéressantes, visant à améliorer ce droit encore largement en construction.

En résumé, l'auteur nous livre dans une langue simple et dépouillée avec un sens aigu de la pédagogie, un ouvrage de référence dans le droit processuel fiscal camerounais. Et cet ouvrage est un outil précieux de travail pour les magistrats, les avocats fiscalistes, les conseils fiscaux, les experts-comptables, les inspecteurs des impôts, les enseignants, les étudiants et tout contribuable curieux.

Martin RISSOUK A MOULONG

Procureur général près
la Cour suprême du Cameroun

AVANT-PROPOS

La première édition de l'ouvrage *Droit du contentieux fiscal camerounais*, parue en juin 2009, a connu un grand succès auprès du public cible. Sept ans après cette parution, plusieurs évolutions portant sur les modifications législatives des procédures fiscales contentieuses et sur la mise en place effective des tribunaux administratifs, juge de droit commun du contentieux fiscal, ont rendu nécessaire une mise à jour de l'ouvrage. Les fonctions importantes, occupées par l'auteur au sein de la Direction générale des impôts, lui ont également permis d'avoir un autre regard sur les problématiques posées. Il a notamment exercé comme directeur de la législation du contentieux et des relations fiscales internationales entre 2011 et 2014. L'ouvrage proposé, réalise une étude globale du contentieux fiscal camerounais. Il comporte une introduction et cinq parties, traitant du contentieux de l'établissement des impôts, du contentieux du recouvrement, du contentieux spécifique des impôts locaux, des autres recours juridictionnels impliquant l'administration fiscale et de la juridiction gracieuse.

L'introduction donne des éclairages sur la notion de contentieux fiscal, et apporte également des précisions sur le cadre juridique de ce droit processuel particulier. Sur ce dernier point, elle met notamment l'accent sur les sources constitutionnelle, conventionnelle, législative, réglementaire et doctrinale tout en déplorant la timidité de l'apport de la jurisprudence dans sa construction.

La première partie, relative au contentieux d'assiette de l'impôt comporte deux sous-parties. La première sous-partie donne un large aperçu des procédures d'assiette et de contrôle des impôts, droits et taxes, dont le non-respect est généralement à l'origine des contestations. Cette première sous-partie peut être utile à la prévention du contentieux. La seconde sous-partie traite des procédures contentieuses proprement dites. Le contenu de cette sous-partie a connu une forte modification par rapport à la première édition de l'ouvrage. À cet effet, on peut observer que la distinction entre le contentieux des impôts directs et taxes assimilées, et celui des droits d'enregistrement et de timbre qui faisait l'objet de deux développements autonomes a disparu du fait de l'unification du contentieux d'assiette, dans la directive CEMAC du

30 septembre 2013 relative aux droits d'enregistrement. Ce texte communautaire a opéré une véritable révolution juridique en renvoyant la contestation des droits d'enregistrement, aux procédures prévues dans les Livres des procédures fiscales des États, pour la contestation des impôts directs.

La deuxième partie porte sur le contentieux du recouvrement de l'impôt. Avant l'examen de ce contentieux particulier, souvent ignoré, qui porte essentiellement sur la contestation de la régularité formelle des actes de poursuites et celle de l'existence de l'obligation de payer, l'ouvrage consacre de larges développements sur les procédures de recouvrement des créances fiscales, les prescriptions et les garanties du recouvrement.

La troisième partie qui est une innovation, par rapport à la première édition de l'ouvrage traite du contentieux spécifique des impôts locaux. Cette partie se justifie par le fait que tous les prélèvements fiscaux des collectivités territoriales décentralisées ne sont pas perçus par les services fiscaux de l'État, mais par les services fiscaux de ces collectivités. Ceci a un impact sur la procédure contentieuse relative à la contestation de ces prélèvements spécifiques.

La quatrième partie de l'ouvrage qui est également une innovation, permet aux non-initiés de comprendre ce qui distingue le contentieux fiscal au sens strict du terme des autres recours juridictionnels impliquant l'administration fiscale, à l'instar du recours pour excès de pouvoir, du recours en indemnisation du fait des agissements des services fiscaux et de la répression pénale des infractions fiscales.

La dernière partie porte sur la juridiction gracieuse, qui n'a pas vocation à donner lieu à saisine du juge et dont la seule vocation est de permettre au contribuable de solliciter de l'administration des mesures de faveur.

ABSTRACT

This book is an overall study of tax disputes in Cameroon. It has an introduction and five parts dwelling on disputes related to assessments, collection, local taxation, other judicial remedies involving the tax administration and non-contentious proceedings.

The introduction provides insights on the notion of tax disputes and the sources of the governing law. The latter lays emphasis on constitutional, conventional, legislative, regulatory and doctrinal sources while deploring at the same time the timid contribution of case law in this domain.

The first part concerns disputes related to assessments, with Title One throwing more light on procedures for the assessment and control of taxes, duties and fees whose non-respect is the bedrock of disputes, while Title Two delves into the dispute procedures. The hitherto separation into two autonomous titles of disputes related to direct and similar taxes and disputes related to registration and stamp duty in the first edition has disappeared with the advent of the unification of assessment disputes by the CEMAC Directive of 30 September, 2013 on registration fees. This text is revolutionary in aligning disputes related to registration fees with the procedures laid down for disputes concerning direct taxes in the Manuals of Tax Procedures of the different States.

The second part deals with collection disputes. In this light, this book starts by examining disputes related to the formal validity of the collection proceedings before moving on to disputes linked to the payment obligation.

The third part which is a novelty as concerns the first edition focuses on disputes concerning local taxes. This stems from the fact some local taxes are collected by the taxation services with the council services collecting the rest. This consequently has an impact on the dispute procedure concerning these specific taxes.

Part four which constitutes another innovation, allows the layman to understand the distinction between tax disputes *stricto sensu* and other judicial remedies involving the tax administration such as *ulta vires* appeals, applications for damages caused by the action of taxation services and the criminal prosecution of tax offences.

The last part concerns non-contentious proceedings which make room for a taxpayer to seek for clemency from the administration without any court referral.

LISTE DES PRINCIPALES ABRÉVIATIONS

AMR	:	Avis de mise en recouvrement
ATD	:	Avis à tiers détenteur
CA	:	Cour d'appel
CA/CS	:	Chambre administrative de la Cour suprême
CDI	:	Centre divisionnaire des impôts
CDI	:	Commission départementale des impôts
CC	:	Code civil
CCI	:	Commission centrale des impôts
CEMAC	:	Communauté économique et monétaire de l'Afrique centrale
CCRI	:	Chef de centre régional des impôts
CGI	:	Code général des impôts
CIME	:	Centre des impôts des moyennes entreprises
CPCC	:	Code de procédure civile et commerciale
CRI	:	Centre régional des impôts
CRI	:	Commission régionale des impôts
CS	:	Cour suprême
CS/CA	:	Cour suprême/Chambre administrative
CSI	:	Centre spécialisé des impôts
DAJ	:	Division des affaires juridiques
DGE	:	Direction des grandes entreprises
DC	:	Division du contentieux
DGI	:	Direction générale des impôts
ENAM	:	École nationale d'administration et de magistrature
IRPP	:	Impôt sur le revenu des personnes physiques
IS	:	Impôts sur les sociétés
LPF	:	Livre des procédures fiscales
MINFI	:	Ministère des Finances
OHADA	:	Organisation pour l'Harmonisation en Afrique du Droit des Affaires
RGP	:	Recours gracieux préalable
TA	:	Tribunal administratif
TGI	:	Tribunal de grande instance
TPI	:	Tribunal de première instance
TSR	:	Taxe spéciale sur les revenus versés à l'étranger
TVA	:	Taxe sur la valeur ajoutée

INTRODUCTION GÉNÉRALE

1. Dans sa parution du 3 août 2006, le quotidien camerounais « Mutations » a fait état, en une, de la condamnation de la Direction générale des impôts par la Cour d'appel du Centre. Pour ce quotidien, cet arrêt signifiait qu'on pouvait traîner l'administration fiscale en justice avec succès, à l'issue du procès. La réaction de ce journal à une banale décision juridictionnelle, au demeurant très contestable[1], est une parfaite illustration du caractère très particulier des rapports entre le fisc et le contribuable.

En général, c'est toujours avec une grande appréhension, voire une crainte réelle que les personnes (physiques ou morales) qui sont en rapport avec l'administration fiscale reçoivent une correspondance de cette dernière. À la vérité, ces appréhensions ou ces craintes peuvent à certains moments se justifier. En effet, le ton parfois utilisé dans les convocations, les demandes de renseignement ou d'éclaircissement, les notifications de redressement, les mises en demeure ou tout autre acte au travers duquel cette administration exerce ses prérogatives de puissance publique, sont le plus souvent comminatoires[2].

---

[1] Par le jugement 2697/CO du 1er avril 2004 et l'arrêt confirmatif n° 438/COR du 3 avril 2006, le Tribunal de première instance de Yaoundé, centre administratif et la Cour d'appel de la même ville ont rendu un verdict discutable en droit dans l'affaire ministère public et Babissakana (Société Prescriptor) C/ Ananga, Dame Mbele, Abouem Bien-Aimé, État du Cameroun (MINEFI), relative au recouvrement forcé des droits d'enregistrement dus par la requérante. Le juge a condamné les agents de recouvrement susmentionnés pour abus de fonction et concussion sur la base d'une interprétation erronée des textes fiscaux.

[2] Ce constat reste vrai même s'il faut reconnaître que les administrations fiscales recherchent actuellement d'autres types de rapports avec les contribuables, plus orientés vers un partenariat, ou une relation dans laquelle les deux parties sont gagnantes. Une considération est désormais accordée au contribuable qui n'est plus traité comme un usager ordinaire ou un assujetti, mais comme un client. Or, on sait qu'en matière commerciale, le client est souvent bien traité et les marchands n'ont de cesse d'essayer de le séduire. C'est dans cette mouvance que les administrations fiscales, y compris l'administration fiscale camerounaise, mettent l'accent sur la qualité du service à rendre. La communication qui est actuellement devenue un vecteur essentiel de la stratégie de la Direction générale des impôts (DGI) l'atteste.

Dans ces conditions, il est compréhensible que les rapports entre le fisc et le contribuable soient généralement tendus. D'un côté, l'administration fiscale a pour mission de mobiliser les ressources nécessaires dont a besoin l'État pour l'accomplissement de ses tâches essentielles, notamment la satisfaction de l'intérêt général. Or, la mobilisation de telles ressources exige qu'il y ait des contributeurs. Ces contributeurs aux charges publiques, par le truchement de l'impôt, « les contribuables » ou les assujettis, ne s'acquittent pas toujours de leur obligation en souriant. Ils ont même une tendance naturelle à éluder ou à minimiser le montant de la contribution due, en prenant quelques libertés avec les lois et règlements.

2. Le système fiscal camerounais, comme celui de la plupart des pays de la planète, est déclaratif. Ce sont les contribuables eux-mêmes qui liquident, c'est-à-dire, qui déterminent le montant des cotisations dues, et effectuent les paiements correspondants. Or, ce système déclaratif a pour contrepartie, le contrôle, au travers duquel l'administration fiscale peut déterminer d'autorité, la contribution supplémentaire due. Toutefois, cette fixation unilatérale des suppléments à payer doit respecter certaines règles de procédures et les rappels opérés doivent être fondés en fait et en droit. Sur un autre plan, et du fait de la généralisation des paiements des impôts, droits et taxes par versements spontanés dans le système camerounais, il peut arriver que le contribuable ait payé plus qu'il n'en fallait. Il pourrait alors solliciter la restitution du trop-perçu. De même, le contribuable peut également contester les moyens utilisés par l'administration fiscale, pour le recouvrement forcé des impositions. Toutes ces situations donnent souvent naissance à des litiges, lesquels constituent le fondement d'un contentieux particulier : le contentieux fiscal. La présente introduction cernera la notion de ce contentieux dans un premier temps (section 1) et en explorera le cadre juridique dans un second temps (section 2).

Section 1 : La notion de contentieux fiscal

3. Le Petit Robert définit le contentieux comme « *l'ensemble des litiges susceptibles d'être soumis aux tribunaux* »[3]. Pour sa part, le *Lexique des termes juridiques* considère qu'un « *contentieux est formé par un ensemble de procès se rapportant au même objet : contentieux privé, pénal, administratif, fiscal, etc.*[4] ». En s'appuyant sur ces définitions, le contentieux désigne en matière fiscale, l'ensemble des litiges qui naissent de l'action de l'administration fiscale. C'est à peu près

---

[3] Le Nouveau Petit Robert de langue française, édition 2007, p. 522.

[4] *Lexique des termes juridiques*, 16e édition, Dalloz, 2007, p. 174.

la définition retenue par Paul Marie Gaudemet et Joël Molinier, pour qui le contentieux fiscal « *est l'ensemble des voies de droit au moyen desquelles sont réglés les litiges nés de l'application par l'administration fiscale, de la loi d'impôt aux contribuables* »[5]. Ce contentieux, très particulier, se subdivise en deux grandes branches, qui correspondent aux deux principales phases conduisant à la perception de l'impôt : la phase d'assiette et la phase du recouvrement.

4. La première phase consiste en l'établissement de l'impôt et comprend à la fois la détermination de la matière imposable encore appelée *assiette*, le calcul de l'impôt ou *liquidation*, et *l'identification du redevable*. Les litiges portant sur les opérations d'assiette et de liquidation de l'impôt se rapportent surtout à la contestation du bien-fondé des impositions, ou de la régularité de la procédure employée au moment de l'établissement de l'impôt ; cette procédure peut être contradictoire ou non contradictoire. Dans ce dernier cas, l'administration utilise la voie de l'imposition d'office. Le contentieux concernant ces opérations est qualifié de *contentieux d'assiette* ou contentieux de l'établissement de l'impôt.

5. La seconde phase est celle du *recouvrement.* Il consiste en l'encaissement effectif de la créance fiscale. Comme toute créance publique, l'impôt fait l'objet d'une tentative de recouvrement à l'amiable, suivie, en cas d'échec, du recouvrement forcé. Celui-ci est juridiquement encadré par un ensemble de procédures, à respecter par l'administration et qui visent à garantir les droits du redevable. De plus, le recouvrement forcé ne peut se justifier que si la créance fiscale existe. C'est donc la contestation, soit de la régularité en la forme d'un acte de poursuites engagé par le comptable public, soit de l'existence de l'obligation de payer qui constitue *le contentieux du recouvrement.*

6. Au-delà de la définition qui vient d'être donnée, le Livre des procédures fiscales (LPF) (du Code général des impôts), range dans le sous-titre V, intitulé « *Contentieux fiscal* », deux notions distinctes par leur objet et par leur finalité. Il s'agit des notions de juridiction contentieuse et de juridiction gracieuse, qui méritent d'être distinguées. *La juridiction gracieuse* (voir *infra* n° 815 et suivants) est l'ensemble des procédures administratives qui permettent de résoudre les litiges opposant l'administration fiscale aux contribuables, en dehors de toute intervention du juge. Elle concerne les demandes tendant aux remises, modérations, décharges de responsabilité. *La juridiction contentieuse*

---

[5] P.M. GAUDEMET et J. MOLINIER, *Les Finances publiques, Fiscalité*, Tome 2, Paris, éditions Montchrestien, 1997, p. 257.

pour sa part, concerne tous les litiges susceptibles d'être portés devant le juge de l'impôt. La demande du contribuable visera soit la réparation d'erreurs commises dans l'assiette ou le calcul des impositions, soit le bénéfice d'un droit résultant d'une disposition législative ou réglementaire.

7. Telle qu'elle vient d'être cernée, la notion de contentieux fiscal est comprise dans son sens étroit, à savoir ce contentieux particulier jouissant d'une procédure dérogatoire à la procédure contentieuse de droit commun pour les litiges impliquant les administrations publiques. Le contentieux fiscal, peut en effet, être « *polymorphe* » comme le souligne le Professeur Thierry Lambert[6], car il couvre : le plein contentieux qui permet de contester le montant de l'impôt ; le recours pour excès de pouvoir « *qui parfois met en échec les débordements du pouvoir réglementaire* » ; le contentieux du recouvrement ; et enfin, le contentieux pénal fiscal. Cette conception large du contentieux fiscal, fait surtout appel à certaines procédures contentieuses ayant un rapport étroit avec l'activité de l'administration fiscale. C'est notamment le cas du recours pour excès de pouvoir, de l'action en responsabilité, du fait des agissements de l'administration fiscale et de la répression pénale des infractions fiscales. Tous ces contentieux particuliers feront l'objet de la quatrième partie de l'ouvrage et n'ont rien à voir avec le contentieux fiscal au sens strict, tel que défini plus haut. Cette analyse de ce qu'est le contentieux fiscal et de ce qu'il n'est pas permet d'aborder le cadre juridique de ce droit processuel particulier.

Section 2 : Le cadre juridique du droit du contentieux fiscal

8. L'examen du cadre juridique du droit du contentieux fiscal nous permet de passer en revue les textes sur lesquels les contribuables peuvent se fonder pour régler les litiges qui les opposent à l'administration devant celle-ci ; et présenter éventuellement leurs prétentions au juge, dans le cadre de la contestation des impositions émises ou du recouvrement de celles-ci. Cet examen nous conduira notamment à identifier au sommet de la pyramide structurant l'ordre juridique, la Constitution (§ 1), les sources conventionnelles (§ 2), les sources législatives et réglementaires (§ 3), la jurisprudence (§ 4) et la doctrine administrative (§ 5).

§ 1 : La Constitution

9. La Constitution est d'abord source du droit du contentieux fiscal, en ce sens que c'est elle qui consacre les ordres de juridiction en précisant

[6] Thierry LAMBERT, *Le contentieux fiscal en débats*, LGDJ, 2014, p. 1.

leurs attributions (A) et elle précise également les attributions fiscales du législateur (B).

A/ La Constitution consacre les ordres de juridiction

Au regard de l'article 38 de la Constitution, « *la Cour suprême est la plus haute juridiction en matière judiciaire et administrative...* ». Cette disposition consacre par voie de conséquence l'existence des deux ordres de juridictions (administrative et judiciaire) qui interviennent en matière fiscale.

10. À cet effet, *la Chambre administrative de la Cour suprême*, conformément à l'article 40 de la Constitution, connaît l'ensemble du contentieux administratif de l'État et des autres collectivités publiques. À ce titre, elle statue souverainement sur les décisions rendues en dernier ressort par les juridictions inférieures en matière de contentieux administratif. Elle chapeaute donc les tribunaux administratifs qui n'existaient pas sous l'empire de la Constitution de 1972, avant sa profonde révision du 18 janvier 1996. Dans ce système antérieur, tout le contentieux administratif, se déroulait à la Cour suprême, au niveau de la Chambre administrative de cette Cour en premier ressort et, au niveau de l'Assemblée plénière de la même Cour en appel, le pourvoi en cassation n'étant pas prévu. La juridiction administrative, en matière fiscale, est compétente sur tout le contentieux d'assiette et sur une partie du contentieux du recouvrement notamment sur son volet relatif aux mesures particulières de poursuites et à l'existence de l'obligation de payer.

11. *La Chambre judiciaire de la Cour suprême*, pour sa part, statue souverainement sur les recours en cassation admis par la loi contre les décisions rendues en dernier ressort par les cours et tribunaux de l'ordre judiciaire, les décisions de ces juridictions inférieures devenues définitives, dans les cas où l'application du droit est en cause conformément à l'article 39 de la Constitution. En matière fiscale, les juridictions judiciaires qui n'interviennent plus dans le contentieux d'assiette sont compétentes sur tous les litiges relatifs au contentieux du recouvrement, lorsque la contestation porte sur les actes de poursuites de droit commun.

Au-delà de la consécration des deux ordres de juridictions sus-évoqués, la Constitution détermine également les attributions précises du Parlement en matière fiscale.

B/ La Constitution précise les attributions du législateur en matière fiscale

12. La particularité de la Constitution camerounaise de 1972 est d'avoir repris les dispositions de l'article 34 de la Constitution française qui délimite rigoureusement les attributions du législateur, en lui assignant un domaine d'intervention précis. En d'autres termes, le pouvoir législatif n'a plus un champ de compétence illimité, comme c'était le cas avant la promulgation de la Constitution de 1958. C'est l'article 26 de la Constitution camerounaise qui délimite les attributions du législateur. En matière fiscale, le Parlement est compétent pour la création des impôts et taxes, et la détermination de l'assiette, du taux et des modalités de recouvrement de ceux-ci (art. 26 d) 3). Ce qui signifie qu'un texte pris dans ce domaine par les autorités en charge du pouvoir exécutif, sans être un texte d'application et de complétude d'une loi, sera entaché d'inconstitutionnalité ou d'illégalité au sens large du terme. C'est aussi le cas si le président de la République a statué par ordonnance dans les mêmes matières, sans une loi d'habilitation. Lorsque de tels textes entachés d'illégalités fondent les impositions contestées par le contribuable, quelle peut être la solution du juge ? Nous examinerons successivement le traitement par les juridictions de la contestation des impositions fondée sur l'inconstitutionnalité ou l'illégalité des actes réglementaires (1) et la solution adoptée par les juridictions françaises sous l'impulsion du Conseil d'État français sur les mêmes matières (2). Nous examinerons enfin, le traitement par les juridictions camerounaises de la contestation des impositions fondée sur l'inconstitutionnalité des lois (3).

1/ Le traitement par les juridictions camerounaises des contestations fondées sur l'illégalité des actes réglementaires

13. En principe, les actes réglementaires des autorités chargées du Pouvoir exécutif peuvent être attaqués par toute personne ayant intérêt et qualité pour agir, par voie directe, dans le cadre du recours pour excès de pouvoir, aux fins d'annulation. Lorsque les délais d'un tel recours sont épuisés et que les actes illégaux sont devenus définitifs, les contribuables ayant été imposés sur la base de ces actes réglementaires illégaux peuvent-ils contester lesdites impositions en soulevant l'exception d'illégalité ou d'inconstitutionnalité devant les juridictions administratives ? En droit camerounais, aucune jurisprudence ne permet de répondre positivement à cette interrogation. Or normalement, rien ne s'oppose à ce que le juge camerounais annule une imposition fondée sur un acte réglementaire entaché d'illégalité. Son homologue français a

généralement annulé les décisions fondées sur un acte réglementaire illégal. Pour bien adresser cette question, il convient dans un premier temps d'examiner la situation avant la loi du 29 décembre 2006 fixant l'organisation et le fonctionnement des tribunaux administratifs et la situation après.

1.1 Avant la loi n° 2006/022 du 29 décembre 2006

14. Avant la promulgation de la loi du 29 décembre 2006 fixant l'organisation et le fonctionnement des tribunaux administratifs, le contentieux administratif était régi par l'ordonnance 72-6 du 26 août 1972 fixant l'organisation et le fonctionnement de la Cour suprême. Ce texte détaillait les attributions de ladite Cour en matière de contentieux administratif dans la foulée de l'article 32 (3°) de la Constitution du 2 juin 1972 qui disposait que : « *la Cour suprême est chargée de statuer souverainement sur les recours en indemnité ou en excès de pouvoir dirigés contre les actes administratifs* ». Le recours pour excès de pouvoir et le recours en indemnité avaient donc une consécration constitutionnelle, dans notre corpus juridique. Ce fondement constitutionnel de ces deux recours est resté en vigueur jusqu'à la révision constitutionnelle du 18 janvier 1996, c'est-à-dire durant un quart de siècle. L'article 9 de l'ordonnance 72-6 disposait que : « *la Cour suprême connaît l'ensemble du contentieux administratif de l'État et des collectivités publiques…* » Le même article précisait que le contentieux administratif comprend notamment les recours en annulation pour excès de pouvoir. Aucun texte n'ayant déterminé les actes administratifs susceptibles d'un tel recours, il fallait en déduire que tous les actes (à l'exception des actes de gouvernement) des autorités administratives, même ceux des autorités placées au sommet de l'exécutif, étaient concernés par le recours pour excès de pouvoir. Une telle interprétation était d'autant plus logique que les deux principaux recours avaient un fondement constitutionnel.

15. Mais, à la première occasion qui lui a été offerte d'affirmer ses compétences en matière de contrôle de la conformité ou de la compatibilité à la Constitution des actes réglementaires, ne serait-ce que par voie d'exception, la Chambre administrative de la Cour suprême s'est étonnamment déclarée incompétente à le faire, comme l'illustre l'affaire MOUNGOLE DIBOUSSI Léon C/ État du Cameroun.

Dans cette affaire et par jugement CS/CA n° 14/78-79 du 30 novembre 1978, le juge a estimé que « *la Cour suprême de par la Constitution est juge de la constitutionnalité des lois, d'après l'article 10 de ladite Constitution, elle ne peut être saisie que par le président de la*

République ; qu'elle ne peut se saisir d'office, ni à l'initiative de tout le monde ; que bien que l'article 45 du décret susvisé soit contraire à l'esprit de la Constitution, toujours est-il que ce décret existe, aucun texte ultérieur n'étant venu l'abroger ». La curiosité de ce jugement est qu'il révèle la frilosité du juge administratif qui refuse de censurer un acte réglementaire fut-il un décret du président de la République, en se réfugiant derrière le fait que n'ayant pas fait l'objet d'une saisine aux fins d'annulation, pour inconstitutionnalité par le président de la République (auteur de l'acte contesté), « *il existe parce qu'aucun texte ultérieur n'est venu l'abroger* ». On pourrait ajouter qu'il ne peut plus juridiquement être attaqué même par voie d'exception. Partant du principe que la Constitution s'impose aux autorités administratives, et que tout acte administratif qui lui est contraire est illégal et encourt annulation, Salomon BILONG, critiquant cette démission du juge, estime qu'« *on se serait attendu à ce que le juge annulât la décision querellée* »[7]. Car, pour l'auteur, il va de soi que le décret attaqué violait le principe de non-rétroactivité des lois posé par le préambule de la Constitution. Cette solution qui s'apparente à un déni de justice est très étonnante quand on sait qu'à l'époque, le contrôle de constitutionnalité des lois, au sens strict du terme, ne pouvait se faire que sur saisine du seul président de la République. Dès lors, on pouvait légitimement s'interroger sur l'efficacité du contrôle par le juge de la légalité au sens large des actes administratifs par le juge administratif camerounais.

16. En effet, il ne faut pas perdre de vue que le juge aurait pu s'appuyer sur la possibilité qui lui était offerte par l'article 9 de l'ordonnance 72-6 du 26 août 1972, qui prévoit dans le contentieux administratif « *en matière non répressive les recours incidents en appréciation de légalité* ». Cette disposition permettait, à notre avis, au juge de ne pas appliquer un acte administratif violant la Constitution, c'est-à-dire illégal au sens large du terme, au moyen de l'exception d'illégalité (voir *infra* n° 21). L'aveu d'impuissance, ainsi manifesté par le juge donne amplement raison au Professeur Maurice KAMTO quand il constate que l'incertitude juridique des décisions rendues par les juridictions administratives camerounaises « *tiendrait à au moins deux raisons : d'une part l'inclination originaire du juge administratif camerounais à se penser principalement comme le protecteur de l'État*

---

[7] Salomon BILONG, *Mémento de la jurisprudence administrative du Cameroun*, Éditions les Clés, 2014, p. 241.

contre les particuliers ; d'autre part, le subjectivisme avéré de certaines de ses solutions »[8].

1.2 Après la loi n° 2006/022 du 29 décembre 2006

17. Au regard de l'article 14 (2) de la loi n° 2006/022 du 29 décembre 2006 fixant l'organisation et le fonctionnement des tribunaux administratifs, ces tribunaux doivent, lorsqu'ils se trouvent devant une difficulté d'interprétation ou d'appréciation de la légalité d'un acte législatif ou réglementaire, surseoir à statuer et renvoyer la question devant la Chambre administrative de la Cour suprême. La légalité étant visée ici au sens large du terme, puisque l'appréciation concerne aussi les actes législatifs, on peut déduire que le juge administratif de droit commun est formellement autorisé par la loi *à apprécier la constitutionnalité des actes réglementaires des autorités exécutives.* C'est seulement lorsqu'il rencontre des difficultés dans l'interprétation ou l'appréciation qu'il a l'obligation de solliciter la Chambre administrative de la Cour suprême. En d'autres termes, il lui revient de fixer les limites de son pouvoir d'appréciation. Si le législateur n'entendait pas donner une latitude au juge d'apprécier la conformité aux normes supérieures (Constitution et conventions internationales) des actes réglementaires et législatifs, la formulation de l'article 14 devait se limiter à la « *difficulté d'interprétation* », sans ajout d'« *appréciation* ». Car, comme le relevait le Commissaire du gouvernement MATTER dans l'arrêt Septfonds : « *l'interprétation ne trouble pas, car elle suit, se conforme, applique. La déclaration d'illégalité refuse cette application, elle écarte le règlement, elle trouble l'opération du corps administratif* »[9]. Le juge administratif de droit commun est donc totalement compétent, en matière de contentieux d'appréciation de la légalité. Ce qui peut donner lieu à une question préalable dans le cas de l'exception d'inconstitutionnalité. Le même juge étant compétent pour apprécier la légalité de l'acte inconstitutionnel, avant de censurer l'acte pris en application de l'acte inconstitutionnel.

Pour atténuer toutes les critiques que suscite son attitude et rechercher un équilibre entre la sauvegarde de l'intérêt général incarné par la puissance publique et la nécessaire protection des droits et intérêts des particuliers, le juge administratif camerounais aurait mieux fait de s'inspirer de l'attitude du juge administratif français. Son activité

---

[8] Maurice KAMTO, *Droit administratif processuel du Cameroun*, Presses Universitaires du Cameroun, 1990, p. 11.

[9] T.C. 16 juin 1923, Septfonds, Grands arrêts de la jurisprudence administrative, n° 40.

constructrice et son audace ont grandement contribué au rayonnement international du droit administratif français et à la protection des particuliers et de leurs droits face à la toute-puissance de l'administration. Et ce juge ne disposait pas d'une même assise constitutionnelle que son homologue camerounais dans l'exercice de ses missions.

2/ Le contrôle exercé par le Conseil d'État français sur les actes réglementaires

18. Nous verrons dans un premier temps le cheminement qui a permis au juge administratif français de soumettre au droit l'essentiel des actes des autorités chargées de l'exercice du pouvoir exécutif (2.1) et dans un second temps, comment ce juge a neutralisé les actes administratifs entachés d'illégalité et devenus définitifs, c'est-à-dire insusceptibles de tout recours par le mécanisme de l'exception d'illégalité (2.2).

2.1 La soumission au droit par le juge français des actes des autorités exécutives

19. On sait, en effet, que le Conseil d'État français, sur le fondement du principe de légalité (certains auteurs, à l'instar du Professeur Georges DUPUIS, ont parlé du principe de juridicité), s'est octroyé les moyens de contrôler tous les actes réglementaires des autorités administratives, y compris ceux des autorités chargées du pouvoir exécutif au niveau le plus élevé. C'est à ce titre qu'il censure les règlements autonomes de l'article 37 de la Constitution. Il censure également les ordonnances du président de la République non encore ratifiées par le Parlement, car elles conservent leur caractère d'actes administratifs, comme l'illustre l'arrêt Canal du 19 octobre 1962[10].

20. Le Professeur René CHAPUS justifie très bien cette soumission au droit des règlements autonomes[11] par le fait, d'abord qu'ils ne sont pas placés au même pied d'égalité que les lois ; qu'ensuite ils sont naturellement soumis à la Constitution et qu'enfin ils sont soumis aux principes généraux du droit qui sont découverts par le juge administratif, c'est-à-dire, qu'ils sont créés par lui au travers de sa jurisprudence. Pour l'éminent professeur, cette soumission des règlements autonomes aux principes généraux du droit est justifiée par le rang de ces principes généraux et donc de la jurisprudence dans la hiérarchie des normes juridiques. Or, le niveau auquel se situe la valeur juridique des principes

---

[10] CE. Assemblée. 19 octobre 1962, CANAL, ROBIN et GODOT, GAJA, Dalloz, 18e édition, n° 80, p. 541.

[11] René CHAPUS, *De la soumission au droit des règlements autonomes*, recueil Dalloz, 1960, p. 119-126.

généraux du droit ne peut résulter que du rang de leur source formelle. Et en droit public français, comme l'a magistralement démontré le Professeur CARRÉ de MALBERT[12], et comme le note le Professeur CHAPUS « *il est de principe que la valeur d'une norme juridique est en relation avec le rang de l'organe qui l'édicte (la hiérarchie entre les normes d'origine commune se déterminant d'après les formes et procédures d'édiction). Or, la source formelle des principes généraux est la juridiction, c'est-à-dire, le Conseil d'État* ».

Et si l'on considère l'action et les pouvoirs du juge sur le plan de l'appréciation de la validité des normes juridiques, les rapports de supériorité ou d'infériorité se manifestent : le juge est supérieur à certaines normes qu'il peut invalider, inférieur à d'autres auxquelles il doit se soumettre sans examen de leur validité. Il est soumis au respect de la législation, mais non à celui de la règlementation administrative, même la plus élevée. « *Serviteur de la loi, il est censeur des décrets. Sa place se situe ainsi entre celle de l'organe législatif et celle de l'autorité administrative la plus élevée* ». En conclusion, les normes édictées par le juge « dans l'exercice de son pouvoir normatif et dont il se servira pour interpréter d'autres normes ou pour en apprécier la validité, se situent au niveau que son rang leur assigne : un niveau qui est à la fois infra-législatif et supra-décrétal ». Le juge français a également étendu son pouvoir de contrôle des actes administratifs devenus définitifs par le mécanisme de l'exception d'illégalité dont pourrait bien s'inspirer son homologue camerounais.

2.2 La soumission au droit des actes définitifs des autorités administratives au moyen de l'exception d'illégalité

21. Normalement, les actes administratifs entachés d'illégalité peuvent être attaqués dans le délai de deux mois suivant leur publication, par la voie du recours pour excès de pouvoir aux fins d'annulation. À l'expiration du délai, si le recours dont la décision était susceptible n'a pas été exercé avant cette expiration, la décision devient « définitive », c'est-à-dire, insusceptible de tout recours. Mais ce terme par lequel on exprime que la décision est désormais insusceptible de tout recours, « *ne signifie pas qu'elle doit être tenue pour légale. En d'autres termes, l'irrecevabilité du recours n'est pas synonyme du brevet de légalité* »[13]. C'est pourquoi il existe des possibilités de se prévaloir, à l'appui du recours exercé, dans le délai légal, contre une autre décision, de

[12] CARRÉ de MALBERT, « Contribution à la théorie générale de l'État ».
[13] René CHAPUS, *Droit du contentieux administratif*, Montchrestien, 5e édition, 1995, p. 515.

l'illégalité d'une décision définitive et que si cette illégalité a en quelque sorte contaminé la décision attaquée, on peut obtenir l'annulation de celle-ci, même si elle est exempte de tout vice propre. Elle sera annulée en raison de l'illégalité de la décision définitive ; en d'autres termes, en conséquence de l'exception de l'illégalité tirée de cette décision[14].

22. La notion d'« *exception d'illégalité* » désigne un moyen par lequel on soutient que l'acte attaqué est illégal parce qu'il fait application d'un acte lui-même illégal. L'exception d'illégalité est également le mécanisme juridique permettant de contester la légalité d'un acte, sans remettre en cause son existence, à l'occasion d'un recours dirigé contre un autre qui en constitue une application, ou encore la contestation incidente de la légalité d'un acte administratif au cours d'un litige qui n'a pas pour cause l'annulation de cet acte.

23. Comme le relève le Pr CHAPUS, la jurisprudence relative à l'exception d'illégalité est « *partagée entre deux préoccupations légitimes : assurer la stabilité des normes et situations juridiques ; éviter la perpétuation de l'illégalité* ». Ces contraintes dérivent de la nature même des actes selon qu'ils sont réglementaires ou non réglementaires. Les actes réglementaires illégaux ayant une portée générale, ne posent pas de difficultés particulières quant à l'application de l'exception d'illégalité. C'est pourquoi, en ce qui les concerne, la jurisprudence a dégagé ***le principe du caractère perpétuel de l'illégalité des actes réglementaires***.

En revanche, les actes non réglementaires (les actes individuels notamment) peuvent avoir créé des droits acquis au profit des personnes, au-delà du délai du recours pour excès de pouvoir, c'est-à-dire lorsque ce délai a expiré, ces actes ne peuvent plus faire l'objet d'un recours, même s'ils sont entachés d'illégalité. D'où ***le principe de l'irrecevabilité de l'exception d'illégalité des actes non réglementaires***.

24. S'agissant de l'application de l'exception d'illégalité aux actes réglementaires, deux exigences formulées par le Conseil d'État doivent être remplies pour obtenir l'annulation d'une décision pour cause d'illégalité d'un règlement. Pour la haute juridiction, si les requérants peuvent invoquer à l'appui de conclusions dirigées contre une décision administrative l'illégalité dont serait entaché un règlement devenu définitif faute d'avoir été attaqué dans le délai du recours pour excès de pouvoir, « *un tel moyen ne peut être accueilli que dans la mesure où la décision dont l'annulation est demandée constitue une mesure*

---

[14] René CHAPUS, *op. cit.*, p. 515.

d'application de celle dont l'illégalité est invoquée par voie d'exception et où sa légalité est subordonnée à celle du premier acte ». CE sect. 19 février 1967, Soc. des établissements Petitjean[15].

25. Il résulte de la première exigence de cette jurisprudence que l'exception d'illégalité est irrecevable si la décision attaquée n'est pas une mesure d'application du règlement dont l'illégalité est invoquée. C'est aussi le cas si elle n'a pas été prise en application du règlement ou pour son application. De la seconde exigence, il résulte qu'on ne peut contester utilement la légalité que des dispositions du règlement sur la base desquelles la décision a été prise. En d'autres termes, lorsque certaines dispositions du règlement sont illégales, le requérant n'obtiendra l'annulation de la décision attaquée que si elle a été prise sur la base de ces dispositions.

26. À la suite de tous ces éclairages sur la place de la jurisprudence dans la hiérarchie des normes juridiques, du pouvoir créateur des normes qui est assigné au juge, en cas d'insuffisance ou de silence des textes et de l'utilisation par le juge français du mécanisme de l'exception d'illégalité, on peut conclure que : dans l'affaire MOUNGOLE DIBOUSSI Léon C/ État du Cameroun, *la Chambre administrative de la Cour suprême a manifesté une forme d'incompétence par méconnaissance de sa propre compétence*. Il faut bien le souligner, dans le système constitutionnel français qui a inspiré, du moins sur le plan des textes, le système camerounais, le contrôle de constitutionnalité des textes par le juge constitutionnel, par voie directe, ne concerne que les lois et les conventions internationales avant leur ratification. Il n'a jamais concerné les actes réglementaires dans la mesure où le contrôle de ces actes a toujours été assuré par le juge administratif de droit commun directement par voie d'action dans le cadre du recours pour excès de pouvoir ou indirectement par voie d'exception dans le cadre du plein contentieux. Le juge administratif ne devait donc pas refuser d'assumer ses responsabilités. Avec la nouvelle loi du 29 décembre 2006, on espère qu'il va se dépouiller de sa frilosité, pour exercer efficacement son contrôle dans l'intérêt des justiciables et de la construction d'un véritable État de droit. Le juge camerounais est également frileux sur l'application de l'exception d'inconstitutionnalité des actes législatifs.

---

[15] René CHAPUS, *Droit du contentieux administratif*, Montchrestien, 5e édition, 1995, p. 518.

3/ Le traitement par les juridictions camerounaises des contestations fondées sur l'inconstitutionnalité des actes législatifs

27. Le principe est qu'une loi, comportant des dispositions contraires à la Constitution, peut être censurée par le Conseil constitutionnel, si ce dernier a été saisi par les autorités compétentes avant la promulgation de ladite loi, conformément à l'article 47 (3) de la Constitution. À cet effet, il faut préciser que la saisine du Conseil constitutionnel suspend le délai de promulgation de la loi. En rappel, les autorités pouvant saisir la haute juridiction constitutionnelle sont : le président de la République, le président du Sénat, le président de l'Assemblée nationale, un tiers des députés ou un tiers des sénateurs et les présidents des exécutifs régionaux, lorsque les intérêts de leurs régions sont en cause (art. 47 (2) de la Constitution). Si le texte législatif dont les dispositions sont contraires à la Constitution, n'a pas fait l'objet d'une saisine du Conseil constitutionnel avant sa promulgation, il ne pourra plus faire l'objet d'une action directe d'annulation pour inconstitutionnalité après sa promulgation. Le problème pourrait alors se poser lorsque les contribuables ayant fait l'objet des redressements fiscaux sur la base d'un tel texte sollicitent les dégrèvements de ces impositions, en soulevant le moyen de l'inconstitutionnalité de la loi. On se retrouvera alors dans l'hypothèse du contrôle de constitutionnalité par voie d'exception.

28. Le juge camerounais a eu l'occasion de se pencher sur cette question dans l'arrêt n° 4 du 28 octobre 1970 de la Cour fédérale de justice, dans le cadre de l'affaire opposant la Société des grands travaux de l'Est (S.G.T.E) contre l'État du Cameroun. Dans cette affaire, la S.G.T.E. avait subi un redressement fiscal de 7 726 360 FCFA au titre de la taxe proportionnelle sur les revenus des capitaux mobiliers. L'administration s'était appuyée sur la loi du 30 juin 1966 portant loi de finances pour l'exercice 1966-1967 qui avait modifié une disposition du Code général des impôts produisant des effets rétroactifs à compter du 1er juillet 1964. Le requérant a saisi la Chambre administrative de la Cour fédérale de justice pour contester cette imposition, motif pris de ce que la disposition légale sur laquelle elle est fondée avait violé le principe constitutionnel de non-rétroactivité des lois. La Chambre administrative statuant en premier ressort a rejeté sa requête et a maintenu l'imposition querellée. La requérante a alors saisi l'Assemblée plénière de la Cour fédérale de justice en appel.

Cette haute juridiction a habilement refusé de statuer sur le fond de cette affaire, en arguant qu'« *aucun contrôle de la constitutionnalité des lois par voie d'exception n'est prévu par la Constitution camerounaise ; qu'en effet, la Constitution du 1er septembre 1961 a conféré au seul président de la République fédérale par voie d'action directe, le pouvoir de saisir, sous certaines conditions, la Cour fédérale de justice, lorsqu'il estime qu'une loi fédérale est contraire à la Constitution ou qu'une loi de l'un des États fédérés est prise en violation des dispositions de la Constitution ou d'une loi fédérale* ». Or, le juge, sans avoir à censurer la loi, aurait pu, dans cette affaire circonscrire le champ d'application de la portée constitutionnelle du principe de non-rétroactivité des lois. Il aurait notamment rappelé que ce principe trouve sa pleine application en matière pénale et que s'agissant des autres domaines, le législateur avait le privilège de faire des lois comportant des dispositions rétroactives.

29. Quatre décennies plus tard, la Chambre administrative de la Cour suprême a eu l'occasion de se prononcer sur la même question, toujours dans le cadre de l'exception d'inconstitutionnalité d'une loi sur laquelle l'administration s'est fondée pour notifier des redressements à un contribuable. Ce fut dans le jugement n° 217/2010/CA/CS du 25 août 2010, affaire Société AMITY BANK C/ État du Cameroun (MINFI). Dans cette affaire, le juge a implicitement apprécié la constitutionnalité de la loi en question qui comportait des dispositions rétroactives, en suivant l'argumentaire du représentant de l'État. Un rappel des faits permet de comprendre la position du juge.

Au cours de l'année 2005, la société susvisée a fait l'objet d'un contrôle sur pièces effectué par la Direction des grandes entreprises sur sa déclaration fiscale de l'exercice clos au 31 décembre 2004. Les redressements consécutifs à ce contrôle, d'un montant global de 1 152 792 567 FCFA étaient fondés sur le fait que la société AMITY BANK avait irrégulièrement imputé son déficit né au cours de l'exercice 1999-2000 sur le résultat bénéficiaire de l'exercice 2004, d'une part ; et qu'elle a déduit sur le même exercice des provisions irrégulièrement constituées d'autre part. Alors que l'article 3 de l'ordonnance n° 2002-001 du 27 juin 2002 portant application de certaines dispositions du CGI pour l'exercice transitoire (juillet 2002-décembre 2002), considérait cet exercice comme un exercice entier. La contestation du bien-fondé des impositions émises, par la société AMITY BANK, s'appuyait sur trois moyens :

- la dénaturation de l'article 3 de l'ordonnance n° 2002-001 du 27 juin 2002 portant application de certaines dispositions du CGI pour l'exercice transitoire juillet-décembre 2002 qui entraîne la violation des articles 12 et 15 du CGI, ainsi que le refus d'appliquer une disposition plus favorable ;

- la violation de l'article 2 du Code civil et du principe constitutionnel de non-rétroactivité des lois ;
- la violation par l'administration de l'article L34 du Livre des procédures fiscales, sur le défaut de motifs. Nous nous attardons sur les deux premiers moyens.

30. Sur la dénaturation de l'article 3 de l'ordonnance n° 2002-001 du 27 juin 2002, la société, ayant réalisé un résultat déficitaire au cours de l'exercice 1999-2000, a imputé ce déficit sur ses résultats des exercices 2000-2001, 2001-2002, 2002-2003 et 2003-2004 en se fondant sur l'article 12 du CGI, qui permet une imputation du déficit sur les quatre exercices suivants. L'administration se fondant sur l'article 3 de l'ordonnance sus-citée a estimé que l'imputation ne pouvait porter que sur les exercices 2000-2001, 2001-2002, 2002 (période transitoire) et 2003, l'exercice 2004 étant exclu. En effet, cet article dispose que : pour l'exercice budgétaire transitoire allant du 1er juillet 2002 au 31 décembre 2002 : « *les effets de la mise en œuvre des dispositions du Code général des impôts au regard de la période transitoire, seront considérés comme afférents à un exercice fiscal entier, notamment en ce qui concerne la computation des délais des reports déficitaires* ». Ce qui signifie qu'à partir de janvier 2003, le Cameroun se conformant au droit harmonisé OHADA, avait arrimé les exercices budgétaires et fiscaux sur l'année civile. Les exercices 2002/2003 et 2003/2004 mentionnés par le contribuable étaient purement fictifs, dans la mesure où 2003 a clairement marqué la fin du chevauchement de l'exercice fiscal entre deux années civiles. L'imputation sur l'exercice 2004 avait été faite à tort.

La période allant de juillet à décembre 2002 était donc une période transitoire, pour laquelle un aménagement de certaines dispositions du CGI était nécessaire afin de favoriser une transition sans heurt.

Par ailleurs, s'agissant de la période d'imposition qui est normalement de douze mois en vertu de l'article 15 du CGI, il faut noter que pour gérer la transition, le législateur a également et de manière expresse admis à l'article 4 de l'ordonnance que « *pour la détermination du résultat imposable, les charges et produits habituellement pris en compte pour une période de douze mois sont réduits de moitié au titre de la période transitoire* ». Or, le déficit subi est une charge et au titre de la période transitoire, il n'était légalement déductible qu'à hauteur de la moitié.

C'était donc à bon droit que les redressements querellés avaient été notifiés et il n'y avait pas dénaturation de l'article 3 de l'ordonnance du 27 juin 2002.

31. Sur la violation par l'ordonnance de l'article 2 du Code civil et du principe constitutionnel de non-rétroactivité des lois, le requérant estime qu'en matière fiscale, la loi applicable est celle en vigueur au moment de la réalisation du fait générateur. Pour cette raison, la loi applicable au moment de la naissance du déficit lors de l'exercice 1999-2000 est celle contenue dans les articles 12 et 15 du CGI, qui fixe le délai de report déficitaire à 4 ans, c'est-à-dire 48 mois. Pour le contribuable, l'application rétroactive par l'administration de l'ordonnance du 27 juin 2002 est une violation de l'article 2 du Code civil et du préambule de la Constitution.

L'administration a réfuté ces arguments en apportant des précisions sur l'application de la loi fiscale dans le temps, d'une part ; et sur le champ d'application de l'article 2 du Code civil et la véritable portée du principe constitutionnel de non-rétroactivité des lois, d'autre part.

32. Sur l'application de la loi fiscale dans le temps, l'administration a fait valoir que la loi fiscale entre immédiatement en vigueur dès sa promulgation. En principe, elle ne produit ses effets que pour les situations postérieures à son entrée en vigueur. Cette règle est vraie pour les règles d'assiette et de liquidation. Ici, le principe général reconnu par la doctrine et la jurisprudence en droit comparé[16] est que seules sont applicables, sauf dispositions législatives expresses contraires, les dispositions de la loi en vigueur à la date du fait générateur de l'impôt considéré. À cet effet, le Conseil constitutionnel français, le Conseil d'État et la Cour de cassation ont eu l'occasion de se prononcer dans ce sens. De ce principe, il découle que toute modification de ces règles d'assiette ne peut s'appliquer qu'aux faits générateurs postérieurs à leur entrée en vigueur.

Quand on revient au cas d'espèce, le déficit réalisé au cours d'un exercice est considéré comme une charge pour la détermination des résultats des exercices suivants. Il affecte de ce fait la base taxable et donc l'assiette de l'impôt. En s'appuyant sur ces principes, on serait tenté d'admettre le bien-fondé des allégations de la requérante. Mais au regard de la spécificité des lois fiscales et de la jurisprudence susmentionnée, il est admis qu'en matière fiscale et sous certaines conditions, une nouvelle

[16] C. DAVID, O. FOUQUET, B. PLAGNET, P.-F. RACINE, *Grands arrêts de la jurisprudence fiscale*, Dalloz, 5e édition, 2009, n° 17, p. 361.

loi et *a fortiori* une loi relative au droit transitoire, peut régir les situations nées antérieurement à son entrée en vigueur. Les conditions rendant possible cette entorse au principe de non-rétroactivité de la loi sont :

Premièrement, une volonté expresse du législateur. Il est en effet reconnu au législateur, sauf en matière pénale, le privilège de faire des lois produisant des effets rétroactifs, lorsqu'il en a expressément décidé ainsi.

La deuxième condition qui légitime une loi rétroactive est l'existence des motifs concernant l'intérêt général. Il semble incontestable que la gestion de la transition due au respect par le Cameroun de ses engagements internationaux et la nécessité de permettre un atterrissage en douceur de l'année fiscale sur l'année civile constituaient des motifs d'intérêt général.

La troisième condition concerne la matière légiférée par la nouvelle loi. Ici une nouvelle loi instituant des sanctions fiscales plus sévères ne peut avoir des effets rétroactifs. Le principe admis en droit pénal relatif à l'application immédiate de la loi nouvelle si elle prévoit des sanctions plus douces et l'interdiction de son application immédiate si elle aggrave les sanctions, a été transposé dans le domaine fiscal. Or, dans le cas d'espèce, l'ordonnance querellée a pour seule vocation de régler les modalités d'impositions pendant la période transitoire. Elle n'institue donc aucune sanction à caractère fiscal. Au regard de tout ce qui précède, les redressements fondés sur l'ordonnance réglant l'exercice transitoire étaient donc justifiés.

33. Sur le champ d'application de l'article 2 du Code civil et la portée du principe constitutionnel de non-rétroactivité des lois, l'administration a estimé que l'ordonnance n'était contraire ni au Code civil qui en principe ne régit pas la matière fiscale, ni à la Constitution dans la mesure où l'intérêt général peut justifier l'application des dispositions rétroactives. S'agissant plus spécifiquement de la violation de la constitution et notamment son préambule dont la valeur juridique n'est plus contestée depuis la précision apportée par l'article 65 de la Constitution révisée le 18 janvier 1996, il est expressément disposé que « *la loi ne peut avoir d'effet rétroactif. Nul ne peut être jugé et puni qu'en vertu d'une loi promulguée et publiée antérieurement au fait punissable* ».

Pour l'administration, la bonne interprétation de cette disposition, limite clairement le champ d'application du principe de non-rétroactivité des lois consacré par la Constitution, à la matière pénale. Il ne saurait donc être élargi à d'autres domaines. C'est d'ailleurs l'interprétation qui a été adoptée par la jurisprudence française[17] en interprétant l'article 8 de la déclaration de 1789 qui est équivalent au principe formulé dans le Préambule de la Constitution camerounaise.

L'administration a alors relevé que c'est seulement sur le terrain des sanctions fiscales que le droit fiscal a fait siennes les solutions adoptées par le droit constitutionnel et le droit pénal. Pour toutes ces raisons, la régularité des redressements effectués ne saurait être remise en cause.

34. Le juge administratif de 2010, contrairement à son homologue de la Cour fédérale de justice de 1970, n'a pas éludé la question de la constitutionnalité des dispositions querellées, même s'il n'a pas mentionné dans ses attendus la question de constitutionnalité soulevée par le requérant. Il a globalement repris à son compte les arguments du représentant de l'administration : « *attendu qu'au terme des articles 3-a et 4 de l'ordonnance n° 2002-001 du 27 juin 2002... les effets de la mise en œuvre des dispositions du Code général des impôts au regard de l'exercice transitoire seront considérés comme afférents à un exercice fiscal entier en ce qui concerne : la computation des délais des reports déficitaires ou de réinvestissement des plus-values... Pour la détermination du résultat imposable, les charges et produits habituellement pris en compte pour une période de douze mois sont réduits de moitié au titre de la période transitoire ;*

Que par ailleurs, le règlement n° 001/98/CM du 30 janvier 1998 portant règlement financier des institutions de l'Organisation pour l'Harmonisation en Afrique du Droit des Affaires (OHADA) ratifié par le Cameroun dispose en son article 6 alinéa 3 : l'exercice budgétaire et comptable commence le 1er janvier et s'achève le 31 décembre de chaque année civile ;

Attendu que dans le souci d'arrimer la norme nationale de l'article 15 du Code général des impôts qui fixait l'exercice budgétaire à 12 mois allant du 1er juillet de l'année en cours au 30 juin de l'année suivante et pour donner primauté à la nouvelle norme internationale, le législateur camerounais a par l'ordonnance susvisée pris un texte spécial dérogeant au droit national du Code général des impôts ;

Qu'à cet effet, pour atténuer d'éventuels désagréments aux assujettis, il a dans l'article 4 dudit spécial texte diminué de moitié pendant cette

---

17 C. DAVID, O. FOUQUET, B. PLAGNET, P.F. RACINE, *Les Grands arrêts de la jurisprudence fiscale*, Dalloz, 3e édition, n° 3, p. 40.

période transitoire les charges et les produits habituellement pris en compte sur la période de 12 mois ;

Que dès lors, la recourante qui avait accusé un déficit fiscal au cours de l'exercice budgétaire 1999-2000 se devait de l'imputer dans les exercices suivants : 2000-2001 ; 2001-2002 ; 2002 (exercice transitoire) et 2003 ;

Qu'il y a donc lieu de dire son recours sur ce point non fondé et le rejeter ».

35. Pour le juge, la nécessité d'atténuer d'éventuels désagréments aux assujettis et le souci d'arrimer la norme nationale à l'article 15 du Code général des impôts, pour donner toute sa primauté à la nouvelle norme internationale, justifient la dérogation par le législateur des principes évoqués par le requérant.

§ 2 : Les sources conventionnelles

36. Le droit supranational, qui a primauté[18] sur les normes nationales infra-constitutionnelles, a une part importante dans le droit camerounais du contentieux fiscal. Il se manifeste à travers le droit communautaire, issu de l'appartenance à la Communauté économique et monétaire de l'Afrique centrale (CEMAC) et le droit OHADA à travers l'appartenance à l'Organisation pour l'Harmonisation en Afrique du Droit des Affaires (OHADA). Le droit supranational peut être évoqué au travers de ce qu'on pourrait appeler le contrôle de conventionalité par le juge des actes individuels de l'administration en matière fiscale. Le contribuable pourrait alors soulever *l'exception d'inconventionalité*. Comment peut-on définir cette notion ?

37. Pour Céline Viessant, « *l'exception d'inconventionalité est une variante de l'exception d'illégalité lorsque la norme violée par l'acte servant de base à l'acte attaqué est une convention internationale ou une règle de droit de l'Union européenne*[19] ». Dans le cas qui nous concerne, l'exception d'inconventionalité peut être utilement soulevée par rapport au droit de la Communauté économique et monétaire de l'Afrique

---

[18] Jugement n° 217/2010/CA/CS du 25 août 2010, « *Attendu que dans le souci d'arrimer la norme nationale de l'article 15 du Code général des impôts qui fixait l'exercice budgétaire à 12 mois allant du 1er juillet de l'année en cours au 30 juin de l'année suivante* ***et pour donner primauté à la nouvelle norme internationale****, le législateur camerounais a par l'ordonnance susvisée pris un texte spécial dérogeant au droit national du Code général des impôts.* »

[19] Céline VIESSANT, « L'exception d'inconventionalité », in *Le contentieux fiscal en débat*, LGDJ, 2014, p. 314.

centrale (CEMAC) (A) et par rapport au droit de l'Organisation pour l'Harmonisation en Afrique du Droit des Affaires (OHADA) (B).

A/ L'exception d'inconventionalité par rapport au droit communautaire

Un bref aperçu sur le contenu du droit communautaire (1) sera suivi des juridictions compétentes pour connaître des questions d'interprétation et d'appréciation de la légalité des textes CEMAC.

1/ Aperçu sur le contenu du droit communautaire

38. Le droit communautaire est l'ensemble des normes juridiques produites par les principales institutions de la CEMAC que sont notamment : la Conférence des Chefs d'État au sommet, le Conseil des ministres de l'union économique de l'Afrique centrale (UEAC), le Comité ministériel de l'union monétaire de l'Afrique centrale (UMAC) et la Commission de la CEMAC. Ces institutions procèdent par les règlements cadres, les règlements, les directives, les décisions, les recommandations et les avis.

Les règlements et les règlements cadres ont une portée générale. Les règlements *sont obligatoires dans tous leurs éléments et directement applicables* dans tout État membre. Les règlements cadres ne sont directement applicables que pour certains de leurs éléments. *Les directives* lient tout État membre destinataire quant au résultat à atteindre, tout en laissant aux instances nationales leur compétence en ce qui concerne la forme et les moyens. *Les décisions* sont obligatoires dans tous leurs éléments pour les destinataires qu'elles désignent. Les recommandations et les avis ne lient pas.

En matière fiscale, les textes de la CEMAC ont un impact sur le droit du contentieux fiscal à deux niveaux : les procédures contentieuses et le droit fiscal substantiel.

39. S'agissant des procédures contentieuses, le droit communautaire a laissé la liberté aux États, au travers de leurs lois nationales, de les organiser. C'était d'abord le cas pour les impôts directs, les taxes sur le chiffre d'affaires et les taxes et droits assimilés. C'est devenu le cas pour les droits d'enregistrement depuis l'entrée en vigueur de la directive n° 01/13-UEAC-219-CM-26 du 30 septembre 2013 portant révision l'acte n° 10/88-UDEAC-257 du 8 décembre 1988, relatif à l'harmonisation des droits d'enregistrement, du timbre et de la curatelle. Cette directive renvoie explicitement les questions de procédures fiscales contentieuses relatives aux droits d'enregistrement aux législations nationales des États en vigueur pour le traitement des contestations relatives aux impôts directs et autres taxes sur le chiffre d'affaires.

40. Pour ce qui est du droit fiscal substantiel, toute la fiscalité ou presque des États membres de la CEMAC est harmonisée. Cette harmonisation concerne l'imposition du revenu, de la consommation et du capital au travers des directives sur : l'impôt sur le revenu des personnes physiques (directive n° 01/04-UEAC-177 U-CM-12 du 30 juillet 2004) ; l'impôt sur les sociétés (directive n° 02/01/UEAC-050-CM-06 du 3 août 2001) ; la TVA et les droits d'accises (directive n° 07/11-UEAC-028-CM622 du 19 décembre 2011) ; et enfin les droits d'enregistrement et de timbre (directive n° 01/ 13-UEAC-219-CM-26 du 30 septembre 2013). Une telle harmonisation implique que tous les textes nationaux relatifs à ces impôts, droits et taxes doivent être compatibles aux directives communautaires les concernant. Par voie de conséquence, les textes non compatibles ou non conformes sont entachés d'illégalité ou mieux d'inconventionalité et exposés de ce fait à des recours contentieux devant les juridictions compétentes.

2/ Les juridictions compétentes pour connaître de l'interprétation et de la légalité des actes des États par rapport au droit communautaire

41. Lorsque ces textes ne peuvent plus faire l'objet d'une annulation directe, le contribuable qui conteste une imposition, pour l'établissement de laquelle l'administration s'est basée sur ces textes violant une directive communautaire, peut soulever l'exception d'inconventionalité devant le juge administratif pour solliciter le dégrèvement. S'il n'est pas satisfait par la décision des juridictions camerounaises, l'exception invoquée, il peut saisir la Cour de Justice de la CEMAC instituée par l'article 10 du Traité CEMAC et dont le siège se trouve à Ndjamena au Tchad. Le statut, l'organisation, le fonctionnement et les compétences de cette Cour, encore appelée Cour de Justice communautaire, sont déterminés par la Convention du 30 janvier 2009 de Libreville qui la régit.

La Cour de Justice communautaire, conformément à l'article 24 de la Convention susmentionnée, connaît sur recours de tout État membre, de toute Institution, Organe ou Institution spécialisée de la CEMAC, ou de toute personne physique ou morale qui justifie d'un intérêt certain et légitime de tous les cas de violation des dispositions du Traité de la CEMAC et des textes subséquents. L'alinéa (2) du même article stipule que « *toute partie peut à l'occasion d'un litige soulever l'exception d'illégalité d'un acte juridique d'un État membre, d'une Institution, d'un Organe ou d'une Institution spécialisée* ».

42. Lorsqu'elle est saisie, la Cour contrôle la légalité (conventionalité) des actes juridiques déférés à sa censure. Elle statue à titre préjudiciel sur l'interprétation du Traité et des textes subséquents, sur la légalité et l'interprétation des actes des Institutions, Organes et Institutions spécialisées de la CEMAC, quand une juridiction nationale ou un organisme à fonction juridictionnelle est appelé à en connaître à l'occasion d'un litige (art. 26 de la convention).

43. En outre, chaque fois qu'une juridiction nationale ou un organisme à fonction juridictionnelle saisi des questions de droit ci-dessus évoquées doit statuer en dernier ressort, il est tenu de saisir préalablement la Cour de Justice. Cette saisine devient facultative lorsque la juridiction nationale ou l'organisme à fonction juridictionnelle doit statuer à charge d'appel.

Or, la Chambre administrative de la Cour suprême ne statue pas à charge d'appel, mais dans le cadre d'un pourvoi en cassation. C'est pourquoi les tribunaux administratifs peuvent statuer sur ces questions sans saisine préalable de la Cour de Justice communautaire. En revanche, lorsqu'elle est saisie des mêmes questions, la Chambre administrative de la Cour suprême doit surseoir à statuer et saisir préalablement la même Cour.

44. Enfin, les interprétations données par la Cour de Justice communautaire, en cas de recours préjudiciel, s'imposent à toutes les autorités administratives et juridictionnelles dans l'ensemble des États membres. L'inobservation de ces interprétations peut donner lieu au recours en appréciation de la légalité. L'exception d'inconventionalité peut également être soulevée par rapport au droit OHADA.

B/ L'exception d'inconventionalité par rapport au droit OHADA

L'examen du champ d'application du droit OHADA en matière fiscale (1) sera suivi de l'identification des juridictions compétentes pour connaître des litiges fondés sur le non-respect des normes OHADA (2).

1/ Le champ d'application du droit OHADA en matière fiscale

45. Les sources du droit du contentieux, relativement au droit OHADA, procèdent des articles 336 de l'acte portant organisation des procédures simplifiées de recouvrement et des voies d'exécution, et 10 du Traité relatif à l'harmonisation du droit des affaires en Afrique. Ces textes prévoient clairement que les actes OHADA abrogent toutes les

dispositions relatives aux matières qu'ils concernent dans les États parties. Cette position a été confirmée par la jurisprudence de la Cour Commune de Justice et d'arbitrage (CCJA) dans son avis n° 001/2001/EP du 30 avril 2001. Bien plus, conformément à l'article 45 de la Constitution camerounaise, les traités ou accords internationaux régulièrement approuvés ou ratifiés ont une valeur supérieure à celle des lois.

46. Pour toutes ces raisons, c'est le droit OHADA qui s'applique dorénavant sur un pan important du contentieux du recouvrement en ce qui concerne son volet relatif à la contestation des actes de poursuites de droit commun prévus dans les articles L55 à L70 du Livre des procédures fiscales (LPF). C'est aussi le cas pour les sûretés. L'application du droit supranational est ici justifiée par le fait que le contentieux des actes de poursuites de droit commun était réglé par le Code de procédure civile et commerciale (CPCC) qui a été modifié par le droit OHADA.

47. C'est d'ailleurs la clarification qu'a apportée la CCJA dans son avis susmentionné. La Cour d'Abidjan reconnaît d'abord que « *le droit fiscal ne fait pas partie à ce jour des matières rentrant dans le domaine du droit des affaires harmonisé tel que défini à l'article 2 du Traité relatif à l'harmonisation du droit des affaires en Afrique* ». Mais, elle nuance cette position pour ce qui est du cas spécifique du recouvrement des créances fiscales. Suivant son avis, une distinction doit être faite entre les mesures de recouvrement contenues dans les législations des États, antérieures à l'Acte uniforme portant organisation des procédures simplifiées de recouvrement et des voies d'exécution d'une part ; et celles qui lui sont postérieures d'autre part.

48. Lorsqu'elles lui sont antérieures, ces mesures demeurent valables car, le droit OHADA ne s'applique pas en matière fiscale. Toutefois, lorsqu'elles lui sont postérieures, « *les mesures conservatoires, les mesures d'exécution forcée et procédures de recouvrement, doivent se conformer aux dispositions OHADA* ». En d'autres termes, lorsque les mesures sont postérieures aux normes OHADA et qu'elles sont contraires à celles-ci, « *le contribuable lésé sur la base de l'application de ces textes nationaux incompatibles, peut contester la régularité de l'acte de poursuites en soulevant l'exception d'inconventionalité devant les juridictions nationales compétentes* ».

2/ Les juridictions compétentes pour connaître du droit OHADA

49. En effet, conformément à l'article 13 du Traité du 17 octobre 1993 relatif à l'harmonisation du droit des affaires en Afrique, « *le contentieux*

relatif à l'application des actes uniformes est réglé en première instance et en appel par les juridictions des États parties ». La juridiction nationale de fond est ainsi érigée en juge de droit commun des normes OHADA et placée sous la subordination de la Cour Commune de Justice et d'Arbitrage (CCJA) qui exerce son rôle par la cassation sans renvoi (art. 14 du Traité). Il en résulte que les particuliers peuvent se prévaloir des droits et devoirs découlant des Actes uniformes devant les juges internes qui ont l'obligation d'en assurer le respect. De l'interprétation de cet article 13, il ressort clairement que les Cours de cassation des États parties sont exclues de l'examen des questions concernant l'interprétation des Actes uniformes OHADA.

Après les sources conventionnelles, la plus grande partie des règles processuelles qui gouvernent la contestation des impôts et taxes diverses est de nature législative et réglementaire.

§ 3 : Les sources législatives et réglementaires

50. Au premier rang de ces règles, on peut mentionner le Code général des impôts (CGI) qui comporte aussi bien les dispositions relatives à l'établissement de l'impôt que celles relatives aux procédures contentieuses. Le CGI est complété par le LPF qui, comme son nom l'indique, contient une bonne partie des dispositions relatives aux procédures fiscales.

Au-delà du CGI et du LPF qui sont des textes spéciaux, le contentieux fiscal est aussi réglé par le Code de procédure civile et commerciale (CPCC). C'est en effet ce code qui détermine la procédure à suivre devant le juge civil qui est juge de droit commun du contentieux des droits d'enregistrement et d'une partie importante du contentieux du recouvrement.

À côté de ces différents codes existent plusieurs lois et ordonnances organisant les juridictions et déterminant les procédures à suivre devant celles-ci. Au nombre de ces textes, on peut mentionner : la loi n° 2006/016 du 29 décembre 2006, fixant l'organisation et le fonctionnement de la Cour suprême ; la loi n° 2006/015 du 29 décembre 2006, portant organisation judiciaire ; la loi n° 2006/022 du 29 décembre 2006, fixant l'organisation et le fonctionnement des tribunaux administratifs. Au-delà des sources écrites examinées, la jurisprudence est une source non négligeable du droit du contentieux fiscal.

§ 4 : La jurisprudence

51. Par son œuvre interprétative, le juge est amené à apporter sa contribution à la construction de ce droit. Ceci est vrai si on observe l'exemple français[20]. On peut regretter qu'au Cameroun, le juge n'ait pas apporté une contribution de même niveau. Ceci peut sans doute s'expliquer par la rareté des occasions qui lui étaient offertes avant la réforme de la juridiction administrative avec la création des tribunaux administratifs dans chaque Région. Avant la création de ces juridictions, le contentieux soumis au juge de l'impôt était très limité en volume[21]. On a tenté d'expliquer cette situation par la maîtrise approximative par le juge du droit fiscal et de ses règles de procédures qui sont, pour l'essentiel, dérogatoires au droit commun comme l'illustre l'arrêt du 27 septembre 2006 de la Chambre administrative, dans l'affaire CCC C/ État du Cameroun[22]. À ce sujet, le Professeur Maurice KAMTO relevait que « *la Cour suprême emprunte tous ses magistrats à l'ordre judiciaire. La non-spécialisation de ces magistrats formés à d'autres types de contentieux serait à l'origine du caractère incertain de la jurisprudence administrative camerounaise. Sa légèreté juridique trouverait là aussi une explication* »[23]. Ce constat de l'éminent professeur sur le contentieux administratif en général vaut également sur le contentieux fiscal en particulier.

Dans le même sens, Roland Atanga Fongue constate que les lacunes du juge inhérentes à sa formation et au contexte de l'érection d'une juridiction administrative au Cameroun, déjà décriées en droit administratif général, « *prennent une tournure plus grave en matière fiscale. La complexité de la règle fiscale y contribue. Les décisions du*

---

[20] Le Conseil constitutionnel, le Conseil d'État et la Cour de cassation ont joué un rôle très important dans la clarification des règles applicables au contentieux fiscal.

[21] L'examen des rapports d'activités des structures chargées du contentieux fiscal à la DGI, pour les exercices 2004 et 2005, montre que cette administration reçoit en moyenne deux mille réclamations annuellement et que seule une dizaine fait l'objet d'une saisine du juge fiscal.

[22] Dans l'arrêt n° 123/2005-2006 du 27 septembre 2006 relatif à l'affaire CCC C/ l'État du Cameroun, le juge a en effet affirmé que « le recouvrement de l'impôt comporte une phase contentieuse et une phase de poursuite », alors qu'en réalité, le recouvrement de l'impôt comporte une phase de recouvrement à l'amiable et une phase de recouvrement forcé. Le non-respect des règles de procédure peut, dans ce dernier cas, engendrer un contentieux spécifique : le contentieux du recouvrement qui ne remet pas en cause l'assiette de l'impôt, mais les mesures prises pour le recouvrement. Ce contentieux relève, selon le cas, de la compétence du juge judiciaire et du juge administratif, comme on le verra dans la troisième partie de cet ouvrage.

[23] Maurice KAMTO, *Droit administratif processuel du Cameroun*, Presses Universitaires du Cameroun, 1990, p. 11.

juge en matière fiscale requièrent non seulement la connaissance approfondie d'un droit essentiellement touffu et changeant, mais bien souvent aussi la maîtrise des techniques comptables[24] ».

51. Ce constat qui paraît sévère est encore d'actualité, nonobstant la mise en place effective des tribunaux administratifs au cours de l'année 2012. En effet, par décret n° 2012/119 du 15 mars 2012, les tribunaux administratifs ont été créés dans les dix (10) chefs-lieux de régions du Cameroun. Un mois plus tard, par un décret du 18 avril 2012, les magistrats du siège de ces juridictions ont été nommés. Ceux du parquet étaient déjà en fonction dans la mesure où le parquet des tribunaux administratifs camerounais est celui des cours d'appel de leur ressort territorial. Le processus de mise en place a été parachevé par la création des sections spécialisées dans les greffes de ces juridictions par décret n° 2013/202 du 28 juin 2013 et la nomination des responsables de ces greffes par un arrêté du 30 juillet 2013.

La mise en place effective de ces juridictions a amplifié le nombre de requêtes portant saisine du juge en matière de contentieux fiscal (A) et a également permis de déceler les nombreux errements de ces juges qui n'avaient jamais officié dans le domaine du contentieux administratif fiscal (B). Ce qui rend urgente l'intervention de la Cour suprême pour mettre de l'ordre dans la jurisprudence très balbutiante et pleine de confusions et de contradictions de ces nouvelles juridictions (C).

A/ L'amplification des saisines du juge fiscal

52. Les contribuables souhaitant contester les impositions ont depuis 2012 une plus grande latitude de le faire. C'était d'ailleurs le vœu du gouvernement lorsqu'il affirmait dans l'exposé des motifs accompagnant le projet de loi fixant l'organisation et le fonctionnement des tribunaux administratifs qu'« *une fois adopté, ce projet de loi permettra de rapprocher la justice administrative des justiciables et partant, renforcera l'État de droit, à travers le raffermissement du contrôle juridictionnel de l'action administrative* »[25]. Ce vœu n'était pas pieux dans la mesure où les recours juridictionnels en matière fiscale ont connu une progression spectaculaire comme l'attestent les chiffres contenus dans le rapport 2014 de la DGI camerounaise et les statistiques produites par la même administration à la fin de l'année 2016, sur le traitement du

---

[24] R. ATANGA FONGUE, *Contrôle fiscal et protection du contribuable dans un contexte d'ajustement structurel au Cameroun*, L'Harmattan, collection finances publiques, 2007, p. 291-292.

[25] Projet de loi n° 793/PJL/AN, fixant l'organisation et le fonctionnement des tribunaux administratifs.

contentieux fiscal, dont l'extrait ci-dessous reproduit en est la parfaite illustration.

Années	2008	2009	2010	2011	2012	2014	2016
Nombre de recours introduits	7	6	8	4	13	69	110

L'impact de l'effectivité des TA est indéniable sur cette montée en puissance des recours juridictionnels. Cette évolution s'est traduite par une augmentation significative des décisions juridictionnelles en matière fiscale ; même si ces décisions portent pour une part écrasante sur les procédures d'urgence (sursis de paiement et sursis à exécution).

B/ Les errements du nouveau juge de l'impôt

53. Une lecture attentive des décisions sus-évoquées permet de déceler toutes les lacunes du juge dans ce domaine si spécifique et si pointu, qui ne lui était pas familier. En effet, les procédures fiscales contentieuses, comme l'ensemble du droit fiscal en général, relèvent de textes particuliers : le Code général des impôts et son Livre des procédures fiscales. Contrairement à la tendance du juge fiscal actuel, c'est en cas de mutisme du droit dérogatoire contenu dans le LPF qu'il peut faire recours au droit commun contenu dans la loi fixant l'organisation et le fonctionnement des tribunaux administratifs. Les cas sont nombreux qui illustrent une interprétation très approximative des textes. On peut ainsi évoquer les confusions entretenues sur les conditions d'obtention du sursis de paiement et du sursis à exécution et les conditions de recevabilité de la réclamation.

54. Sur la confusion des conditions du sursis de paiement et du sursis à exécution, il convient de rappeler que le sursis de paiement prévu aux articles L121 et L129 du LPF concerne exclusivement le contentieux fiscal. Les conditions de son octroi sont relativement souples devant le juge. Pour obtenir le sursis de paiement devant ce dernier, il suffit au regard de l'article L129 du LPF de renouveler expressément la demande dans le cadre de la requête et de s'acquitter d'un montant supplémentaire de 10 % des impôts contestés. Aucune autre condition n'est ajoutée. Il s'agit là clairement d'une compétence liée. Lorsque ces conditions sont réunies, le juge ne peut refuser le sursis sollicité. Alors que le sursis à exécution prévu dans l'article 30 de la loi n° 2006/022 du 29 décembre 2006, fixant l'organisation et le fonctionnement des tribunaux administratifs, concerne le contentieux administratif de droit commun. Il peut être accordé lorsque l'exécution de la décision attaquée qui n'intéresse ni l'ordre public, ni la sécurité ou la tranquillité publique, est de nature à causer un préjudice irréparable. L'illustration parfaite est fournie par la décision du Tribunal administratif de Douala du 18 décembre 2014 dans l'affaire Société Multi Services (SMS) Sarl C/ État du Cameroun (ministère des Finances). Dans cette affaire, le contribuable a sollicité le sursis de paiement sur le fondement de l'article L129 du LPF et le sursis lui a été refusé par le juge au motif qu'« *attendu que s'il est établi que la société requérante s'est conformée aux prescriptions du Livre des procédures fiscales, notamment de l'article L129, il convient toutefois de reconnaître qu'elle n'a fait valoir aucun argument sérieux susceptible de porter un doute sur la légalité des impositions contestées et justifiant la mesure sollicitée... qu'il échet de rejeter sa demande comme non justifiée* ». La disposition visée n'a pas prévu cette dernière condition.

Dans sa décision du 9 octobre 2014 sur l'affaire Broadband Télécom C/ l'État du Cameroun, le Tribunal administratif de Yaoundé a accordé le sursis de paiement à la requérante en considérant que « *le sursis de paiement peut être accordé lorsque la procédure de contrôle est exposée à la nullité et que le contribuable présente des garanties suffisantes ; qu'en l'espèce, d'une part, les moyens de nullité de procédure de contrôle fondés sur la violation des articles L24, L26 et L40 invoqués par le requérant paraissent pertinents et d'autre part, le paiement total de la somme de 468 779 169 FCFA est la preuve de la crédibilité du contribuable dont il s'agit ; il convient de faire droit à la demande de sursis* ». Les arguments utilisés par le juge pour motiver sa décision d'accorder le sursis de paiement ne sont pas prévus dans le LPF. Il évoque tout d'abord que « *le sursis de paiement peut être accordé lorsque la procédure de contrôle est exposée à la nullité* ». On ne sait pas de quelle disposition du LPF il tire cet argument. Il énonce ensuite « *que le contribuable présente des garanties suffisantes* ». Là aussi, on ne trouve aucune trace d'une disposition prévoyant la constitution des garanties suffisantes. La loi dans l'article L129 du LPF a clairement prévu que « *le requérant qui entend bénéficier devant le juge administratif du sursis de paiement déjà appliqué au stade de sa réclamation doit renouveler expressément sa demande dans le cadre de sa requête et s'acquitter d'un montant supplémentaire de 10 % des impositions contestées* ». La précision de 10 % supplémentaire se justifie par le fait que pour obtenir le sursis de paiement devant l'administration, le contribuable devait acquitter une somme d'un montant de 10 % des impositions contestées conformément à l'article L121 du LPF en vigueur en 2014. Pour la recevabilité de sa réclamation devant le ministre, dans le cadre du recours hiérarchique, il devait acquitter conformément à l'article L119 en vigueur en 2014, la somme supplémentaire de 10 % des impositions contestées. Au total, le contribuable souhaitant obtenir le sursis de paiement devant le juge devait payer une somme représentant 30 % des impositions contestées. BROADBAND contestant la somme de 3 501 976 920 FCFA aurait dû payer globalement 3 501 976 920 x 30 % = 1 050 593 076 FCFA. Le montant de *468 779 169 FCFA* payé était donc largement insuffisant. Son recours aurait dû être déclaré irrecevable. Plusieurs autres décisions des tribunaux administratifs illustrent ces approximations des juges d'où l'importance et l'urgence de l'intervention de la Cour suprême.

C/ Les nécessaires clarifications de la Cour suprême

55. Au regard de la cacophonie observée lorsqu'on analyse les décisions des tribunaux administratifs, il est très urgent que la Haute juridiction y apporte des solutions pour empêcher la multiplication des décisions divergentes d'un tribunal à un autre. L'intervention de la Cour suprême est d'autant plus urgente qu'une bonne partie de la jurisprudence qu'elle a patiemment construite peut être déconstruite par les juridictions inférieures, du fait de l'ignorance. En effet, dans certaines affaires, la Haute juridiction a pris des décisions très intéressantes par leurs apports jurisprudentiels. C'est notamment le cas de l'affaire CCC C/ État du Cameroun, l'Assemblée plénière de la Cour suprême a ici infirmé la décision en premier ressort de la Chambre administrative de la même Cour[26], et conforté sa jurisprudence antérieure sur le caractère d'ordre public des règles gouvernant le recours gracieux préalable[27]. C'est aussi le cas avec ses réitérations sur le caractère impératif des délais de procédure prévus par la loi.

Parallèlement à l'encadrement de leurs décisions par la Cour suprême, la jurisprudence des tribunaux administratifs sera améliorée avec la création d'une section spécialisée dans la formation des auditeurs de justice administrative à l'École nationale d'administration et de magistrature (ENAM). Les premières promotions des magistrats administratifs camerounais ont terminé leur formation à l'ENAM en 2014 et en 2015. Cette spécialisation des magistrats est une réponse à la critique récurrente du manque d'expertise des magistrats officiant dans le contentieux administratif en général et fiscal en particulier.

---

[26] CS/AP Arrêt n° 16/ A du 27 mai 2010, affaire État du Cameroun (MINFI) C/ Complexe Chimique Camerounais.

[27] Le jugement n° 27/89-90 du 3 mai 1990, relatif à l'Affaire SOCABOIS C/ État du Cameroun, la Cour a rappelé qu'« attendu que la règle de recours gracieux préalable a une portée générale et d'ordre public ; que les délais prévus à cet effet sont, dans tous les cas, impératifs ».

§ 5 : La doctrine administrative

56. La doctrine administrative est « *l'ensemble des interprétations des textes fiscaux formulées par une autorité fiscale centrale en direction de l'administration fiscale déconcentrée en vue principalement, d'assurer une application uniforme de ces textes sur l'ensemble du territoire national* »[28]. Elle est une source de droit dans la mesure où les textes fiscaux codifiés dans le Code général des impôts ou non codifiés ne sont pas toujours très clairs et très lisibles, pour une bonne application de ceux-ci. D'où la nécessité et l'urgence de les interpréter, pour une application uniforme par tous les services. C'est là l'une des principales missions de l'administration fiscale centrale. Ces interprétations des textes par les services centraux s'adressent d'abord aux services déconcentrés qui doivent les appliquer. Mais elles s'adressent aussi indirectement aux contribuables qui doivent les respecter dans le cadre de l'accomplissement de leurs obligations fiscales, de déclaration et de paiement des impôts, droits et taxes dus. A priori, si tous les acteurs respectent les règles du jeu, il n'y a pas de problèmes. En effet, les problèmes surviennent si l'administration modifie unilatéralement son interprétation antérieure, à laquelle le contribuable de bonne foi s'était fié ; sur la base de cette nouvelle interprétation, lui notifie des redressements lors des contrôles fiscaux.

57. Confronté à cette situation, le contribuable de bonne foi qui plaidait sa cause devant le juge était systématiquement débouté par le juge de l'impôt qui lui répondait que la doctrine administrative, c'est-à-dire l'interprétation de la loi donnée par l'administration ne pouvait l'emporter sur l'interprétation donnée de la loi par le Conseil d'État ou la Cour de cassation en vertu du principe de la hiérarchie des normes juridiques[29]. C'est pour corriger ces abus dont étaient victimes les contribuables de bonne foi que le législateur français, par la voie d'un amendement parlementaire, a voté l'article 100 de la loi du 28 décembre 1959, qui est actuellement codifié sous le premier alinéa de l'article L80 du LPF français. Les dispositions de l'article L80 ont été importées dans le droit fiscal camerounais au travers de l'article L37 du LPF.

Dans les développements qui suivent, nous préciserons la définition et le champ d'application de la doctrine administrative d'une part (A), et la portée véritable de cette doctrine d'autre part (B).

---

[28] J. LAMARQUE, Olivier NEGRIN, Ludovic AYRAULT, *Droit fiscal général*, 3e éd., Paris, Lexis Nexis, 2014.

[29] CE, 27 mai 1957, Kresnopolski, Lebon 348.

A/ Le champ d'application de la doctrine administrative

La doctrine administrative est formellement consacrée dans deux dispositions du Livre des procédures fiscales : l'article L37 relatif aux interprétations des textes pouvant être invoquées par tous les contribuables (1) et l'article L33 bis relatif aux rescrits qui ne peuvent être invocables que par les seules personnes concernées (2).

1/ Les interprétations des textes invocables par tous les contribuables

58. L'article L37 du LPF dispose qu'il ne sera procédé à un rehaussement d'impositions antérieures si la cause de celui-ci résulte d'un différend portant sur une interprétation par le contribuable de bonne foi d'une disposition fiscale à l'époque des faits formellement admise par l'administration fiscale. Cette disposition mérite une clarification sur les textes fiscaux concernés par cette interprétation, les impôts concernés, les autorités habilitées à donner une interprétation formelle ainsi que la forme de cette interprétation.

S'agissant des textes, les interprétations faisant doctrine portent sur tous les textes fiscaux sur lesquels l'administration fiscale se base pour percevoir les impôts, droits et taxes relevant de sa compétence. Et la doctrine administrative porte sur tous les impôts, droits et taxes perçus par l'administration fiscale, en vertu d'une habilitation légale. Les pénalités et intérêts de retard sont également concernés.

59. Pour ce qui est des autorités habilitées à donner les interprétations et la forme de ces interprétations, seules les autorités centrales, notamment le ministre des Finances et le Directeur général des impôts sont compétents, comme l'ont rappelé l'Instruction du 16 septembre 2002 du Directeur des impôts et la circulaire du 11 janvier 2008 du Directeur général des impôts[30]. À cet effet, la première circulaire précise clairement que la doctrine administrative à portée générale est constituée des documents signés exclusivement, soit par le ministre chargé des Finances, soit par le Directeur des impôts, eu égard à leur compétence nationale et au principe d'égalité et d'application uniforme de la loi sur le territoire national. En d'autres termes, les interprétations des textes invocables par tous les contribuables sont celles qui résultent

[30] Instruction n° 535/MINFI/DI/LC/L du 16 septembre 2002 précisant les modalités d'application de la loi n° 2002/003 du 19 avril 2002 portant Code général des impôts ; et Circulaire n° 0002/MINFI/DGI/LC/L du 11 janvier 2008 précisant les modalités d'application des dispositions fiscales de la loi n° 2007/005 du 26 décembre 2007, portant loi de finances de la République du Cameroun pour l'exercice 2008.

des diverses consignes écrites adressées par les autorités centrales susmentionnées de l'administration fiscale aux autorités déconcentrées. Ces consignes peuvent revêtir la forme de circulaire, de note de service ou d'instruction. La justification de ce rôle primordial des autorités centrales vient de leur forte implication dans l'élaboration des textes fiscaux de nature législative ou réglementaire.

60. Au-delà des consignes adressées aux services à travers les circulaires, les instructions et les notes, la doctrine administrative est également formulée à travers les réponses données par les autorités compétentes aux demandes d'éclaircissements ou de renseignements formulées par les contribuables ou leurs conseils, sur le sens à donner à certaines dispositions fiscales. Ces réponses sont valables pour tous les contribuables, c'est-à-dire, tous les contribuables peuvent les invoquer à l'appui de leurs prétentions, lorsqu'elles sont publiées dans un recueil officiel de doctrine administrative.

61. La doctrine invocable devant être l'émanation d'une interprétation formelle du texte fiscal par les autorités compétentes, il résulte que les positions prises dans le cadre du règlement des litiges fiscaux à l'occasion de l'instruction des réclamations contentieuses par l'administration, ne sauraient faire doctrine. En effet, il arrive très fréquemment que la solution donnée par l'administration soit motivée par le besoin d'un arrangement amiable pour éviter une longue procédure juridictionnelle. À ce sujet, il faut relever que c'est pour la forme que l'administration dans sa correspondance écrit au contribuable que « ses arguments sont reconnus fondés, d'où le dégrèvement ».

62. Au-delà de la doctrine administrative à portée générale émanant du ministre des Finances et du Directeur général des impôts, les correspondances administratives signées par les chefs de structure ou les inspecteurs vérificateurs et adressées à un contribuable particulier, sont opposables par ce dernier à l'administration, et font office de doctrine administrative à portée personnelle pour ce seul contribuable, conformément à la circulaire susmentionnée du 16 septembre 2002. Comme les correspondances sus-évoquées, le rescrit fiscal a également une portée personnelle.

2/ Le rescrit fiscal

63. Le rescrit fiscal est un dispositif introduit dans le Livre des procédures fiscales à travers l'article L33 bis par la loi de finances pour l'exercice 2008 dans le but de prévenir les contentieux inutiles. Conformément à l'article L33 bis du LPF, « tout contribuable peut,

préalablement à la conclusion d'une opération sous la forme d'un contrat, d'acte juridique ou d'un projet quelconque, solliciter l'avis de l'administration sur le régime fiscal qui lui est applicable. Lorsque le contribuable a fourni à l'administration l'ensemble des éléments nécessaires à l'appréciation de la portée véritable de l'opération en cause, la position énoncée par celle-ci garantit le contribuable contre tout changement d'interprétation ultérieur ».

Pour l'administration, les demandes de rescrit doivent être traitées dans un délai d'un (1) mois à compter de leur réception. Le bénéfice des garanties procurées par le rescrit est subordonné aux conditions cumulatives suivantes à remplir par le contribuable demandeur :

- la demande précisant l'objet, c'est-à-dire le rescrit, doit être adressée au Directeur général des impôts ou au ministre des Finances ;
- la consultation sollicitée doit être préalable à la conclusion du contrat, de l'acte juridique ou à la réalisation du projet ou de l'opération ;
- la demande doit comporter tous les éléments utiles à l'appréciation de la portée véritable de l'opération projetée. En particulier, le demandeur doit : fournir un exposé clair, complet et sincère de l'opération envisagée ; désigner très exactement toutes les parties au contrat ainsi que les liens existant entre elles ; produire une copie de tous les projets de documents utiles à l'appréciation de la portée de l'opération (actes, contrats, conventions, protocoles d'accords, statuts...).

Le demandeur du rescrit peut proposer lui-même son interprétation de l'objet du rescrit, et deux hypothèses peuvent être envisagées selon que l'administration n'a pas répondu dans le délai ou qu'elle a répondu dans le délai.

64. Dans l'hypothèse où les conditions précitées sont remplies et que l'administration ne répond pas dans le délai d'un mois sus-indiqué, aucun redressement ne peut être effectué à l'encontre du contribuable sur la base de l'interprétation qu'il a faite des dispositions fiscales. En revanche, cette garantie n'est pas valable si l'opération effectivement réalisée par le contribuable et contrôlée par l'administration ne correspond pas à celle décrite dans la demande. Il en est de même lorsqu'il est avéré que les éléments produits par le contribuable sont frauduleux.

65. Dans l'hypothèse où l'administration a répondu dans les délais, deux situations peuvent se présenter : soit elle ne fait aucune objection à l'analyse du contribuable, dans ce cas, elle se trouve engagée par l'interprétation faite par celui-ci et pourra, le cas échéant, se voir opposer les dispositions de l'article L33 bis du LPF ; soit elle ne partage pas l'analyse du contribuable et lui donne sa propre interprétation. Si le contribuable ne respecte pas cette position de l'administration, il est susceptible en cas de contrôle de subir les redressements fiscaux de cette dernière.

B/ La portée réelle de la doctrine administrative

Si la doctrine administrative est une source particulière du droit du contentieux fiscal, cette source est contestée du fait de sa portée à géométrie variable. N'agissant qu'à sens unique, la doctrine administrative n'est pas systématiquement opposable au contribuable (1), alors qu'elle est opposable à l'administration (2).

1/ La doctrine administrative n'est pas systématiquement opposable au contribuable

66. La doctrine administrative est une source contestée du droit dans la mesure où l'administration ne peut pas opposer au contribuable sa propre interprétation de la loi à l'occasion d'un contentieux, car elle « *ne peut établir ou justifier l'imposition sur la base de sa seule doctrine* »[31]. Au regard de ce qui précède, il en résulte que l'interprétation des textes fiscaux par l'administration qui, au demeurant ne lie pas le juge, n'est pas opposable au contribuable, lorsqu'elle lui est défavorable. À l'inverse, cette interprétation est opposable à l'administration lorsqu'elle est favorable au contribuable.

2/ La doctrine administrative est opposable à l'administration

67. La contestation du caractère normatif de la doctrine administrative et l'affirmation de la non-soumission du juge à cette doctrine doivent être nuancées. En effet, comme le note le président Raymond ODENT, le ministre des Finances et même certains des fonctionnaires de la Direction générale des impôts, ont indirectement en matière fiscale, un pouvoir qui s'apparente au pouvoir réglementaire. Pour cet éminent juriste, cette situation anormale qui a pour origine l'article L80 du Livre des procédures fiscales confère dans certaines hypothèses, aux contribuables le droit de se prévaloir d'une interprétation de la loi fiscale admise

---

[31] Cyrille DAVID, Olivier FOUQUET, Bernard PLAGNET, Pierre-François RACINE, *Les grands arrêts de la jurisprudence fiscale*, 5e édition, Dalloz, 2009, p. 214.

antérieurement et formellement par l'administration fiscale. Ce qui revient à reconnaître que « *dans ces hypothèses, les circulaires ou instructions ministérielles, notamment, l'emportent sur les dispositions législatives ou réglementaires et que le juge administratif est tenu d'appliquer ces circulaires et instructions même – et même surtout – si elles ajoutent à la loi ou si elles la contredisent* »[32].

68. Paradoxalement, une interprétation erronée de la loi par l'administration fiscale lie le juge, lorsqu'elle est invoquée par le contribuable en soutien de ses prétentions. En effet, le juge ne peut pas refuser d'appliquer une telle interprétation illégale, dans la mesure où le contribuable était de bonne foi. Il faisait confiance à l'administration et ne saurait être pénalisé pour cette confiance. C'est tout le sens de l'article L37 du LPF qui dispose « *qu'il ne sera procédé à un rehaussement d'impositions antérieures si la cause de celui-ci résulte d'un différend portant sur une interprétation par le contribuable de bonne foi d'une disposition fiscale à l'époque des faits formellement admise par l'administration fiscale* ». En d'autres termes, les dispositions de l'article L37 du LPF, permettent au contribuable d'invoquer contre l'administration et à son profit, l'interprétation des normes fiscales par cette dernière que si cette interprétation lui est favorable. Mais, comme le note Olivier DEBAT, « *la réciproque n'est pas vraie, l'administration ne peut pas opposer son interprétation au contribuable. L'article L80 n'a vocation à jouer qu'en faveur du contribuable ; il ne peut jamais lui nuire.* »[33]. Le juge ne peut appliquer cette interprétation qu'à la demande formelle du contribuable.

69. Toutefois, cette obligation, pour le juge d'appliquer une doctrine illégale favorable au contribuable de bonne foi, ne doit pas le conduire à l'invoquer d'office. En effet, « *le moyen tiré de la doctrine administrative – qui ne présente aucun caractère d'ordre public – doit toujours être expressément soulevé par le contribuable* »[34].

70. Bien plus, la doctrine administrative doit être appliquée littéralement, et le juge ne doit pas chercher à l'interpréter « *même si l'application littérale peut conduire à un résultat autre que celui envisagé. La position contraire reviendrait à l'assimiler à la loi* »[35].

---

[32] Raymond ODENT, *Contentieux administratif*, Tome I, Dalloz, 2007, p. 266.

[33] Olivier DEBAT, *op. cit.*, p. 267.

[34] Olivier NEGRIN, in *Le contentieux fiscal en débats*, sous la direction de Thierry LAMBERT, Colloque des 15 et 16 novembre 2013 de l'Université Aix-Marseille, collection Grands colloques, LGDJ, 2014, p. 169.

[35] Cyrille DAVID, Olivier FOUQUET, Bernard PLAGNET, Pierre-François RACINE, *Les Grands arrêts de la jurisprudence fiscale*, 5e édition, Dalloz, 2009, p. 219.

71. Après ces clarifications sur la notion de contentieux fiscal et ses sources, le présent ouvrage sera structuré autour de cinq (5) grands thèmes : le contentieux de l'établissement des impôts (première partie), le contentieux du recouvrement (deuxième partie), le contentieux spécifique des impôts locaux (troisième partie), les autres actions contentieuses impliquant l'administration fiscale (quatrième partie) et la juridiction gracieuse (cinquième partie).

PREMIÈRE PARTIE

LE CONTENTIEUX DE L'ÉTABLISSEMENT DES IMPÔTS

72. Le contentieux de l'établissement ou contentieux d'assiette des impôts est constitué, à titre de rappel, de l'ensemble des litiges portant sur les opérations d'assiette et de liquidation de l'impôt. Ces litiges se rapportent surtout à la contestation du bien-fondé des impositions ou de la régularité de la procédure employée au moment de l'établissement de l'impôt ; cette procédure peut être contradictoire ou non contradictoire. Dans ce dernier cas, l'administration utilise la voie de l'imposition d'office. La présente partie sera articulée autour de deux titres. Le premier titre portera sur les considérations générales relatives à l'établissement des impositions et le second titre portera sur les procédures contentieuses.

TITRE I

LES CONSIDÉRATIONS GÉNÉRALES SUR L'ÉTABLISSEMENT DES IMPOSITIONS

73. Le contentieux de l'établissement des impositions procède de deux comportements aux visées diamétralement opposées de l'administration et du contribuable lors de l'établissement des impositions. Le système d'imposition au Cameroun étant déclaratif comme dans la plupart des pays dans le monde, il revient au contribuable de déterminer l'assiette de ses impôts, de les liquider, de déclarer et d'effectuer le paiement dans les délais prévus par les textes. La confiance n'excluant pas la méfiance comme le dit le vieil adage, l'administration veille et contrôle que le contribuable a exécuté en toute sincérité et bonne foi ses obligations de déclaration et de paiement. Dans cette mission de suivi et de contrôle du respect par le contribuable de ses obligations, elle est souvent amenée à réparer les erreurs et omissions commises par le contribuable et à sanctionner les manquements de ce dernier. C'est pourquoi le premier chapitre traite des procédures d'assiette et de contrôle des impôts, droits et taxes, et le second chapitre porte sur les sanctions fiscales.

Chapitre 1

Les procédures d'assiette et de contrôle des impôts, droits et taxes

74. Les procédures d'assiette concernent les différentes obligations légales incombant aux contribuables pour l'établissement des impositions primitives et les modalités techniques d'évaluation et de détermination des bases de certains impôts par l'administration. Elles feront l'objet de la (section 1). Alors que les procédures de contrôle concernent tous les moyens mis à la disposition de l'administration pour s'assurer de la sincérité des déclarations des contribuables. Elles feront l'objet de la (section 2).

Section 1 : Les procédures d'assiette

75. Le système déclaratif trouve son fondement historique dans la recherche du consentement volontaire du citoyen au paiement de ses contributions pour la bonne marche de la collectivité. La notion de contribuable qui définit la personne assujettie au paiement de l'impôt procède étymologiquement de celle de contribution. Par sa contribution volontaire et spontanée au bon fonctionnement de la collectivité, au travers du paiement de ses impôts, le contribuable citoyen manifeste son adhésion aux idéaux de celle-ci. L'administration fiscale peut également aider les contribuables à accomplir leurs obligations de déclaration et de paiement à travers la procédure de la déclaration dite « pré-remplie » prévue à l'article L2 bis du LPF. La présente section traitera des principales obligations incombant aux contribuables dans le cadre du système déclaratif en vigueur au Cameroun, à savoir : l'obligation de déclaration aux fins d'immatriculation (§ 1), les obligations de déclaration et de paiement des impôts, droits et taxes (§ 2), la procédure de déclaration pré-remplie (§ 3) et les obligations et délais de conservation des documents (§ 4).

§ 1 : L'obligation de déclaration aux fins d'immatriculation

76. L'obligation de déclaration aux fins d'immatriculation, s'apparente à une obligation de déclaration d'existence. Cette obligation prévue à l'article L1 du LPF permet au contribuable qui a commencé à exercer une activité économique passible de l'impôt ou des taxes de se

faire connaître par l'administration fiscale à travers son identification par ladite administration. Ainsi au sens de cet article, toute personne physique ou morale assujettie en sa qualité de redevable légal au paiement d'un impôt, droit ou taxe ou d'acompte d'impôt, droit ou taxe en vertu des dispositions du CGI est tenue de souscrire une demande aux fins d'immatriculation auprès du service des impôts territorialement compétent, dans les quinze (15) jours ouvrables qui suivent le début de ses activités et joindre à sa demande un plan de localisation. Ce délai décompté en jours ouvrables signifie que les samedis, les dimanches et les jours fériés ne sont pas pris en compte. À la suite de cette demande, un Numéro d'Identifiant Unique (NIU) lui est attribué à titre définitif par la Direction générale des impôts après certification de la localisation effective du contribuable. Au terme de la procédure d'immatriculation, une carte de contribuable est délivrée sans frais au contribuable par l'administration fiscale. La validité de cette carte est de dix (10) ans.

77. Toute modification substantielle affectant l'exploitation fera aussi l'objet d'une déclaration dans les quinze (15) jours ouvrables suivant cette modification. Par modification substantielle affectant l'exploitation, le législateur, dans l'article L1 alinéa 3 entend : un changement de dirigeant, une cession, une cessation, une modification de la raison sociale, une modification de la structure du capital ou de l'actionnariat, une modification de l'activité et/ou le lieu d'exercice de l'activité.

78. Ces obligations d'immatriculation s'appliquent également aux salariés des secteurs public et privé, ainsi qu'aux contribuables étrangers qui effectuent au Cameroun des activités économiques sans y avoir un siège. Ils doivent, de ce fait, désigner un représentant solvable accrédité auprès de l'administration fiscale.

79. Cette démarche d'immatriculation ou d'identification est très importante pour le contribuable, car elle lui évitera de sérieux désagréments. En effet, le numéro d'identifiant unique, conformément à l'article L1 bis du LPF, est obligatoirement porté sur tout document matérialisant les transactions économiques. Il est notamment requis par les personnes publiques ou privées lors des paiements qu'elles effectuent ou, pour toutes autres opérations.

80. Le non-respect de l'obligation d'immatriculation peut entraîner la déchéance du droit d'exercer, l'interdiction de soumissionner des marchés publics, l'interdiction d'importer et la publication au *Journal officiel* ou l'affichage public du nom du contrevenant (art. L105 du LPF).

§ 2 : Les obligations de déclaration et de paiement des impôts, droits et taxes

81. Au regard de l'article L2 du LPF, toute personne physique ou morale assujettie en sa qualité de redevable légal au paiement d'un impôt, droit ou taxe ou d'acompte d'impôt, droit ou taxe, ou désignée pour procéder à des retenues d'impôts à la source, en vertu des dispositions légales ou réglementaires est tenue de souscrire des déclarations selon le modèle fourni par l'administration fiscale. Ces déclarations accompagnées des documents annexes obligatoires, dans les délais prévus par la loi. Bien plus, conformément à l'article L7 bis (1) du LPF, nul ne peut se prévaloir d'une créance sur l'État pour se soustraire à ses obligations déclaratives et de paiement.

82. Ces déclarations peuvent être faites par voie électronique. Dans ce cas, l'avis d'imposition généré est obligatoirement présenté à la banque en support du paiement des impôts et taxes correspondants. Par ailleurs, *les entreprises relevant d'une unité de gestion spécialisée* sont tenues, en vertu de l'alinéa 2 du même article, de déposer leurs déclarations statistiques et fiscales sur support physique et en version électronique.

83. Les unités de gestion spécialisées de la DGI sont, conformément à l'article L7 susvisé du LPF : la Direction des grandes entreprises (DGE), les Centres des impôts des moyennes entreprises (CIME) et les Centres spécialisés des impôts (CSI). **Le non-respect de ces obligations** *peut entraîner outre les sanctions pécuniaires qui feront l'objet des développements particuliers, la déchéance du droit d'exercer, l'interdiction de soumissionner des marchés publics, l'interdiction d'importer et la publication au* Journal officiel *ou l'affichage public du nom du contrevenant* (art. L105 du LPF).

84. Pour l'accomplissement des obligations déclaratives et de paiements, plusieurs cas de figure sont prévus en fonction de la nature des impôts à acquitter. Il s'agit notamment des obligations relatives à la déclaration et au paiement par les contribuables relevant de la fiscalité des entreprises (A) ; des obligations incombant aux contribuables relevant de la fiscalité des ménages (B) ; des obligations relatives aux fiscalités spécifiques (C) ; des obligations relatives aux droits d'enregistrement de timbre et des taxes assimilées (D) et de certains impôts et taxes dus aux collectivités territoriales décentralisées (E). Enfin, la loi a clarifié les modalités de règlement ou de versement dans les caisses du Trésor public des impôts droits et taxes dus (F).

A/ Les obligations des contribuables relevant de la fiscalité des entreprises

85. *Le Lexique des termes juridiques* définit l'entreprise comme « *une unité économique qui implique la mise en œuvre des moyens humains et matériels de production ou de distribution des richesses reposant sur une organisation préétablie* »[36]. Ainsi définie, l'entreprise peut être individuelle ou revêtir la forme d'une personne morale, c'est-à-dire d'une société. La structure juridique de l'entreprise a un grand impact sur son mode d'imposition. L'imposition de l'entreprise individuelle sera ainsi différente de celle d'une société. L'entreprise individuelle se caractérise par le fait qu'elle est une réalité économique et sociale ; elle n'a pas de patrimoine qui lui est propre. Seul l'exploitant a la personnalité juridique ; lui seul est titulaire d'un patrimoine dont l'entreprise n'est qu'un des éléments. L'entreprise individuelle n'a pas davantage la personnalité fiscale en ce sens qu'elle n'a pas la qualité de contribuable ; cette qualité est reconnue au seul exploitant à qui le fisc réclamera le paiement des impôts. « *L'entreprise individuelle n'en a pas moins une existence fiscale puisqu'il faut calculer le bénéfice imposable qu'elle dégage* »[37].

86. N'ayant pas de personnalité fiscale, les obligations de déclaration et de paiement de l'entreprise individuelle incombent à son propriétaire au titre de l'impôt sur le revenu des personnes physiques. Les revenus des personnes physiques relevant de la fiscalité des entreprises sont constitués par : les bénéfices artisanaux, industriels et commerciaux ; les bénéfices agricoles et les bénéfices non commerciaux[38]. Les revenus des sociétés de personnes qui sont caractérisées par « *la transparence fiscale* [39] », sont imposés comme ceux des personnes physiques exploitant les entreprises individuelles. Ces sociétés de personnes sont souvent opposées aux sociétés de capitaux (sociétés par action ou SARL) qui ont une pleine personnalité fiscale et sont qualifiées de « *sociétés*

---

[36] *Lexique des termes juridiques*, Dalloz, 13e édition, 2013, p. 387.

[37] Maurice COZIAN, *Précis de fiscalité des entreprises*, Litec, 27e édition, 2003-2004, p. 17.

[38] Dans l'imposition des revenus des personnes physiques, la fiscalité des entreprises est souvent opposée à la fiscalité des ménages. Les revenus relevant de la fiscalité des ménages sont : les traitements et salaires si le contribuable a occupé un emploi salarié, c'est-à-dire un emploi dans lequel il y a un lien de subordination ; les revenus fonciers, s'il a encaissé des loyers ; les revenus mobiliers, s'il a encaissé des intérêts ou des dividendes ; les plus-values, s'il a vendu un immeuble ou certaines valeurs mobilières.

[39] Ces sociétés sont dites transparentes dans la mesure où elles ne sont pas personnellement soumises à l'impôt. Il s'agit des sociétés en nom collectif, des sociétés civiles, des sociétés de fait et des groupements d'intérêt économique.

opaques » dans la mesure où leurs actionnaires, associés ou porteurs de parts, n'existent pas du point de vue des obligations fiscales qui incombent à la seule personne morale, qui est assujettie à l'impôt sur les sociétés.

87. Les contribuables relevant de la fiscalité des entreprises, qu'ils soient imposés à l'IRPP ou à l'IS, ont les mêmes obligations de déclaration et de paiement en ce qui concerne les délais d'accomplissement de leurs obligations fiscales. Les obligations relatives à l'imposition de ces contribuables à la TVA ou aux taxes assimilées sont identiques. Deux délais sont à considérer dans la mesure où le système fiscal camerounais, s'agissant de l'IS et de l'IRPP, a opté pour le paiement mensuel d'une fraction de l'impôt dû au travers des divers acomptes et précomptes prévus par la législation (1). À la clôture de l'exercice, lorsque le montant de l'impôt définitivement dû a été arrêté, le règlement du solde restant fait l'objet d'un versement unique (2). Ces acomptes représentent un pourcentage du chiffre d'affaires mensuel réalisé par le contribuable et qui correspond à l'impôt minimal dû par ce dernier. C'est la même chose pour la TVA qui est déclarée et payée mensuellement et son solde fait également l'objet d'un versement unique à la clôture de l'exercice. La situation de la Taxe spéciale sur le revenu est particulière (3). La législation prévoit l'exigibilité immédiate des impôts dus en cas de cession, cessation ou décès (4).

1/ déclaration et paiement mensuel des acomptes IS, IR, du précompte sur achat, de la TVA et des taxes assimilées et le reversement des impôts retenus à la source

1.1 L'acompte IS ou IRPP

88. Cet acompte est dû par le contribuable lui-même qui a l'obligation de le reverser, car il est à la fois ici redevable réel et redevable légal. À ce propos, l'article 21 (1) du CGI dispose que l'impôt sur les sociétés est acquitté spontanément par le contribuable au plus tard le 15 du mois suivant celui de la réalisation du chiffre d'affaires. Ce délai concerne aussi bien les contribuables relevant du régime du réel que ceux qui relèvent du régime simplifié[40]. En clair, quel que soit le régime

[40] En effet, depuis les modifications apportées au CGI par la loi du 14 décembre 2011, portant loi de finances pour l'exercice 2011, les personnes morales ne sont plus automatiquement imposées au régime du réel. Le chiffre d'affaires réalisé est devenu, conformément à l'article 93 ter du CGI, le seul critère, sauf quelques exceptions de rattachement d'un contribuable à un régime d'imposition. Ainsi relèvent du régime simplifié, conformément à l'article 93 quater du CGI, les entreprises individuelles et les personnes morales qui réalisent un chiffre d'affaires annuel égal ou supérieur à dix (10)

d'imposition, le délai légal pour la déclaration et le paiement de l'acompte est fixé au plus tard le 15 du mois suivant celui au cours duquel le chiffre d'affaires imposé a été réalisé. Ce délai est le même pour l'IRPP (les bénéfices artisanaux, industriels et commerciaux ; les bénéfices agricoles et les bénéfices non commerciaux) en vertu de l'article 91 du CGI. À titre d'exemple, le contribuable va déclarer et payer l'acompte au plus tard le 15 février 2016 pour son chiffre d'affaires, c'est-à-dire ses recettes réalisées au mois de janvier 2016. En rappel, pour les entreprises relevant du régime du réel, le taux de l'acompte mensuel est fixé à 2 % du chiffre d'affaires réalisé.

89. Toutefois, conformément à l'article 21 (1) c. du CGI, *pour les entreprises assujetties au régime du réel et relevant des secteurs à marge administrée*, l'acompte représente 14 % de la marge brute. Par marge brute, il faut entendre la différence entre le prix de vente et le prix de revient, majoré des gratifications et commissions de toute nature.

90. Les contribuables relevant des secteurs à marge administrée, peuvent, néanmoins, opter pour le régime du droit commun, lorsque celui-ci leur est plus favorable. Dans ce cas, l'acompte est calculé au taux de 2 % appliqué au chiffre d'affaires.

Sont considérés comme secteurs à marge administrée, les secteurs de la distribution ci-après : produits pétroliers et gaz domestique ; produits de la minoterie ; produits pharmaceutiques ; produits de presse.

---

millions et inférieur à cinquante (50) millions, à l'exception des transporteurs de personnes et des entreprises de jeux de hasard et de divertissement. Relèvent du régime du réel, les entreprises individuelles et les personnes morales qui réalisent un chiffre d'affaires annuel hors taxes égal ou supérieur à cinquante (50) millions de francs.
Pour les transporteurs interurbains des personnes (art. 93 septies du CGI), relèvent du régime simplifié, les personnes physiques et morales effectuant le transport interurbain de personnes par minibus et cars de moins de 50 places et exploitant au plus 5 véhicules. Sont au régime du réel les personnes physiques et morales réalisant : le transport interurbain de personnes par minibus et cars de moins de 50 places et exploitant plus de 5 véhicules ; le transport interurbain de personnes par car d'au moins 50 places quel que soit le nombre de véhicules exploités.
Pour les entreprises de jeux de hasard et de divertissement (art. 93 octies du CGI), relèvent du régime simplifié : les personnes physiques et morales exploitant des baby-foot dont le nombre de machines est compris entre 10 et 25, des flippers et jeux vidéo dont le nombre de machines est compris entre 5 et 15, ainsi que ceux exploitant les machines à sous dont le nombre est compris entre 3 et 10. Relèvent du régime du réel, les personnes physiques et morales exploitant des baby-foot dont le nombre de machines est supérieur à 25, de flippers et jeux vidéo dont le nombre de machines est supérieur à 15, ainsi que celles exploitant les machines à sous dont le nombre est supérieur à 10.

Le taux de 14 % susmentionné ne s'applique pas aux entreprises des mêmes secteurs relevant du régime simplifié. Ces dernières demeurent soumises au taux de 5 % du chiffre d'affaires réalisé.

91. Pour les entreprises forestières ne relevant pas du fichier d'un centre des impôts, le taux de l'acompte est fixé à 10 %. Ce taux est porté à 20 % pour les entreprises forestières ne justifiant pas d'une autorisation d'exploitation dûment délivrée par l'autorité compétente.

À titre de rappel, les entreprises forestières relevant du fichier d'un centre des impôts acquittent l'acompte au taux de 2 % lorsqu'elles sont au régime du réel, et au taux de 5 % lorsqu'elles sont au régime simplifié.

Tous les acomptes susmentionnés sont majorés de 10 % au titre des centimes additionnels communaux.

1.2 Le précompte prévu à l'article 21 (3) du CGI

92. Ce précompte est dû : sur les importations effectuées par les contribuables ne relevant pas des unités de gestion spécialisées de la DGI ; les achats effectués par les commerçants auprès des industriels, agriculteurs, importateurs, grossistes, demi-grossistes, exploitants forestiers ; les achats de produits pétroliers par les exploitants des stations-service et les achats de produits de base par les exportateurs ; les opérations réalisées par les entreprises non détentrices de la carte du contribuable.

93. Le taux du précompte est de : 15 % du montant des opérations, pour les contribuables ne relevant pas du fichier d'un centre des impôts. Ce taux est de 20 % lorsque ce contribuable procède à des ventes sous douane ; 14 % sur la marge brute pour l'achat des produits à prix administrés ; 10 % du montant des opérations pour les contribuables ne relevant pas du fichier d'un centre des impôts ; 10 % du montant des opérations pour les contribuables relevant de l'impôt libératoire et effectuant des importations ; 5 % du montant des opérations, pour les commerçants relevant du régime simplifié ; 5 % du montant des opérations, pour les contribuables relevant de l'impôt libératoire ; 2 % du montant des opérations, pour les commerçants relevant du régime du réel.

94. Pour la perception du précompte, la base est constituée par la valeur en douane, en ce qui concerne les marchandises importées et il est collecté par les services des douanes dans les mêmes conditions que les droits de douane. Dans tous les autres cas, il est collecté par un fournisseur qui doit en effectuer le versement dans les quinze (15) premiers jours du mois qui suit le mois au cours duquel les opérations ont été réalisées.

95. Le précompte n'est pas récupérable sur le prix et il est calculé sans majoration des centimes additionnels communaux, contrairement à l'acompte. Pour les personnes assujetties à l'IS et à l'IRPP, la somme précomptée constitue un acompte à faire valoir sur les acomptes mensuels. Ce qui signifie que l'acompte dû mensuellement sera diminué du précompte payé et les trop-perçus sont imputés dans les acomptes futurs.

96. Pour le reversement du précompte, les industriels, importateurs, grossistes, demi-grossistes et exploitants forestiers doivent, conformément à l'article 22 du CGI, tenir un registre des achats et un registre des ventes ou des documents en tenant lieu ; effectuer des reversements à l'aide d'un carnet à souches délivré par l'administration fiscale ; adresser au service des impôts en même temps que leur propre déclaration des revenus, la déclaration des ventes par client à l'exception des ventes au détail.

97. En vue de déduire le précompte payé, au moment des achats, les contribuables sont tenus de joindre à leurs déclarations la liste nominative des fournisseurs, comportant le montant des achats et celui de l'impôt retenu à la source.

1.3 La taxe sur la valeur ajoutée (TVA) et le droit d'accises

98. Ces impôts sont, conformément à l'article 152 du CGI, liquidés, déclarés et payés par le redevable dans le centre des impôts de rattachement, dans les 15 jours du mois suivant celui au cours duquel les opérations sont réalisées. Toutes les déclarations souscrites doivent être datées et signées par le contribuable ou son représentant fiscal dûment mandaté. Lorsqu'au cours du mois, aucune opération taxable n'a été réalisée, une déclaration comportant la mention « NÉANT » doit néanmoins être souscrite.

1.4 La retenue à la source des acomptes IS, IRPP et de la TVA

99. Cette retenue est payée dans les mêmes délais que ceux mentionnés ci-dessus par les redevables désignés par la loi ou par les arrêtés du ministre des Finances. En rappel, la retenue des acomptes IS et IRPP est effectuée, conformément aux articles 21 (2), 92 et 92 bis du CGI par les comptables publics et assimilés lors du paiement des factures payées sur le budget de l'État, les collectivités territoriales décentralisées, les établissements publics administratifs, les sociétés partiellement ou entièrement à capital public, ainsi que des entreprises du secteur privé dont les listes sont fixées par voie réglementaire.

Les mêmes personnes doivent effectuer la retenue à la source de la TVA lors du règlement des factures de leurs fournisseurs dans les mêmes conditions de délai que ceux des autres impositions.

100. Conformément à l'article 21 (2), l'acompte susmentionné est retenu à la source pour les entreprises forestières, lors du règlement des achats du bois en grumes ou débités.

1.5 La retenue de l'acompte de 5 % prévu à l'article 92 bis

101. Cette retenue est effectuée par les collectivités territoriales décentralisées, les établissements publics administratifs, les sociétés partiellement ou entièrement à capital public et les entreprises privées. Elle s'applique sur les honoraires, les commissions et les émoluments versés aux professionnels libéraux sans tenir compte de leur forme juridique ou leur régime d'imposition. Elle s'applique également aux rémunérations des prestations occasionnelles ou non payées aux personnes physiques ou morales domiciliées au Cameroun et relevant du régime simplifié et du régime de l'impôt libératoire.

1.6 La retenue à la source des revenus fonciers

102. Conformément à l'article 87 du CGI, les revenus fonciers bruts sont soumis à une retenue à la source de 15 %. Cette retenue est effectuée par les administrations et établissements publics, les personnes morales et les entreprises individuelles soumises au régime du réel et au régime simplifié. Ce qui exclut les entreprises soumises à l'impôt libératoire. Toutefois, les loyers versés aux entreprises du régime du réel et relevant exclusivement des unités de gestion spécialisées ne subissent pas ladite retenue.

La retenue est effectuée par la personne qui paie les loyers. Cette personne doit reverser le montant de la retenue au centre des impôts du lieu de situation de l'immeuble, à l'aide d'un carnet à souches délivré par l'administration, au plus tard le 15 du mois qui suit celui du paiement effectif du loyer (art. 88 du CGI).

1.7 La retenue à la source des revenus de capitaux mobiliers

103. L'impôt sur le revenu des personnes physiques, au titre des revenus des capitaux mobiliers, est retenu à la source par la personne qui effectue le paiement des produits visés. Cet impôt est reversé à la recette des impôts du lieu du siège social de la personne qui a effectué la retenue dans les 15 jours qui suivent la date de mise en paiement de ces produits.

Il faut bien noter que conformément à l'article 146 de l'Acte uniforme OHADA relatif au droit des sociétés et du GIE, les dividendes mis en distribution par l'Assemblée générale sont réputés mis à la disposition des bénéficiaires, dans un délai de neuf (9) mois après la clôture de l'exercice, sauf prolongation accordée par le président du tribunal territorialement compétent.

À titre de rappel, sont imposables, conformément à l'article 35 du CGI, au titre des RCM : les produits des actions, parts de capital et revenus assimilés ; les revenus des obligations ; les revenus des créances, dépôts, cautionnement et comptes courants ; les gains réalisés à l'occasion de la cession d'actions, obligations et autres parts de capital.

1.8 La retenue à la source des traitements salaires, pensions et rentes viagères

104. L'impôt dû par les salariés est retenu à la source par l'employeur lors de chaque paiement des sommes imposables. L'impôt ainsi retenu à la source est reversé au plus tard le 15 du mois suivant à la recette des impôts du siège de l'établissement de l'employeur.

2/ Déclarations et paiements annuels des soldes IS, IRPP et TVA

105. Au regard de l'article 15 du CGI, l'IS est assis sur les bénéfices obtenus sur une période de 12 mois correspondant à l'exercice budgétaire. Mais les entreprises ayant débuté leur activité au cours des 6 mois précédant la date de clôture obligatoire, peuvent arrêter leur premier bilan à la fin de l'exercice au cours duquel a commencé leur activité.

Pour l'assiette de l'impôt sur les sociétés, les contribuables sont tenus de souscrire une déclaration des résultats obtenus dans leur exploitation au cours de la période servant de base à l'imposition au plus tard le 15 mars suivant celle de la réalisation des opérations soumises à l'impôt, conformément à l'article 18 (1) du CGI. À titre d'exemple, une entreprise ayant réalisé les opérations passibles de l'IS au cours de l'exercice allant du 1er janvier au 31 décembre 2015 a l'obligation de déposer sa déclaration statistique et fiscale (DSF) au plus tard le 15 mars 2016. Si la même entreprise a débuté ses activités après le premier semestre de 2015, elle a le choix de déclarer ses résultats au 15 mars 2016 ou au 15 mars 2017, conformément à l'article 15 susmentionné du CGI. La DSF visée, ainsi que ses documents annexes sont présentés conformément au système comptable OHADA. Le délai du 15 mars concerne les déclarations annuelles.

106. Les mêmes délais et obligations s'appliquent aux entreprises individuelles relevant de l'IRPP en vertu des dispositions des articles 74 et 91 du CGI. Ils s'appliquent également au payement des soldes TVA.

Les entreprises concernées doivent également produire les documents visés aux articles 18 (3), 18 bis, 101, 102 et 104 ter du CGI.

3/ Déclaration et paiement de la taxe spéciale sur le revenu (TSR)

107. Conformément à l'article 225 du CGI et sous réserve des conventions fiscales internationales, la taxe spéciale sur les revenus a été instituée pour l'imposition des revenus servis aux personnes physiques ou morales domiciliées hors du Cameroun, par les entreprises ou établissements situés au Cameroun, l'État ou les collectivités territoriales décentralisées.

Trois taux sont applicables à cet impôt : le taux général de 15 % pour toutes les rémunérations soumises à cet impôt à l'exception : des rémunérations des prestations ponctuelles versées aux entreprises non domiciliées, ayant renoncé à l'imposition d'après la déclaration qui sont soumises au taux de 10 % ; ainsi que des rémunérations dans le cadre de la commande publique, dont les adjudicataires ne sont pas domiciliés au Cameroun, qui sont soumises au taux réduit de 5 %.

La TSR doit être retenue par le débiteur des sommes imposables, c'est-à-dire le client camerounais du fournisseur situé à l'étranger. Les sommes ainsi retenues doivent être reversées auprès de la recette des impôts compétente au plus tard le 15 du mois qui suit le fait générateur de l'impôt.

4/ Déclaration et paiement de la taxe de séjour

108. La taxe de séjour qui a été instituée par la loi n° 2016/018 du 14 décembre 2016 portant loi de finances pour l'exercice 2017, est assise sur les nuitées passées dans les établissements d'hébergement classés ou non, conformément à l'article 221 du CGI. Il s'agit d'un impôt indirect dû par la personne hébergée, mais collecté par l'établissement d'hébergement, à savoir les hôtels, motels, auberges et les résidences – hôtels meublés.

La taxe de séjour est déclarée et reversée mensuellement, au plus tard le 15 pour les opérations effectuées au cours du mois précédent, auprès du centre des impôts gestionnaire de l'établissement d'hébergement.

Son tarif est fixé ainsi qu'il suit par nuitée : 5 000 FCFA pour les hôtels de 5 étoiles ; 4 000 FCFA pour les hôtels de 4 étoiles ; 3 000 FCFA pour les hôtels de 3 étoiles ; 1 000 FCFA pour les hôtels de 2 étoiles et 500 FCFA pour les hôtels de 1 étoile et les autres établissements d'hébergement non classés.

5/ Les cas de cession, cessation ou décès

109. Au regard de l'article 94 du CGI, la cession, la cessation et le décès entraînent l'exigibilité immédiate des impôts dus.

La cession est la situation dans laquelle, le propriétaire d'une exploitation la cède à un nouveau propriétaire. Alors que la cessation est la situation dans laquelle, l'exploitant arrête toute activité. Le décès étant la situation dans laquelle l'exploitant a perdu sa vie.

Dans l'hypothèse de la cession et de la cessation, le contribuable doit souscrire, dans le délai de trente (30) jours, la déclaration des revenus imposables jusqu'au jour de la cession ou cessation en indiquant la date effective de celle-ci et les nom(s), prénom(s), raison sociale et adresse du cessionnaire, c'est-à-dire du nouvel exploitant.

Dans l'hypothèse du décès, la déclaration doit être souscrite par les ayants droit dans le délai de six (6) mois à compter de la date de décès.

B/ Les obligations des contribuables relevant de la fiscalité des ménages

110. En rappel, les revenus relevant de la fiscalité des ménages sont : les traitements et salaires si le contribuable a occupé un emploi salarié, c'est-à-dire un emploi dans lequel il y a un lien de subordination ; les revenus fonciers, s'il a encaissé des loyers (1) ; les revenus mobiliers, s'il a encaissé des intérêts ou des dividendes (3) ; les plus-values, s'il a vendu un immeuble ou certaines valeurs mobilières (4). Enfin, les personnes physiques n'ayant pas la nationalité camerounaise sont tenues de souscrire une déclaration de revenus avant leur départ du Cameroun.

Au regard de ce qui vient d'être examiné, ces revenus sont pour l'essentiel soumis à la retenue à la source dans le cadre des obligations fiscales qui incombent aux entreprises. Toutefois, certains de ces revenus échappent à la procédure de la retenue à la source. C'est notamment le cas des revenus fonciers perçus directement par les personnes physiques propriétaires des immeubles mis en location ou réalisant les plus-values à l'occasion de la cession de leurs immeubles. C'est aussi le cas, dans la catégorie des revenus de capitaux mobiliers, des plus-values réalisées sur les cessions d'actions, d'obligations et autres parts de capital d'entreprises de droit camerounais.

1/ Les revenus fonciers

111. Conformément à l'article 89 du CGI, les contribuables bénéficiant des revenus locatifs ne subissant pas la retenue à la source prévue à l'article 87 du CGI sus-examiné, sont tenus de déclarer et payer

au plus tard le 15 du mois qui suit la fin de chaque trimestre de l'exercice fiscal, un acompte d'impôt sur le revenu des personnes physiques fixé à 5 % du loyer effectivement perçu.

2/ Les plus-values sur les cessions d'immeubles

112. Les plus-values réalisées sur les immeubles bâtis ou non bâtis acquis à titre onéreux ou gratuit, font conformément à l'article 90 du CGI l'objet d'un prélèvement libératoire au taux de 10 %, effectué par le notaire pour le compte du vendeur. *L'impôt ainsi perçu doit être reversé avant la formalité de l'enregistrement* à l'aide d'un imprimé fourni par l'administration ou par télédéclaration.

113. Toutefois, ce taux est ramené à 5 % pour les transactions relatives aux immeubles relevant des zones encadrées par une *mercuriale administrative*. Par mercuriale administrative, il faut entendre le répertoire des prix minimum de référence des transactions immobilières déterminés par voie administrative. Ces mercuriales sont arrêtées conformément aux dispositions des articles 5 et 7 du décret du 4 juillet 2014 fixant les modalités d'évaluation administrative des immeubles en matière fiscale.

3/ Les revenus de capitaux mobiliers

114. L'article 42 du CGI prévoit l'imposition des plus-values nettes globales réalisées au Cameroun ou à l'étranger, sur les cessions, même indirectes d'actions, d'obligations et autres parts de capital d'entreprises de droit camerounais, y compris les droits portant sur les ressources naturelles. *L'impôt doit être acquitté avant la formalité de l'enregistrement.*

4/ Déclaration des revenus des expatriés avant leur départ du Cameroun

115. Conformément à l'article 99 du CGI, nul ne peut quitter le territoire camerounais sans avoir préalablement souscrit la déclaration des revenus acquis jusqu'à la date de départ. Cette déclaration qui, entraîne en principe une imposition immédiate, doit être souscrite dans les trente (30) jours qui précèdent la demande de passeport ou de visa de sortie.

Le passeport et le visa de sortie ne peuvent être délivrés que sur présentation d'un certificat établi par le centre des impôts compétent du lieu de résidence du contribuable. Le législateur précise que tout document de voyage délivré en violation de cette exigence du CGI engage la responsabilité solidaire de son auteur avec le contribuable intéressé pour le paiement des impôts dont le recouvrement est différé ou compromis, sans préjudice des sanctions disciplinaires pour manquement aux obligations professionnelles (art. 99 du CGI).

C/ Obligations relatives aux fiscalités spécifiques

116. Sont concernés par ces fiscalités spécifiques, la taxe spéciale sur les produits pétroliers (TSPP) (1), les impôts, droits et taxes du secteur minier (2) et la fiscalité du secteur forestier (3).

1/ Obligations relatives à la taxe spéciale sur les produits pétroliers

117. Prévue à l'article 229 du CGI, la taxe spéciale sur les produits pétroliers (TSPP) est un impôt indirect qui concerne les produits tels que : l'essence super et le gasoil. Cette taxe est due par les compagnies pétrolières distributrices des produits taxables.

Le fait générateur de la TSPP est constitué par : l'enlèvement des produits taxables à la Société camerounaise des dépôts pétroliers (SCDP) ; la livraison par la Société nationale de raffinage (SONARA) des produits taxables ne transitant pas par la SCDP ; l'introduction des produits taxables sur le territoire, telle que définie par le Code des douanes de la CEMAC, en ce qui concerne les importations ; la première utilisation des produits taxables pour les livraisons à soi-même.

La TSPP, dont le taux est de 110 francs par litre sur l'essence super et 65 francs par litre sur le gasoil, est retenue à la source par la SCDP lors de l'enlèvement par les compagnies distributrices et par la SONARA pour ses livraisons aux personnes morales ou physiques autres que les compagnies distributrices. Elle est acquittée directement par la personne morale ou physique qui réalise l'importation des produits taxables.

La TSPP collectée par la SCDP, la SONARA et l'importateur doit être virée mensuellement au plus tard le vingt (20) de chaque mois pour les opérations réalisées au cours du mois précédent au vu de la déclaration du redevable (art. 237 du CGI).

2/ Les obligations relatives au secteur minier

118. Conformément aux dispositions de l'article 239 (nouveau) du CGI, l'assiette, le recouvrement et le contrôle des impôts, taxes et redevances du secteur minier relèvent de la compétence de l'administration fiscale. Et l'article 239 sexies du même code précise que : les règles applicables en matière de contentieux de la fiscalité minière sont celles fixées par le Livre des procédures fiscales.

Les principales taxes liées aux activités du secteur minier sont relatives à :

- l'octroi, au renouvellement et au transfert de la carte d'artisan minier ;
- l'octroi, au renouvellement et au transfert de l'autorisation d'exploitation artisanale ;
- l'octroi, au renouvellement et au transfert de la carte individuelle de prospection ;
- l'octroi et au renouvellement de l'autorisation d'ouverture d'un bureau de commercialisation de substances minérales ;
- l'attribution et au renouvellement du permis de reconnaissance ;
- l'attribution, au renouvellement ou au transfert du permis d'exploration ;
- l'attribution, au renouvellement ou au transfert du permis d'exploitation ;
- l'attribution, au renouvellement ou au transfert du permis d'exploitation de petite mine ;
- l'attribution, au renouvellement ou au transfert de l'autorisation d'exploitation de carrière du permis d'exploitation de carrière ;
- l'attribution et au renouvellement des permis de reconnaissance et d'exploration des gîtes géothermiques, des eaux de source, des eaux minérales et thermo minérales ;
- l'attribution, au renouvellement et au transfert du permis d'exploitation des gîtes géothermiques, des eaux de source, des eaux minérales et thermo minérales ;
- la redevance superficiaire minière ;
- la taxe à l'extraction des substances de carrière ;
- et la taxe ad valorem.

119. **La redevance superficiaire annuelle (RSA)** qui tient lieu de taxe domaniale est due par les détenteurs de titres miniers, à savoir les titulaires : des autorisations d'exploitation artisanale et de carrière ; des permis de reconnaissance et d'exploitation des carrières ; des permis de reconnaissance, de recherche et d'exploitation.

Cette redevance est payée dans les soixante (60) jours francs à compter de la date de l'état de liquidation établi par les services compétents de l'administration chargée des mines pour la première année. À compter de la deuxième année, la RSA est payée spontanément par le contribuable au plus tard le 31 janvier.

En cas de non-paiement dans les délais prescrits, l'administration fiscale, sur la base de la superficie contenue dans le titre détenu, constate la créance de l'État et initie les poursuites conformément aux dispositions du LPF.

120. **La taxe à l'extraction des substances de carrière** est fonction du volume des matériaux extraits, qui sont meubles ou durs. S'agissant des matériaux meubles (argiles, galets, latérite, pouzzolanes, sables…), le tarif applicable est de 200 francs CFA/m^3. En ce qui concerne les matériaux durs (pierres), le tarif est de 350 francs CFA/m^3.

La taxe à l'extraction des substances de carrière est déclarée et acquittée au plus tard le 15 du mois qui suit l'extraction des produits concernés auprès du receveur des impôts territorialement compétent.

121. **La taxe ad valorem** prévue à l'article 239 bis 11 du CGI, est calculée sur la base de la valeur marchande sur le carreau de la mine des substances minières extraites à l'occasion des travaux de recherche et/ou d'exploitation. Cette valeur qui est arrêtée par le ministre des Finances, est fixée ainsi qu'il suit : pierres précieuses (diamant, émeraude, rubis, saphir) 8 % ; métaux précieux (or, platine…) : 5 % ; métaux de base et autres substances minérales : 5 % ; substances radioactives et leurs dérivées : 10 % ; gîtes géothermiques, eaux de source, eaux minérales et thermo minérales : 800 francs/m^3.

Comme la taxe à l'extraction des substances de carrière, la taxe ad valorem est déclarée et acquittée au plus tard le 15 du mois qui suit l'extraction des produits concernés auprès du receveur des impôts territorialement compétent (art. 239 ter (1) du CGI).

Toutefois, la taxe ad valorem sur les substances minérales et l'impôt sur les sociétés dus par les entreprises engagées dans l'artisanat minier peu ou semi-mécanisé, peuvent être collectés en nature par prélèvement sur la production brute desdites entreprises.

Les sanctions en cas de non-respect des obligations de déclaration et de paiement de la taxe à l'extraction des produits de carrière, de la redevance superficiaire annuelle, de la taxe ad valorem et de la redevance sur la production des eaux sont les mêmes que celles prévues dans le LPF pour les impôts droits et taxes de droit commun (art. 239 ter (4) du CGI).

3/ Obligations relatives à la fiscalité forestière

123. La fiscalité forestière est celle qui concerne les exploitants des produits forestiers. Elle comprend notamment : la taxe d'abattage, la redevance forestière et la surtaxe à l'exportation.

124. **La taxe d'abattage** prévue à l'article 242 du CGI, est perçue à l'occasion de l'abattage d'un arbre par un exploitant détenteur d'un titre d'exploitation ou par un sous-traitant de cet exploitant. Le fait générateur de la taxe d'abattage est par conséquent l'abattage d'un arbre. Son assiette est constituée par le volume des essences abattues et son taux est de 2,50 % de la valeur des grumes abattues.

La taxe d'abattage est déclarée et payée au plus tard le 15 du mois suivant celui de l'abattage des arbres par le détenteur d'un titre d'exploitation ou le sous-traitant exploitant un titre en vertu d'une convention de sous-traitance. Cette déclaration est effectuée à l'aide des cahiers de chantier et de la lettre de voiture de la période correspondante. Ces personnes sont des redevables légaux de la taxe.

125. **La redevance forestière annuelle (RFA)** prévue à l'article 243 du CGI, est la contrepartie financière de l'octroi à une personne physique ou morale d'un titre (concession ou vente de coupe) l'autorisant à exploiter une forêt à des fins économiques. Sont également concernées, les ventes de coupe octroyées sur les sites affectés à des projets de développement spécifiques.

Le fait générateur de la redevance forestière annuelle est la détention d'une concession ou d'une vente de coupe. Son assiette est constituée par la superficie du titre d'exploitation.

La RFA est liquidée en tenant compte du prix plancher et de l'offre financière. Le prix plancher est fixé à 2 500 FCFA/ha pour les ventes de coupe et 1 000 FCFA/ha pour les concessions.

La RFA, pour les détenteurs de concession ou de ventes de coupe, est acquittée en trois (3) versements d'égal montant aux dates limites ci-après : le 15 mars au plus tard pour le premier versement ; le 15 juin pour le second et le 15 septembre pour le troisième.

Lorsque la première attribution d'un titre d'exploitation forestière intervient après le 30 juin, la RFA est liquidée au *prorata temporis* et est acquittée dans les quarante-cinq (45) jours qui suivent la date de dépôt de la caution de garantie.

D/ Obligations relatives aux droits d'enregistrement et de timbre

126. Seront examinés ici les délais de déclaration et les personnes à qui incombent les obligations de paiement.

1/ Les délais de déclaration

Au regard de l'article 276 du CGI, les délais pour faire enregistrer les actes sont déterminés comme suit :

1.1 De 15 jours à un (1) mois

127. À compter de leur date pour : les actes des notaires, greffiers, huissiers, commissaires-priseurs, leurs suppléants ainsi que les actes de tous les agents ayant le pouvoir de faire des exploits et procès-verbaux y compris les transactions, soumissions en matière administrative, tenant lieu ou non de procès-verbaux ; les actes judiciaires ; les actes administratifs constatant des conventions entre l'État ou les personnes morales de l'État et les particuliers, notamment les acquisitions, ventes, baux, marchés, cautionnements, concessions. Les actes et procès-verbaux de prises et de navires ou bien de navires faits par les officiers d'administration de la marine.

Ce délai peut être porté à 3 mois lorsqu'il n'existe pas de Centre des impôts à la résidence des officiers publics ou ministériels ou des fonctionnaires rédacteurs.

1.2 D'un (1) mois à trois (3) mois

128. À compter de leur date pour les actes sous seing privé constatant des conventions synallagmatiques en particulier des baux, sous-locations, leurs cessions, résiliations, subrogations, ventes, échanges, marchés, partages, constitutions, prorogations et dissolutions des sociétés, transmissions et créances, contrats d'assurance.

1.3 Six (6) mois

129. À compter de leur date pour les actes authentiques ou sous seing privé passés hors d'un État de la CEMAC et qui portent mutation de propriété, d'usufruit ou de jouissance d'immeubles ou de fonds de commerce situés dans cet État ou constitution de sociétés ayant leur siège social dans cet État.

1.4 De trois (3) à six (6) mois

130. À compter du décès du testateur pour les testaments déposés ou non chez un notaire, à la diligence des héritiers, donataires, légataires ou exécuteurs testamentaires.

131. Toutefois, pour les actes dont la validité est subordonnée à la signature ou à l'acceptation de l'administration, les délais ci-dessus ne courent qu'à partir du jour où le redevable est avisé de cette signature ou approbation ; la preuve de cette date incombe aux débiteurs.

132. Dans les délais ci-dessus mentionnés, le jour de la date de l'acte, de la mutation ou celui de l'ouverture de la succession ne sera point compté. Et les mois du délai se comptent de quantième à quantième sans tenir compte du nombre de jours (art. 274 du CGI).

2/ Les personnes à qui incombent les obligations de paiement

Deux cas de figure sont à examiner : les personnes à qui incombe l'obligation principale de paiement et les personnes à qui incombe l'obligation solidaire de paiement.

2.1 Les personnes à qui incombe l'obligation principale de paiement

133. L'article 305 du CGI dispose que les droits des actes à enregistrer sont acquittés :

Par les notaires, pour les actes passés devant eux ; par les huissiers et autres agents ayant pouvoir de faire des exploits et procès-verbaux, pour ceux de leur ministère ; par les greffiers, pour les actes et jugements passés et reçus au greffe, sauf le cas prévu par l'article 317 ci-après ; par les secrétaires des administrations qui sont soumis à la formalité de l'enregistrement, sauf aussi le cas prévu par l'article 309 ci-après. Toutefois, le droit d'enregistrement des marchés de toute nature, aux enchères, au rabais ou sur soumission passés entre les autorités administratives, les établissements publics, les missions de développement, les sociétés d'État et les particuliers, est toujours à la charge de ces derniers et doit être acquitté par eux.

134. Par les parties et solidairement entre elles pour les actes sous seing privé, et ceux passés hors d'un État de la Communauté, qu'elles ont à faire enregistrer, pour les ordonnances sur requêtes ou mémoires, et les certificats qui leur sont immédiatement délivrés par les juges, et pour les actes et décisions qu'elles obtiennent des arbitres si ceux-ci ne les ont pas fait enregistrer.

135. Et par les héritiers, donataires ou légataires, leurs tuteurs et curateurs et les exécuteurs testamentaires pour les testaments et autres actes de libéralité à cause de mort, ainsi que pour les déclarations de mutation par décès.

136. Les notaires, huissiers, et autres agents ayant pouvoir de faire des exploits ou procès-verbaux, les greffiers secrétaires d'administration ne seront tenus personnellement de l'acquittement des droits que, lorsque par négligence, ils n'ont pas fait enregistrer leurs actes ou jugements dans les délais. Dans ce cas, ils supporteront également l'amende égale au montant des droits, sans recourir aux parties conformément à l'article 316 du CGI.

137. Toutefois, lorsque les parties n'ont pas consigné les droits entre leurs mains, dans les délais, les greffiers et secrétaires peuvent s'affranchir des droits et amendes en déposant les actes et jugements au centre des impôts compétent le jour qui suit l'expiration du délai, conformément à l'article 317 du CGI.

138. Les parties sont solidaires vis-à-vis du Trésor pour le paiement des droits simples amendes et droits en sus exigibles sur les jugements ou arrêts. Toutefois, le demandeur est seul débiteur de l'impôt si le jugement ou arrêt le déboute de sa demande.

139. Sont également seules débitrices des droits, les parties condamnées aux dépens lorsque le jugement ou l'arrêt alloue une indemnité ou des dommages-intérêts en matière d'accidents ou une pension ou une rente en toute autre matière.

2.2 Les personnes à qui incombe l'obligation solidaire de paiement

140. L'article 308 du CGI dispose que les officiers publics qui, auraient fait, pour les parties, l'avance des droits d'enregistrement, pourront en poursuivre le paiement conformément aux dispositions légales relatives au recouvrement des frais dus aux notaires, avoués et huissiers.

141. Pour sa part, l'article 309 du même code dispose que les droits des actes civils et judiciaires portant obligation, libération ou transmission de propriété ou d'usufruit de meubles ou immeubles seront supportés par les débiteurs et nouveaux possesseurs. Ceux de tous les autres actes le seront par les parties auxquelles les actes profiteront lorsque, dans ces divers cas, il n'a pas été stipulé de dispositions contraires dans les actes, sauf application des dispositions de l'article 305, paragraphe 4, ci-dessus, s'agissant des marchés.

142. En matière de baux et locations quelconques, bailleurs et preneurs sont, nonobstant toute clause contraire, solidaires pour les droits simples et, le cas échéant, les pénalités (art. 310 du CGI).

143. Enfin, conformément à l'article 311 du CGI, les droits et déclarations de mutations par décès seront payés par les héritiers donataires ou légataires. Les cohéritiers sont solidaires.

E/ Les obligations relatives à la déclaration et au paiement des impôts et taxes dus aux collectivités territoriales décentralisées

144. Il existe plusieurs types d'impôts, droits et taxes locaux. Les analyses qui suivent porteront uniquement sur les prélèvements effectués par les services fiscaux de l'État. Il s'agit notamment de : la contribution des patentes, la contribution des licences, l'impôt libératoire, la taxe foncière sur les propriétés immobilières, la taxe sur les jeux de hasard et de divertissement, les droits de mutation d'immeubles, le droit de timbre automobile, la redevance forestière et le droit de timbre sur la publicité.

1/ La contribution des patentes

145. Au regard des dispositions des articles C8 et C9 du CGI, toute personne physique ou morale de nationalité camerounaise ou étrangère, qui exerce dans une commune une activité économique, commerciale ou industrielle est assujettie à la contribution des patentes. Il en est de même des personnes exerçant toute autre profession non comprise dans les exemptions et exonérations prévues aux articles C11 et C12 du CGI. Le fait générateur de cette contribution est l'exercice effectif et habituel de la profession ainsi que le but lucratif de celle-ci. La contribution des patentes est annuelle.

146. Les personnes exerçant une activité soumise à la patente sont tenues d'en faire la déclaration par écrit au centre des impôts compétent *dans les quinze (15) jours suivant le démarrage de l'activité*. Conformément à l'article C23 du CGI, les contribuables assujettis à la contribution des patentes sont tenus de déclarer et de s'acquitter en une seule fois des droits auxquels ils sont soumis : *dans les deux (2) premiers mois qui suivent le début de l'année fiscale, en cas de renouvellement de la patente, c'est-à-dire au plus tard à la fin du mois de février ; ou dans les deux (2) mois qui suivent la fin de l'exonération.*

La contribution des patentes est déclarée et liquidée par le redevable à l'aide d'un imprimé servi par l'administration ou directement en ligne via l'application de télédéclaration. Elle est payée à l'aide d'un bulletin d'émission ou d'un avis d'imposition (art. C24 du CGI).

147. Mais pour les entreprises relevant des unités de gestion spécialisées (DGE, CIME et CSI), le paiement de la patente se fait par virement bancaire dans le compte du receveur des impôts compétent.

2/ La contribution des licences

148. La contribution des licences est due par toute personne physique ou morale autorisée à se livrer à la vente en gros ou en détail à un titre quelconque ou à la fabrication des boissons alcoolisées ou non alcoolisées. La contribution des licences est annuelle et personnelle.

Les personnes exerçant une activité soumise à la contribution des licences sont tenues d'en faire la déclaration par écrit au centre des impôts compétent dans les dix (10) jours suivant le démarrage de l'activité. Conformément à l'article C23 du CGI, les contribuables assujettis à la contribution des licences *sont tenus de déclarer et de s'acquitter en une seule fois des droits auxquels ils sont soumis : dans les deux (2) premiers mois qui suivent le début de l'année fiscale, en cas de renouvellement de la contribution, c'est-à-dire au plus tard à la fin du mois de février. Ceux qui sont en début d'activité doivent payer la contribution dans les deux (2) mois qui suivent le démarrage des activités*. Il faut noter que le paiement de la contribution de licence ne dispense pas de l'obligation de payer la patente et inversement.

3/ L'impôt libératoire

149. Relèvent de l'impôt libératoire à l'exception des exploitants forestiers et des professions libérales, les entreprises individuelles qui réalisent un chiffre d'affaires annuel inférieur à 10 millions de FCFA (art. 93 quater du CGI). Cet impôt est exclusif du paiement de la patente, de l'impôt sur le revenu des personnes physiques et de la taxe sur la valeur ajoutée, sauf en cas de retenue à la source (art. C45 du CGI).

L'impôt libératoire qui est liquidé et émis par les services des impôts conformément à l'article C46 du CGI. *Il est acquitté trimestriellement et dans les quinze (15) jours qui suivent la fin de chaque trimestre à la caisse de la recette municipale*, conformément à l'article C47 du CGI.

150. Les personnes qui entreprennent une activité soumise à l'impôt libératoire sont tenues d'en faire la déclaration au service des impôts ou au bureau de la mairie, dans les lieux où le service des impôts n'est pas installé, dans les quinze (15) jours qui suivent le début de l'activité. Les contribuables qui entreprennent au cours de l'année une activité sujette à l'impôt libératoire ne doivent cet impôt qu'à compter du 1er jour du trimestre au cours duquel ils ont commencé d'exercer.

4/ La taxe foncière sur les propriétés immobilières (TFPI)

151. La taxe foncière sur les propriétés immobilières est un impôt dû annuellement, *au taux de 0,1 %, sur les propriétés immobilières bâties ou*

non, situées au Cameroun dans les chefs-lieux d'unités administratives. Sont également concernées, les propriétés susmentionnées lorsqu'elles sont situées dans les agglomérations bénéficiant d'infrastructures et de services urbains, c'est-à-dire des réseaux de voies carrossables ou bitumées, d'adduction d'eau, d'électricité et/ou de téléphone.

La TFPI est due par toute personne physique ou morale propriétaire de droit ou de fait des immeubles imposables. Elle est également due par les bénéficiaires des baux : emphytéotique, à construction, à réhabilitation, ou du titulaire d'une autorisation d'occupation temporaire du domaine public constitutive d'un droit réel.

152. La taxe foncière sur la propriété immobilière, dont le fait générateur est constitué par la propriété de droit ou de fait, *est exigible le 1er janvier de l'année d'imposition. Et elle doit être acquittée spontanément au plus tard le 15 mars* sur déclaration du redevable ou de son représentant (art. 579 du CGI).

Cette déclaration est souscrite et l'impôt payé auprès du centre des impôts du lieu de situation de l'immeuble. Mais, pour les entreprises relevant d'une unité de gestion spécialisée (DGE, CIME et CSI), la déclaration et le paiement sont effectués auprès de celle-ci (art. 582 du CGI).

153. À défaut de déclaration ou en cas de minoration, l'administration doit pour la fixation de la valeur taxable, recourir à l'évaluation administrative de l'immeuble conformément à l'article 546 bis du CGI et au décret du 4 juillet 2014 fixant les modalités d'évaluation administrative des immeubles en matière fiscale.

154. Les actes portant hypothèque, mutation de propriété ou de jouissance en matière immobilière ne peuvent recevoir la formalité de l'enregistrement que sur justification du paiement régulier de la taxe sur la propriété foncière (art. 583 du CGI).

Toute immatriculation au registre de la conservation foncière est conditionnée par la production d'une quittance de règlement de la TFPI ou la présentation d'un certificat de non-imposition délivré par le service des impôts compétent.

155. Les redevables de la TFPI autant que les personnes exonérées sont tenus de déposer au service des impôts territorialement compétent un double des titres de propriété, des permis de bâtir, des devis de construction et autres documents assimilés, dans le mois qui suit la date de leur délivrance. Les services émetteurs de ces documents sont

également tenus d'en adresser copie au service des impôts territorialement compétent.

Lorsque les documents susvisés sont établis au nom d'une collectivité, les co-indivisaires sont solidairement responsables du paiement de l'impôt dû assis au nom de leur mandataire. La même procédure est appliquée aux immeubles acquis en copropriété.

5/ La taxe sur les jeux de hasard et de divertissement

156. La taxe sur les jeux de hasard et de divertissement est instituée au profit des communes quelle que soit la nature de l'établissement qui les réalise (art. 206 du CGI). Les jeux de hasard concernés par cette taxe sont : les jeux de contrepartie tels que la boule, le 23, les roulettes, le 30 et 40, le black jack, les craps et tout autre jeu de même nature ; les jeux dits de cercle tels que le baccara à deux tableaux à banque limitée, l'écart, le baccara ; le baccara américain à deux tableaux à banque ouverte et tout autre jeu de même nature ; les machines à sous ou appareils dont le fonctionnement nécessite l'introduction d'une pièce de monnaie ou d'un jeton destiné ou non à procurer au joueur la chance d'un gain.

157. Aux termes des dispositions de la loi de finances pour l'exercice 2017, les jeux et paris effectués par les entreprises de téléphonie sont assujettis à la taxe sur les jeux de hasard et de divertissement au même titre que les jeux organisés par les entreprises spécialisées et dûment agréées à cet effet. Les entreprises de téléphonie concernées sont celles qui proposent des jeux et paris au travers des services de communication SMS, Internet ou les services à valeur ajoutée. L'assiette de cette taxe est constituée par le chiffre d'affaires réalisé sur les jeux et paris proposés aux abonnés par ces entreprises.

Les obligations relatives à la déclaration et à la perception de la taxe diffèrent en fonction de la nature des jeux, selon qu'il s'agit des casinos, des jeux organisés par les entreprises de téléphonie, ou des autres jeux de divertissement et des machines à sous.

158. **S'agissant des casinos**, le prélèvement est liquidé au taux de 15 % applicable au chiffre d'affaires réalisé au cours de la période d'imposition. Le paiement de la taxe est effectué dans les 15 jours qui suivent le mois de réalisation des opérations taxables. En cas de mise en service de nouveaux appareils en cours d'exercice, l'exploitant est tenu de souscrire une déclaration complémentaire et de s'acquitter des droits dans les 30 jours qui suivent l'évènement.

159. **En ce qui concerne les entreprises de téléphonie**, le prélèvement est liquidé au taux de 15 % applicable au chiffre d'affaires

réalisé sur les jeux et paris proposés aux abonnés au cours de la période d'imposition. Le paiement de la taxe est effectué dans les 15 jours qui suivent le mois de réalisation des opérations taxables.

La taxe sur les jeux de hasard et de divertissement n'est pas exclusive du paiement de la TVA et des droits d'accises sur les communications téléphoniques mobiles et services internet.

160. **Pour ce qui est des autres jeux de divertissement et machines à sous**, les personnes assujetties sont tenues de souscrire une déclaration entre le 1er janvier et le 31 décembre au service des impôts du lieu d'exploitation des machines. Le service liquide, les droits dus qui sont acquittés au plus tard le 31 mars.

F/ Les modalités pratiques de paiement des impôts, droits et taxes

161. Conformément à l'article L7 du LPF, toute personne tenue au paiement d'un impôt ou taxe ainsi qu'au versement d'impôts collectés par voie de retenue à la source auprès des tiers pour le compte de l'État ou de toute autre personne morale de droit public doit s'acquitter de sa dette auprès de la recette des impôts suivant les modalités ci-après :

- en espèces ou par voie électronique pour les montants inférieurs à cent mille (100 000) FCFA ;
- par chèque certifié, par virement bancaire ou par voie électronique pour les montants d'au moins cent mille (100 000) FCFA ;
- par virement bancaire ou par voie électronique pour les entreprises relevant d'une unité de gestion spécialisée ; c'est-à-dire la direction des grandes entreprises (DGE), les centres des impôts des moyennes entreprises (CIME) et les centres spécialisés des impôts (CSI).

§ 3 : La procédure de déclaration pré-remplie

162. La procédure de la déclaration pré-remplie a été instituée à l'article L2 bis du LPF par la loi du 16 décembre 2013 portant loi de finances pour l'exercice 2014. Nous examinerons sa définition et son champ d'application (A) et les modalités de sa mise en œuvre (B).

A/ Définition et champ d'application de la déclaration pré-remplie

163. La déclaration pré-remplie est une procédure permettant à l'administration fiscale, sur la base des renseignements à sa disposition sur les revenus, les biens ou toute autre matière imposable d'un contribuable, d'adresser à ce dernier une déclaration assortie d'une liquidation des impôts, droits et taxes y afférents.

La déclaration pré-remplie peut être mise en œuvre par tous les centres des impôts à l'encontre de tous les contribuables, disposant ou non de dossiers fiscaux, et relevant de leur ressort territorial ou y ayant leur domicile. Elle peut s'appliquer à tous les impôts, droits et taxes dont l'assiette et le recouvrement incombent à l'administration fiscale, y compris les taxes parafiscales, telles que les contributions au crédit foncier, au FNE et la redevance audiovisuelle.

B/ Les modalités de la mise en œuvre de la déclaration pré-remplie

164. Pour sa mise en œuvre, l'administration recommande à ses agents de s'assurer qu'ils ont une connaissance certaine des éléments d'imposition se rattachant soit au patrimoine, soit au revenu du contribuable. Ils doivent également s'assurer que le contribuable concerné est le redevable réel ou légal des impositions en cause.

Ces conditions réunies, la déclaration pré-remplie doit être servie au contribuable lorsque les délais d'exigibilité des impôts, droits ou taxes concernés sont échus. Ces délais, prévus par le CGI pour chaque type de prélèvement, à titre de rappel, ont été examinés au (§ 2). Les déclarations pré-remplies sont notifiées au contribuable dans ces délais.

165. Pour l'établissement de la déclaration pré-remplie, le service procède sur la base des informations en sa possession à la liquidation des impôts, droits et taxes dus par le contribuable et remplit sa déclaration en ses lieu et place. Cette liquidation devra prendre en compte les bases légales d'imposition, les taux et tarifs en vigueur et tous les éléments obligatoires devant figurer sur la déclaration des impôts en cause, notamment la période concernée, les délais de déclaration et de paiement.

Après son établissement, la déclaration pré-remplie, signée par le chef de centre des impôts ou l'inspecteur gestionnaire compétent, est notifiée au contribuable contre décharge. En cas de refus de décharger, mention de ce refus doit être faite par l'agent chargé de la notification sur la déclaration (art. L2 bis (2) du LPF).

En cas d'acceptation des termes de la déclaration pré-remplie, le redevable doit retourner ladite déclaration, accompagnée de moyens de paiement dans un délai de trente (30) jours, au centre des impôts de rattachement (art. L2 bis (3) du LPF).

166. *En revanche, en cas de désaccord sur les termes de la déclaration, le redevable est tenu d'adresser une demande de rectification* auprès du centre des impôts compétent dans *un délai d'un mois*, à compter de la date de réception de la déclaration.

L'administration fiscale et le contribuable disposent alors d'un délai de trente (30) jours pour arrêter les impositions définitives, constatées dans un avis de mise en recouvrement (AMR) (art. L2 bis (4)) du LPF. Le contribuable dispose d'un délai de quinze (15) jours pour régler sa dette. Passé ce délai, l'administration peut utiliser les voies de droit à sa disposition pour effectuer le recouvrement forcé des droits dus.

167. **Pour sa part, le redevable peut contester les impositions émises** dans le cadre de la procédure de déclaration pré-remplie en suivant la procédure contentieuse prévue dans les articles L116 et suivants du LPF. Il dispose alors d'un délai de trente (30) jours pour porter sa réclamation devant l'autorité compétente car s'il ne le fait pas dans ce délai, il sera forclos et les impositions arrêtées deviendront définitives.

Pour conclure, sur la procédure de la déclaration pré-remplie, il convient de souligner que depuis son entrée en vigueur au cours de l'exercice 2014, elle a surtout été utilisée avec un relatif succès en matière de taxe foncière.

§ 4 : Les obligations et délais de conservation des documents

168. Dans la mesure où le pendant du système déclaratif est le contrôle, les contribuables sont tenus de présenter à toute réquisition de l'administration fiscale, tous les documents et pièces comptables obligatoires complétés, le cas échéant par les éléments de la comptabilité spécifique à la nature de l'activité exercée, permettant d'établir la sincérité des éléments portés sur leurs déclarations (art. L4 du LPF).

169. Les livres, registres, documents ou pièces sur lesquelles peuvent s'exercer le droit de contrôle de communication ou d'enquête de l'administration fiscale, et ce, quelle que soit leur forme, doivent être conservés pendant un délai de dix (10) ans à compter de la date de la dernière opération qu'ils constatent ou de la date à laquelle les documents ont été établis (art. L5 du LPF).

Section 2 : Les procédures de contrôle des impôts droits et taxes

170. La confiance n'excluant pas la méfiance comme le dit si bien le vieil adage, le contrôle est le pendant du système déclaratif. En d'autres termes, les contribuables ont toute latitude pour déclarer et payer les impôts droits et taxes suivant leurs propres liquidations, mais l'administration dispose d'importantes prérogatives pour contrôler ces déclarations afin d'assurer la légalité de l'impôt et l'égalité devant

l'impôt. Pour parvenir à ses fins, elle dispose de plusieurs techniques de contrôle qu'elle peut mettre en œuvre. Il s'agit notamment des modes d'investigation ne donnant pas directement lieu à redressement (§ 1), et les contrôles fiscaux donnant directement lieu à redressement (§ 2), dans le cadre d'une procédure d'imposition contradictoire (§ 3) ou d'imposition d'office (§ 4) ; l'administration peut également utiliser la procédure d'abus de droit (§ 5).

§ 1 : Les modes d'investigation ne donnant pas directement lieu à redressement

Dans la catégorie de ces modes d'investigation, on peut répertorier, le droit de communication (A), le droit d'enquête (B), le droit de constatation des stocks (C), les demandes d'éclaircissements et de justifications (D).

A/ Le droit de communication

171. Le droit de communication prévu aux articles L42 à L48 du LPF est la prérogative par laquelle les agents de l'administration fiscale ayant au moins le grade de contrôleur, ont le droit d'obtenir sous forme matérielle et immatérielle la communication de certains documents et renseignements limitativement énumérés, détenus par les tiers, en vue de leur utilisation à des fins d'assiette, de contrôle, de recouvrement ou d'obtention des renseignements pour le compte d'une administration fiscale étrangère.

Pour bien cerner ce mode d'investigation, il convient de le distinguer du droit de vérification (1), d'indiquer les personnes qui y sont soumises (2), les conditions de mise en œuvre (3) et les sanctions en cas d'infraction (4).

1/ Distinction du droit de communication et du droit de vérification

172. Le droit de communication est différent de la vérification de comptabilité, dans la mesure où sa mise en œuvre nécessite un formalisme plus léger. De plus, ce droit peut se répéter plusieurs fois. Alors qu'une vérification de comptabilité, une fois achevée, ne peut se renouveler pour les mêmes impôts au titre de la même période.

173. Plus important encore, *le droit de communication ne peut jamais donner lieu à une notification de redressement*, comme le précise l'article L42 du LPF. Cette précision est très utile dans la mesure où l'administration fiscale a parfois l'habitude de camoufler, sous l'exercice du droit de communication, une vérification fiscale. Elle le fait le plus

souvent en notifiant les redressements dans le cadre d'un contrôle sur pièces, sur la base des informations obtenues après l'exercice du droit de communication. De manière systématique, lorsque ces redressements sont contestés par le contribuable, pour ce motif, les impositions litigieuses sont dégrevées par l'administration elle-même. À ce sujet, l'administration rappelle à ses agents « *d'éviter absolument à peine de nullité, de camoufler une vérification de comptabilité à travers l'exercice du droit de communication* »[41].

174. Pour résumer, le droit de communication a pour but d'« obtenir de façon unilatérale des renseignements utiles en vue de l'établissement de l'impôt » alors que la vérification de comptabilité a pour objet de « contrôler après examen de la comptabilité, l'exactitude et la sincérité des déclarations souscrites par un contribuable et d'assurer éventuellement à l'issue de ce contrôle, l'établissement de l'impôt ou taxes indûment éludés ».

2/ Les personnes et organismes soumis au droit de communication

175. Sont soumis au droit de communication, conformément à l'article L43 du LPF, toutes les personnes physiques ou morales versant des salaires, des honoraires, des droits d'auteur, encaissant, gérant, distribuant des fonds pour le compte de leurs adhérents, toutes les administrations publiques, y compris la police et la gendarmerie, les entreprises et les établissements publics, ou les organismes contrôlés par l'autorité administrative, les organismes de sécurité sociale, les tribunaux, toutes les personnes ayant la qualité de commerçant, d'industriel, d'artisan, d'agriculteur, ou exerçant une profession libérale, les personnes effectuant les opérations d'assurance, les banques, les intermédiaires professionnels de bourses de valeurs, les dépositaires de documents publics et les sociétés astreintes, notamment à la tenue de registres de transferts d'actions ou d'obligations, de feuilles de présence aux assemblées générales, de procès-verbaux des conseils d'administration et des rapports des commissaires aux comptes.

176. S'agissant particulièrement des entreprises commerciales qui constituent la catégorie la plus importante des personnes soumises au droit de communication, l'agent des impôts peut notamment prendre connaissance des livres obligatoires (livre-journal, grand-livre, livre d'inventaire), de tous les livres et documents annexes y compris les

[41] Instruction n° 535/MINEFI/DI/LC/L du 16 septembre 2002 précisant les modalités d'application de la loi du 19 avril 2002 portant Code général des impôts, p. 19.

correspondances reçues et les copies des lettres envoyées, ainsi que des pièces de recettes et de dépenses.

3/ La mise en œuvre du droit de communication

177. Le droit de communication ne peut être exercé que par les agents des impôts ayant au moins le grade de contrôleur ou assimilé, dûment mandatés à cet effet (art. L42 du LPF). S'il est facile de déterminer les agents des impôts ayant le grade de contrôleur, il n'est pas aisé de déterminer les agents ayant le grade assimilé à celui de contrôleur des impôts. Mais l'essentiel est que les agents compétents pour exercer le droit de communication doivent avoir au moins le grade de contrôleur des impôts.

178. La mise en œuvre pratique du droit de communication requiert un envoi préalable par l'administration d'un avis de passage, conformément à l'article L44 du LPF. Après réception de cet avis, la personne ou l'organisme sollicité dispose d'un délai de 15 jours pour communiquer les informations demandées à compter de la réception de l'avis de passage, le cachet de la poste, ou le bordereau de décharge en cas de remise en main propre, faisant foi.

179. Le droit de communication s'exerce en principe sur place, c'est-à-dire au lieu de l'exploitation (art. L45 du LPF). Pour les entreprises, il s'agit normalement du siège de direction et plus précisément des lieux où sont effectivement détenus les documents visés par le droit de communication. Mais les agents des impôts peuvent prendre copie des documents concernés sans que les personnes soumises énumérées à l'article L43 du LPF, puissent s'y opposer.

180. Dans le cas spécifique d'une procédure de remboursement des crédits de TVA, l'administration fiscale peut, à partir du bureau, demander communication de tout ou partie des informations relatives à un dossier. Dans ces conditions, la communication desdites informations est précédée de la formule « *Je déclare sur l'honneur exactes les informations ci-après communiquées, faute de quoi, je m'expose aux sanctions prévues à l'article L104 du LPF* ».

181. Lors de l'exercice du droit de communication, les agents des impôts doivent s'abstenir de tout examen critique des documents. Et les personnes ou organismes sollicités ne sauraient leur opposer le secret bancaire ou le secret professionnel (art. L42 du LPF). L'explication de cette non-limitation vient du fait que les agents des impôts sont aussi tenus au secret professionnel (art. L47 du LPF). *Ne sont couvertes par le secret professionnel que les informations exclusivement relatives au*

dossier médical des patients ou à la sécurité nationale et classées « secret défense ».

4/ Sanctions en cas d'infractions

182. Toute personne qui s'abstient de répondre, se soustrait ou s'oppose au droit de communication, au terme du délai de 15 jours, fait l'objet d'une mise en demeure valant commandement de communiquer. Il dispose alors de huit (8) jours pour s'exécuter. À défaut, il encourt les sanctions prévues à l'article L104 du LPF, c'est-à-dire une amende forfaitaire pouvant aller jusqu'à cinq millions (5 000 000) de FCFA et une astreinte de cent mille (100 000) FCFA par jour de retard au-delà des délais indiqués sur la demande.

B/ Le droit d'enquête

183. Le droit d'enquête prévu aux articles L10 et L49 à L50 du LPF est une procédure d'investigation administrative permettant aux agents de l'administration fiscale d'intervenir, de manière inopinée, dans les entreprises assujetties à la TVA. Il se distingue du droit de communication dont il n'a pas le caractère passif. Il ne peut en conséquence être utilisé pour une opération autre que le contrôle de la TVA. Nos éclairages portent sur les documents contrôlés (1) et la mise en œuvre de la procédure (2).

1/ Les documents contrôlés

184. Les documents contrôlés dans le cadre du droit d'enquête sont listés à l'article L49 du LPF, qui dispose que les agents des impôts ayant au moins le grade de contrôleur, peuvent se faire présenter, sous forme matérielle ou immatérielle, des factures de la comptabilité des matières ainsi que les livres, registres et documents professionnels pouvant se rapporter à des opérations ayant donné lieu ou devant donner lieu à facturation. Ils peuvent également se faire présenter tous les documents douaniers justifiant la perception de la TVA à l'importation, la réalité d'une exportation, ou l'application d'un régime suspensif. Les agents du fisc peuvent prendre copie de tous ces documents.

2/ La mise en œuvre de la procédure

185. Pour l'exercice du droit d'enquête, les agents des impôts peuvent accéder aux locaux à usage professionnel, aux terrains, aux entrepôts, aux moyens de transport à usage professionnel et à leur chargement, pour procéder à la constatation matérielle des éléments physiques de l'exploitation (art. L49 du LPF). Dans le cadre spécifique d'une procédure de remboursement des crédits de TVA, le droit d'enquête

permet à l'administration de s'assurer de l'authenticité des factures et autres documents produits.

186. Lors de la première intervention qui est inopinée, un avis d'enquête est remis à l'assujetti ou à son représentant. En l'absence de l'assujetti ou de son représentant, l'avis est remis à la personne qui reçoit les enquêteurs et, dans ce cas, un procès-verbal est établi et signé par toutes les parties. Chaque intervention fait l'objet d'un procès-verbal relatant les opérations effectuées (art. L50 du LPF).

187. Dans les trente jours qui suivent la dernière intervention ou la dernière audition, un procès-verbal consignant les manquements constatés ou l'absence de tels manquements est rédigé. La liste des pièces ayant permis la constatation des infractions y est annexée. Le procès-verbal est signé par les agents ayant participé à l'intervention et par l'assujetti, dont son éventuel refus de le signer fait l'objet d'une Mention.

188. Comme le droit de communication, le droit d'enquête ne peut en lui-même donner lieu à notification de redressement. Il peut seulement déclencher une vérification de comptabilité. En conséquence, toute personne qui se soustrait ou s'oppose à l'exercice du droit d'enquête, fait l'objet d'une mise en demeure de s'exécuter. À défaut, il encourt les sanctions prévues à l'article L104 du LPF, qui sont les mêmes que celles concernant le droit de communication.

C/ Le droit de constatation des stocks

189. Le droit de constatation des stocks est une procédure d'investigation nouvelle, prévue à l'article L50 ter du LPF. Cette procédure permet aux agents de l'administration fiscale d'intervenir, de manière inopinée, dans les entreprises pour déterminer les stocks existants, les manquements constatés ou l'absence de tels manquements au regard des règles comptables fiscalement admises en matière de gestion des stocks. L'identification des contribuables soumis à ce contrôle (1) sera suivie de l'examen de la mise en œuvre de cette procédure (2).

1/ Les personnes soumises au droit de constatation des stocks

190. Contrairement au droit d'enquête, qui ne concerne de manière exclusive que les contribuables assujettis à la TVA, pour le contrôle de la facturation de cet impôt, le droit de constatation des stocks qui a été introduit dans la législation fiscale par la loi du 15 décembre 2015 portant loi de finances pour l'exercice 2016, concerne tous les contribuables gérant les stocks, qu'ils soient assujettis à la TVA ou non.

2/ La mise en œuvre du droit de constatation des stocks

191. La constatation des stocks est mise en œuvre par les agents de l'administration fiscale ayant au moins le grade d'inspecteur des impôts. Toutefois, ceux-ci peuvent être accompagnés des agents de grade inférieur qui, ne sont cependant pas habilités à signer les procès-verbaux de constatation. On voit là une différence majeure avec le droit d'enquête et le droit de communication pour lesquels les agents compétents doivent avoir au moins le grade de contrôleur des impôts.

192. S'agissant d'un contrôle inopiné, l'administration n'est pas obligée d'informer préalablement le contribuable du déclenchement de celui-ci. Mais elle a l'obligation de servir au contribuable ou à son représentant un avis de passage, contre décharge, lors de la première intervention. Cet avis doit mentionner : l'objet de l'intervention (la constatation des stocks), le ou les exercices visés par la procédure, l'identité du ou des agents intervenants, les documents physiques ou immatériels à mettre à disposition.

193. Sauf circonstances exceptionnelles dûment motivées, les opérations de constatation matérielle des stocks ne peuvent s'étaler sur une période excédant trente (30) jours. Dans les trente jours qui suivent la fin de la procédure de constatation des stocks, un procès-verbal déterminant les stocks existants, les manquements constatés ou l'absence de ces manquements, doit être rédigé. Ce procès-verbal est signé par les agents ayant participé à l'intervention et par le contribuable. Mention est faite de son éventuel refus de signer.

194. Enfin, la constatation des stocks ne peut en elle-même donner lieu à notification de redressement et les sanctions encourues par le contribuable en cas de soustraction ou d'opposition sont les mêmes que celles prévues pour le droit d'enquête.

D/ Les demandes d'éclaircissements et de justifications

195. L'administration peut, à des fins de contrôle fiscal, demander par écrit aux contribuables, tous les renseignements, justifications ou éclaircissements relatifs aux déclarations souscrites et aux actes déposés, y compris pour les catégories de revenus pour lesquels ils ne sont pas astreints à la tenue d'une comptabilité (art. L22 du LPF). Ces demandes qui relèvent d'une simple procédure d'information ne débouchant pas directement sur une notification de redressement, peuvent se révéler piégeuses pour le contribuable en cas de refus de répondre aux sollicitations de l'administration. Nous examinerons l'étendue de ces deux demandes (1), leur mise en œuvre (2) et les conséquences de

l'absence de réponse aux sollicitations de l'administration, c'est-à-dire une taxation d'office (3).

1/ L'étendue des deux demandes

196. **La demande d'éclaircissements** a pour objet de solliciter du contribuable des explications sur tous les points de sa déclaration qui peuvent paraître obscurs tant sur la forme que sur le fond. Ces explications peuvent porter : soit sur les discordances relevées entre divers points de la déclaration, soit entre les énonciations de la déclaration souscrite et celles des années antérieures, ou entre les données figurant sur une déclaration et les renseignements fournis par les tiers. La demande d'éclaircissement est moins contraignante que la demande de justification.

197. **La demande de justifications**, pour sa part, vise à obtenir du contribuable des preuves ou au moins un commencement de preuve sur les éléments contenus dans sa déclaration et qui servent de base au paiement des impôts, droits et taxes. Pour cette raison, elle est plus contraignante que la demande d'éclaircissement. Les justifications sollicitées peuvent porter sur toutes les allégations contenues dans la déclaration.

2/ La mise en œuvre des deux demandes

198. La demande d'éclaircissements et de justifications est adressée au contribuable par écrit, avec remise en main propre contre décharge, ou par poste en recommandé avec accusé de réception. Cette demande qui doit être suffisamment claire et précise, doit notamment indiquer au contribuable, de manière explicite, les points sur lesquels elle porte, pour lui permettre de savoir donner avec exactitude les explications et les justifications utiles sollicitées par l'administration. De ceci, il découle qu'une demande qui n'est pas suffisamment explicite est irrégulière et la réponse du contribuable ne peut être regardée en conséquence comme équivalant à un défaut de réponse.

199. S'agissant des procédures qui ne donnent pas lieu à notification de redressement, l'application de l'article L22 n'exclut ni les demandes successives, ni la multiplicité des questions. Telle est d'ailleurs la position du Conseil d'État français[42].

200. Dès réception de la demande, le contribuable dispose d'un délai de trente (30) jours pour répondre à l'administration. Ce délai doit être

[42] CE, 16 mars 1988, n° 59754, cité par Jacques GROSCLAUDE et Philippe MARCHESSOU, *Procédures fiscales*, Dalloz, 2e éd., 2001, p. 127.

précisé dans la demande, sous peine de nullité de la procédure, au regard de l'instruction du 16 septembre 2002[43]. Cette nullité n'est pas explicitement envisagée dans l'article L22 du LPF. Mais en vertu du principe de l'opposabilité de la doctrine administrative à l'administration, le contribuable peut utilement l'invoquer. La demande doit également indiquer au contribuable qu'il s'expose à la procédure de taxation d'office, s'il ne répond pas ou s'il répond tardivement.

3/ La sanction du refus de répondre : la taxation d'office

201. La demande d'éclaircissements ou de justifications ne donne pas directement lieu à une notification de redressement. En effet, si en exploitant la réponse du contribuable à ces demandes, les services d'assiette adressent une notification de redressement au contribuable, le redressement envisagé sera voué à l'annulation. L'administration sera prise en flagrant délit de vérification déguisée de comptabilité.

202. C'est pourquoi le contribuable a un intérêt impérieux à répondre aux demandes d'éclaircissements et de justifications dans le délai de trente (30) jours dès réception de la correspondance de l'administration, comme le précise le dernier alinéa de l'article 22 du LPF. La réponse du contribuable aux sollicitations de l'administration ne doit pas être de pure forme. Elle doit être pertinente, précise et complète en clarifiant et en apportant les justifications sur tous les points soulevés par la demande. En effet, une réponse insuffisante est assimilée à une absence de réponse. Sont considérées comme insuffisantes, « *sous le contrôle du juge, les réponses faites d'allégations non appuyées des preuves convaincantes requises par la loi. Ainsi à titre d'exemple sont considérées comme insuffisantes les justifications alléguant l'octroi de prêts sans précision de date, les gains de jeux invérifiables, les dons manuels sans commencement de preuve* »[44].

203. Si les explications et les justifications apportées ne peuvent pas donner lieu à un redressement, l'absence de réponse, la réponse tardive, c'est-à-dire au-delà du délai de trente (30) jours ou la réponse insuffisante, peuvent entraîner l'application de la procédure de taxation d'office prévue aux articles L29 et suivants du LPF. Or, dans une telle procédure, la charge de la preuve incombe au contribuable. En clair, l'administration va arrêter les impositions et il reviendra au contribuable en contentieux d'en démontrer le mal-fondé.

---

[43] Instruction n° 535/MINEFI/DI/LC/L du 16 septembre 2002 précisant les modalités d'application de la loi du 19 avril 2002 portant Code général des impôts, p. 15.

[44] Jacques GROSCLAUDE et Philippe MARCHESSOU, *Procédures fiscales*, Dalloz, 2e éd., 2001, p. 128.

§ 2 : Les contrôles fiscaux donnant directement lieu à redressement

204. Le droit dont disposent les services fiscaux pour rappeler les impôts, droits ou taxes insuffisamment ou non acquittés par les contribuables s'exerce dans des délais précis qui sont tantôt appelés délais de reprise ou délai de répétition (A). Dans la typologie des contrôles donnant lieu à rappel ou mieux à notification de redressement, il y a deux grands types de contrôles, en fonction du lieu où ils se déroulent : le contrôle sur pièce au sens strict légal du terme qui se déroule dans les locaux de l'administration (B) et le droit de vérification qui se déroule sur le lieu d'exploitation et qui suppose, de la part de l'administration, une confrontation des documents détenus par elle avec ceux détenus par le contribuable. Bien plus, le droit de vérification oblige les agents de l'administration à une recherche critique de conformité ou de cohérence des documents vérifiés. Ce droit comprend essentiellement, la vérification de comptabilité qui concerne les entreprises (C) et la vérification de la situation fiscale d'ensemble pour les personnes physiques (D).

A/ Les délais de reprises

205. Le droit qui appartient à l'administration fiscale dans le cadre des contrôles fiscaux, pour la réparation des omissions, insuffisances ou erreurs commises dans l'établissement de l'impôt, ne peut être exercé que pendant un certain délai, dit délai de reprise ou de répétition. Pour être régulières, les impositions doivent être mises en recouvrement avant l'expiration de ce délai. Dans les procédures fiscales camerounaises, on recense un délai général et les délais particuliers pour les droits d'enregistrement et de timbre.

1/ le délai général

206. Le délai général est de quatre (4) ans après l'année d'exigibilité de l'impôt et, il s'applique aux impôts directs, aux impôts sur le chiffre d'affaires et autres droits et taxes assimilés. Ce délai est prévu à l'article L34 du LPF qui dispose que « *les omissions totales ou partielles constatées dans l'assiette de l'impôt, les insuffisances et inexactitudes ou les erreurs d'imposition, peuvent être réparées par l'administration jusqu'à la fin de la quatrième année suivant celle au titre de laquelle l'impôt ou la taxe est **exigible*** ». Le point de départ de ce délai est la date d'exigibilité de l'impôt. L'exigibilité d'une créance publique « *s'entend de la date où prend naissance le droit pour l'administration à être*

payée »[45]. Il s'agit donc de la date butoir accordée par la loi au contribuable pour le paiement de l'impôt. Au-delà de cette date, les pénalités de retard s'appliquent et les poursuites peuvent être engagées.

207. Au regard de ces dispositions, l'impôt sur les sociétés (IS) est exigible le 15 mars de l'année suivant la clôture de l'exercice fiscal, conformément à l'article 18 (1) du CGI. On ne peut pas en effet considérer les échéances de déclaration du chiffre d'affaires mensuel, le 15 de chaque mois, suivant le mois de l'activité, en vue du paiement des acomptes de 2,2 %, pour les contribuables imposés au régime du réel et 5,5 %, pour ceux qui sont imposés au régime simplifié. Il s'agit d'un paiement anticipé de l'impôt définitivement dû, même si ces acomptes constituent le minimum de perception. En effet, l'IS définitivement dû ne peut être connu avec précision qu'à la clôture de l'exercice, c'est-à-dire au 31 décembre de l'année. C'est à cette date que sont connus toutes les charges supportées par l'entreprise et tous les produits encaissés, pour calculer le bénéfice servant de base à la détermination de l'IS définitivement dû. C'est cet IS qui est exigible le 15 mars de l'année suivant la clôture.

208. Dans cette logique, et à titre d'exemple, pour l'IS dû au titre de l'exercice clos au 31 décembre 2011, la date d'exigibilité est fixée au 15 mars 2012. En conséquence, le droit de répétition de l'administration court jusqu'au 31 décembre 2016, date qui constitue la fin de la quatrième année suivant l'année au titre de laquelle l'impôt est devenu exigible. Si la lettre de la loi était respectée, le délai de reprise excèderait dans le cas de l'IS quatre (4) ans et il serait plus exactement de quatre (4) ans et neuf (9) mois. Mais, dans la pratique, l'administration fiscale camerounaise se limite à 4 ans, en raisonnant comme si l'exigibilité de l'impôt intervenait le 31 décembre, date de clôture de l'exercice et du fait générateur de l'IS. Les choses auraient été ainsi, si la loi avait repris pour l'IS, la même formulation que celle retenue pour les bénéfices industriels et commerciaux (BIC), des bénéfices agricoles (BA) et les bénéfices non commerciaux (BNC).

209. Car, pour les BIC, BA et BNC, l'article 68 (2) du CGI précise que l'exigibilité, s'agissant des contribuables imposés au régime du réel, intervient lors de la réalisation du fait générateur, c'est-à-dire le 31 décembre de l'année d'exploitation. Dans ce cas de figure, le délai de reprise est clairement de quatre (4) ans.

---

[45] Stéphanie DAMAREY, *Termes de finances publiques*, Gualino éditeur, 2006, p. 112.

210. En ce qui concerne l'IRPP en matière de traitements, salaires et rentes viagères, de revenus de capitaux mobiliers, de BIC, BA et BNC, pour les contribuables relevant du régime simplifié, l'exigibilité intervient au moment de la mise à disposition. Le délai de reprise est ici de quatre ans après la clôture de l'exercice.

211. **Pour terminer, lorsqu'une instance civile, commerciale ou pénale ou qu'une activité administrative a révélé l'existence d'une fraude**, le droit de reprise de l'administration s'exerce jusqu'à la fin de la quatrième année suivant celle de la révélation des faits. Ce qui signifie que si une instance a révélé l'existence d'une fraude pratiquée au titre de l'exercice 2012 en 2016, le droit de reprise pour cette fraude peut être exercé jusqu'en 2020, qui est la quatrième année qui suit celle de la révélation de la fraude. La révélation de la fraude ouvre par conséquent à l'administration un nouveau délai de quatre (4) ans.

2/ Les délais particuliers

Les délais particuliers sont surtout applicables en matière de droit d'enregistrement. Ici deux délais sont à considérer : le délai de droit commun relatif à la demande des droits d'enregistrement en général et le délai spécial relatif à la demande des droits de succession.

212. **S'agissant du délai de droit commun en matière d'enregistrement**, l'article 334 (1) du CGI dispose qu'il y a prescription pour la demande des droits après le dernier jour du délai de cinq (5) ans à compter du jour de l'enregistrement d'un acte ou autre document ou d'une déclaration qui révèle suffisamment l'exigibilité de ces droits sans qu'il soit nécessaire de recourir à des recherches ultérieures.

213. **Pour ce qui est des droits de succession**, il ressort des dispositions combinées des articles 334 (2) et 560 (1) du CGI, que la prescription qui court contre l'administration pour la demande des droits de mutation par décès est de trente (30) ans. Cette prescription s'applique à toutes les successions anciennes ouvertes et non déclarées à l'administration fiscale, quelle que soit la date de décès. L'ancien délai était de dix (10) ans, l'administration l'a porté à trente (30) ans pour éviter les pertes fiscales causées par les successions non déclarées du fait des dissensions dans les familles, notamment pour les successions à forts enjeux.

B/ Le contrôle sur pièces

214. Le contrôle sur pièces (CSP) prévu à l'article L21 du LPF est le contrôle effectué par l'administration dans ses locaux sur les déclarations

souscrites par les contribuables sans envoi préalable d'un avis. Ce contrôle qui a un champ d'application vaste (1) a une portée limitée (2).

1/ Le champ d'application des contrôles sur pièces

215. Au regard de l'article L21 du LPF, l'administration peut procéder au contrôle des déclarations souscrites par les contribuables, depuis les locaux, sans envoi d'un avis préalable dans le cadre de contrôle sur pièces. De la lecture de cette disposition, il résulte que le CSP peut porter sur toutes les déclarations donnant lieu à paiement des impôts souscrites par les contribuables. Ce qui implique également que tous les impôts, droits et taxes auxquels est assujetti le contribuable, peuvent faire l'objet d'un contrôle sur pièces, sans que le contribuable puisse opposer à l'administration la moindre objection.

2/ La portée limitée des contrôles sur pièces

Les contrôles sur pièces ont une portée limitée, pour deux principales raisons tenant à la limitation des investigations à effectuer par les services d'assiette et à la possibilité, à tout moment d'un nouveau contrôle suivi d'un nouveau redressement, sur les mêmes impôts, droits et taxes durant la même période.

216. **S'agissant de la première limitation**, à la différence de la vérification générale de la comptabilité qui offre à l'administration une grande marge de manœuvre et de larges pouvoirs d'investigation, le CSP a une portée très limitée. Ainsi, au regard de l'article L21 alinéa 2 du LPF, les contrôles sur pièces se « *limitent à l'examen des déclarations, des actes utilisés pour l'établissement des impôts et taxes ainsi que des documents déposés en vue d'obtenir des déductions, des restitutions ou des remboursements* ». L'alinéa 3 précise que le CSP « *est un contrôle de cohérence des déclarations du contribuable et non pas un contrôle général de comptabilité* ». Dans plusieurs circulaires, les contours du CSP ont été précisés. C'est notamment le cas avec l'instruction n° 535/MINEFI/DI/LC/L du 16 septembre 2002 qui rappelle que le CSP « *est un contrôle de cohérence effectué au bureau de l'inspecteur au vu des seuls éléments contenus dans les dossiers individuels des contribuables et plus particulièrement dans ses déclarations* ». L'instruction n° 1107/MINFI/DI/DECF du 10 mars 2003 portant modalité d'exécution du contrôle sur pièces avertit que « *la transformation du contrôle sur pièces en vérification de comptabilité sans envoi préalable d'un avis de vérification peut entraîner la nullité des redressements pour vice de procédure* ». Enfin, la circulaire cadre du 8 mai 2008 relative au contentieux fiscal va dans le même sens et ajoute

« *qu'aucun document ayant servi à l'enregistrement d'une opération en comptabilité ne doit être réclamé à l'usager dans le cadre d'un contrôle sur pièces* ».

217. Au regard de tout ce qui précède, le CSP consiste en un examen critique et exhaustif de tous les points de la déclaration avec à l'appui, les renseignements dont disposent l'administration fiscale et qui figurent au dossier du contribuable. L'administration ne doit pas solliciter de ce dernier les éléments détaillés de sa comptabilité dont la production n'est pas obligatoire lors de la déclaration, pour effectuer les redressements. En revanche, lorsqu'elle dispose des renseignements concernant le contribuable et figurant dans le dossier fiscal de ce dernier et suffisamment précis, pour rectifier la déclaration de ce dernier, elle est fondée à effectuer le redressement dans le cadre d'un CSP en utilisant la procédure de redressement contradictoire.

218. C'est notamment le cas des informations et renseignements fournis obligatoirement à l'administration par les contribuables, en application de l'article 101 du CGI. Cette disposition oblige tout chef d'entreprise à fournir avant le 15 mars, sous forme de bulletin individuel par bénéficiaire, une déclaration des sommes versées au cours de l'année écoulée : appointements et leurs accessoires de toutes sortes versés à chacun des membres de son personnel salarié ; sommes diverses dépassant 250 000 FCFA versées à des tiers à titre de commissions, courtages, ristournes, honoraires, loyers, vacations, droits d'auteurs ou d'inventeurs et autres rémunérations occasionnelles ou non ; le listing des achats par fournisseur avec mention de leur numéro d'identification et le montant des achats de l'exercice. Ces informations dans le dossier fiscal d'un contribuable peuvent révéler une minoration de chiffre d'affaires. À titre d'illustration, un contribuable peut déclarer à l'administration fiscale dans sa déclaration statistique et fiscale (DSF) un chiffre d'affaires de 200 millions, alors que dans son dossier fiscal, l'administration a obtenu d'un de ses clients des renseignements indiquant des achats de 500 millions, pour le même exercice. L'administration sera fondée à opérer un redressement fiscal à hauteur du chiffre d'affaires non déclaré, sur la base d'un simple contrôle de cohérence.

219. *La transformation d'un CSP en une vérification de comptabilité est un motif récurrent de dégrèvement des impositions par les services du contentieux du DGI et du ministre des Finances*. Les services d'assiette sont souvent pris à défaut lorsque, dans le cadre des CSP, ils sollicitent auprès des tiers des informations au travers du droit de communication et sur la base de ces informations, corrigent les déclarations des

contribuables en émettant des impositions supplémentaires. Ces impositions font généralement l'objet des dégrèvements, pour transformation du droit de communication en droit de vérification. Dans la même logique, les informations collectées par le biais du droit d'enquête, du droit de constatation des stocks et des demandes d'éclaircissements et de justifications, ne peuvent donner lieu à redressement dans le cadre d'un contrôle sur pièces. Dans tous ces cas, la supercherie sera qualifiée de vérification déguisée de comptabilité, et les redressements subséquents ne pourront pas survivre à une réclamation contentieuse, pour vice de procédure.

220. **Pour ce qui est de la seconde limitation**, le CSP n'immunise pas le contribuable contre un autre contrôle, pour les mêmes impôts, droits et taxes durant la même période. C'est notamment le cas dans le cadre d'une vérification de comptabilité dans les entreprises ou d'une vérification de la situation fiscale d'ensemble pour les personnes physiques en matière d'IRPP. En effet, seule une vérification peut empêcher les services fiscaux d'opérer les redressements nouveaux sur les impôts, droits et taxes sur la même période.

C/ La vérification de comptabilité

221. Les Professeurs Jacques Grosclaude et Philippe Marchessou définissent la vérification de comptabilité comme « *un ensemble d'opérations qui a pour objet d'examiner la comptabilité d'une entreprise et de la confronter aux éléments d'exploitation et aux renseignements détenus par l'administration afin de mesurer la sincérité et l'exhaustivité des déclarations souscrites* »[46]. Sont donc concernés par cette vérification, les contribuables soumis à l'obligation de tenir une comptabilité, pour l'activité faisant l'objet d'un contrôle fiscal. Cette obligation incombe notamment aux commerçants, aux industriels, aux membres des professions libérales et aux exploitants agricoles.

Les développements qui suivent porteront sur la typologie des vérifications de comptabilité (1), le déclenchement de la vérification (2), son déroulement (3) et sa fin (4).

1/ La typologie des vérifications de comptabilité

222. Le Livre des procédures fiscales dans ses articles L15 à L16 bis distingue plusieurs types de vérifications de comptabilité à savoir, *la*

[46] Jacques GROSCLAUDE et Philippe MARCHESSOU, *Procédures fiscales*, Dalloz, 2e éd., 2001, p. 144.

vérification générale, la vérification partielle, la vérification inopinée et *le contrôle ponctuel*.

223. *La vérification est dite « générale »* lorsqu'elle porte sur l'ensemble des impôts, droits et taxes dont le contribuable est redevable, au titre de la période non prescrite. Pour ce genre de vérification, l'administration n'est pas obligée de préciser sur l'avis de vérification les impôts, droits et taxes soumis au contrôle.

224. *La vérification est dite partielle* dans deux cas de figure : premièrement, une vérification est partielle lorsque le contrôle porte sur l'ensemble des impôts, droits ou taxes dus au titre d'un exercice fiscal. En second lieu, la vérification est partielle lorsque le contrôle porte sur un impôt, sur tout ou une partie de la période non prescrite. Dans les deux hypothèses, cela doit être précisé dans l'avis de vérification.

225. *La vérification est inopinée* lorsque, conformément à l'article L15 du LPF, l'administration intervient dans l'entreprise sans envoi préalable de l'avis de vérification. C'est lors de la première intervention qu'elle remet l'avis de vérification et un exemplaire de la charte du contribuable, qui en accuse réception. Lors de cette intervention, l'administration se limite à effectuer sur procès-verbal des constatations matérielles. De fait, il s'agit des constatations d'éléments physiques de l'exploitation tels que les stocks, l'outil de production, les prix pratiqués ou documents comptables tenus par le contribuable, sans pouvoir procéder à un examen critique de la comptabilité. L'examen critique de la comptabilité ne débute qu'après l'expiration du délai légal de 15 jours après la remise de l'avis de vérification.

226. La doctrine administrative ne prescrit le recours à la vérification inopinée que pour des cas bien précis, en particulier lorsque l'administration est en droit de penser qu'informer le contribuable à l'avance pourrait lui permettre de soustraire les éléments utiles à la vérification, ou de faire disparaître, par exemple, des pièces comptables ou des biens stockés[47].

227. *Le contrôle ponctuel*, conformément à l'article L16 bis du LPF, porte sur les impôts, droits et taxes à versement spontané. Il consiste à contrôler ces prélèvements sur une période inférieure à un exercice fiscal. Dans ce cas, un avis de passage est servi au contribuable, au moins huit (8) jours avant la date prévue pour la première intervention.

---

[47] Instruction n° 535/MINEFI/DI/LC/L du 16 septembre 2002 précisant les modalités d'application de la loi du 19 avril 2002 portant Code général des impôts, p. 13.

2/ Le déclenchement de la vérification

228. La procédure de vérification de comptabilité est déclenchée par l'envoi ou la remise préalable au contribuable d'un *avis de vérification* auquel est jointe *la charte du contribuable*. En effet, l'article L13 (1) du LPF dispose qu'au moins quinze (15) jours avant la date prévue pour la première intervention, l'administration des impôts adresse sous pli recommandé ou en mains propres avec accusé de réception ou par bordereau de décharge un avis de vérification de comptabilité et un exemplaire de la charte du contribuable qui l'informent de la possibilité qu'il a de se faire assister d'un conseil de son choix. Mention doit être faite dans l'avis de vérification sous peine de nullité. Au regard de cette disposition, l'avis de vérification doit être envoyé au moins quinze (15) jours avant la date prévue pour la première intervention. Avant la loi de finances pour l'exercice 2015, ce délai était de huit (8) jours. Le législateur l'a porté à 15 jours pour tenir compte des multiples reports sollicités par les contribuables. L'avis doit être envoyé soit au domicile du contribuable, soit au lieu du principal établissement. Il peut également être adressé au siège ou au lieu de direction effective. Un avis de vérification est régulièrement notifié lorsqu'il est remis à l'adresse du contribuable, même si en l'absence de ce dernier cette remise est faite à un tiers.

229. **L'avis de vérification doit obligatoirement être accompagné, sous peine de nullité de la procédure, de la charte du contribuable** qui indique à la personne contrôlée ses droits et ses obligations lors du contrôle. La Chambre administrative de la Cour suprême a rappelé avec force l'importance de la charte du contribuable sur la régularité de la procédure de contrôle, en annulant une vérification de comptabilité pour défaut de cette pièce, dans l'affaire OUMAROU SALLAHEDINE/contre État du Cameroun[48]. L'avis de vérification ne doit pas également omettre d'informer le contribuable de son droit à être assisté par le conseil de son choix, sous peine de nullité de la procédure.

---

[48] CS/CA, jugement n° 11/2009/CA/CS du 14 janvier 2009, affaire OUMAROU SALLAHEDINE C/ État du Cameroun (MINFI), « qu'il résulte de la lecture combinée de ces dispositions légales (art. L13 et L15 du LPF), qu'une obligation de transmission ou de remise d'un exemplaire de la charte du contribuable, lors de l'envoi de l'avis de vérification ou à l'occasion d'un contrôle inopiné incombe à l'administration des impôts à peine de nullité des vérifications effectuées au mépris de ladite obligation ; attendu que les avis de vérification des 13 janvier et 10 mars 2004… ne font nullement état de la transmission ou remise de la charte instituée par les textes de loi sus-cités ; qu'ainsi, la procédure ayant abouti à la vérification contestée a été viciée faute de ladite transmission ou remise ; qu'il s'ensuit que la vérification de comptabilité litigieuse encourt annulation ».

230. Les vérifications sur place peuvent être reportées, conformément à l'article L14 du LPF, du fait de l'administration ou de celui du contribuable. Dans le premier cas, le contribuable est obligatoirement informé par écrit, et la nouvelle date de l'intervention lui est communiquée. À peine de nullité, un nouveau délai de 15 jours à compter de la date de réception de l'avis rectificatif doit être respecté.

231. Dans le second cas, lorsque le report est imputable au contribuable, ce dernier doit adresser une demande écrite et motivée à l'administration dans les 15 jours suivant la réception de l'avis de vérification. Ce report, pour être valable, doit expressément être accepté par l'administration. Ce qui signifie qu'en cas de non-acceptation expresse par l'administration dans le délai de 15 jours, il n'est pas valable. En revanche, l'absence de réponse de l'administration dans le délai de 15 jours vaut acceptation (art. L14 (2) du LPF).

3/ Le déroulement de la vérification de comptabilité

232. L'analyse du déroulement de la vérification de comptabilité suppose d'identifier les agents compétents à l'effectuer, le lieu du déroulement du contrôle et les documents à présenter lors du contrôle. C'est le lieu de rappeler que les pièces justificatives non produites lors du contrôle sont irrecevables en contentieux. En outre, la période soumise à contrôle doit être précisée, la durée du contrôle dans l'entreprise est limitée ; d'où l'importance de matérialiser sa fin. Enfin, l'administration ne peut pas renouveler une vérification achevée.

3.1 Les agents compétents

233. Pour effectuer les vérifications de comptabilité, l'article L11 du LPF dispose que seuls les agents des impôts ayant au moins le grade d'inspecteur des impôts sont habilités à le faire. Ces agents doivent être munis de leur carte professionnelle et d'une copie de l'avis de vérification. Dans la pratique, l'équipe de contrôle peut comprendre des agents de grade inférieur qui, toutefois, ne peuvent signer aucune pièce de procédure.

3.2 Le déroulement du contrôle

234. L'article L11 du LPF précise que la vérification de comptabilité s'exerce au siège de l'entreprise ou au lieu de son principal établissement. Dans l'hypothèse où le contrôle ne peut s'effectuer dans ces deux lieux, le contribuable doit expressément demander qu'il se déroule soit dans les bureaux de son comptable, soit dans les locaux de l'administration. Le principe général est donc celui du déroulement du contrôle dans les locaux de l'entreprise, afin de garantir un dialogue

constant entre le vérificateur et le contribuable. Le contrôle ne pouvant s'effectuer hors de l'entreprise que sur demande expresse, c'est-à-dire par une demande écrite de celui-ci. Cette demande doit être signée du dirigeant principal, et la réponse de l'administration doit porter la signature des vérificateurs commis au contrôle. La doctrine administrative estime que l'inobservation de cette règle constitue un vice de procédure à éviter sous peine de nullité de la procédure[49]. À ce propos, il est intéressant de noter que l'administration fiscale s'est souvent fait piéger, par certains contribuables malins, qui ont sollicité dans un entretien oral que le contrôle se déroule dans les locaux de l'administration ou les bureaux du comptable, sans trace écrite de cet accord. À la fin de toute la procédure et après notification de l'avis de mise en recouvrement (AMR), ils ont contesté les impositions pour vice de procédure et ils ont eu gain de cause.

3.3 Les documents à présenter au contrôle

235. Outre les documents comptables, le vérificateur peut obtenir la communication de toutes les pièces utiles à l'exercice de son pouvoir de contrôle. S'agissant des documents comptables, les contribuables sont tenus de présenter à toute réquisition de l'administration fiscale, tous les documents et pièces comptables obligatoires complétés, le cas échéant par les éléments de la comptabilité spécifique à la nature de l'activité exercée, permettant d'établir la sincérité des éléments portés sur leur déclaration. Le contribuable doit notamment produire toutes les pièces justificatives concernant : les recettes (copie de la facture de vente), les achats (factures) et les autres charges.

236. Pour ce qui est des autres documents, le vérificateur pourra demander des documents juridiques et financiers utiles pour ses investigations. Il peut notamment consulter la copie des statuts, le registre des actionnaires, le registre des cessions, le registre des mouvements de titres, les procès-verbaux des assemblées générales, les contrats de prêts ou d'emprunts souscrits par l'entreprise, les contrats d'assurance, bref, tous les contrats commerciaux.

3.4 L'irrecevabilité en contentieux des pièces non produites aux vérificateurs

237. Une modification apportée au LPF, à travers l'article L22 bis, dans le cadre de la loi de finances pour l'exercice 2016, interdit au contribuable de présenter en contentieux les pièces justificatives non

[49] Instruction n° 535/MINEFI/DI/LC/L du 16 septembre 2002 précisant les modalités d'application de la loi du 19 avril 2002 portant Code général des impôts, p. 11.

produites au cours des opérations de contrôle. La constatation de la carence de production des pièces sollicitées par le vérificateur, et entraînant « *l'irrecevabilité absolue* » desdites pièces pendant la phase contentieuse, est matérialisée par un procès-verbal dressé lors de l'intervention en entreprise.

238. Pour constater cette carence, la doctrine administrative[50] prescrit aux vérificateurs de matérialiser par écrit toute demande de pièces justificatives. En cas d'absence de réaction à une demande dans le délai de (7) jours, une mise en demeure doit être servie au contribuable, de produire les éléments sollicités dans un délai de (15) jours. Ce délai doit sous peine de nullité, être expressément mentionné sur la mise en demeure, qui doit clairement indiquer que toute défaillance entraînera l'irrecevabilité de la pièce en phase contentieuse. Les pièces produites doivent être déchargées sous bordereau qui les répertorie de manière précise. À l'expiration du délai de (15) jours, un procès-verbal est établi et signé par toutes les parties. Mention de l'éventuel refus de signer du contribuable est faite dans le procès-verbal.

239. Cette disposition interdisant la recevabilité en phase contentieuse des pièces non produites lors de la vérification interpelle, dans la mesure où elle porte une grave atteinte au principe du contradictoire, au principe du droit à la défense. Elle est à la limite absurde et inutile. Si dans le cadre de la phase administrative, c'est-à-dire celle de la réclamation préalable, son application ne posera pas de difficultés particulières, il sera étonnant que le juge s'y sente lié. En effet, dans son office, il a l'obligation de rechercher la preuve par tous les moyens. Il peut même ordonner une expertise. Et on imagine mal le juge écarter les faits et les pièces produits par l'expert au motif qu'ils n'ont pas été présentés à l'administration au cours du contrôle.

3.5 La période soumise à contrôle

240. En principe, le contrôle ne peut porter que sur la période non prescrite. Mais exceptionnellement, les vérifications peuvent être opérées sur la période prescrite, lorsque le résultat d'un exercice non prescrit et soumis à contrôle est influencé par des éléments ou des évènements ayant leur origine dans les exercices prescrits. C'est notamment le cas des déficits reportés ou des amortissements réputés différés en période déficitaire. De même, la vérification peut remonter sur des exercices

---

[50] Circulaire/004/MINFI/DGI/LRI/L du 24 février 2016 précisant les modalités d'application des dispositions fiscales de la loi du 21 décembre 2015 portant loi de finances de la République du Cameroun pour 2016.

prescrits lorsque ceux-ci font apparaître des crédits de TVA reportés sur les déclarations des exercices contrôlés.

241. Toutefois, il est important de souligner que le contrôle des exercices prescrits vise uniquement à vérifier la régularité du déficit, des amortissements différés ou des crédits reportés. Il ne saurait donc conduire à des redressements sur des opérations autres que celles sus-citées.

3.6 La durée de contrôle

242. Dans le cadre d'une vérification de comptabilité, les opérations de contrôle sur place dans l'entreprise ne peuvent excéder trois mois, sauf circonstances exceptionnelles dûment motivées (art. L40 du LPF). Pour la doctrine administrative, ces circonstances sont celles qui auront pu entraver le contrôle pendant une période assez longue, ou si des faits nouveaux sont découverts vers la fin de cette intervention, ou dans le cas des sociétés de première importance dont la vérification demande une période plus ou moins longue. Dans ce cas, les vérificateurs doivent expressément signifier et motiver la prolongation de la durée au contribuable et la préciser[51]. Ce délai est prorogé de six mois en cas de contrôle des prix de transfert ou en cas d'échange de renseignements prévu par les conventions fiscales. La doctrine administrative précise que ce délai est décompté dès réception de l'avis de vérification[52], ce qui donne toute son importance à la date de réception de cette pièce de procédure.

243. La fin des opérations de contrôle sur place est matérialisée par un procès-verbal de fin de contrôle, signé par le contribuable et les vérificateurs, sauf circonstances exceptionnelles dûment motivées, conformément à l'article L24 (2) du LPF. Pour l'administration et le contribuable, ce PV est important, dans le cadre d'un éventuel contentieux. En effet, il ne faut pas oublier que le non-respect de ces limites de l'intervention sur place peut entraîner la nullité de la procédure, et par voie de conséquence, les redressements notifiés.

3.7 L'interdiction de renouveler une vérification achevée

244. Lorsque la vérification de comptabilité, au titre d'un exercice fiscal donné, au regard d'un impôt ou taxe ou d'un groupe d'impôts ou de taxes est achevée, l'administration ne peut procéder à une nouvelle

---

[51] Instruction n° 535/MINEFI/DI/LC/L du 16 septembre 2002 précisant les modalités d'application de la loi du 19 avril 2002 portant Code général des impôts, p. 14.

[52] Instruction n° 535/MINEFI/DI/LC/L du 16 septembre 2002 précisant les modalités d'application de la loi du 19 avril 2002 portant Code général des impôts, p. 14.

vérification pour ces mêmes impôts ou taxes sur le même exercice fiscal au sein de l'entreprise (art. L36 du LPF). Toutefois, l'administration peut faire exception à cette règle et conserve son droit de reprise au regard de ces impôts et taxes, dans le délai de reprise, en cas de rectification des bases précédemment notifiées, lorsque les modifications proposées ne résultent pas de constatations faites à l'occasion d'investigations supplémentaires dans l'entreprise. Elle peut également procéder à une nouvelle vérification, lorsqu'elle a déposé une plainte pour agissement frauduleux.

D/ La vérification de la situation fiscale d'ensemble

245. À l'inverse de la vérification de comptabilité qui concerne exclusivement les entreprises, la vérification de la situation fiscale d'ensemble (VSFE), prévue à l'article 12 du LPF concerne les contribuables relevant de l'impôt sur le revenu des personnes physiques, c'est-à-dire les particuliers. À l'occasion de cette vérification, l'administration fiscale contrôle la cohérence entre les revenus déclarés par le contribuable au titre de l'impôt sur le revenu et la situation de sa trésorerie, de son patrimoine et des éléments de son train de vie.

246. Au moins quinze (15) jours avant la date prévue pour sa première intervention, l'administration adresse au contribuable, sous pli recommandé ou en mains propres un avis de vérification et un exemplaire de la charte du contribuable. Cet avis doit comporter une demande de relevés des comptes.

247. La VSFE est effectuée par les agents de l'administration fiscale assermentés ayant au moins le grade d'inspecteur des impôts. Mais compte tenu de son extrême sensibilité, la doctrine administrative prescrit que **seuls le directeur des grandes entreprises et les chefs de centre régionaux des impôts sont habilités à signer l'avis de vérification**[53]. La VSFE s'exerce dans les bureaux de l'administration, ou dans les locaux professionnels du contribuable vérifié. Le local professionnel étant un lieu destiné à accueillir une activité professionnelle ou une activité commerciale. Toutefois, pour les contribuables dont les locaux professionnels tiennent également lieu de domicile privé, le contrôle peut être effectué dans lesdits locaux.

248. Dans le cadre d'une vérification de la situation fiscale d'ensemble, les opérations de contrôle doivent être réalisées dans un délai

[53] Circulaire n° 005/MINFI/DGI/LC/L du 31 décembre 2010 précisant les modalités d'application des dispositions fiscales de la loi du 21 décembre 2010 portant loi de finances de la République du Cameroun pour l'exercice 2011.

n'excédant pas un an (art. L40 (2) du LPF). Ce délai a pour point de départ la date de remise de l'avis de vérification et pour point d'arrivée la date de remise de la notification de redressement ou d'absence de redressement, sauf circonstances exceptionnelles dûment motivées. Ces circonstances sont les mêmes que celles sus-examinées concernant la vérification de comptabilité. Dans la pratique, l'administration fiscale, pour des raisons inexpliquées, fait rarement recours à ce type de vérification.

§ 3 : La procédure de redressement contradictoire

249. La procédure de redressement contradictoire, prévue aux articles L23 à L28 du LPF, est la procédure de droit commun dont dispose l'administration pour corriger les insuffisances, les inexactitudes ou les omissions constatées dans les éléments servant de base au calcul des impôts, droits, taxes ou sommes quelconques dues en vertu du CGI. En rappelant que le contribuable dispose également de la faculté de rectifier ses déclarations (A), nous examinerons le champ d'application de cette procédure (B), son déroulement (C) et ses conséquences (D).

A/ La rectification par le contribuable de ses déclarations

250. Le Livre des procédures fiscales dans son article L34, deuxième alinéa, a prévu une possibilité pour les contribuables de rectifier leurs déclarations en vue du paiement des impositions supplémentaires éludées. Cette rectification dont nous examinerons la mise en œuvre et les conséquences (3) n'est prévue qu'au seul avantage de l'administration, pour les impositions sous-payées par le contribuable (2) et non au profit de ce dernier pour les impositions surpayées (1).

1/ La rectification spontanée ne concerne pas les impôts surpayés par le contribuable

251. Certains contribuables se fondant sur l'article L34 du LPF ont cru possible de déposer des déclarations rectificatives de leurs revenus, pour y ajouter certaines charges non prises en compte dans la déclaration initialement déposée dans les services d'assiette. Ces déclarations ont été rejetées par l'administration et par le juge comme l'illustre une décision récente de la Chambre administrative de la Cour suprême dans le jugement n° 217/2010/CA/CS du 25 août 2010, affaire Société AMITY BANK C/ État du Cameroun (MINFI) : « *Attendu qu'au terme de l'article L34 du Code général des impôts : les omissions totales ou partielles constatées dans l'assiette de l'impôt, les insuffisances et inexactitudes ou les erreurs d'imposition, peuvent être réparées par l'administration jusqu'à la quatrième année suivant celle au titre de*

laquelle l'impôt ou la taxe est exigible ; attendu qu'il ressort du texte susvisé que la prérogative de rectification appartient à la seule administration fiscale à l'exclusion des parties ; qu'ainsi en procédant unilatéralement au cours de l'exercice budgétaire 2005 à des déclarations rectificatives de ses cotisations fiscales mises en recouvrement au cours de l'exercice 2002, la recourante n'a pas observé les dispositions susvisées ; qu'il s'ensuit que son recours n'est pas justifié et encourt le rejet ».

Dans cette affaire, à titre de rappel, la société susvisée a fait l'objet d'un contrôle sur pièces effectué par la direction des grandes entreprises sur sa déclaration fiscale de l'exercice clos au 31 décembre 2004, au cours de l'année 2005. Les redressements consécutifs à ce contrôle, d'un montant global de 1 152 792 567 FCFA étaient fondés sur le fait que la société AMITY BANK avait irrégulièrement imputé son déficit né au cours de l'exercice 1999-2000 sur le résultat bénéficiaire de l'exercice 2004, d'une part, et qu'elle a déduit sur le même exercice des provisions irrégulièrement constituées d'autre part. Dans sa réclamation contentieuse adressée à la DGE, la requérante avait également produit des déclarations rectificatives de ses DSF des exercices 2003 et 2004. Ces déclarations avaient pour objet de déduire sur lesdits exercices les provisions antérieurement rejetées par une vérification générale effectuée par l'administration dans son entreprise, et sanctionnée par une notification définitive en 2002. Lors de cette vérification, les provisions en cause avaient été rejetées à cause du caractère exagéré du taux appliqué à leur constitution.

252. Pour justifier le bien-fondé de sa démarche, et de son interprétation de l'article L34 du LPF, la requérante s'est appuyée sur la doctrine et la jurisprudence françaises qui, de son point de vue, donnent au contribuable le droit de rectifier ses déclarations. L'administration avait rejeté ces déclarations rectificatives, motif pris de ce que le droit de réparation dans le délai de prescription appartient exclusivement à l'administration. Bien plus, s'appuyant sur la jurisprudence française invoquée par le contribuable, l'administration a rappelé, dans son mémoire en défense, que cette jurisprudence précise que : *le contribuable ne peut produire une déclaration rectificative que lorsqu'il est encore dans les délais de réclamation contentieuse*. Pour les impôts mis en recouvrement en 2002, le délai de réclamation qui était de quatre-vingt-dix (90) jours, à l'époque des faits, avait déjà expiré. Enfin, pour l'administration, les provisions rejetées lors de la vérification de comptabilité ne pouvaient plus être réintégrées en vue de leur déduction dans les déclarations rectificatives dans la mesure où elles n'étaient pas

justifiées. C'est cette position de l'administration que le juge a validée dans les attendus sus-cités. Cette position du juge était logique et en tous points conforme à l'esprit et à la lettre de l'article L34 du LPF, dans sa version qui était en vigueur jusqu'à l'exercice 2008. En effet, la législation a évolué, avec la modification de l'article L34 du LPF, par la loi n° 2008/012 du 29 décembre 2008 portant loi de finances pour l'exercice 2009, pour permettre au contribuable de rectifier ses déclarations, mais pas dans son sens.

2/ La rectification spontanée ne concerne que les impôts sous-payés par le contribuable

253. Aux termes de l'article L34 alinéa 2 du LPF, tel que modifié par la LF 2009 susmentionnée : les omissions totales ou partielles constatées dans l'assiette de l'impôt, les insuffisances et inexactitudes ou les erreurs d'imposition « *peuvent également être réparées spontanément par le contribuable avant l'envoi d'un avis de vérification ou avant l'envoi d'une notification de redressement dans l'hypothèse du contrôle sur pièces* ». Cette disposition ne vise clairement que les hypothèses où le contribuable constatant que ses déclarations comportent des omissions, des insuffisances, des inexactitudes ou des erreurs, souhaite lui-même corriger spontanément ces manquements, en payant les impôts éludés pour échapper aux pénalités. Les pénalités sont inévitables lorsque c'est l'administration elle-même qui procède aux rectifications dans le cadre du contrôle sur pièces ou de la vérification de comptabilité.

3/ Modalité de rectification spontanée de ses déclarations par le contribuable

254. Pour la rectification spontanée de ses déclarations, le contribuable peut effectuer les corrections nécessaires dans le même délai de reprise de quatre (4) ans qui est accordé à l'administration dans le premier alinéa de l'article L34, comme le rappelle la doctrine administrative[54]. Toutefois, ce droit ne peut être exercé qu'à la condition que la correction soit effectuée par le contribuable avant l'avis de vérification, pour les vérifications de comptabilité ou avant l'envoi de la notification de redressements pour les contrôles sur pièces. Au regard de ce qui précède, l'administration peut suggérer cette démarche au contribuable, lorsqu'elle dispose des éléments suffisants dans le dossier fiscal de ce dernier pouvant justifier un redressement dans le cadre d'un contrôle sur pièces ou une programmation à une vérification de

---

[54] Circulaire du 2 janvier 2009, précisant les modalités d'application des dispositions fiscales de la loi du 29 décembre 2008 portant loi de finances pour l'exercice 2009.

comptabilité. Dans tous les cas de figure, la rectification est opérée au moyen d'une déclaration du contribuable accompagnée du règlement de la cotisation supplémentaire.

255. *Le contribuable a tout intérêt à utiliser le mécanisme dans les conditions précitées, dans la mesure où la réparation spontanée implique pour lui le non-paiement des pénalités, sur les impositions supplémentaires.* En clair, le contribuable qui procède spontanément à la régularisation de sa situation fiscale bénéficie d'une exonération totale sur les pénalités dues. Mais cette exonération ne concerne pas les intérêts de retard qui ne sont pas visés par la loi. En effet, les intérêts sont considérés comme loyers de l'argent dû.

A contrario, les réparations spontanées d'erreurs intervenues après l'envoi d'un avis de vérification ou d'une notification de redressements n'entrent pas dans le cadre de cette procédure de faveur. Elles donnent par conséquent lieu à l'application des pénalités dans les conditions de droit commun.

B/ Le champ d'application de la procédure de redressement contradictoire

256. Au regard de la nature essentiellement déclarative du système fiscal camerounais, qui laisse la liberté au contribuable de déclarer et de payer les impôts, droits et taxes qu'il a lui-même liquidés, la quasi-totalité des prélèvements fiscaux, relevant de la compétence de l'administration fiscale camerounaise, rentre dans le champ d'application de la procédure de redressement contradictoire. La procédure contradictoire doit être suivie quelle que soit la nature de l'irrégularité, qu'il s'agisse d'une omission, d'une insuffisance, d'une inexactitude ou d'une dissimulation. Cette procédure est valable aussi bien pour les manquements de bonne foi, de mauvaise foi que pour les manœuvres frauduleuses. Elle est aussi utilisée quelles que soient les procédures ou les opérations de contrôle qui ont révélé l'infraction, qu'il s'agisse d'un contrôle sur pièces ou d'un contrôle sur place.

Cette procédure s'applique également sans se préoccuper de la cause du redressement. Elle est utilisée dès qu'une rectification de la déclaration entraîne un rehaussement des bases d'imposition. Elle peut être utilisée aussi bien pour les redressements découlant d'une pure appréciation des faits, que pour ceux qui découlent de l'application directe d'un texte.

257. A contrario, puisqu'elle ne peut être utilisée selon l'article L23 du LPF que pour les redressements relatifs aux éléments servant de base

au calcul des impôts, la procédure n'est pas applicable lorsqu'il s'agit d'erreurs dans la liquidation de l'impôt, c'est-à-dire dans le calcul proprement dit de l'impôt, que le calcul soit effectué par l'administration ou le contribuable. C'est à titre d'exemple, l'erreur dans l'addition ou dans le taux applicable.

C/ Le déroulement de la procédure de redressement contradictoire

Cette procédure comprend trois séquences : la notification de redressement (1), les observations du contribuable (2) et la réponse de l'administration aux observations du contribuable (3).

1/ La notification de redressement

258. La notification de redressement est la correspondance par laquelle, l'administration doit, à l'issue d'un contrôle sur pièces ou sur place, informer le contribuable des rehaussements qu'elle envisage effectuer sur ses déclarations fiscales, en vue de l'établissement des suppléments des droits qui lui paraissent exigibles. Pour que le caractère contradictoire de la procédure soit respecté, l'administration, lorsqu'elle utilise pour opérer les redressements les renseignements qu'elle a obtenus auprès des tiers, doit en informer le contribuable pour lui permettre de les contester. Pièce fondamentale dans la procédure de redressement contradictoire, la notification de redressement doit nécessairement être faite par écrit. Adressée au contribuable ou à la personne désignée par lui, la notification a un contenu précis, un délai précis pour son envoi et produit certains effets.

1.1 Le contenu de la notification de redressement

259. La notification de redressement doit être motivée et chiffrée, sous peine de nullité (art. L24 du LPF). Elle doit aussi mentionner le délai ouvert au contribuable pour faire parvenir ses observations. L'obligation de motivation signifie que la notification doit clairement indiquer la nature et les motifs des redressements, de manière à permettre au contribuable de formuler ses observations ou de faire connaître son acceptation. L'administration doit par conséquent indiquer de façon limpide et sans ambigüité les motifs de faits et de droit des redressements, afin que le contribuable puisse prendre position en toute connaissance de cause. La notification de redressement doit préciser le fondement du redressement en mentionnant notamment les textes sur lesquels l'administration entend appuyer son argumentation. En clair, il s'agit de rappeler dans le détail l'anomalie constatée, ensuite de la rapprocher du droit applicable en citant précisément la disposition légale,

réglementaire, la jurisprudence qui la sous-tend et, enfin, d'en tirer la conséquence fiscale[55].

260. Selon le Conseil d'État français, est suffisamment motivée la notification de redressements qui indique la nature et le montant des redressements envisagés, et comporte, chef par chef des indications relatives aux motifs de ces redressements suffisantes pour permettre au contribuable d'engager valablement une discussion avec l'administration[56]. L'exposé des motifs doit permettre au contribuable de comprendre pourquoi l'administration écarte les éléments fournis dans les déclarations ou la comptabilité. Ainsi n'est pas suffisamment motivée la notification qui se borne à reconstituer les recettes de l'entreprise à la suite du rejet de la comptabilité du contribuable par l'administration, sans que cette dernière en expose le motif[57].

1.2 Le délai d'envoi de la notification de redressement

261. Le délai d'envoi de la notification de redressement est différent en fonction du type de contrôle exercé par l'administration. Ainsi, lorsqu'elle émane d'un contrôle sur pièces, aucun délai n'est exigé à l'administration. En revanche, lorsqu'elle découle d'un contrôle sur place, qu'il soit une vérification générale de comptabilité, une vérification partielle de comptabilité ou un contrôle ponctuel, la notification de redressement doit, sous peine de nullité, être adressée au contribuable dans un délai de soixante (60) jours à compter de la fin des opérations de contrôle sur place, matérialisée, par un procès-verbal de fin de contrôle, sauf circonstances exceptionnelles dûment motivées.

Pour le Conseil d'État français, l'administration peut, dans la limite du délai susmentionné, adresser au contribuable successivement plusieurs notifications de redressement qui se complètent. Mais si leur rédaction laisse penser qu'elles se substituent les unes aux autres au lieu de se cumuler, l'acceptation donnée par le contribuable ne vaut que pour la dernière et les premiers redressements figurant dans les premières notifications sont irréguliers[58].

---

[55] Circulaire cadre n° 004/MINFI/DGI/LC/C du 8 mai 2008 relative au contentieux fiscal.
[56] Éditions Francis Lefebvre, *Pratique de la vérification de comptabilité*, 1997, p. 231.
[57] *Ibidem*.
[58] C. DAVID, O. FOUQUET, B. PLAGNET et P.F. RACINE, *Grands arrêts de la jurisprudence fiscale*, Dalloz, 5e édition, 2009, p. 819.

1.3 Les effets de la notification de redressement

En termes d'effets, la notification de redressement interrompt le délai de prescription, fixe les limites de l'imposition et marque le point de départ du délai accordé au contribuable pour présenter ses observations.

262. La notification d'une proposition de redressement a pour conséquence d'annuler la prescription initiale et de faire courir, à compter de la date à laquelle elle est notifiée, une nouvelle prescription de même nature et de même durée. C'est à l'intérieur de ce nouveau délai que l'administration devra mettre en recouvrement les impositions résultant des redressements envisagés dans la notification. À titre d'exemple, une notification de redressement portant sur l'impôt sur les sociétés 2012, 2013, 2014 et 2015 d'une société et parvenue à cette dernière en septembre 2016, aura pour effet d'ouvrir un nouveau délai de prescription venant à expiration le 31 décembre 2020. Dans le cadre de la prescription quadriennale en vigueur au Cameroun, les suppléments d'impôts résultant du redressement devront être mis en recouvrement avant cette date.

263. La notification de redressement a aussi pour effet de fixer les limites de l'imposition. En effet, les montants des redressements des bases figurant dans la notification ne peuvent plus varier à la hausse. L'administration ne peut plus rehausser ces montants après les observations du contribuable.

2/ Les observations du contribuable

264. L'administration ne peut mettre en recouvrement les impositions dérivant de la notification avant l'expiration du délai légal ouvert au contribuable pour répondre à la notification, et ce, même si le contribuable a accepté les redressements. La jurisprudence du Conseil d'État français reconnaît à ce dernier la possibilité de revenir sur son acceptation tant que le délai n'est pas expiré[59]. En effet, tant que le délai de réponse n'est pas expiré, le contribuable peut refuser les redressements qu'il a acceptés. Cette position de la Haute juridiction française est parfaitement transposable dans notre droit national. Elle implique que les procès-verbaux dans lesquels le contribuable, à l'issue des séances de travail de clôture du contrôle, a reconnu certains redressements figurant dans la notification de redressement, ne le lient pas au moment de présenter ses observations, tant qu'il est dans le délai légal de réponse. C'est pour la même raison que le contribuable a parfaitement le droit de

[59] Éditions Francis Lefebvre, *Pratique de la vérification de comptabilité*, 1997, p. 236-237.

contester dans le cadre d'un contentieux, les redressements qu'il a acceptés dans sa réponse à la notification de redressement. Tout ce qui précède démontre l'importance des délais de réponse du contribuable et le contenu de cette réponse.

2.1 Délais de réponse du contribuable

265. Les délais sont ici au pluriel dans la mesure où ils diffèrent en fonction de la nature du contrôle, selon qu'il s'agit d'une vérification générale de comptabilité, d'une vérification de la situation fiscale d'ensemble, ou d'une vérification partielle, un contrôle ponctuel et un contrôle sur pièces.

266. *Dans l'hypothèse d'une VG ou d'une VSFE*, le contribuable doit, dès réception de la notification de redressement, faire parvenir à l'administration ses observations ou son acceptation dans le délai de *30 jours* (art. L24 (3) du LPF). La date constituant le point de départ du délai de réponse de trente (30) jours est celle à laquelle le contribuable a reçu ou est réputé avoir reçu la notification de redressement, sauf circonstances exceptionnelles dûment motivées. Ce délai de trente jours est un délai franc. Ce qui signifie, par conséquent que pour son calcul, le jour du point de départ et celui de son échéance ne sont pas pris en compte. Bien plus, lorsque le dernier jour tombe un jour non ouvrable, le délai est prorogé jusqu'au premier jour ouvrable qui suit.

267. *Dans l'hypothèse d'une VP, un CP ou un CSP*, le contribuable dispose d'un délai de *trente (30) jours ouvrables*, pour faire parvenir à l'administration son acceptation ou ses observations (art. L25 du LPF). Or, la notion de « trente jours ouvrables » signifie que les jours fériés et les jours non ouvrables ne sont pas pris en compte. Ce qui peut porter le délai à une quarantaine de jours. Ce deuxième délai est donc inexplicablement plus élevé que le délai de réponse dans le cadre de la VG qui « n'est que de trente jours ». Il s'agit peut-être d'une erreur dans la rédaction de la loi, l'administration souhaitant harmoniser le délai des réponses aux notifications de tous les contrôles à trente jours. Avant la loi de finances pour 2016 qui a porté le délai à trente jours ouvrables pour la VP, le CP et le CSP, l'ancien délai pour ces contrôles était de quinze (15) jours ouvrables.

2.2 Contenu de la réponse du contribuable

Dans sa réponse à la notification de redressement, le contribuable peut accepter tous les redressements notifiés, il peut accepter une partie de ces redressements et il peut marquer son désaccord sur les redressements envisagés. Dans ces deux derniers cas, il présentera ses observations.

268. L'acceptation des redressements par le contribuable peut être formelle ou tacite. Dans les deux cas, elle met fin à la procédure de redressement contradictoire. L'acceptation tacite des redressements notifiés par le contribuable résulte du défaut de réponse de ce dernier à la notification de redressement dans le délai légal qui lui est imparti. Dans ce cas, les impôts et taxes rappelés sont immédiatement mis en recouvrement. À ce propos, il est utile d'ajouter que le contribuable est également considéré comme ayant tacitement accepté les redressements lorsqu'il fournit une réponse ne valant pas observation (simple demande de renseignement ou simple demande de prorogation de délai). C'est aussi le cas lorsqu'il adresse une requête contentieuse pour contester la procédure suivie, alors que la notification de redressement n'est qu'une notification des bases.

269. Même si la loi ne l'a pas formellement exigé, les observations du contribuable doivent être présentées par écrit. Dans ces observations, le contribuable peut choisir de tout réfuter sans argumenter. Mais, il a intérêt à argumenter, pour aider l'administration à alléger éventuellement sa dette fiscale des impositions non fondées.

3/ La réponse de l'administration aux observations du contribuable

270. Après avoir pris connaissance des observations du contribuable, l'administration doit répondre à celles-ci dans un délai déterminé et le contenu de cette réponse doit respecter les exigences légales.

3.1 Le délai de réponse aux observations

271. La réponse de l'administration doit, sous peine de nullité, parvenir au contribuable dans un délai de soixante (60) jours à compter de la date de réception des observations du contribuable, le cachet « courrier arrivée » des services fiscaux faisant foi (art. L26 du LPF). Ce délai concerne tous les contrôles effectués par l'administration.

3.2 Le contenu de la réponse aux observations

272. Comme pour la notification de redressement, la réponse de l'administration doit être bien motivée, en cas de rejet des observations formulées par le contribuable. Une réponse motivée est une réponse qui indique clairement au contribuable les raisons pour lesquelles, certains motifs de redressement sont maintenus, et, le cas échéant, certains motifs sont abandonnés. Lorsque les redressements sont en totalité ou en partie maintenus, la réponse de l'administration doit clairement indiquer au contribuable qu'il a la possibilité de déposer une réclamation

contentieuse, en vertu des dispositions des articles L116 et suivants du LPF.

273. Lorsque l'administration, dans le cadre de la procédure de redressement contradictoire entend maintenir un redressement pour un motif autre que celui retenu initialement dans la notification de redressements, compte tenu des observations produites par le contribuable, doit-elle avertir le contribuable par une nouvelle notification de redressements ? En d'autres termes, en cas de changements de motifs ou de substitution de motifs, l'administration doit-elle accorder un nouveau délai de trente jours au contribuable, pour présenter ses observations sur ce nouveau fondement de l'imposition ? La réponse à cette interrogation est logiquement et nécessairement positive. En effet, l'administration ne peut pas se fonder pour établir les impositions sur les motifs différents de ceux qu'elle a indiqués dans la notification de redressement. C'est la conséquence logique du caractère contradictoire de la procédure de redressement qui veut que le contribuable ait été informé des motifs de l'imposition et qu'il ait pu en discuter. En cas de changement de motifs, l'administration doit procéder à une nouvelle notification sur la base légale différente de celle notifiée initialement. Le changement de motifs, donc de base légale, implique de donner au contribuable la possibilité de se défendre efficacement dans le respect total du droit de la défense. C'est d'ailleurs la solution adoptée par la jurisprudence française[60].

274. La réponse aux observations doit également faire apparaître la liquidation des droits dus et la motivation des pénalités et intérêts de retard appliqués ainsi que leurs montants. C'est pourquoi elle est généralement accompagnée de l'avis de mise en recouvrement (AMR).

275. Pour terminer avec la procédure de redressement contradictoire, il est utile de préciser que lorsqu'elle est utilisée, *la charge de la preuve incombe à l'administration en cas de contentieux* (art. L23 du LPF).

§ 4 : La procédure de taxation d'office

276. La procédure de taxation d'office, prévue aux articles L29 à L32 du LPF, autorise l'administration fiscale à fixer unilatéralement les bases de l'imposition, sans possibilité de dialogue pour le contribuable. Elle sanctionne par voie de conséquence, le comportement fiscal d'un contribuable qui ne se conforme pas à ses obligations légales en permettant à l'administration de l'imposer à partir des éléments dont elle dispose, tout en laissant à la charge de l'intéressé la preuve de

[60] Éditions Francis Lefebvre, *op. cit.*, p. 240-241.

l'inexactitude des impositions ainsi établies. Notre éclairage porte sur le champ d'application de la procédure de taxation d'office (A), sa mise en œuvre (B) et ses conséquences (C).

A/ Champ d'application de la procédure de taxation d'office (TO)

277. Plusieurs cas de figure sont prévus dans le LPF pour justifier l'application d'une taxation d'office. Il s'agit du défaut ou du retard de production des déclarations (1), du non-respect des obligations comptables (2), de l'absence de réponse à une demande d'éclaircissements ou de justifications (3), du défaut de désignation au Cameroun d'un représentant fiscal (4), de l'opposition à contrôle fiscal (5) et d'une déclaration minorée du revenu global imposable à l'IRPP (6).

1/ Défaut ou retard de production de déclarations

278. Le système fiscal camerounais étant essentiellement déclaratif, il revient aux contribuables de remplir spontanément, dans les délais fixés par la loi, leurs obligations en vue du paiement des impôts, droits et taxes dus en vertu du Code général des impôts. C'est pourquoi la procédure de taxation d'office est d'abord utilisée pour sanctionner les contribuables défaillants au regard de ces obligations (art. L3 et L29 du LPF). Cette procédure permet donc à l'administration de remédier à la carence des contribuables qui n'ont pas déclaré et payé leurs impôts dans les délais.

279. La taxation d'office dans le cas de ce premier motif recouvre un spectre très large. Elle s'applique aux impôts sur le revenu (IS et IRPP), aux impôts sur la dépense ou la consommation des revenus (TVA, droits d'accises, etc.) et aux droits d'enregistrement. Les obligations relatives à tous ces impôts ont fait l'objet de la première section de ce chapitre, dans le cadre des procédures d'assiette.

2/ Du non-respect des obligations comptables

280. Les contribuables doivent présenter à toute réquisition de l'administration fiscale tous les documents et pièces comptables obligatoires complétés, le cas échéant, par les éléments de la comptabilité spécifique à la nature de l'activité exercée permettant d'établir la sincérité des éléments portés sur leur déclaration (art. L4 du LPF). Trois cas de figure sont envisagés par rapport aux obligations comptables :

Il s'agit d'abord de la non-production des détails et sous détails de certains éléments de la comptabilité spécifique de l'activité exercée. Cette infraction expose le contrevenant à une taxation d'office (art. L30 du LPF). Cette mesure a été introduite dans le CGI dans la loi de finances pour l'exercice 2005. Elle vise surtout les contribuables opérant dans le secteur des jeux et, plus particulièrement, des casinos. En effet, au regard de l'article 210 (1) du CGI, l'assiette du prélèvement est constituée par l'ensemble des produits bruts des jeux, y compris les recettes accessoires, conformes aux éléments d'une comptabilité particulière obligatoirement tenue par l'exploitant par nature de jeu.

Il s'agit ensuite du défaut de tenue ou de présentation de tout ou partie de la comptabilité ou de pièces justificatives constaté par procès-verbal.

Il s'agit enfin du rejet d'une comptabilité considérée par l'administration comme irrégulière. C'est au cours d'une vérification de comptabilité que l'administration peut constater cette infraction. La comptabilité est irrégulière lorsqu'en procédant à un contrôle formel, le vérificateur constate que les livres et documents exigés par la loi (livre-journal, grand livre et livre d'inventaire) ne sont pas tenus dans les règles de l'art. Ces livres, notamment le livre journal et le livre d'inventaire doivent être cotés et paraphés. Lorsqu'ils sont tenus sur support informatique, le contribuable doit numéroter ces supports, les identifier et les dater dès leur établissement par des moyens offrant une garantie en matière de preuve.

3/ L'absence de réponse à une demande d'éclaircissements ou de justifications

281. En examinant les demandes d'éclaircissements et de justifications dans les modes d'investigations ne donnant pas lieu à notification de redressement, nous avons relevé que le défaut de réponse à ces demandes entraînait automatiquement une taxation d'office.

4/ Du défaut de désignation au Cameroun d'un représentant fiscal

282. La procédure de taxation d'office s'applique également en cas de défaut de désignation d'un représentant fiscal au Cameroun. Le représentant fiscal a généralement pour rôle de recevoir les communications relatives à l'assiette, au recouvrement et au contentieux de l'impôt, mais aussi pour accomplir les obligations de déclaration et de paiement de l'impôt lui-même. Toutefois, dans la législation camerounaise, la notion de représentant fiscal n'est prévue que pour la TVA. À ce propos, l'article 130 du CGI dispose que : la taxe sur la valeur ajoutée est établie au lieu de la prestation ou de l'utilisation du service, de la production ou de la première mise à la consommation. Lorsque ce lieu est différent du siège social ou du principal établissement, le redevable est tenu de désigner à l'administration fiscale, audit lieu un représentant solvable accrédité, résidant sur le territoire du Cameroun qui est

solidairement responsable avec lui du paiement de la taxe sur la valeur ajoutée.

En cas de non-désignation d'un représentant, la taxe sur la valeur ajoutée et, le cas échéant, les pénalités y afférentes sont payées par la personne cliente pour le compte de la personne n'ayant pas au Cameroun un établissement stable ou une installation professionnelle permanente.

5/ L'opposition à contrôle fiscal

283. L'opposition à contrôle fiscal est la situation dans laquelle le contrôle ne peut avoir lieu du fait du contribuable ou d'un tiers. Dans ce cas, les bases d'imposition sont fixées d'office. L'opposition à contrôle est également passible des poursuites pénales prévues aux articles L107 et suivants du LPF.

6/ La minoration de la déclaration du revenu global imposable à l'IRPP

284. Lorsque le contribuable soumis à l'IRPP déclare un revenu global imposable inférieur à une somme forfaitaire déterminée en appliquant un barème légal à certains éléments du train de vie, il sera taxé d'office, si l'écart entre les deux modes d'évaluation du revenu excède d'au moins 40 % le revenu net global déclaré au cours de l'un des deux derniers exercices.

B/ La mise en œuvre de la procédure de taxation d'office

L'opérationnalisation de la taxation d'office comporte deux grandes articulations, à savoir une mise en demeure préalable (1) et la détermination unilatérale par l'administration des bases de l'imposition notifiée au contribuable (2).

1/ La mise en demeure préalable

285. Avant de procéder à la taxation d'office, l'administration doit offrir au contribuable la possibilité de régulariser sa situation. À cet effet, tout contribuable qui s'est abstenu de souscrire sa déclaration dans les délais prévus par la loi fait l'objet d'une lettre de relance valant mise en demeure de déclarer (art. L3 et L29 du LPF). La lettre de relance doit comporter : les déclarations, les actes ou les documents dont le dépôt ou la déclaration est demandé au contribuable ; la date à laquelle ces documents auraient dû être déposés ou présentés ; les textes législatifs ou réglementaires qui prescrivent ces obligations ; le service destinataire du document à produire. La lettre doit enfin informer le contribuable des conséquences de la TO.

286. Il dispose alors d'un délai de quinze (15) jours ouvrables pour régulariser sa situation à compter de la date de réception de cette lettre de relance, le cachet de la poste et le bordereau de décharge en cas de remise en mains propres faisant foi. Mais sur ce délai, on retrouve une constance du CGI camerounais, les contradictions. Lorsque l'article L3 du LPF évoque le délai de quinze (15) jours, l'article L29 vise un délai de « quinze (15) jours ouvrables ». Deux délais pour la même réalité. Or, le délai de 15 jours ouvrables est plus long que celui de 15 jours. Pour le premier, les jours non ouvrables (samedis, dimanches et les jours fériés) ne sont pas pris en compte. Alors qu'un délai de 15 jours prend en compte les jours non ouvrables et peut, en réalité, de ce fait, être inférieur à 15 jours. Le délai de 15 jours ouvrables est retenu ici dans la mesure où il est plus avantageux pour le contribuable.

287. S'il régularise sa situation dans le délai qui lui est imparti, le contribuable ne sera pas taxé d'office. L'attention du contribuable est appelée sur le fait que seul l'envoi d'une déclaration même provisoire, régularise sa situation. La circonstance que le contribuable conteste son obligation déclarative ne fait pas obstacle à ce qu'il soit taxé d'office, lorsque sa déclaration n'a pas été souscrite dans le délai. En clair, à défaut d'accomplir l'obligation rappelée dans la mise en demeure, dans le délai de 15 jours ouvrables, les impositions seront arrêtées unilatéralement par l'administration.

2/ La détermination de l'imposition

288. Dans la procédure de taxation d'office qui est tout le contraire de la procédure de redressement contradictoire, l'administration fixe unilatéralement les bases qui vont servir à la détermination des impositions dues (art. L31 du LPF). Ces bases ne sont pas arrêtées de manière arbitraire, car l'administration a l'obligation de préciser dans la notification de redressement, les modalités de leur détermination. Elle doit indiquer au contribuable la méthode utilisée pour le calcul des impositions. C'est pourquoi il est utile d'indiquer la méthode préconisée par l'administration fiscale camerounaise (2.1) et la position du Conseil d'État français sur la question (2.2).

2.1 La méthode préconisée par l'administration fiscale camerounaise

La doctrine administrative camerounaise[61] retient deux étapes pour l'imposition d'un contribuable par la voie de la taxation d'office : la

[61] Circulaire n° 002/MINFI/DGI/DC/CCX du 6 janvier 2017 précisant les modalités de mise en œuvre de la procédure de taxation d'office.

première étape porte sur la détermination du chiffre d'affaires, objet de la TO ; et la seconde étape porte sur la détermination du bénéfice taxable.

289. **S'agissant de la détermination du chiffre d'affaires** objet de la taxation d'office, ce chiffre d'affaires doit résulter de l'une des méthodes ci-après : la méthode de consolidation, la méthode de la moyenne, la méthode du recoupement et la méthode des comparaisons.

La méthode de la consolidation consiste à consolider les chiffres d'affaires déclarés par le contribuable sur les douze (12) mois de l'exercice pour lequel la défaillance déclarative est constatée. Cette méthode s'applique essentiellement aux défaillances déclaratives de fin d'exercice.

La méthode de la moyenne consiste à obtenir le chiffre d'affaires à partir de la moyenne des revenus déclarés au cours des trois ou quatre dernières échéances (mensuelles ou annuelles). Cette méthode s'applique aussi bien aux défaillances mensuelles qu'à celles de fin d'exercice. À cette moyenne, peut être appliqué un taux de croissance du secteur d'activités concerné, tel que précisé notamment par le *Rapport sur la situation et les perspectives économiques, sociales et financières de la Nation*, publié annuellement par la Division des Affaires économiques et annexé au projet de loi de finances ;

La méthode du recoupement permet de reconstituer le chiffre d'affaires réalisé d'après les recoupements effectués auprès des fournisseurs, de l'administration douanière, des institutions bancaires ainsi que des clients et des tiers.

La méthode des comparaisons consiste en l'assimilation, comme chiffre d'affaires réalisé, de la moyenne des chiffres d'affaires déclarés au cours de l'exercice considéré par trois contribuables de taille comparable relevant du même secteur d'activités ou de la moyenne des chiffres d'affaires déclarés par un seul d'entre eux au titre des trois dernières échéances (mensuelles ou annuelles). Cette méthode ne peut être sollicitée qu'en l'absence de données factuelles sur le contribuable lui-même.

290. **Pour ce qui est de la détermination du bénéfice** ou de la base imposable pour le cas spécifique des taxations d'office sanctionnant une défaillance déclarative de fin d'exercice, quel que soit le régime d'imposition auquel appartient le contribuable défaillant, la détermination de son bénéfice imposable doit se faire par application d'un taux de marge au chiffre d'affaires déterminé.

291. ***Pour les contribuables relevant du régime du réel***, il peut s'agir, alternativement : du taux de marge moyen du contribuable défaillant sur les trois derniers exercices bénéficiaires ; du taux de marge moyen du secteur d'activités concerné ; du taux de marge d'une entreprise du même secteur pour la période considérée.

Pour l'administration fiscale, le recours au taux de marge moyen du secteur d'activités ou au taux de marge d'une entreprise comparable du même secteur n'est envisageable qu'en l'absence de données antérieures du contribuable défaillant.

292. ***Pour les contribuables du régime simplifié***, après détermination du chiffre d'affaires, le résultat imposable peut être obtenu par application d'un taux de bénéfice net, tel que prévu par le Décret n° 98/265/PM du 12 août 1998 fixant les taux de bénéfice des contribuables dudit régime.

À titre de rappel, et aux termes des dispositions de l'article 1er de ce décret, ces taux sont fixés à : 7,5 % pour les commerçants non importateurs, les agriculteurs, les éleveurs et les pêcheurs ; 15 % pour les artisans ; et 20 % pour les commerçants importateurs, les producteurs et les prestataires de service.

293. ***Pour le cas particulier de la Taxe foncière et des revenus locatifs***, l'évaluation d'office doit nécessairement reposer sur le Décret n° 2014/1881/PM du 4 juillet 2014 fixant les modalités d'évaluation administrative des immeubles en matière fiscale et les mercuriales y afférentes.

294. Il est à noter que, pour le cas particulier des défaillances déclaratives de fin d'exercice, la détermination du chiffre d'affaires doit prioritairement se fonder sur la somme des douze (12) déclarations mensuelles éventuellement souscrites par le contribuable au titre de l'année considérée.

Lorsque le nombre de déclarations mensuelles contenues dans le dossier est inférieur à douze, une moyenne mensuelle de chiffre d'affaires est déterminée. Le chiffre d'affaires mensuel ainsi déterminé est ensuite annualisé. Lorsque le dossier comporte une seule déclaration mensuelle, le chiffre d'affaires y contenu est simplement annualisé.

2.2 La position du Conseil d'État français sur le calcul de la TO

295. Le Conseil d'État français a jugé que lorsque la notification mentionne seulement le montant du bénéfice imposable pour chacune des années en cause, ainsi que le texte sur lequel le service fonde son recours

à la procédure de TO, mais ne précise ni les bases ou les éléments ayant servi au calcul de ces bases, ni les modalités de leur détermination, la procédure de taxation d'office est irrégulière et le contribuable est fondé à solliciter la décharge, c'est-à-dire le dégrèvement total des impositions notifiées[62]. De même, la notification de redressement qui se borne à faire référence « *aux éléments du dossier* » n'est pas regardée comme suffisamment motivée. Dans le cas des impôts à versement spontanés qui donnent un large champ d'application à la procédure de taxation d'office, l'administration peut s'appuyer sur les déclarations du contribuable des mêmes mois au cours des exercices précédents, comme elle peut s'appuyer sur la moyenne de ses déclarations mensuelles. Elle doit préciser cela dans la notification.

296. En revanche, est considérée comme suffisamment motivée, la notification qui comporte les modalités de détermination des recettes et les résultats reconstitués ayant servi de base aux impositions, même si elle ne reproduit pas dans les détails toutes les opérations réalisées par l'inspecteur pour arrêter les bases d'impositions.

297. Les impositions fixées par la procédure de taxation d'office sont immédiatement mises en recouvrement et cette précision doit être mentionnée dans la notification. En effet, la notification d'une TO est accompagnée d'un avis de mise en recouvrement établi dans les conditions prévues à l'article L53 du LPF.

298. La notification de redressement doit enfin informer le contribuable, qu'il conserve le droit de présenter une réclamation contentieuse devant l'administration dans les conditions prévues aux articles L116 et suivants du LPF. C'est seulement dans ce cadre que le contribuable pourra bénéficier du débat contradictoire dont il a été privé lors de l'établissement de l'imposition.

C/ Les conséquences de la TO : le renversement de la charge de la preuve

299. L'application de la procédure de taxation d'office se caractérise par l'absence du débat contradictoire. Certes, l'administration est tenue d'adresser une notification de redressement motivée au contribuable. Mais, à la différence de la notification de redressement utilisée dans le cadre de la procédure de redressement contradictoire, le contribuable n'a pas ici la possibilité de présenter ses observations avant la détermination des impositions dues. Les impositions arrêtées étant immédiatement

[62] CE, 14 avril 1986, n° 60710, RJF 6/86, n° 632.

mises en recouvrement, il ne reste au contribuable que la possibilité de les contester par voie contentieuse.

300. **Dans ce cas, la charge de la preuve lui incombe pour justifier par tous les moyens que les impositions mises à sa charge sont exagérées ou non fondées** (art. L32 du LPF). Ce renversement de la charge de la preuve illustre à quel point, à la différence de la procédure de redressement contradictoire dans laquelle l'administration doit prouver le bien-fondé de ses impositions, la taxation d'office est une procédure essentiellement répressive. C'est pourquoi les sanctions infligées lorsque cette procédure est utilisée sont souvent sévères (voir *infra* n° 320).

§ 5 : La procédure de l'abus de droit

301. La procédure d'abus de droit est destinée à déjouer les manœuvres ayant pour objet d'éluder tout impôt ou taxe en utilisant les constructions juridiques qui, bien qu'apparemment régulières, ne traduisent pas le véritable caractère des opérations réalisées, soit du fait de leur caractère fictif, soit parce qu'elles ont un but exclusivement fiscal, et ce, à l'encontre des objectifs poursuivis par le législateur.

302. Dans le cadre de la répression des abus de droit, l'administration est en droit d'écarter comme ne lui étant pas opposables, les actes constitutifs d'un abus de droit, soit que ces actes ont un caractère fictif, soit qu'ils n'ont pu être inspirés par aucun autre motif que celui d'éluder ou d'atténuer les charges fiscales afin d'en restituer leur véritable caractère.

303. L'abus de droit est réprimé dans l'article L33 du LPF qui énonce que toute opération conclue sous la forme d'un contrat ou d'un acte juridique quelconque dissimulant une réalisation ou un transfert de bénéfices ou revenus effectué directement ou par personne interposée, n'est pas opposable à l'administration des impôts qui a le droit de restituer à l'opération son véritable caractère et de déterminer en conséquence les bases des impôts sur les sociétés ou sur les revenus des personnes physiques. L'abus de droit concernant les droits d'enregistrement qui sont l'un de ses terrains de prédilection est sévèrement réprimé à l'article 329 du CGI ; et il est examiné dans le chapitre sur les sanctions fiscales.

304. Pour sa mise en œuvre, l'abus de droit de l'article L33 du LPF, ne peut être constaté qu'en matière d'impôt sur le revenu des personnes physiques et d'impôt sur les sociétés.

305. Lorsque l'administration utilise la procédure de l'abus de droit, elle a la charge de la preuve en cas de réclamation contentieuse.

Chapitre 2

Les sanctions fiscales

306. Les manquements des contribuables dans l'accomplissement de leurs obligations édictées dans le Code général des impôts les exposent à plusieurs types de sanctions. Ces sanctions peuvent être regroupées en deux grandes catégories : les sanctions administratives qui sont les sanctions fiscales au sens strict du terme et les sanctions pénales, qui consistent en des peines correctionnelles infligées par les tribunaux de l'ordre judiciaire pour réprimer les comportements frauduleux des contribuables d'une gravité particulière.

307. Les sanctions pénales faisant l'objet des développements spécifiques dans la quatrième partie de l'ouvrage, ce chapitre est exclusivement consacré aux sanctions administratives, qui sont essentiellement de nature pécuniaire. Il s'agit notamment des pénalités des amendes et l'intérêt de retard, même si le caractère répressif de ce dernier est discutable. L'intérêt représentant le loyer de l'argent non versé à échéance. On peut également évoquer d'autres sanctions non pécuniaires, qui sont certes marginales, mais qui existent. On peut recenser trois grands groupes de sanctions, à savoir : les sanctions liées aux processus d'assiette des impositions, ou pénalités d'assiette (section 1), les sanctions liées aux processus de recouvrement des impositions, encore appelées pénalités de recouvrement (section 2) et d'autres sanctions particulières liées au non-accomplissement par le contribuable de certaines obligations (section 3).

Section 1 : Les pénalités d'assiette

308. Les pénalités d'assiette visent les infractions relatives aux documents utilisés pour l'assiette et la liquidation des impôts. Il s'agit notamment de l'insuffisance de déclaration (§ 1) et du défaut de déclaration (§ 2). Les sanctions concernant les infractions sur les droits d'enregistrement ont un traitement particulier (§ 3), ainsi que les sanctions spécifiques au non-respect des obligations de facturation (§ 4).

§ 1 : La répression de l'insuffisance de déclaration

309. Les articles L95 et L96 du LPF prévoient la sanction de l'insuffisance de déclaration, constituée par des omissions ou

inexactitudes qui affectent la base ou les éléments d'imposition et qui ont conduit l'administration à effectuer des redressements.

Les pénalités pour insuffisance de déclaration sont applicables dès lors que cette infraction est établie. Le fait que le contribuable est de bonne foi est sans incidence sur l'application ou non des pénalités. La qualification (bonne foi, mauvaise foi ou manœuvre frauduleuse) n'est utile que pour la détermination du montant des pénalités dues. L'insuffisance de déclaration est réprimée par deux types de sanctions cumulables à savoir l'intérêt de retard et la majoration.

A/ L'intérêt de retard appliqué à l'insuffisance de déclaration

310. Les insuffisances ayant conduit l'administration à effectuer les redressements donnent lieu à l'application d'un intérêt de retard de ***1,5 %*** par mois de retard, plafonné à ***50 %*** (art. L95 du LPF). Ce plafond se justifie par le fait qu'avec un taux de 1,5 % par mois, sur une période de 12 mois, il serait de 18 %. Or, lorsque le contrôle porte sur la période non prescrite (quatre exercices), le premier exercice peut donner lieu à des intérêts s'élevant à 72 %. Avec le plafond prévu par la loi, ces intérêts ne peuvent excéder 50 %. À titre de comparaison, dans la législation fiscale française, le taux de l'intérêt de retard est de 0,75 % et cet intérêt n'est pas plafonné.

Le décompte de l'intérêt de retard a pour **point de départ** le premier jour du mois suivant celui où la déclaration révélant une insuffisance, une omission ou une inexactitude a été déposée (art. L95 du LPF), le **point d'arrivée** est le dernier jour du mois de la notification de redressement. Cet intérêt est calculé sur la base des **droits en principal** mis à la charge du contribuable, à la suite de la notification du dernier acte de procédure en cas de contrôle.

B/ Les majorations appliquées à l'insuffisance de déclaration

311. À la différence du système français qui n'inflige aux contribuables reconnus de bonne foi que l'intérêt de retard, le système camerounais, en sus de l'intérêt de retard inflige des majorations à tous les contribuables ayant fait l'objet des redressements pour insuffisance de déclaration. La seule nuance est que ces majorations varient en fonction de la gravité de l'infraction ou de la nature de la qualification du comportement du contribuable, qui peut être considéré comme de bonne foi (1), de mauvaise foi (2) ou auteur des manœuvres frauduleuses (3).

1/ La majoration appliquée au contribuable de bonne foi

312. La bonne foi étant toujours présumée, il n'y a pas de difficultés particulières à l'établir. Lorsque l'infraction est commise de bonne foi, elle est sanctionnée d'une majoration de 30 % calculée sur la base des droits en principal dus par le contribuable.

313. Cette majoration, qui était de 50 % avait d'abord été supprimée par omission[63] dans la loi du 19 avril 2002 portant Code général des impôts qui avait institué le Livre des procédures fiscales. Et cette omission a été immédiatement réparée par la loi du 30 décembre 2002, portant loi de finances pour l'exercice 2003, qui l'a rétablie. Et c'est finalement la LF pour 2008 qui a fixé le taux actuel de 30 %.

L'observation des notifications de redressements adressées aux contribuables par les agents du fisc camerounais renseigne que l'application de la majoration de bonne foi est privilégiée. Ces agents manifestent en effet, une certaine frilosité face à la perspective de motiver les pénalités de mauvaise foi ou des manœuvres frauduleuses.

2/ La majoration appliquée au contribuable de mauvaise foi

314. Pour l'administration[64], la bonne foi étant toujours présumée, il appartient à ses agents d'établir la preuve de la mauvaise foi du contribuable à travers deux critères tenant au motif des redressements et à la récidive.

S'agissant du motif des redressements, l'administration vise à titre d'exemple : le non-reversement des retenues à la source, la déduction des charges non liées à l'exploitation et la dissimulation des produits imposables, sans que cette énumération ne soit exhaustive.

Pour ce qui est de la récidive, l'administration estime qu'elle est établie lorsque les erreurs répétées par le contribuable sont telles que la bonne foi ne peut pas être retenue. C'est aussi le cas lorsque l'ampleur des redressements ne peut plus amener à conclure à de simples erreurs.

315. La doctrine administrative française se fonde pour soutenir la mauvaise foi, sur l'importance, la nature et la fréquence des rehaussements (appréciation objective), ou le fait que le contribuable ne pouvait normalement ignorer les insuffisances, inexactitudes, ou

---

[63] Instruction n° 105/MINEFI/DI/L du 6 février 2003 précisant les modalités d'application de certaines dispositions de la LF 2003.

[64] Circulaire n° 0002/MINFI/DGI/LC/L du 11 janvier 2008 précisant les modalités d'application des dispositions fiscales de la loi n° 2007/005 du 26 décembre 2007 portant loi de finances pour l'exercice 2008.

omissions qui lui sont reprochées (appréciation subjective)[65]. Pour le Conseil d'État français, deux conditions simultanées doivent être remplies pour caractériser *la mauvaise foi* d'un contribuable : d'une part, une intention d'éluder l'impôt (élément subjectif) et d'autre part, une insuffisance ou une omission dans les déclarations (élément objectif). Et pour cette Haute juridiction, « *la Cour d'appel qui omet de rechercher si ces deux éléments sont réunis commet une erreur de droit* ». C'est pourquoi l'arrêt de la Cour d'appel qui considère que l'administration établit la mauvaise foi du contribuable du seul fait de l'importance des redressements sans rechercher si le service démontre aussi l'intention de dissimulation de l'intéressé sera cassé[66].

Au regard de tous ces critères, il est difficile d'expliquer l'inapplication de la pénalité de mauvaise foi par les agents du fisc camerounais. En tout état de cause, lorsque l'infraction commise de mauvaise foi est établie dans les conditions sus relevées, elle est sanctionnée d'une majoration de 100 % des droits dus en principal.

3/ La majoration appliquée à l'auteur des manœuvres frauduleuses

316. À la différence de la mauvaise foi qui est bien définie par la circulaire susmentionnée du 11 janvier 2008, la doctrine administrative camerounaise n'a pas déterminé les contours de la notion de manœuvre frauduleuse. En droit comparé, l'administration fiscale française considère que les manœuvres frauduleuses consistent dans la mise en œuvre de procédés ayant pour effet, soit de faire disparaître ou de réduire la matière imposable, soit d'obtenir de l'État des remboursements injustifiés, lorsque ces procédés ne peuvent être considérés comme des erreurs excusables ou des omissions involontaires mais sont, au contraire, le résultat d'actes conscients et volontaires destinés à donner l'apparence de la sincérité à des déclarations en réalité inexactes et impliquant l'intention manifeste d'éluder tout ou partie de l'impôt[67].

317. Pour le juge français[68], la qualification de manœuvre frauduleuse n'est en rien subordonnée à l'existence d'une fraude fiscale ayant été réprimée pénalement par le juge répressif sur le fondement de l'article 1741 du Code général des impôts qui est l'équivalent des articles L107 et

---

[65] Documentation administrative. 13 N-1223 n° 4 à 14.

[66] Gilles BACHELIER, « Les sanctions fiscales dans la jurisprudence du Conseil d'État », *Revue française des finances publiques*, n° 65, mars 1999, p. 30 et 31.

[67] Documentation administrative. 13 N-1223 n° 15.

[68] Gilles BACHELIER, « Les sanctions fiscales dans la jurisprudence du Conseil d'État », *Revue française des finances publiques*, n° 65, mars 1999, p. 30 et 31.

L108 du LPF camerounais. Il appartient au juge de l'impôt, c'est-à-dire le juge administratif dans le cas camerounais, de qualifier au regard de la loi fiscale, le comportement du contribuable.

318. En conséquence, pour ce juge, la manœuvre frauduleuse, à ne pas confondre avec la mauvaise foi, se caractérise par deux éléments : il faut d'une part qu'il y ait un agissement du contribuable, c'est-à-dire une action positive et non une simple omission ou une abstention, et d'autre part cet agissement ou ce montage doit avoir eu pour objet d'égarer l'administration ou de rendre plus difficile l'exercice de son pouvoir de contrôle.

Lorsque l'infraction constituant une manœuvre frauduleuse est établie dans les conditions sus relevées, elle est sanctionnée d'une majoration de 150 % des droits dus en principal.

§ 2 : Le défaut de déclaration

319. Le défaut ou absence de déclaration est l'infraction qui sanctionne le contribuable qui n'a pas souscrit sa déclaration dans le délai légal et a fait l'objet d'une taxation d'office conformément aux dispositions des articles L3 et L29 du LPF (A). Le LPF sanctionne également dans la rubrique de l'absence de déclaration d'autres manquements aux obligations déclaratives.

A/ Le défaut de déclaration entraînant une TO

320. Comme pour l'insuffisance de déclaration, le défaut de déclaration fait l'objet de deux sanctions cumulables, à savoir l'intérêt de retard et la majoration.

L'intérêt de retard prévu à l'article L95 du LPF est appliqué au taux de 1,5 % par mois de retard, avec un plafond de 50 %. Le point de départ du calcul de cet intérêt est le jour qui suit celui du dépôt légal de la déclaration et le point d'arrivée est le dernier jour du mois de la notification. Tout mois commencé est compté pour un mois entier (art. L98 du LPF).

Conformément à l'article L97 du LPF, la majoration pour défaut de déclaration, entraînant une taxation d'office est de 100 % de la cotisation réclamée. Cette majoration est portée à 150 % en cas de récidive.

B/ Les sanctions des autres manquements aux obligations déclaratives

321. Les infractions concernées par ces sanctions sont prévues dans les articles L99, L100 et L103 du LPF. Il s'agit :

- du dépôt après mise en demeure d'une déclaration faisant apparaître un impôt néant ou un crédit, dont l'amende forfaitaire est fixée à un million (1 000 000) FCFA. C'est la négligence du contribuable qui est ainsi sanctionnée. Un contribuable consciencieux doit normalement éviter ce type d'amende ;
- du non-dépôt dans les délais après mise en demeure des déclarations prévues aux articles 18 (3), 18 bis, 101, 102 et 104 ter. Ces infractions sont sanctionnées par une amende fixée à un million (1 000 000) FCFA par mois ;
- du non-dépôt, dans les délais légaux d'une demande d'immatriculation ou de modification des éléments ayant servi à une immatriculation initiale, ainsi que toute déclaration d'immatriculation comportant des indications manifestement erronées. Cette infraction est sanctionnée par une amende de deux cent cinquante mille (250 000) FCFA ;
- de l'exercice d'une activité économique sans immatriculation préalable qui est sanctionnée par une amende de cent mille (100 000) FCFA ;
- de l'utilisation frauduleuse d'un numéro d'identifiant unique sanctionnée par une amende de un million (1 000 000) FCFA par opération ;
- de la non-immatriculation des personnes ne disposant que de revenus salariaux et non immatriculées dans le délai de trois (3) mois ;
- en matière de TVA, le non-dépôt d'une déclaration donnant lieu à taxation d'office, entraîne la perte du droit à déduction et du crédit de TVA se rapportant à la période antérieure (art. L103 du LPF).

§ 3 : Les sanctions des infractions sur les droits d'enregistrement

322. L'enregistrement, comme l'indique l'étymologie de la notion, est le fait d'inscrire un acte sur un registre. Il s'agit d'une formalité qui constate l'existence d'un acte et lui donne date certaine (art. 1328 du Code civil). L'obtention de cette formalité, dans des délais précis, a un coût fiscal, qu'on appelle le droit d'enregistrement. Le défaut d'enregistrement des actes et le non-respect des délais de déclaration en vue du paiement des droits peuvent entraîner des sanctions (A). Pour la perception des droits, la valeur taxable résulte en général des énonciations des parties. Ainsi, les conventions qui donnent lieu à la

stipulation d'un prix sont en principe soumises aux droits proportionnels, progressifs ou dégressifs sur la base d'un prix convenu.

323. En rappel, **les droits proportionnels** sont ceux dont la quotité représente un pourcentage constant des valeurs qui font l'objet des actes ou des mutations ; **les droits progressifs** sont ceux dont le tarif s'élève au fur et à mesure que croissent les valeurs auxquelles ils s'appliquent ; et **les droits dégressifs** sont ceux dont les tarifs diminuent au fur et à mesure que croissent les valeurs auxquelles ils s'appliquent. Lorsque l'acte ne comporte pas d'indication sur la valeur du bien, les parties doivent y suppléer par une déclaration estimative détaillée ; c'est généralement le cas des mutations par décès, ou des locations verbales. Puisqu'en fonction du prix déclaré sur la transaction, les droits peuvent plus ou moins être élevés, les redevables, c'est-à-dire les parties, ont souvent la tentation de le sous-estimer. L'administration a, par le CGI, le droit de contrôler et de rectifier les prix ou évaluation déclarés, en prouvant les insuffisances de prix (B) ou les dissimulations de prix (C). Elle peut également utiliser son droit de préemption (D).

A/ La sanction du défaut d'enregistrement et du non-respect des délais de déclaration

324. Plusieurs situations sont à envisager, à savoir : le cas des actes passés devant les officiers publics ministériels, celui des actes sous seing privé entre les particuliers et enfin, celui des déclarations relatives aux mutations par décès.

325. **S'agissant des actes passés devant les officiers publics ministériels**, l'article 316 du CGI dispose que les notaires, huissiers et autres agents ayant pouvoir de faire des exploits ou procès-verbaux, les greffiers et secrétaires d'administration, qui par leur négligence n'ont pas fait enregistrer leurs actes ou jugements dans les délais paient, personnellement, outre les droits simples et pour ces droits seulement, sans recours contre les parties, une amende égale au montant des droits simples, c'est-à-dire 100 % de ces droits.

À titre de rappel, le délai à respecter est d'un (1) mois à compter de la date de l'acte. Il peut être porté à trois (3) mois lorsqu'il n'existe pas de centre des impôts à la résidence des officiers publics ou ministériels ou des fonctionnaires rédacteurs (art. 276 du CGI). Toutefois, lorsque les parties n'ont pas consigné les droits entre leurs mains dans les délais, les greffiers et secrétaires peuvent s'affranchir des droits simples et en sus en déposant les actes et jugements au centre des impôts compétent le jour qui suit l'expiration des délais. On observe que cette exception ne concerne pas les actes des notaires et ceux des huissiers qui doivent impérativement respecter les délais, pour éviter de supporter l'amende d'un droit en sus.

326. **En ce qui concerne les actes sous seing privé**, l'article 321 du CGI dispose qu'en cas de non-respect des délais prévus à l'article 276 du CGI sur l'enregistrement des actes sous seing privé constatant les conventions synallagmatiques, les parties sont tenues solidairement responsables entre elles, nonobstant toute stipulation contraire, au paiement d'un droit en sus égal au droit simple, c'est-à-dire une pénalité de 100 % du montant de ces droits. En rappel, le délai est de un (1) à trois (3) mois à compter de la date des actes.

327. **Pour ce qui est des mutations par décès**, les héritiers, donataires, légataires qui n'ont pas fait dans les délais prescrits la déclaration des biens à eux transmis par décès, paient une amende égale à 50 % du droit dû pour la mutation, si le retard est inférieur à un an. En revanche, si le retard excède un an, l'amende est d'un droit en sus, c'est-à-dire 100 % du droit en principal. À titre de rappel, le délai pour la déclaration détaillée et estimative des biens devant faire l'objet d'une mutation par décès est d'un (1) an à compter de l'ouverture de la succession (art. 279 CGI).

B/ Les insuffisances du prix

328. Il y a insuffisance de prix lorsque le prix stipulé dans l'acte par les parties est inférieur à la valeur vénale du bien, c'est-à-dire sa valeur sur le marché au moment de la transaction. Cette valeur n'est pas définie par la loi. On considère d'une manière générale qu'elle correspond au prix que le jeu normal de l'offre et de la demande permettrait de retirer de la vente du bien.

Les opérations et les biens pouvant faire l'objet du contrôle de l'insuffisance du prix sont prévus à l'article 324 du CGI qui dispose que : si le prix ou l'estimation ayant servi de base à la perception du droit proportionnel, progressif ou dégressif paraît inférieur à la valeur vénale des biens immeubles, fonds de commerce ou de navires ou des aéronefs transmis en propriété, en usufruit ou en jouissance, l'administration peut requérir l'expertise en vue de fixer la valeur taxable.

329. **En matière d'insuffisance de prix, la sincérité de l'acte n'est pas forcément mise en cause**, ou même une volonté des parties de frauder. L'administration remet seulement en cause le prix stipulé dans l'acte, en utilisant différents moyens légaux à sa disposition. Elle peut, à cet égard, s'appuyer sur l'article 546 bis (1) du CGI qui dispose que : la

valeur servant de base à la perception du droit proportionnel, progressif ou dégressif des biens meubles ou transmis en propriété, en usufruit ou en jouissance, ne peut être inférieure à celle résultant de l'application de la mercuriale administrative. C'est notamment le cas en matière de mutations immobilières avec la détermination administrative par le décret du 4 juillet 2014 des valeurs minimales applicables aux transactions immobilières. Ce texte qui fixe les modalités d'évaluation administrative des immeubles en matière fiscale, précise que cette évaluation s'applique en cas de minoration de la valeur vénale ou locative constatée dans les actes et déclarations déposés auprès de l'administration fiscale.

À titre d'illustration, vous avez acquis au quartier Bastos de Yaoundé, auprès de votre ami qui veut vous aider, un terrain de 1 000 m^2, à 15 000 FCFA le mètre carré, soit 15 millions de FCFA. Or, au quartier Bastos, le prix minimal déterminé par le décret sus-cité pour un immeuble non bâti, c'est-à-dire un terrain nu est 100 000 F le mètre carré. Le prix stipulé dans l'acte est le prix réel de la transaction, car vous n'avez pas acquis le terrain à 100 000 le m^2, soit 100 000 000 FCFA pour ne déclarer que 15 000 000 FCFA. Mais pour la perception des droits de mutation, l'administration va évaluer votre terrain à 100 000 000 FCFA. Le taux pour le calcul des droits de mutation des immeubles urbains non bâtis relevant des zones encadrées par une mercuriale administrative, étant de 5 %, vous devez payer la somme de 5 000 000 FCFA pour obtenir la formalité d'enregistrement, au lieu de 750 000, qui correspond au prix réel de votre transaction.

330. Pour les fonds de commerce, l'évaluation est généralement fonction du chiffre d'affaires, variable selon les professions. L'administration, comme le contribuable, peuvent recourir à l'expertise lorsqu'ils ne sont pas amiablement d'accord sur l'estimation. L'expertise prévue à l'article 325 du CGI est sollicitée par simple requête adressée au Tribunal civil dans le ressort duquel les biens sont situés ou immatriculés, s'il s'agit de navires de bateaux ou d'aéronefs.

331. Si l'insuffisance reconnue amiablement ou révélée par l'expertise est égale ou supérieure au huitième du prix de la valeur déclarée, les parties acquittent solidairement, à savoir :

- le droit simple sur le complément d'estimation ;
- un demi-droit en sus (50 %), si l'insuffisance est reconnue amiablement avant la signification de la requête en expertise ;

- un droit en sus (100 %), si l'insuffisance est reconnue après signification de la requête en expertise, mais avant le dépôt au greffe du Tribunal du rapport de l'expert ;
- un double droit en sus (200 %), dans le cas contraire.

332. Aucune pénalité n'est encourue et les frais d'expertise restent à charge de l'administration lorsque l'insuffisance est inférieure au huitième du prix déclaré.

Pour le cas particulier des omissions reconnues avoir été faites dans les déclarations de biens transmis par décès, la sanction appliquée est d'un droit en sus (art. 323 du CGI).

C/ Les dissimulations de prix

333. À la différence de l'insuffisance de prix pour laquelle la sincérité de l'acte n'est pas remise en cause, la dissimulation de prix prévue aux articles 327 à 329 du CGI, est une vraie manifestation de fraude. Elle consiste dans le fait de porter volontairement dans un acte un prix inférieur à celui réellement convenu, la différence étant payée en sous-main.

334. Les sanctions afférentes aux dissimulations de prix ne peuvent être appliquées que si les services fiscaux apportent la preuve que le prix réellement stipulé est supérieur à celui indiqué dans l'acte.

La dissimulation de prix qui ne peut être constatée que sur la vente d'un immeuble, la cession d'un fonds de commerce ou de clientèle et dans la soulte d'un échange ou d'un partage, est une pratique fréquente et dangereuse lorsqu'elle est découverte.

335. En effet, la dissimulation est punie par une amende égale à la moitié de la somme dissimulée, payable solidairement par les parties, lorsqu'elle n'est pas répartie entre elles par parts égales. Cette amende, à l'inverse de toutes les sanctions fiscales, n'est pas calculée sur le montant des droits éludés, mais sur le montant du prix de la transaction. À titre d'illustration, si vous achetez un immeuble dont le prix réel est de 50 000 000 FCFA, mais pour les droits d'enregistrement, vous déclarez une somme de 10 000 000 FCFA ; la somme dissimulée s'élevant à 40 000 000 FCFA, l'amende pour dissimulation sera de 20 000 000 FCFA, la moitié de la somme dissimulée. La dissimulation peut être établie par tous les moyens de preuve admis par le droit commun.

336. Lorsqu'il est constaté l'existence d'une contre-lettre, sous signature privée relative aux dissimulations et qui a pour objet l'augmentation du prix stipulé dans l'acte précédemment enregistré,

l'amende exigée est le triple, c'est-à-dire 300 %, du droit à percevoir sur les sommes et valeurs stipulées.

D/ Le droit de préemption

337. Le droit de préemption prévu à l'article 330 du CGI est la faculté offerte à l'administration de se substituer à l'acquéreur d'un bien ou au bénéficiaire du droit à un bail si elle le juge utile, et si elle estime le prix porté à l'acte insuffisant. La préemption se fait de plein droit après simple notification par acte d'huissier, dans un délai de six (6) mois. L'administration doit, dans ce cas, rembourser à l'acquéreur le montant du prix porté à l'acte augmenté de 10 %.

Au regard de l'article 330, aucune formalité spéciale n'est requise pour l'exercice du droit de préemption. Il suffit, dès lors, pour la validité de cet acte, que la volonté de l'administration d'en faire usage se soit manifestée aux parties avec certitude dans le délai imparti par la loi, c'est-à-dire dans le délai de six (6) mois à compter du jour de l'accomplissement de la formalité d'enregistrement.

338. Le droit de préemption est donc valablement et régulièrement exercé lorsque d'une part l'administration fait, avant l'expiration du délai légal, notifier sa volonté au domicile réel ou à la personne de l'acquéreur et que d'autre part, cette notification contient une offre basée sur le prix stipulé dans l'acte de vente, majorée de 10 % de ce prix. Pour la Cour de cassation française, la validité de l'exercice du droit de préemption n'est nullement soumise à la preuve d'une insuffisance de prix[69].

Très étonnamment, l'administration fiscale camerounaise fait rarement recours à cette procédure qui peut, de par son caractère dissuasif, améliorer la sincérité des prix réels des transactions passibles du droit de préemption.

§ 4 : Les sanctions spécifiques au non-respect des obligations de facturation

339. Le non-respect des obligations de facturation fait l'objet de deux sanctions de nature différente en fonction de l'infraction commise. Il s'agit d'abord de l'absence d'indication sur une facture du numéro d'identifiant unique. Cette infraction entraîne la non-déduction de la TVA mentionnée sur la facture (art. L101 du LPF).

340. Il s'agit aussi de l'absence de facture ou l'utilisation d'une fausse facture (art. L102 du LPF). Cette infraction vise toute vente de biens ou

---

[69] Cass. civ., 5 août 1952.

toute prestation de service n'ayant pas fait l'objet d'une facturation ou pour laquelle une facture erronée ou incomplète aura été établie, reçue ou utilisée par un professionnel. Cette infraction est sanctionnée par une amende égale à 100 % du montant de la transaction avec un minimum de cent mille (100 000) FCFA.

341. Enfin, tout remboursement de crédits de TVA obtenu sur la base de fausses factures donne lieu à restitution immédiate des sommes indûment perçues, assortie de pénalités de 100 % non susceptibles de transactions.

Section 2 : Les pénalités de recouvrement

342. Les pénalités de recouvrement sont celles qui sont dues dans la phase de paiement des impôts. Elles sanctionnent essentiellement le défaut et le retard de paiement. Comme pour les pénalités d'assiette, il y a deux types de sanctions, à savoir la majoration et les intérêts de retard.

343. La majoration concerne surtout les impôts à versement spontané dont le champ d'application recouvre presque tous les impôts perçus au Cameroun. Au regard de l'article L106 du LPF, toute déclaration ou paiement tardif de ces impôts entraîne l'application d'une pénalité de 10 % par mois de retard, sans excéder 30 % de l'impôt dû en principal. Pour le cas particulier des droits d'enregistrement, comme il a été examiné dans la section précédente, la pénalité est de 100 % du droit dû en principal, c'est-à-dire un droit en sus.

344. L'intérêt de retard, dû au taux de 1,5 % par mois de retard, sanctionne le paiement tardif de l'impôt.

Le même taux d'intérêt de retard, qui court à compter de la date de mise à disposition des fonds est appliqué sur tout remboursement indu de TVA, et ne peut faire l'objet d'aucune remise ou modération.

345. Le point de départ du délai est fixé au premier jour du mois qui suit celui de la réception d'un avis de mise en recouvrement ; au premier jour suivant celui du dépôt légal de la déclaration, tout mois commencé étant compté pour un mois entier ; au premier jour suivant celui de la date d'exigibilité. Le point d'arrivée du calcul de l'intérêt est fixé au dernier jour du mois du paiement.

Section 3 : Les sanctions particulières liées aux manquements par le contribuable à certaines obligations

346. Les sanctions particulières afférentes aux manquements par le contribuable de certaines obligations concernent le droit de

communication, le droit d'enquête, le droit de constatation des stocks et le refus d'exécuter l'avis à tiers détenteur.

347. **Sur le droit de communication et l'avis à tiers détenteur**, l'article L104 du LPF dispose que toute personne ayant communiqué de fausses informations ou ayant tenté de se soustraire ou de s'opposer au droit de communication ou à l'avis à tiers détenteur, est passible d'une amende pouvant aller jusqu'à cinq millions (5 000 000) FCFA.

Une astreinte de cent mille (100 000) FCFA par jour de retard, au-delà des délais indiqués sur la demande est applicable à toute tentative de différer le droit de communication. La même astreinte, calculée à partir de la date de réception de l'avis à tiers détenteur, est appliquée en cas de manœuvres dilatoires ayant pour but de s'opposer à l'exécution de cet avis.

Avant l'application de la sanction des manquements au droit de communication, l'administration doit préalablement adresser au contribuable une mise en demeure valant commandement de communiquer, dans les conditions prévues à l'article L44 (2) du LPF.

348. Les mêmes sanctions sont applicables en matière de **droit d'enquête** et de **droit de constatation des stocks** conformément aux dispositions des articles L50 bis et L50 ter (6) du LPF.

TITRE II

LES PROCÉDURES CONTENTIEUSES

349. Après l'examen des procédures d'établissement des impositions qui sont souvent à l'origine du contentieux des impositions, le présent titre se penche sur les procédures contentieuses qui comprennent notamment : le règlement des litiges fiscaux devant l'administration fiscale dans le cadre de la réclamation préalable (chapitre 2), le sursis de paiement (chapitre 3) et le règlement des litiges devant le juge (chapitre 4). Mais, avant tous ces développements, un chapitre préliminaire est consacré à l'organisation de l'administration chargée du contentieux fiscal.

Chapitre 1

L'organisation de l'administration chargée du contentieux fiscal

350. Les missions de l'administration relatives à la gestion du contentieux fiscal sollicitent plusieurs niveaux d'intervention au sein du ministère des Finances (MINFI). Du sommet à la base, le ministre est concerné tout comme le Directeur général des impôts, les responsables et agents des services déconcentrés de la Direction générale des impôts (DGI). Toute cette chaîne détermine l'organisation de l'administration fiscale chargée du contentieux. Cette administration sera présentée à travers l'examen de l'administration centrale chargée du contentieux fiscal (section 1) et celui de l'administration déconcentrée chargée du contentieux fiscal (section 2).

Section 1 : L'administration centrale chargée du contentieux fiscal

L'administration centrale chargée de la gestion du contentieux fiscal comprend les structures utilisées par le ministre des Finances dans le cadre de sa compétence contentieuse (§ 1) et les structures chargées du contentieux au sein des services centraux de la DGI (§ 2).

§ 1 : Les structures chargées du contentieux fiscal auprès du ministre des Finances

351. Le ministre des Finances a des compétences propres en matière de contentieux fiscal. Au nombre de celles-ci, on peut mentionner qu'il est l'autorité devant se prononcer pour le compte de l'administration sur les réclamations préalables à la saisine du juge de l'impôt, dans le cadre des recours hiérarchiques exercés par les contribuables non satisfaits par les décisions des autorités saisies au premier niveau. Pour accomplir toutes ces missions, il dispose de plusieurs types de collaborateurs. Nous ne nous attarderons pas ici sur ceux de la DGI qui sont évidemment au premier chef, ses collaborateurs indiqués pour tout ce qui est fiscal. En écartant les collaborateurs de la DGI, il reste ceux du Cabinet et ceux de la Division des affaires juridiques (DAJ). Au niveau du Cabinet, le ministre peut s'appuyer sur son conseiller technique chargé des questions fiscales ou surtout sur le Comité d'appui à l'instruction des recours préalables auprès du ministère des Finances en matière de contentieux fiscal et douanier.

352. **Le Comité des recours**, créé par décision n° 0000192/MINFI du 12 août 2010 du ministre des Finances, avec pour mission de formuler un avis technique sur les recours gracieux préalables adressés au ministre des Finances en matière fiscale et douanière, traite avec la DGI l'essentiel des réclamations dont est saisi le ministre des Finances. Il fonctionne en collégialité. Lorsque le Comité est saisi, l'Inspecteur général qui est le président confie la requête à un Inspecteur des services rapporteur, qui effectue l'instruction et propose la solution qui lui paraît appropriée pour le règlement du litige. Le rapport d'instruction est distribué à tous les membres du Comité qui en prennent connaissance avant l'examen en séance officielle. Au cours de cette séance, le rapport est discuté et la solution sur le litige à soumettre au ministre est arrêtée à la majorité des voix des membres après audition du contribuable assisté de son conseil. Ce mode de fonctionnement garantit un minimum d'objectivité dans le traitement de la réclamation du contribuable. Il serait souhaitable pour plus d'impartialité que les recours adressés au ministre soient instruits par ce Comité.

353. **La Division des affaires juridiques**, de par ses attributions, est le conseiller juridique du ministre sur les questions économiques et financières intéressant le ministère. En matière contentieuse, et conformément à l'article 28 du décret du 28 février 2013 portant organisation du ministère des Finances, elle dispose d'une Cellule du contentieux et du suivi de l'exécution des décisions de justice qui est notamment chargée : de la conciliation, de l'arbitrage et du règlement des différends de nature administrative, civile et commerciale en phase précontentieuse ; du suivi de l'exécution des décisions de justice rendues en faveur de l'État ou le condamnant ; et de la défense des intérêts de l'État en justice, chaque fois que le ministère est impliqué dans une affaire.

Au regard de ses attributions, cette cellule est chargée du contentieux administratif et judiciaire, au niveau de la phase administrative et de la phase juridictionnelle. Ce contentieux examiné par la DAJ englobe-t-il également les différends de nature fiscale ? Par la rédaction très générale de l'article 28 du décret précité, une telle interprétation n'est pas à exclure. En effet, cette disposition évoque les différends de nature administrative, civile et commerciale. En sortant d'une grille de lecture beaucoup plus restreinte, le contentieux fiscal se retrouve dans ces différends qui sont portés devant le juge administratif ou le juge judiciaire. Car, il n'existe pas un juge spécialisé exclusivement pour la matière fiscale dans le système camerounais.

Dans la phase juridictionnelle, aucune ambiguïté ne subsiste dans la mesure où la DAJ doit assurer la défense des intérêts de l'État en justice chaque fois que le ministère est impliqué. Toutefois, dans la pratique, les collaborateurs du Directeur général des impôts sont généralement associés à ceux de la DAJ pour assurer cette défense.

§ 2 : Les structures chargées du contentieux dans les services centraux de la DGI

354. Dans les services centraux de la DGI, le contentieux fiscal est suivi par le directeur général lui-même qui s'appuie sur la division du contentieux (DC)[70]. En effet, c'est le DGI qui est compétent pour statuer sur les recours portant sur la contestation des impositions, lorsque le montant en principal excède cinquante (50) ou cent (100) millions, selon que les impôts ont été émis par les centres régionaux des impôts, dans le premier cas, ou par la direction des grandes entreprises dans le second cas. Il peut également s'appuyer sur les chargés d'études directement rattachées à son cabinet pour solliciter des avis avant de prendre sa décision.

355. Mais, c'est incontestablement **la division du contentieux** qui est à la fois le conseil du DGI et du ministre sur les questions relatives au contentieux fiscal. Ceci est d'autant plus vrai que dans la pratique, c'est cette structure qui instruit tous les litiges portés devant le DGI et ceux que le ministre des Finances confie à la DGI pour instruction. Ce qui affaiblit parfois la portée du recours devant le ministre.

En général, c'est à l'inspecteur qui a traité la réclamation à l'étape de la saisine du DGI, que la réclamation portée devant le ministre des Finances est attribuée pour instruction. Il est dans ce cas difficile pour ce dernier de modifier sa position par rapport à ses points de vue initiaux. Il serait souhaitable pour plus d'objectivité, d'orienter les réclamations adressées au ministre à des inspecteurs autres que ceux ayant assuré l'instruction pour la décision du directeur général.

La division du contentieux comprend quatre (4) cellules chargées respectivement du contentieux fiscal, du suivi des analyses et des recours

---

[70] Avec l'application effective du décret du 28 février 2013 précité, pour la première fois depuis la création de la Direction générale des impôts, les questions relatives au contentieux, ne sont plus traitées dans une structure s'occupant en même temps de la législation. Une division complètement autonome et directement rattachée au DGI s'occupe désormais du contentieux fiscal. Cette évolution traduit l'importance que les pouvoirs publics camerounais accordent à cette fonction. La division de la législation est désormais cantonnée à la tâche d'élaboration des différents textes fiscaux et de la doctrine administrative et la division du contentieux, est chargée de l'application.

gracieux, des remboursements et restitutions des impôts et taxes, et de la répression des infractions fiscales.

356. La cellule du contentieux fiscal est chargée conformément au décret du 28 février 2013 portant organisation du ministère des Finances, de l'instruction et de l'apurement des recours en matière fiscale. Il s'agit essentiellement du contentieux d'assiette et du contentieux du recouvrement. Le premier concerne à titre de rappel, toutes les réclamations portant sur la détermination de la matière imposable encore appelée *assiette*, le calcul de l'impôt ou *liquidation* et *l'identification du redevable*, c'est-à-dire, les litiges se rapportant à la contestation du bien-fondé des impositions ou à la régularité de la procédure suivie pour établir celles-ci. Le second concerne les réclamations portant sur la contestation : soit de la régularité en la forme des mesures de recouvrement forcé engagées par le comptable public ; soit sur l'existence de l'obligation de payer.

357. La cellule du suivi, des analyses et des recours gracieux est chargée : de l'instruction et de l'apurement des demandes de modération et de remise d'impôts et taxes ; du suivi des recours gracieux en matière fiscale, ainsi que de la centralisation et de l'analyse des statistiques y relatives. Cette cellule est enfin chargée de la rédaction des projets d'arrêtés de dégrèvement.

358. La cellule de remboursement et de restitutions d'impôts et taxes est chargée, comme son nom l'indique, de l'instruction des demandes de remboursement et restitutions d'impôts et taxes.

359. Enfin, la cellule de la répression des infractions fiscales est chargée : de l'exploitation des rapports de contrôles fiscaux ; de l'instruction des dossiers susceptibles de donner lieu à des poursuites pour infractions fiscales ; et du suivi des plaintes pour fraude fiscale.

360. L'observation terminale qu'on peut faire au regard du traitement du contentieux, au niveau de l'administration centrale, c'est le manque de délégation de signature au profit des responsables de la division du contentieux. De telles délégations pour des montants limités pourraient constituer un puissant accélérateur dans le traitement des réclamations. Elles pourraient aussi responsabiliser davantage les autorités concernées et désengorger le travail au niveau du directeur général, surtout que ce dernier est devenu, depuis 2014, un premier niveau de décision dans le traitement des réclamations dans la phase administrative.

Section 2 : L'administration déconcentrée du contentieux

L'administration déconcentrée du contentieux comprend : la cellule du contentieux de la direction des grandes entreprises (DGE) (§ 1) et les cellules du contentieux des centres régionaux des impôts (CRI) (§ 2).

§ 1 : La cellule du contentieux de la DGE

361. L'organisation des services fiscaux au Cameroun a créé, au niveau des services centraux, un service de production à compétence nationale, sous la dénomination de direction des grandes entreprises. Cette structure est en réalité un « *super centre des impôts* ». Dans le cadre de l'organisation des services de production de la DGI au travers d'une segmentation par type de clientèles, qui va d'un service dédié aux contribuables, les importants aux services chargés des petits contribuables, il y a des échelons intermédiaires qui gèrent les contribuables moyens. C'est pour ces raisons que nous refusons à la DGE le statut d'un service d'administration centrale[71]. Cette direction qui comprend pour ses tâches opérationnelles, une cellule de gestion et du suivi, une sous-direction des vérifications des grandes entreprises et une recette des impôts, est chargée, comme son nom l'indique, de la gestion et du suivi des grandes entreprises qui réalisent annuellement un chiffre d'affaires excédant trois (3) milliards de francs CFA. Pour mémoire, la DGE réalise 80 % des recettes fiscales de la DGI.

362. Sur le plan du traitement du contentieux, la DGE possède une cellule du contentieux dont le responsable qui a rang de sous-directeur d'administration centrale, est assisté d'un certain nombre de chargés d'études assistants. Cette cellule qui est totalement indépendante des structures émettrices des impôts est chargée de l'instruction des réclamations contentieuses et gracieuses, soumises à l'attention du directeur des grandes entreprises qui est le premier niveau de saisine au Cameroun, pour les litiges opposant l'administration aux grandes entreprises, lorsque le montant en cause est inférieur ou égal à cent (100) millions de francs CFA.

---

[71] La circulaire du Premier ministre français du 26 juillet 1995, relative à la préparation et à la mise en œuvre de la réforme de l'État et des services publics, citée à la page 72 du rapport sus-cité de la Cour des comptes, considère que « la dimension centrale de l'État moderne consiste essentiellement à prévoir, à analyser, à concevoir, à légiférer et à évaluer. Ces fonctions de régulation doivent être clairement distinguées du rôle d'opérateur qui consiste à gérer, appliquer des réglementations ou à servir des prestations. Le rôle d'opérateur n'a aucune vocation à être centralisé ».

§ 2 : Les structures chargées du contentieux dans les centres régionaux des impôts

363. Les centres régionaux à l'instar de la DGE possèdent des cellules directement rattachés au chef de centre régional, chargées de l'instruction et du suivi des questions contentieuses. Les responsables de ces cellules ont rang de sous-directeur d'administration centrale.

364. Les autres structures de production, telles que les centres des impôts des moyennes entreprises (CIME), les centres divisionnaires des impôts (CDI) et les centres spécialisés des impôts (CSI), sont placées sous l'autorité des centres régionaux. Elles n'ont pas de compétence en matière de dégrèvement, mais elles ont des bureaux chargés du suivi des demandes contentieuses et gracieuses liées à leurs émissions.

Chapitre 2

Le règlement des litiges fiscaux devant l'administration fiscale : la réclamation préalable

365. L'obligation édictée par les articles L116 à L119 du LPF de présenter une réclamation avant de pouvoir saisir le juge compétent est l'illustration en matière fiscale, de la règle du recours gracieux préalable qui s'applique au contentieux administratif de droit commun, conformément à l'article 17 de la loi n° 2006/022 du 29 décembre 2006 fixant l'organisation et le fonctionnement des tribunaux administratifs. Cette règle impose à l'administré qui entend élever une contestation dans une situation qui n'a pas encore fait l'objet d'une décision administrative, d'exercer un recours préalable à caractère non juridictionnel.

Ce recours a pour objet d'obtenir, sur sa demande, une décision expresse ou implicite de la part de l'administration concernée. Ce n'est qu'une fois cette décision rendue, ou expiré le délai à l'issue duquel la demande est réputée rejetée, que l'administré pourra soumettre cette dernière au juge s'il n'a pas obtenu satisfaction. La finalité de cette règle est donc de lier le contentieux, c'est-à-dire, de prendre position sur le litige avant de le soumettre au juge.

366. Mais, il convient de souligner que la réclamation préalable offre des avantages à l'administration et aux contribuables. Enfermée dans des délais précis, elle peut permettre une solution rapide du litige. Or, les recours devant le juge ont une durée indéterminée. La décision du juge peut intervenir plusieurs années après la naissance du litige, ce qui laisse au contribuable le temps d'organiser son insolvabilité. Dans l'hypothèse où l'administration a poursuivi le recouvrement, le contribuable peut, de son côté, faire faillite alors même que la décision juridictionnelle peut lui être favorable. Autre avantage pour le demandeur, l'administration peut statuer en opportunité en recherchant le pragmatisme utile à la solution du litige. Le juge de l'impôt n'a pas cette faculté. Il est totalement lié par la loi.

367. En somme, la règle du recours gracieux préalable donne tout son sens au vieil adage selon lequel, « *un mauvais arrangement vaut mieux qu'un bon procès* ». L'utilité pratique de la réclamation préalable est illustrée par les statistiques issues du rapport d'activités des services du

contentieux fiscal de la DGI au cours de l'année 2014. De l'examen de ces statistiques, il ressort qu'au cours de cette année l'administration fiscale a instruit 1 442 réclamations contentieuses, dont 922 ont donné lieu à des dégrèvements, pour 520 maintiens. Sur ces 922 recours, 582 ont fait l'objet des dégrèvements complets, contre 339 dégrèvements partiels. Au cours de la même période, on a recensé seulement 69 recours introduits devant les juridictions, dont 56 devant les tribunaux administratifs et 13 devant la Cour suprême. Ces chiffres attestent que la réclamation préalable devant l'administration, joue un rôle efficace de filtre pour les recours juridictionnels. Ce chapitre nous permettra d'examiner successivement : le domaine de la réclamation préalable (section 1), les règles de compétence (section 2), la recevabilité de la demande (section 3), l'instruction de la réclamation au fond (section 4), la décision de l'administration sur la réclamation préalable (section 5).

Section 1 : Le domaine des recours administratifs préalables obligatoires

368. La délimitation du domaine de la réclamation préalable nécessite un examen des demandes non concernées par la réclamation (§ 1), des demandes concernées (§ 2) et une clarification sur les impôts et taxes concernés (§ 3).

§ 1 : Les demandes non concernées par les recours administratifs

Les demandes gracieuses et les décisions de dégrèvement ou de restitution d'office sont exclues du champ d'application de la réclamation préalable.

A/ Les demandes gracieuses

369. Les demandes présentées par les contribuables ou leurs mandataires relèvent de la juridiction gracieuse lorsqu'elles tendent à obtenir une mesure de bienveillance. L'instruction de ces demandes implique néanmoins, de la part des services fiscaux, qu'ils s'assurent au préalable du bien-fondé des impositions en cause. Ces demandes sont traitées dans la dernière partie de l'ouvrage.

B/ Les décisions de dégrèvement ou de restitution d'office

370. L'administration fiscale est juge à charge et à décharge. À cet égard, elle peut prendre de sa propre initiative, à la suite d'une réclamation du contribuable forclose ou d'un vice de forme la rendant définitivement irrecevable, des décisions de nature à réparer les erreurs d'imposition commises au préjudice de ce dernier.

371. La restitution d'office est prévue à l'article 332 (2) du CGI pour les droits d'enregistrement et de timbre. Au regard de cette disposition, les erreurs de liquidation dûment constatées par le service donnent lieu à restitution d'office à concurrence des droits indûment ou irrégulièrement perçus. Cette disposition ne concerne que les droits d'enregistrement. Mais on peut s'appuyer sur son esprit pour l'appliquer en matière des impôts directs et autres taxes sur le chiffre d'affaires. Ceci est d'autant plus aisé maintenant que le contentieux fiscal a été unifié et qu'il n'y a plus de dualité de procédures.

372. À titre d'information, le dégrèvement d'office était prévu dans l'article 152 de l'ordonnance du 7 février 1962 portant organisation du Régime financier de l'État[72]. Bien que cette disposition ne soit pas reprise dans l'actuel LPF, ce qui est regrettable, l'administration a le devoir de réparer de sa propre initiative les erreurs survenues dans l'établissement de l'impôt, même si le contribuable n'en a pas fait la demande. Une telle attitude donne tout son sens aux principes de l'égalité devant les charges publiques et de l'équité fiscale.

§ 2 : Les demandes concernées par les recours administratifs

373. Les réclamations présentées par les contribuables ou leurs mandataires dûment désignés, relèvent de la juridiction contentieuse, en application de l'article L115 du CGI, lorsqu'elles tendent à obtenir : soit la réparation d'erreurs commises dans l'assiette ou le calcul des impositions ; soit le bénéfice d'un droit résultant d'une disposition législative ou réglementaire.

374. La réparation des erreurs commises dans l'assiette ou le calcul des impositions peut amener le contribuable à solliciter, selon le cas : *un dégrèvement total* ou encore *une décharge* lorsqu'il conteste la totalité de l'imposition ; *un dégrèvement partiel* ou encore *une réduction* lorsqu'il conteste une partie de l'imposition ; et *une restitution* des impôts versés sans émission préalable d'un rôle ou d'un avis de mise en recouvrement (AMR), ou un versement effectué par des personnes physiques ou morales, tenues par l'obligation d'opérer les retenues à la source. Elle peut tendre enfin au remboursement d'un crédit de taxe sur la valeur ajoutée. Avec l'évolution de la législation fiscale, les recours

---

[72] Conformément à ce texte, le directeur des contributions directes avait la faculté en tout temps de prononcer dans la limite de 150 000 francs ou de soumettre à la signature du ministre des Finances lorsqu'il s'agit des sommes supérieures à 150 000 francs, tout dégrèvement dont l'opportunité apparaît du fait d'erreurs de calcul, d'erreurs matérielles, de faux ou double emploi, soit qu'ils aient été découverts par les agents du service des contributions, soit qu'ils l'aient été par les agents chargés du recouvrement.

administratifs portent sur tous les impôts, indépendamment de leur nature.

§ 3 : Les impôts et taxes concernés par les recours administratifs

Pour mieux appréhender les impôts et taxes concernés par la réclamation préalable, il est utile d'évoquer la situation antérieure à la directive CEMAC du 30 septembre 2013 sur les droits d'enregistrement (A), et d'examiner ensuite la situation après ladite directive (B).

A/ La situation avant la directive du 30 septembre 2013 sur les droits d'enregistrement

375. Avant la directive susmentionnée, la procédure contentieuse relative aux droits d'enregistrement, du timbre et de la curatelle était distincte de celle concernant les impôts directs, les taxes sur chiffre d'affaires et autres droits et taxes assimilées. S'agissant des droits d'enregistrement, de timbre et de la curatelle, la réclamation était directement et uniquement adressée au ministre des Finances, dans un délai de trois (3) mois à compter de la date de notification au contribuable du titre de perception, conformément à l'article 418 du CGI qui disposait qu'« avant d'introduire une instance contre l'administration, tout redevable doit au préalable adresser une requête au ministre dont relève la Direction des impôts aux fins de savoir quelle suite peut être donnée à sa déclaration ». Et le ministre avait un délai de quatre (4) mois pour se prononcer sur cette réclamation. La recevabilité de la réclamation était subordonnée au paiement préalable des droits en principal, conformément à l'article 412 du LPF.

B/ La situation après la directive sur les droits d'enregistrement

376. Après la directive du 30 septembre 2013, les particularités procédurales concernant les droits d'enregistrement ont été supprimées. La nouvelle directive stipule clairement en son article 149 que « *les règles de procédure en matière de contentieux des droits d'enregistrement sont les mêmes que celles prévues par la législation de chaque État membre pour les impôts, taxes et droits directs telles qu'édictées dans le Livre des procédures fiscales* ». Au regard de ce texte communautaire, le nouveau champ d'application élargi de l'article L115 du LPF inclut désormais les droits d'enregistrement, du timbre et autres droits et taxes assimilés. La distinction encore en vigueur en France entre les différents impôts (impôts directs et taxes sur le chiffre d'affaires d'un côté, et impôts indirects y compris les droits d'enregistrement de l'autre) n'est plus pertinente. D'où la conclusion logique qui s'impose, à savoir

les impôts et taxes concernés par la réclamation préalable sont les impositions de toutes natures établies par la Direction générale des impôts au travers de ses titres de perception.

Section 2 : La recevabilité de la demande

377. La recevabilité de la réclamation est subordonnée au respect par le requérant d'un ensemble de règles qui concernent la compétence des autorités (§ 1), les délais de la réclamation (§ 2), la forme et le contenu de la réclamation (§ 3).

§ 1 : Les règles de compétence

378. D'après le *Lexique des termes juridiques*, la compétence pour une autorité publique est « *l'aptitude légale à accomplir un acte* »[73]. Dans la phase administrative du contentieux fiscal, les règles de compétences ont été redistribuées à la faveur des modifications issues de la loi n° 2013/017 du 16 décembre 2013 portant Loi de finances de la République du Cameroun pour l'exercice 2014. Avant cette loi, la phase administrative du contentieux fiscal comprenait trois étapes obligatoires. Le contribuable qui contestait une imposition devait saisir successivement et obligatoirement, le chef de centre régional des impôts ou le directeur des grandes entreprises, puis le directeur général des impôts et enfin le ministre des Finances.

379. Mais cette triple saisine de l'administration comportait en elle-même des germes d'incohérence liés aux seuils de compétence des différentes autorités qui reposaient, non pas sur le montant des impositions contestées, mais sur le montant à dégrever. Ces seuils, à titre de rappel, s'élevaient respectivement à trente (30) millions pour le CCRI et DDGE, cent (100) millions pour le DGI, et le MINFI pour les montants excédents cent (100) millions. La conséquence logique de cette approche conduisait le Directeur général des impôts ou le ministre des Finances à statuer plusieurs fois sur la même affaire lorsque les montants à dégrever excédaient trente (30) millions. La LF 2014 a corrigé ces incohérences en fondant désormais la compétence des différentes autorités non plus sur les montants à dégrever, mais plutôt sur les montants contestés dans la réclamation. La même loi a en outre réduit le nombre de recours obligatoires devant l'administration à deux niveaux. Dans l'arrêt n° 16/A du 27 mai 2010, affaire État du Cameroun (MINFI) C/ Complexe Chimique Camerounais (CCC), l'Assemblée plénière de la Cour suprême a confirmé le caractère obligatoire de toutes ces étapes de la réclamation devant l'administration : « *Sur la recevabilité du recours : Considérant*

[73] *Lexique des termes juridiques*, 20e édition, 2013, Dalloz, p. 196.

qu'il résulte de la combinaison des dispositions législatives sus-citées que le recours contentieux est précédé de certains préalables obligatoires comme : la saisine du responsable de la structure chargée des grandes entreprises, ensuite celle du directeur général des impôts et enfin celle du ministre des Finances ;... Considérant qu'en se déterminant de la sorte, la décision entreprise a méconnu les dispositions légales sus-citées ; Qu'elle encourt infirmation ; Sur l'évocation ; Considérant au regard de tout ce qui précède que le recours de la société CCC doit être déclaré irrecevable ». Les développements portent sur le premier niveau de la réclamation qui porte sur la compétence des autorités de la DGI (A) et sur le second niveau qui correspond à la saisine du ministre des Finances (B).

A/ La compétence des autorités de la DGI

Le premier niveau de réclamation concerne la saisine du chef de centre régional des impôts (1), du directeur des grandes entreprises (2) et du directeur général des impôts (3).

1/ La compétence du chef de centre régional des impôts (CCRI)

380. La compétence du chef de centre régional des impôts peut être envisagée à la fois sur le plan matériel et sur le plan territorial. Sur le plan matériel, il est compétent, conformément à l'article L116 (3) du CGI, pour statuer sur les réclamations de montant inférieur ou égal à cinquante (50) millions de FCFA en principal. Avant la réforme, il était limité à trente (30) millions. Sur le plan territorial, le CCRI est compétent sur l'ensemble de la Région.

2/ La compétence du directeur des grandes entreprises

381. Le directeur des grandes entreprises est compétent, en vertu de l'article L116 sus-cité, pour statuer sur les réclamations de montant inférieur ou égal à cent (100) millions de FCFA en principal, des entreprises relevant de son portefeuille. Avant la réforme, il était limité à trente (30) millions. À titre d'information, la DGE était chargée avant le relèvement intervenu en décembre 2013, de la gestion des entreprises réalisant un chiffre d'affaires supérieur ou égal à un (1) milliard de FCFA. À partir du 1er janvier 2014, les entreprises relevant du portefeuille de la DGE sont celles qui réalisent un chiffre d'affaires hors taxes, supérieur ou égal à trois (3) milliards de FCFA. Sur le plan territorial, la DGE est compétente sur l'ensemble du territoire national.

3/ La compétence du directeur général des impôts

382. L'innovation majeure de la LF 2014 est de faire du directeur général des impôts, un acteur important dans le traitement du contentieux

fiscal de premier niveau en phase administrative. À cet égard, il est compétent pour statuer sur toutes les réclamations dont les impositions contestées sont supérieures à cinquante (50) millions en principal, lorsqu'elles émanent des centres régionaux des impôts ; et toutes les réclamations dont les montants contestés excèdent cent (100) millions de FCFA lorsqu'elles émanent de la DGE.

B/ La compétence du ministre des Finances

383. Le ministre des Finances est seul compétent en deuxième ressort sur tous les recours formés par les contribuables contre les décisions des autorités sus-examinées qui statuent en premier ressort. C'est le lieu ici de relever que le recours adressé au président de la République ou au Premier ministre est pour le juge de l'impôt un recours mal dirigé. Et pour cette cause, il est irrecevable, comme l'a affirmé la Chambre administrative de la Cour suprême dans son jugement n° 83/2008/CA/CS du 18 juin 2008 : « *attendu qu'en l'espèce, par une lettre du 31 mars 1997, le Syndicat a envoyé un recours gracieux à Son Excellence Monsieur le Premier ministre chef du gouvernement alors que ce recours aurait dû être adressé au ministre des Finances, ministre compétent ; qu'il s'ensuit que le recours du Syndicat national des professionnels de la comptabilité est irrecevable comme mal dirigé* »[74].

§ 2 : Les délais de la réclamation

384. Dans le droit du contentieux fiscal camerounais, la réclamation préalable devant l'administration qui comporte deux niveaux de décision est adressée d'abord au chef du centre régional des impôts, au Directeur des grandes entreprises ou au Directeur général des impôts qui constituent le premier niveau de décision ; puis elle est ensuite adressée au ministre des Finances qui constitue le second niveau de décision. Les délais de saisine de ces autorités, comme d'ailleurs tous les délais de procédure en vigueur au Cameroun sont des délais francs, lorsqu'aucune loi spéciale n'en dispose autrement, en application de l'article 605 du Code de procédure civile et commerciale, qui dispose que le jour de signification et celui de l'échéance ne seront point comptés pour tous les actes. Et l'alinéa 2 du même article précise que lorsque le dernier jour d'un délai quelconque de procédure est un jour férié, le délai sera prorogé jusqu'au lendemain. Pour la Cour suprême, « *l'article 605 placé à la fin du Code sous la rubrique "dispositions générales" semble bien devoir régir l'ensemble de la procédure. Cet article s'applique aux lois*

[74] CS/CA, jugement n° 83/2008/CACS du 18 juin 2008, affaire Syndicat National des Professionnels de la Comptabilité C/ État du Cameroun (MINFI).

spéciales quand elles ne dérogent pas aux lois générales »[75]. Or, un délai est dit franc lorsque ni le premier jour, le point de départ (le *dies a quo* : jour de la notification ou de l'évènement faisant courir le délai), ni le dernier jour, le point d'arrivée (le *dies ad quem* : date de l'échéance) ne sont pris en compte[76]. Après ces précisions, les délais examinés concernent la saisine des autorités du premier niveau de réclamation (A), celle du ministre des Finances (B) et les incidences du délai de réclamation (C).

A/ Le délai de saisine des autorités du premier niveau

385. Dans le premier niveau, comme sus-examiné, la réclamation est adressée au chef de centre régional des impôts, au directeur des grandes entreprises ou au directeur général des impôts, chacun dans la limite de ses compétences. Le délai de saisine de ces autorités est, en vertu de l'article L116 nouveau du LPF, de trente (30) jours à partir de la date de notification de l'AMR ou de la connaissance certaine de l'imposition. Ce délai qui est franc a drastiquement été revu à la baisse dans le cadre de la loi de finances pour 2014. Avant les modifications du CGI issues de cette loi, le délai de réclamation était de quatre-vingt-dix (90) jours. En raccourcissant ce délai, le législateur souhaite accélérer le passage de la phase d'assiette à la phase de recouvrement de l'impôt en épuisant rapidement les contestations. Ce qui n'est pas souvent le cas. En effet, les décisions prises par les autorités du premier niveau interviennent le plus souvent après l'expiration du délai imparti par la loi. Ce qui donne généralement cette situation où le contribuable, pour éviter d'être forclos, saisit le ministre des Finances à titre conservatoire, pour éviter la forclusion, en cas de silence de l'administration.

B/ Délai de saisine du ministre des Finances

Deux cas de figure peuvent être envisagés : les autorités administratives saisies en premier ressort ont expressément répondu dans le délai légal qui leur était imparti (1), ou elles ont répondu au-delà de ce délai (2).

1/ La saisine du ministre lorsque les autorités ont respecté le délai

386. Lorsque les autorités saisies au premier niveau de la réclamation ont respecté le délai légal et ont répondu formellement à la réclamation, le contribuable dispose d'un délai de trente (30) jours à compter de la date de notification de la décision du chef de centre régional des impôts,

---

[75] CS, arrêt n° 33/CC du 27 avril 1978, Bull. n° 39 P55856. RCD n° 26 1983, p. 75-78.
[76] Sébastien BISSARDON, *Guide du langage juridique*, 2e édition, Litec, 2005, p. 207.

du directeur des grandes entreprises ou du directeur général des impôts, pour saisir le ministre des Finances, conformément aux dispositions de l'article *L119 (nouveau) du LPF.* Cette première hypothèse ne soulève donc pas de difficultés particulières. En revanche, les difficultés surviennent lorsque les autorités saisies n'ont pas statué dans le délai légal.

2/ La saisine du ministre lorsque les autorités de la DGI n'ont pas respecté le délai

387. Deux hypothèses peuvent être envisagées lorsque les différentes autorités de la Direction générale des impôts saisies au premier niveau de la réclamation n'ont pas répondu dans le délai légal : elles peuvent rester totalement silencieuses, c'est l'hypothèse du rejet implicite ; elles peuvent répondre tardivement, c'est-à-dire au-delà du délai de trente (30) jours qui leur était imparti.

Dans l'hypothèse du rejet implicite, le contribuable peut saisir d'office le ministre des Finances dans le délai de trente (30) jours (art. L118 (2) du LPF). Il s'agit là d'une faculté, car il n'est pas obligé de le faire.

388. **Dans l'hypothèse d'une réponse tardive des autorités de la DGI,** le contribuable dispose de la même faculté de saisir le ministre dans le délai de trente (30) jours. Ce qui prime ici, c'est la notification expresse de la décision de ces autorités. Il ne faut pas perdre de vue le fait que conformément à l'article L119 du LPF, la réclamation doit être présentée dans un délai de trente jours à compter de la date de notification de la décision du chef de centre régional, du directeur des grandes entreprises ou du directeur général des impôts. Peu importe donc, que la décision tardive intervienne après l'expiration du délai de trente (30) jours accordé au contribuable pour saisir d'office le ministre, en cas de silence de ces autorités. En clair, la réponse tardive a pour effet de rouvrir logiquement un nouveau délai de saisine du ministre. À titre d'illustration : un contribuable ayant saisi le chef de centre régional des impôts, le Directeur des grandes entreprises ou le Directeur général des impôts le 10 octobre 2016 et qui n'a obtenu aucune réponse à la date du 9 novembre, a jusqu'au 9 décembre pour saisir d'office le ministre des Finances. Si la réponse tardive de ces autorités intervient le 20 décembre, il peut saisir le ministre des Finances jusqu'au 20 janvier 2017. Pour le contribuable, le délai de saisine du ministre est par conséquent très important, dans la mesure où la réclamation adressée au ministre des Finances tient lieu de recours gracieux préalable.

C/ Les incidences du délai de réclamation

Deux cas de figure peuvent être envisagés : les réclamations prématurées (1) et les réclamations tardives (2).

1/ Les réclamations prématurées

389. L'article L116 du LPF dispose clairement que les réclamations doivent être adressées dans les trente (30) jours suivant la notification de l'AMR ou de la connaissance certaine de l'imposition. De l'examen de cette disposition, il faut déduire que toute réclamation adressée à l'administration antérieurement à la notification d'un AMR ou de la connaissance certaine de l'imposition, est prématurée. Une telle réclamation est de ce fait irrecevable. Toutefois, le contribuable conserve la possibilité de renouveler sa réclamation dans le délai légal.

389. Rentre dans cette catégorie des recours prématurés, la réclamation introduite par le contribuable après réception de la notification de redressement. Dans la pratique, on observe que certains contribuables mal conseillés, engagent souvent la contestation de l'imposition immédiatement après la réception de la notification de redressement lorsqu'ils ont constaté un vice de procédure à l'occasion d'une vérification générale de comptabilité. Or, cette notification ne concerne que les bases ; et à cette occasion, le contribuable est invité par l'administration à produire ses observations dans le délai légal. C'est seulement la réponse à ces observations, généralement accompagnée de l'AMR constatant les impositions querellées, qui déclenche la computation du délai de 30 jours.

Est également prématurée toute réclamation adressée au ministre des Finances avant l'expiration du délai accordé au chef de centre régional des impôts, au Directeur des grandes entreprises ou au Directeur général des impôts, pour se prononcer sur la régularité des impositions.

2/ Les réclamations tardives

390. La réclamation préalable doit être présentée dans les délais fixés par la loi. À ce titre, il convient de souligner que l'expiration du délai de réclamation prévu par la loi permet d'opposer une fin de non-recevoir au contribuable qui se trouve ainsi définitivement déchu de tout droit à réclamation. Le Conseil d'État français estime à ce propos que « *les dispositions relatives aux délais de réclamation sont considérées comme étant d'ordre public. Il en résulte notamment, que le moyen tiré de la forclusion peut être soulevé d'office par le juge* » (CE, 4 mars 1970 n° 72530 : rec. CE, p. 154). La date d'expiration du délai est celle de sa réception par le service destinataire.

Les demandes présentées après l'expiration du délai légal constituent des réclamations tardives. Elles sont, de ce fait, définitivement frappées de déchéance ou de forclusion, et doivent par conséquent faire l'objet d'une décision de rejet. Les impositions contestées dans une réclamation tardive sont devenues définitives et insusceptibles de tout recours. Telle est d'ailleurs la position prise par la Chambre administrative de la Cour suprême[77].

§ 3 : Forme et contenu de la réclamation

La recevabilité de la réclamation est subordonnée au respect de certaines conditions relatives à son mode de présentation (A), son contenu (B) et une attention particulière doit être accordée aux pièces à produire (C).

A/ Le mode de présentation

391. La réclamation présentée à l'administration doit remplir les conditions suivantes prévues à l'article L116 du LPF : être signée du réclamant ou de son mandataire ; l'auteur ou le signataire de la réclamation est le contribuable lui-même ou son mandataire. Ce dernier ne peut se substituer à lui qu'à condition de justifier d'un mandat régulier. La présentation de la réclamation est en principe individuelle. Mais, exceptionnellement, les réclamations collectives peuvent être présentées par les contribuables imposés collectivement (propriétaires indivis à titre d'exemple) ou par les membres des sociétés de personnes lorsqu'ils contestent les impositions à la charge de la société.

La réclamation qui doit être timbrée, doit également : mentionner la nature de l'impôt, l'exercice d'émission, le numéro de l'article de l'avis de mise en recouvrement et le lieu d'imposition ; contenir l'exposé sommaire des moyens et les conclusions de la partie ; être appuyée de justificatifs de paiement de la partie non contestée de l'impôt.

---

[77] Jugement n° 37/CS/CA du 4 mars 1976, Société camerounaise d'exploitation vinicole «CAVINEX » C/ État du Cameroun : « Considérant qu'il résulte de l'instruction de cette affaire qu'après avoir eu connaissance, courant novembre 1970, des impositions attaquées, notifiées à la requérante par lettre n° 194 du 11 novembre 1970, de l'inspecteur des contributions directes de Douala, celle-ci a fait une déclaration au Directeur des contributions directes par lettre du 19 mai 1971 puis a adressé sa réclamation au ministre des Finances le 1er mars 1972, soit un an et deux mois après la notification de la décision du 11 novembre 1970 portant redressement et rectification des impositions émises, pour enfin introduire un recours contentieux le 17 juillet 1972 qu'il s'ensuit que la réclamation de la recourante adressée le 1er mars 1972 au ministre des Finances est tardive, et dès lors, son recours est irrecevable ».

392. Lorsqu'elle est adressée au ministre des Finances, en plus des conditions ci-dessus énumérées, la réclamation doit être appuyée du paiement de 15 %[78] de la partie contestée de l'impôt ou du droit, conformément à l'article L119 du LPF. La question qui peut se poser relativement à cette dernière question est celle de savoir si la consignation exigée porte exclusivement sur le principal de l'impôt ou si elle porte également sur les pénalités. Au regard de la pratique, l'administration exige généralement que la consignation soit prélevée sur la totalité des sommes émises dans l'avis de mise en recouvrement. Une telle exigence n'est pas légalement justifiée dans la mesure où les pénalités ne constituent pas des impositions ou des droits. Or, l'article L119 évoque explicitement « *15 % de la partie contestée de l'impôt ou du droit* ». Ce que ne sont pas les pénalités, qui présentent beaucoup plus un caractère de sanction. La législation fiscale camerounaise assimilant les intérêts de retard aux sanctions fiscales, ceux-ci sont donc également exclus de l'assiette de la consignation exigée. En clair, contrairement à la pratique administrative, la consignation de 15 % ne doit être calculée que sur le principal des impôts ou des droits. Le même raisonnement vaut pour la consignation supplémentaire de 10 % exigée pour l'obtention du sursis de paiement devant le juge.

B/ Le contenu de la réclamation

393. Le contenu de la réclamation fait référence à son objet et à ses moyens. L'objet de la réclamation est désigné dans les articles L116 et L119 par le terme « conclusions ». Il s'agit de ce que le réclamant demande dans sa requête. Cette demande peut porter sur le dégrèvement de la totalité des impôts émis ou sur une partie seulement de ceux-ci.

394. Le rédacteur d'une réclamation contentieuse doit accorder une attention particulière à la circonscription de l'objet de la contestation. Il ne faut jamais perdre de vue que le recours devant l'administration est un préalable obligatoire avant la saisine du juge de l'impôt. En effet, **le réclamant ne peut contester devant le Tribunal administratif des impositions différentes de celles qu'il a visées dans sa réclamation auprès de l'administration**, conformément à l'article L130 du LPF, l'objet de la demande présentée devant le juge doit par conséquent être identique à celui de la demande présentée devant l'administration. Le

[78] Ce complément à payer était de 20 % avant la loi de finances pour l'année 2006. Il a été ramené à 10 % pour assouplir les conditions de saisine du ministre des Finances. Mais depuis la LF 2015, il est remonté à 15 %, pour tenir compte de la suppression de l'obligation du paiement de 10 % des impôts contestés lorsqu'on sollicite le sursis de paiement au premier niveau de réclamation.

défaut d'identité de l'objet de la demande présentée devant l'administration et devant le juge entraîne généralement au niveau de ce dernier, le rejet de la requête, pour défaut de recours gracieux préalable[79]. À ce propos, le contribuable qui a contesté une partie des impositions, c'est-à-dire qui a sollicité un dégrèvement partiel, sera mal fondé de solliciter le dégrèvement de tous les impôts notifiés devant le juge.

Pour éviter ce désagrément, il doit mentionner, dans son recours administratif, avec exactitude, l'étendue de la contestation. Il doit, à ce titre, préciser le montant global des impôts contestés en principal comme en pénalités, la décharge, la réduction ou la restitution sollicitées. Le recourant doit en outre présenter les moyens de droit ou de fait qui fondent sa contestation. En droit processuel, les moyens sont les différents arguments présentés par le réclamant pour justifier le bien-fondé de son recours.

396. Normalement, une requête présentée sans arguments de droit ou de fait doit être déclarée irrecevable. C'est pourquoi il est très important pour le recourant de rechercher avec soin les bons arguments pour appuyer sa réclamation. En effet, une réclamation qui s'appuie sur une argumentation solide, facilitera la tâche des agents instructeurs de l'administration ; et le contribuable aura plus de chance d'avoir gain de cause dans son recours. La force des arguments présentés est consolidée par les pièces jointes par le contribuable à l'appui de ses prétentions.

C/ Les pièces à produire

Deux catégories de pièces doivent être produites à l'appui de la réclamation : les pièces obligatoires (1) et les pièces facultatives (2).

1/ Les pièces obligatoires

397. Dans cette catégorie, l'article L116 du LPF mentionne l'avis de mise en recouvrement (AMR) et les justificatifs de paiement de la partie contestée de l'impôt. Le contribuable doit retenir que lorsqu'il ne conteste pas la totalité des impôts émis dans l'AMR, il doit justifier du paiement de la partie qu'il ne conteste pas. Lorsque la réclamation est portée devant le ministre, il doit également justifier du paiement de 15 % de la partie contestée des impositions. Cette justification est

[79] La jurisprudence du Conseil d'État français a d'ailleurs, à ce sujet, estimé que l'obligation de saisine préalable de l'administration, impliquait que le contribuable ne pouvait prétendre à un dégrèvement supérieur au montant du dégrèvement sollicité dans sa réclamation. Voir à ce sujet, CE, 24 mai 1978, n° 1864, cité G. LATIL, *Contentieux fiscal*, Éditions Francis Lefebvre, 2002, p. 309.

assurée par la production des copies des quittances attestant le paiement. Le contribuable qui ne produit pas ces quittances peut voir sa réclamation rejetée par l'administration, même si cette dernière use d'un certain libéralisme dans ce type de situations. Mais généralement, elle demande au contribuable de compléter sa requête avec les justificatifs manquants. Dans tous les cas, le défaut de ces paiements entraînera l'irrecevabilité de son recours qui ne sera jamais examiné au fond.

2/ Les autres productions

398. Dans la catégorie des autres productions, le contribuable doit toujours fournir toutes les pièces justifiant les arguments contenus dans sa réclamation. À cet effet, il devra, dans le cadre de la contestation des impôts émis suite à une vérification générale, partielle ou ponctuelle, produire : une copie de l'avis de vérification, une copie du procès-verbal de la fin des opérations sur place, une copie de la notification de redressement, une copie des observations présentées, une copie de la réponse aux observations qui accompagnent l'AMR généralement, et les copies de toutes les autres pièces qui justifient ses prétentions.

Dans le cadre de la contestation des impôts émis suite à un contrôle sur pièce, produire : une copie de la notification de redressement ; une copie des observations à cette notification de redressement ; une copie de la réponse de l'administration à ses observations, ainsi que les copies de toutes les autres pièces, qui peuvent justifier ses arguments.

Dans le cadre d'une demande en restitution des impôts payés spontanément, produire : une copie de la déclaration des impôts payés sans émission préalable d'un AMR, une copie de la quittance justifiant le paiement.

399. Pour s'assurer d'une bonne instruction des réclamations par les services du contentieux, le contribuable doit toujours annexer toutes ces pièces dans sa réclamation. En effet, il peut arriver que le vérificateur qui a établi les impositions ne soit pas disponible. Et les services du contentieux peuvent être paralysés, si la réclamation ne contient pas toutes les pièces nécessaires à son examen.

Section 4 : L'instruction de la réclamation au fond par l'administration

400. L'examen de la forme de la réclamation préalable est toujours suivi de l'instruction au fond. Cette instruction doit permettre d'effectuer un examen attentif des arguments soulevés par le contribuable. Elle doit

aussi permettre l'examen du bien-fondé de l'imposition en litige, ainsi que la recherche, par l'agent instructeur, des compensations susceptibles d'être effectuées entre les surtaxes reconnues et les insuffisances d'imposition qui viendraient à être constatées en vertu des dispositions de l'article L125 bis du LPF.

401. À ce propos, il faut souligner que la loi de finances pour l'exercice 2005 a enrichi les dispositions du LPF, relatives au traitement du contentieux, d'une mesure nouvelle : ***la compensation d'assiette*** prévue à l'article L125 bis susmentionné. Cette mesure novatrice, fréquemment utilisée par l'administration, permet à celle-ci de rattraper, lors de l'instruction des réclamations contentieuses, les insuffisances ou omissions de toute nature, constatées dans l'assiette ou le calcul des impositions contestées. Les rappels ainsi opérés par l'agent instructeur font l'objet d'une compensation avec les dégrèvements reconnus justifiés.

L'administration ne doit jamais notifier au contribuable les rappels d'impôts effectués dans le cadre de l'instruction. La seule raison d'être de ces rappels est de lui permettre d'opérer éventuellement les compensations, si dans le même temps, l'instruction révèle que certains redressements contestés par le contribuable ne sont pas justifiés. De plus, les rappels susmentionnés ne doivent jamais avoir pour origine, les investigations effectuées dans la comptabilité du contribuable, en vue de s'assurer de la matérialité des faits ayant entraîné les redressements contestés.

402. Il est important d'ajouter que la compensation d'assiette peut être réalisée à toutes les étapes de la procédure contentieuse. Au regard de ce qui précède, l'instruction revêt pour l'administration une importance capitale. C'est pourquoi dans la phase d'instruction proprement dite, l'inspecteur instructeur doit rassembler : toutes les pièces du dossier nécessaires à l'examen de l'imposition contestée (documents d'assiette, courriers échangés entre le contribuable et l'administration, pièces de procédure, rapports de vérification, bulletins de recoupement, etc.) ; dans le cas échéant, les réclamations antérieures se rapportant au litige. Les développements suivants s'articulent autour de la délimitation du litige (§ 1), l'examen des faits (§ 2), et l'examen de la régularité du bien-fondé et de la quotité de l'imposition en litige (§ 3).

§ 1 : La délimitation de l'imposition en litige

403. Cette première étape permet à l'agent instructeur de prendre connaissance de la réclamation qu'il doit instruire au fond, d'apprécier son enjeu et d'orienter dans un premier temps ses travaux en fonction des

arguments présentés par le contribuable. À ce titre, il doit identifier l'imposition contestée : outre l'impôt et l'année en litige, il est indispensable de connaître avec précision tant la nature (imposition primitive ou cotisation supplémentaire), l'origine (déclaration du contribuable, contrôle sur pièce ou contrôle externe) que le montant des sommes dont le contribuable est redevable (détail des droits et des pénalités).

404. La détermination du montant de la demande est essentielle, d'une part, parce que la portée de la demande devant le juge administratif est limitée par celle de la réclamation préalable, d'autre part, parce que la détermination des limites de la contestation permet également de définir l'étendue du sursis de paiement éventuellement demandé par le contribuable.

§ 2 : L'exposé des faits

405. Il est important de chercher à déterminer de façon aussi exacte que possible tous les faits utiles à l'appréciation du mérite de la réclamation (conditions d'exercice de l'activité professionnelle, régime d'imposition, nature de l'opération contestée, éléments déclarés par le contribuable ou par les tiers, nature des procédures fiscales mises en œuvre, dates en litige, etc.). À cet égard, l'agent instructeur peut procéder à une enquête en vue de s'assurer de leur exactitude, de les préciser ou de les compléter :

– soit en se rapprochant du contribuable ou de son représentant pour obtenir d'eux toutes les explications utiles. Ainsi, lorsque le contribuable invoque une disposition dont le bénéfice dépend d'éléments de faits non produits à l'appui de sa réclamation et non déjà en possession du service, il doit être invité à régulariser sa demande en la complétant des justifications manquantes ;

– soit en effectuant des investigations dans la comptabilité de l'intéressé, notamment lorsque la réclamation porte sur les bases des impôts sur les revenus ou des taxes sur le chiffre d'affaires. La circonstance que la comptabilité a déjà fait l'objet d'un contrôle sur place ne s'oppose pas à un examen ultérieur en vue de la validation des arguments du contribuable. Bien entendu, ces investigations ne peuvent en aucun cas permettre de compléter ou d'étendre les redressements opérés antérieurement ;

– soit enfin en se renseignant auprès des tiers en application du droit de communication prévu à l'article L42 du LPF, en veillant à ne pas enfreindre les règles du secret professionnel.

406. En tout état de cause, les faits retenus, qu'ils soient de nature à justifier le maintien de l'imposition contestée ou au contraire à fonder son abandon, doivent reposer sur des documents écrits ayant force probante, fournis par le contribuable ou recueillis par le service pour servir de preuve, le cas échéant, devant le juge de l'impôt.

§ 3 : L'examen de la régularité et du bien-fondé de l'imposition en litige

407. La régularité ici porte sur le respect des procédures, alors que le bien-fondé concerne la légalité des impositions dans le cadre d'une bonne appréciation des éléments de faits conditionnant l'application du droit. Nous examinerons successivement la régularité (A) et le bien-fondé des impositions en litige (B).

A/ La régularité

408. L'agent instructeur doit examiner en premier lieu la régularité de l'imposition contestée. À cet effet, il pourra vérifier les éléments déclarés par le contribuable en cas d'imposition primitive ou la procédure suivie en cas de cotisations supplémentaires. Ces cotisations supplémentaires peuvent résulter d'un contrôle sur pièce ou d'un contrôle sur place. À cet égard, si le déroulement de la procédure suivie est entaché d'irrégularité, l'administration doit procéder au dégrèvement de l'imposition contestée et engager, si la prescription ne s'y oppose pas, une nouvelle procédure de redressement après en avoir informé le contribuable.

409. À titre d'exemple, l'administration a fréquemment prononcé les dégrèvements lorsque l'avis de vérification adressé au contribuable ne comportait pas les mentions substantielles garantissant les droits de ce dernier. Il en est ainsi lorsque le vérificateur a adressé au contribuable un avis de vérification non accompagné de la charte du contribuable. Dans sa lettre informant le contribuable des dégrèvements accordés, l'administration l'informe en même temps que le contrôle annulé sera repris dans le respect des procédures. L'administration a en effet le droit de revenir sur ces types de contrôles, après les dégrèvements prononcés, parce que les nullités sanctionnant le non-respect des règles de procédure n'ont pas une portée absolue, mais une portée relative. Seule la prescription peut empêcher une nouvelle soumission de l'entreprise à contrôle.

410. Cependant, toutes les irrégularités ne sauraient avoir pour sanction la nullité de la procédure d'imposition, et partant, celle des impositions émises. En effet, une distinction doit être opérée entre les irrégularités constatées sur « *les actes nécessaires au déroulement*

régulier de la procédure »[80] et « *les actes qui ne sont pas nécessaires au déroulement régulier de la procédure* ». Pour les premiers, la sanction de nullité ne fait pas l'objet de contestation. Mais pour les seconds, l'annulation est une sanction trop sévère qui n'a pas de justification, surtout si les impositions notifiées sont fondées.

411. L'examen de la régularité de la procédure suivie est aussi une étape essentielle de l'instruction, dans la mesure où elle détermine notamment à qui incombe la charge de la preuve. Lorsque celle-ci incombe au contribuable, l'agent instructeur doit procéder à un examen approfondi des justifications que l'intéressé a produites ou qu'il propose d'apporter. En revanche, lorsque la charge de la preuve incombe à l'administration, l'agent instructeur doit apporter des justifications précises et détaillées, se rapportant au cas particulier, et non de simples allégations, affirmations ou évaluations à caractère général.

412. En rappel, la charge de la preuve incombe à l'administration lorsqu'elle utilise la procédure de redressement contradictoire (art. L23 du LPF). À l'inverse, lorsque l'administration utilise la procédure de taxation d'office, la charge de la preuve incombe au contribuable qui doit justifier par tous les moyens que les impositions mises à sa charge sont exagérées ou non fondées (art. L32 du LPF). D'une manière générale, quelle que soit la partie concernée, le système en matière d'admissibilité de la preuve est libre. À cet égard, tous les moyens de preuve peuvent être admis pour établir les faits.

B/ Le bien-fondé

413. L'examen du bien-fondé de la réclamation a une importance capitale. C'est au cours de cet examen que l'agent instructeur doit apprécier la bonne qualité de la motivation des redressements effectués en fait et surtout en droit. Cet examen de la réclamation doit être méthodique. L'instruction devra analyser rigoureusement et distinctement tous les moyens soulevés à l'appui de la réclamation. L'observation des instructions effectuées, surtout par les structures chargées du contentieux dans les services déconcentrés, atteste qu'aucun soin n'est pris dans la réfutation des arguments du contribuable, moyen après moyen. La tendance générale est le rejet de la réclamation avec une argumentation aussi générale que vague du genre « *votre réclamation n'apporte aucun élément nouveau d'où son rejet* ».

---

[80] Conclusions O. Fouquet dans l'arrêt : CE, 7e et 9e sous-sections, 10 mai 1991, ministre de l'Économie, des Finances et du Budget C/ M Lespy Labaylette, citées par Ludovic Ayrault, dans *Le contrôle juridictionnel de la régularité de la procédure d'imposition*, L'Harmattan, collection finances publiques, 2004, p. 231.

414. Pour éviter ces solutions de facilité et convaincre le réclamant du bien-fondé de la position de l'administration, l'agent instructeur recherchera systématiquement la validité des redressements opérés, en portant un regard attentif sur les textes (lois et règlements) relatifs à l'impôt contesté. Il devra veiller à retenir l'interprétation qui leur est faite par la jurisprudence récente, si elle existe, et la doctrine administrative exprimée au jour de l'examen.

415. En effet, lorsqu'un changement de jurisprudence ou de doctrine est intervenu depuis le moment où il a été procédé à l'imposition contestée, il convient de faire application de la nouvelle interprétation lorsqu'elle est favorable au contribuable. Cette prescription n'est toutefois valable qu'à l'égard de la réclamation qui n'est pas forclose ou entachée d'un vice de forme la rendant irrecevable définitivement.

Enfin, à l'issue de cet examen, lorsque la même matière imposable est susceptible de demeurer au même impôt non pas en vertu de la disposition législative initialement invoquée, mais sur le fondement d'une autre disposition, l'imposition contestée peut être maintenue au moyen d'une substitution de base légale.

416. **La substitution de base légale** est une technique d'origine jurisprudentielle, qui consiste à procéder a posteriori au changement du fondement juridique d'une imposition contestée, par un autre fondement de nature à la justifier. En changeant le motif de fait et de droit d'une imposition, la substitution la préserve d'une possible annulation. Pour le Professeur Jacques Buisson, elle est « *le droit dont dispose l'administration fiscale de substituer au fondement initial du redressement qu'elle a opéré au contribuable un nouveau fondement légal. Elle peut le faire à tout moment de la procédure, c'est-à-dire dès le rejet de la réclamation et même jusqu'en appel* »[81]. La substitution de base légale se justifie par le fait que l'administration ne peut pas renoncer au bénéfice de la loi fiscale. C'est pourquoi le Conseil d'État a jugé que le juge de l'impôt n'est pas lié par un acquiescement du ministre aux prétentions du contribuable au cours de l'instance sur un point de droit (CE sect. 5 oct. 1973, Lebon 546). Cette impossible renonciation trouve son fondement dans les deux principes fondamentaux que sont la légalité de l'impôt et l'égalité devant l'impôt. En effet, une application discrétionnaire des textes fiscaux par l'administration au gré de ses humeurs pourrait gravement conduire à la méconnaissance de ces

[81] Jacques BUISSON, « La substitution de base légale », in *Le contentieux fiscal en débats*, sous la direction de Thierry LAMBERT, LGDJ, 2014, p. 181.

principes. La substitution de base légale aurait en conséquence le mérite de contraindre l'administration à les respecter.

417. La substitution de base légale n'est possible que pour les impôts de même nature. C'est notamment le cas de l'impôt sur le revenu des personnes physiques. Dans la pratique, l'administration peut demander d'assujettir les sommes litigieuses à l'impôt sous une nouvelle qualification juridique, par exemple en tant que traitement sur salaire, alors qu'elles l'ont été en tant que revenus de capitaux mobiliers. La substitution de base légale ne peut pas se faire entre l'impôt sur le revenu (IRPP ou IS) et l'impôt sur la consommation (TVA).

418. Elle nécessite toujours une demande de l'administration dans la mesure où le juge ne peut jamais procéder d'office à la substitution de base légale à peine d'irrégularité de sa décision. À cet effet, la section du contentieux du Conseil d'État a posé comme principe « *qu'il n'appartient pas au juge de l'impôt, lorsqu'il n'y est pas invité par l'administration défenderesse, de substituer au fondement de l'imposition contestée un autre fondement sur lequel serait justifié le maintien de cette imposition* »[82]. La substitution de base légale n'est enfermée dans aucun délai. Elle peut être invoquée à tout moment de la procédure contentieuse, sans que l'administration soit tenue d'adresser une nouvelle notification de redressement. Elle est donc possible devant l'administration en phase administrative et devant le Tribunal administratif et la Cour suprême si elle décide de régler le litige au fond. Enfin, la substitution de base légale ne doit pas avoir pour effet de priver le contribuable d'aucune des garanties de procédure attachées au nouveau fondement légal.

Section 5 : La décision de l'administration sur la réclamation préalable

On examinera tour à tour les délais pour statuer (§ 1), la décision proprement dite (§ 2) et les suites des dégrèvements (§ 3).

§ 1 : Les délais pour statuer

419. Depuis la loi de finances pour l'exercice 2014 qui a modifié les dispositions des articles L116 à L119 du LPF relatives au traitement du contentieux fiscal, les délais accordés à l'administration pour statuer sont les suivants : le chef de centre régional des impôts, le directeur des grandes entreprises et le directeur général des impôts doivent

[82] Cyrille, DAVID, Olivier FOUQUET, Bernard PLAGNET, Pierre-François RACINE, *Les Grands arrêts de la jurisprudence fiscale*, Dalloz, 3e édition, p. 882.

impérativement répondre à la réclamation dans un délai de 30 jours. Saisi en second ressort, le ministre en charge des Finances, quant à lui, dispose d'un délai de deux (2) mois pour statuer.

À titre de rappel, il est utile de mentionner qu'avant la LF de 2014, le Directeur général des impôts qui était saisi en deuxième ressort disposait d'un délai de soixante (60) jours pour statuer. Le ministre des Finances saisi en troisième ressort, disposait d'un délai de quatre-vingt-dix (90) jours pour répondre.

420. Les délais ci-dessus évoqués sont d'ordre public et impératif. Ils impliquent que d'une part le contribuable ne peut saisir le ministre des Finances avant l'expiration du délai de trente (30) jours accordé aux autorités saisies en premier ressort pour statuer, et d'autre part, en cas de silence de l'administration dans ce délai, la demande du contribuable est réputée avoir fait l'objet d'un rejet. Et ce dernier est automatiquement fondé à saisir le ministre des Finances ou le Tribunal administratif selon le cas.

§ 2 : La décision de l'administration

L'analyse de la décision de l'administration, nous amène à examiner son contenu (A), sa forme (B) et ses effets (C).

A/ Le contenu de la décision

421. La décision de l'administration sur la réclamation préalable peut revêtir plusieurs sens : il peut s'agir d'une admission totale, d'une admission partielle ou d'un rejet total. En cas d'admission totale de la réclamation, la décision n'est pas nécessairement motivée. En revanche, la motivation doit être obligatoire en cas d'admission partielle ou de rejet total (art. L123 du LPF).

422. Les motifs doivent être rédigés de façon claire et précise. Ils doivent également être adaptés à l'esprit général de la réclamation et répondre à tous les moyens expressément soulevés. L'argumentation développée ne doit pas être limitée à une simple énumération des textes fiscaux applicables ; elle doit faire la synthèse de tous les éléments de droit ou de fait susceptibles de convaincre le réclamant du bien-fondé de la position de l'administration. À défaut d'y parvenir, la décision prise par l'administration sera difficile à soutenir devant le juge de l'impôt.

423. De manière générale, le texte de la décision d'admission partielle ou de rejet doit comporter les indications suivantes : un rappel de la situation de fait du contribuable ; l'analyse des dispositions législatives ou réglementaires applicables et le cas échéant, l'analyse de leur

interprétation par la jurisprudence ; l'application de ces dispositions à la situation de l'intéressé ; la conclusion résultant de l'application des principes dégagés au cas particulier. Le cas échéant, l'indication des compensations effectuées et leur incidence financière.

B/ La forme de la décision et la notification au contribuable

424. Lorsque la décision de l'administration est prise, sous quelle forme doit-elle être matérialisée et notifiée au contribuable ? La loi n'a apporté aucune clarification sur la forme de la décision matérialisant le dégrèvement ou le rejet prononcé par les différentes autorités administratives saisies et le mode de notification de ceux-ci aux destinataires.

425. Deux cas de figure sont à examiner : la décision de rejet total et la décision d'admission totale ou partielle. Dans le cas de la décision totale de rejet, aucun formalisme particulier ne saurait être exigé. Le contribuable est informé par une correspondance administrative motivée, signée de l'autorité compétente, lui indiquant qu'une suite favorable n'a pas été accordée à sa réclamation.

426. C'est dans le cas d'un dégrèvement partiel ou total que le problème peut se poser. En effet, la loi a clairement désigné les autorités compétentes et les seuils de compétence. Dans la pratique, après instruction de la réclamation, l'autorité saisie adresse au contribuable une correspondance dans laquelle ce dernier est informé du dégrèvement qui lui est accordé. Cette correspondance lui indique également que l'arrêté de dégrèvement lui parviendra ultérieurement.

427. C'est justement cet arrêté de dégrèvement qui pose problème. Aucun texte n'existe pour justifier cette matérialisation par l'arrêté du ministre d'une décision prise par le chef de centre régional des impôts, le directeur des grandes entreprises ou le directeur général des impôts. Au regard de la loi, la décision de ces autorités peut directement et pleinement être notifiée au contribuable. L'arrêté de dégrèvement peut apparaître ici superfétatoire.

428. La pratique actuelle peut trouver son inspiration dans la version du CGI antérieure à 2002. En effet, la dernière section, en l'occurrence la section 3 du chapitre traitant du contentieux, concernait la notification aux contribuables. Au regard de l'article 351 du CGI dans son premier paragraphe, « *à l'exception des convocations à l'audience de la Cour suprême, les avis destinés aux contribuables à l'occasion de leurs demandes en dégrèvement d'impôts, ainsi que la notification des décisions intervenues sur ces demandes leur sont adressés par le*

directeur des impôts. » Le dernier paragraphe du même article dispose que « *les dégrèvements d'impôts... font l'objet des certificats nominatifs qui sont établis par le directeur des impôts pour servir de pièces justificatives aux agents du service du recouvrement.* ». Les deux paragraphes de cet article n'évoquent que le directeur des impôts. Le ministre n'est pas concerné.

429. À l'analyse, le but recherché est la communication aux agents de recouvrement des pièces justificatives pour apurer leurs stocks de reste à recouvrer. De telles précautions avaient tout leur sens dans la configuration ancienne des services fiscaux et du Trésor qui séparait les tâches d'émission de celles de recouvrement des impôts. Les premières incombaient à la Direction générale des impôts et les secondes à la direction du Trésor.

430. Or, depuis les lois de finances des exercices 1998/1999 et 1999/2000, le recouvrement des impôts a été attribué à la Direction générale des impôts dans le cadre de la réalisation de l'interlocuteur fiscal unique. Cette attribution s'est faite simultanément avec le remplacement du rôle par l'AMR. La finalité de ces évolutions qui était la simplification des procédures et l'amélioration des rapports entre les contribuables et l'administration, a intégré dans une même structure toutes les fonctions fiscales. C'est pourquoi les comptables chargés du recouvrement sont toujours ampliataires des décisions de recouvrement et ont toujours les pièces justificatives nécessaires pour poursuivre partiellement ou arrêter l'action en recouvrement.

C/ Les effets de la décision

431. La décision prise est adressée au contribuable par poste avec accusé de réception ou lui est remise en main propre contre décharge. Ses conséquences ne sont pas les mêmes selon qu'il s'agit d'une admission totale, une admission partielle ou un rejet total. En cas d'admission totale, toute l'action contentieuse est éteinte et la décision prise est notifiée au chef de poste comptable assignataire, pour qu'il arrête définitivement les poursuites. Mais, en cas de rejet total ou d'admission partielle, le comptable compétent est fondé à poursuivre le recouvrement, si son action a été paralysée par un éventuel sursis de paiement accordé au réclamant.

432. Toutefois, le contribuable a le droit d'exercer un recours hiérarchique auprès du ministre des Finances dans le délai prévu par l'article L119 ci-dessus examiné du LPF, si la décision est prise par le chef de centre régional des impôts, le directeur des grandes entreprises ou

le directeur général des impôts. Il peut, dans le même cadre, renouveler sa demande de sursis de paiement. La décision prise par ces trois responsables saisis en premier ressort est insusceptible de recours devant le juge de l'impôt, selon une jurisprudence constante de la Cour suprême[83].

433. En revanche, la décision du ministre des Finances est la plus importante. En effet, selon les dispositions de l'article L119 nouveau du LPF « *la réclamation présentée au ministre tient lieu de recours gracieux préalable* ». La décision d'admission partielle ou de rejet total du ministre marque l'échec de la réclamation préalable et vaut décision administrative faisant grief et devant être déférée devant le juge de l'impôt. C'est elle enfin qui lie le contentieux. À ce propos, l'article L130 du LPF précise bien que le réclamant ne peut contester devant le Tribunal administratif, des impositions différentes de celles qu'il a visées dans sa réclamation à l'administration.

434. Enfin, l'article L124 nouveau du LPF précise sans équivoque qu'en cas de silence observé par l'administration au terme du délai de deux (2) mois, après la réception de la réclamation par le ministre, le contribuable peut saisir d'office le Tribunal administratif compétent.

§ 3 : Les suites des dégrèvements prononcés par l'administration

Nous examinerons ces suites selon que le contribuable n'a pas encore acquitté les impôts contestés (A) ; selon qu'il les a acquittés partiellement ou totalement (B) ; pour enfin analyser le problème des remboursements, restitutions et compensations (C).

A/ Le contribuable n'a pas encore payé les impôts contestés

435. Deux cas de figure peuvent se présenter, selon que le dégrèvement est partiel ou total. En cas de dégrèvement partiel, l'administration peut opérer la compensation prévue à l'article L125 bis du LPF, si au cours de l'instruction elle a constaté des erreurs sur l'assiette et le calcul des impôts ayant entraîné une minoration des impôts dus. Si la compensation effectuée couvre la totalité du reste des impôts dégrevés, toute l'action en recouvrement sera éteinte. Mais, dans l'hypothèse où aucune compensation n'est possible, le contribuable sera invité à régler le solde de sa dette fiscale, défalcation faite, de la partie ayant fait l'objet du dégrèvement.

[83] Voir CS/CA n° 50 du 27 mai 1982, affaire Tsobgny Panka C/ État du Cameroun.

Le comptable poursuivant devra apurer la dette fiscale du contribuable du montant ayant fait l'objet du dégrèvement partiel. En cas de dégrèvement total, le même comptable sera invité à apurer la totalité de la dette du contribuable. Et ce dernier ne sera plus poursuivi pour le recouvrement des impôts ainsi dégrevés.

B/ Le contribuable a déjà payé les impôts contestés

436. Comme dans l'hypothèse précédente, deux cas de figure sont envisageables selon que le dégrèvement prononcé est partiel ou total. En cas de dégrèvement partiel, on peut se retrouver en présence de deux situations selon que le contribuable a payé partiellement ou totalement les impôts contestés.

437. Lorsque le contribuable a payé partiellement les impôts contestés, ce qui est généralement le cas quand il a sollicité le sursis de paiement ou lorsqu'il a porté sa réclamation devant le ministre, les impôts payés constitueront un acompte sur le reste de la dette fiscale, au cas où celle-ci n'est pas totalement couverte. Mais, si la dette fiscale restante est totalement couverte par les impôts préalablement payés, le comptable poursuivant sera invité à apurer la créance fiscale du Trésor sur le contribuable concerné. La partie de la dette payée et non imputée fera l'objet soit d'une compensation, soit d'une restitution.

438. Lorsque le contribuable a payé totalement les impôts contestés en marge de sa réclamation, la fraction des impôts dégrevés fera l'objet d'une compensation ou d'une restitution et le comptable poursuivant devra apurer la créance fiscale du Trésor.

439. En cas de dégrèvement total, les impôts partiellement ou totalement acquittés feront l'objet d'une compensation ou d'une restitution et le comptable poursuivant devra apurer dans ses écritures, la totalité de la dette fiscale du contribuable.

C/ Le problème des remboursements, restitutions et compensations des impôts payés

1/ Le cas des remboursements

440. La notion de remboursement est beaucoup plus utilisée en matière de TVA dans le cadre des mécanismes du droit à déduction. À ce propos, l'article 149 du CGI dispose que « *les crédits de taxe sur la valeur ajoutée peuvent faire l'objet de compensation et éventuellement de remboursement à condition que leurs bénéficiaires ne soient pas débiteurs des impôts et taxes compensables de quelque nature que ce soit et que ces crédits soient justifiés* ». À la lecture de cette disposition, il

ressort que le bénéficiaire d'un remboursement de crédit de TVA ne doit pas être débiteur d'impôts et taxes compensables. Or, les impôts et taxes de même nature, qui sont visés ici sont la TVA, les droits d'accises et éventuellement les autres impôts indirects, les droits de douane notamment, à l'exclusion des droits d'enregistrement qui sont un impôt sur la transmission du patrimoine.

441. Toutefois, l'administration a une interprétation plus large des impôts dont le contribuable ne doit pas être débiteur. Pour elle, ce dernier ne doit être débiteur d'aucun impôt et taxe de quelque nature que ce soit. La lettre et apparemment l'esprit de la loi ne se rejoignent pas dans ce cas. C'est pourquoi pour la sécurité juridique, une clarification s'impose de sorte qu'il ne se dégage pas une impression de l'administration non respectueuse de la légalité.

442. De tout ce qui précède, il ressort que le remboursement envisagé concerne les taxes régulièrement acquittées, dans le mécanisme normal de déduction. Pour toutes ces taxes, il n'y a pas a priori de problème particulier. Mais peut-on utiliser ce mécanisme pour le remboursement des rappels de TVA suite aux opérations de contrôle ayant fait l'objet des dégrèvements à l'issue d'une procédure contentieuse ? Il est permis d'en douter dans la mesure où le mécanisme prévu à l'article 149 du CGI n'autorise le remboursement qu'après épuisement du droit à déduction. De plus, le remboursement ne peut intervenir que :

Dans un délai de trois mois, pour les entreprises en situation de crédits structurels du fait des retenues à la source ;

Dans un délai de trois mois à compter du dépôt de la demande, pour les industriels et établissements de crédit-bail ayant acquis des équipements dont la TVA correspondante ne peut être résorbée par le mécanisme d'imputation dans un délai d'un an ;

Dans un délai de trois (3) mois à compter de la date de dépôt de la demande, pour les crédits consécutifs aux investissements réalisés par les marketers dans le cadre de la construction des stations-service et qui ne peuvent être résorbés sur une période d'un an à travers le mécanisme normal de l'imputation ;

Dans un délai de deux mois pour les exportateurs à compter de la date de dépôt de la demande de remboursement ;

À la fin de chaque trimestre pour les missions diplomatiques et consulaires, sous réserve d'accord formel de réciprocité, lorsque celles-ci ont acquitté au préalable la taxe ;

À la fin de l'exercice aux organismes sans but lucratif et reconnus d'utilité publique dont la gestion est bénévole et désintéressée au profit de toute personne, lorsque leurs opérations présentent un caractère social, sportif, culturel, religieux, éducatif ou philanthropique conforme à leur objet.

2/ Le cas des restitutions

443. Les restitutions sont prévues dans l'article L90 du LPF qui dispose que la prescription est acquise au profit de l'État contre toute demande de restitution de sommes payées au titre des impôts, droits et taxes prévus dans le CGI, après un délai de deux (2) ans à partir du paiement desdits impôts, droits et taxes. Nous déterminerons le champ d'application de la restitution (2.1) et ses modalités pratiques (2.2).

2.1 Le champ d'application de la restitution

444. Au regard des dispositions sus-citées de l'article L90 du LPF, les demandes en restitution s'appliquent à tous les impôts, droits et taxes qui ont été indûment payés. Rentrent dans cette catégorie, les impôts, droits et taxes acquittés et pour lesquels l'administration a prononcé un dégrèvement d'office, dans la mesure où elle est juge à charge et à décharge et aussi les impôts dégrevés à l'issue d'une procédure contentieuse. C'est notamment le cas d'une TVA retenue à la source auprès d'un contribuable pour une opération exonérée. Une telle TVA n'est pas éligible aux mécanismes de déduction, de compensation et de remboursement. Elle ne peut être récupérée que par la voie de la restitution, à condition que le contribuable en fasse la demande dans le délai de deux (2) ans. La signification profonde de l'article L90 est que le contribuable bénéficiant d'un dégrèvement qui n'a entrepris aucune action devant l'administration, pour se voir restituer les sommes indûment payées, est forclos au bout de deux ans à partir du paiement des impôts, droits et taxes concernés par la restitution.

445. On note sur cette prescription de la demande en restitution, l'asymétrie avec la prescription quadriennale en faveur de l'État, pour le recouvrement de ses créances. Mais, le véritable problème se posera sur l'effectivité des restitutions, c'est-à-dire sur le paiement effectif par le Trésor public aux contribuables ayant bénéficié des dégrèvements après paiement partiel ou total des impôts contestés.

2.2 Les modalités pratiques de la restitution

446. À la différence de la TVA remboursée dans le cadre des mécanismes normaux de déduction, comme sus-examiné, la DGI ne dispose pas de dotation affectée à la restitution des impôts et taxes

indûment perçus[84], même si le problème est en apparence réglé dans la circulaire d'exécution de la loi de finances, qui est signée par le ministre des Finances après approbation du Premier ministre et qui décrit les conditions d'exécution du budget de l'État[85].

En effet, cette circulaire reconnaît au contribuable le droit de réclamer les trop-perçus dans les deux cas ci-après : premièrement, il a payé les impôts, droits et taxes, alors qu'il était dispensé du paiement de ce prélèvement ; en second lieu, le montant du prélèvement payé est supérieur au montant dû. Dans ce cas, la procédure à suivre pour obtenir le remboursement est la suivante : le contribuable saisit le ministre des Finances d'une demande de restitution d'impôts appuyée de tous les éléments justifiant le caractère indu du paiement, l'effectivité dudit paiement et le montant de la réclamation. Le ministre des Finances, après instruction par ses services, c'est-à-dire la DGI, se prononce sur le bien-fondé ou non de la réclamation. Il peut alors soit prononcer le rejet partiel ou total de celle-ci, soit reconnaître son bien-fondé et délivrer à cet effet une attestation de trop-perçu précisant la nature et le montant exact de l'impôt à restituer. Cette attestation est transmise à la direction générale du budget pour engagement des procédures de remboursement, pour un paiement en bout de circuit par le comptable du Trésor.

447. Le moins que l'on puisse dire à ce stade de l'analyse est que l'obtention de la restitution effective relève d'un véritable parcours du combattant. Les bénéficiaires ne sont effectivement payés qu'à l'issue des délais relativement longs. Il serait très utile de prescrire aux administrations impliquées des délais très rapides pour la perception par le contribuable des sommes dues. Parallèlement à cette procédure de restitution, l'administration fiscale accorde parfois aux contribuables, dans le cadre d'une démarche juridiquement discutable, une compensation avec les impôts futurs de même nature dus par ceux-ci, plutôt qu'un paiement effectif des sommes restituables.

3/ Le cas des compensations

448. Le paiement de ce qui était dû au créancier constitue pour le débiteur le mode normal de règlement de sa dette, ou, pour utiliser une

[84] Pour le remboursement des crédits de TVA, la DGI bénéficie d'une dotation mensuelle oscillant entre 6 et 9 milliards. Ce qui raccourcit les délais de perception par le contribuable de la TVA remboursable.

[85] Circulaire n° 0001/C/MINFI du 6 janvier 2014, portant instructions relatives à l'exécution des lois de finances, au suivi et au contrôle de l'exécution du budget de l'État, des établissements publics administratifs, des collectivités territoriales décentralisées et des autres organismes subventionnés, pour l'exercice 2014, p. 12.

notion plus savante, le mode normal d'extinction des obligations. Toutefois, à défaut de paiement, les obligations du débiteur à l'égard de son créancier peuvent s'éteindre par l'utilisation d'autres moyens. C'est notamment le cas de la dation en paiement[86], de la novation[87] ou de la compensation. Nous analyserons cette dernière notion (3.1), pour en examiner les applications possibles en matière fiscale (3.2).

3.1 La notion de compensation

449. Pour François TERRE, Philippe SIMLER et Yvette LEQUETTE dans leur ouvrage classique sur le droit des obligations, « *La compensation est l'extinction simultanée de deux obligations de même nature existant entre deux personnes réciproquement créancières et débitrices l'une de l'autre* »[88]. Il en est ainsi lorsque, pour une raison quelconque, un débiteur devient lui-même créancier de son créancier. L'extinction est totale si les deux obligations sont d'égal montant. Ce qui est rarement le cas, les obligations étant de montant inégal. C'est pourquoi la compensation n'est généralement que partielle, à concurrence du plus faible des deux montants.

450. Dans le droit positif en vigueur au Cameroun, elle est prévue dans les articles 1289 et suivants du Code civil et par l'Acte uniforme portant organisation des procédures simplifiées de recouvrement et des voies d'exécution en son article 30. Conformément à ce dernier texte qui apporte une inflexion à l'immunité d'exécution dont bénéficient les personnes morales de droit public et les entreprises publiques, les dettes certaines et liquides des personnes morales de droit public ou des entreprises publiques, donnent lieu à compensation avec les dettes également certaines, liquides et exigibles dont quiconque sera tenue envers elles, sous réserve de réciprocité.

Le troisième alinéa de cet article ajoute que les dettes des personnes et entreprises visées à l'alinéa précédent ne peuvent être considérées comme certaines au sens des dispositions du présent article que si elles résultent d'une reconnaissance par elles de ces dettes ou d'un titre ayant un caractère exécutoire sur le territoire de l'État où se situent lesdites personnes et entreprises.

---

[86] La dation en paiement qui est un mode exceptionnel de paiement consiste en une remise au créancier à titre de paiement d'une chose différente de celle qui faisait l'objet de l'obligation.

[87] La novation est une convention par laquelle une obligation est éteinte et remplacée par une nouvelle. La nouveauté peut résider dans un changement de débiteur, de créancier ou de la dette.

[88] F. TERRÉ, Ph. SIMLER et Y. LEQUETTE, *Droit des obligations*, Dalloz, 7e édition, 1999, p. 1156.

451. De l'examen de ce texte OHADA, il ressort que la compensation est conditionnée par l'existence de part et d'autre de créances : c'est la réciprocité ; ces créances doivent en outre être certaines, liquides et exigibles ; et enfin la certitude des dettes des personnes morales de droit public et des entreprises publiques doit résulter d'une reconnaissance par elles de ces dettes ou d'un titre ayant un caractère exécutoire sur le territoire de l'État où se situent lesdites personnes et entreprises.

452. S'agissant de la réciprocité, il faut souligner que « *cette condition procède de la définition même de la compensation. Il faut que les personnes en présence soient simultanément et personnellement créancières et débitrices l'une de l'autre* »[89]. Cette condition n'est pas toujours remplie au moment où le dégrèvement est prononcé. Si le dégrèvement matérialise la dette de l'administration, le contribuable n'est pas forcément en situation débitrice à l'égard de l'administration s'il est à jour de ses obligations de paiement.

453. Pour ce qui est de la deuxième condition, les créances réciproques doivent être certaines. « *Une créance certaine est celle dont l'existence est incontestable* » ;[90] et cette certitude pour les personnes et entreprises de droit public doit résulter pour celles-ci de la reconnaissance de leur dette. Cette condition est toujours remplie pour les dégrèvements fiscaux. En effet, à l'issue de la procédure contentieuse, l'administration informe officiellement le contribuable du montant des dégrèvements dont il est le bénéficiaire.

454. Les dernières conditions tiennent à la liquidité et à l'exigibilité des créances. Une créance liquide est celle dont le montant est libellé en argent[91]. La créance du contribuable ayant bénéficié d'un dégrèvement fiscal est toujours liquide. Il n'y a donc pas de problème particulier ici.

455. La créance exigible est celle qui est arrivée à échéance[92]. Elle s'oppose par conséquent à la créance à terme. Une fois le dégrèvement fiscal prononcé, la créance du contribuable ayant préalablement acquitté les impôts contestés ou une partie de ceux-ci est incontestablement exigible, donc compensable. Mais dans la réalité et malgré l'article 30 de l'Acte OHADA susmentionné, les cas de compensation à l'initiative du contribuable sont rares.

---

[89] F. TERRÉ, Ph. SIMLER et Y. LEQUETTE, *op. cit.*, précis Dalloz, p. 1158.

[90] Anne-Marie H. ASSI-ESSO, Ndiaw DIOUF, OHADA, *Recouvrement des créances*, Bruylant Bruxelles, 2002, p. 43.

[91] Anne-Marie H. ASSI-ESSO, Ndiaw DIOUF, *op. cit.*, p. 44.

[92] *Ibidem.*

3.2 Les applications de la compensation en matière fiscale

452. Deux cas de figure sont à examiner : la situation avant la directive CEMAC portant règlement général de la comptabilité publique et la situation après.

456. **Avant la directive CEMAC**, les contribuables en position de créanciers et débiteurs réciproques de l'État, pouvaient bénéficier de la compensation prévue à l'article 30 de l'Acte OHADA sur le recouvrement simplifié des créances. Mais l'administration leur a refusé la possibilité de bénéficier de ce droit, pour privilégier une compensation souvent prononcée unilatéralement. De plus, l'administration a souvent également utilisé les crédits de TVA pour opérer des compensations unilatérales.

457. Le premier cas de figure est celui qu'on observe lorsque les dégrèvements prononcés concernent les sommes relatives aux impôts indus, mais préalablement acquittées par le contribuable. À défaut de lui rembourser ou de lui restituer ces sommes, l'administration informe généralement ce dernier que les impôts ayant été dégrevés constituent un acompte à faire valoir sur ses impôts futurs.

Cette solution s'inspire sans doute des dispositions de l'article 21(4) et 91 du CGI relatives au paiement des impôts dus par les entreprises sur leurs bénéfices. En rappel, les contribuables exerçant les activités donnant droit à un bénéfice taxable, acquittent leurs impôts par le paiement mensuel des acomptes calculés sur le chiffre d'affaires. Ces acomptes constituent une avance sur l'impôt définitivement dû qui n'est déterminé qu'en fin d'exercice. À la fin de l'exercice, lorsque le montant des acomptes versés est supérieur à l'impôt définitivement dû, le trop-perçu fait l'objet d'une imputation sur les acomptes futurs.

459. Les dispositions des articles 21(4) et 91 du CGI ne sauraient s'appliquer en cas de dégrèvement contentieux. En effet, elles n'ont été instituées que pour résoudre les problèmes pouvant naître lors du règlement par anticipation des impôts par le biais des différents acomptes. De plus, l'interprétation de la loi fiscale est stricte. Si le législateur avait voulu ce type d'imputation, il l'aurait clarifié dans les dispositions relatives au contentieux en apportant des précisions sur les suites des dégrèvements prononcés. Cette pratique, qui manquait de base légale, était critiquable dans la mesure où le contribuable non débiteur doit normalement se voir rembourser les sommes versées, avec en prime, le cas échéant, les intérêts moratoires au taux légal.

460. Le contribuable peut-il unilatéralement s'abstenir de payer ses impôts en se fondant sur une créance qu'il détiendrait sur l'État ? En d'autres termes, le contribuable peut-il opérer la compensation de manière unilatérale comme le fait souvent l'État ? La réponse est forcément négative pour au moins deux raisons. Premièrement, la compensation est une convention qui requiert l'accord des deux parties. Deuxièmement, le contribuable n'a pas les moyens lui permettant d'imposer d'autorité à l'État le règlement de sa dette fiscale par une compensation unilatérale.

Dans la pratique, certaines grandes entreprises ont justifié le défaut de règlement de leur dette fiscale par le défaut symétrique de règlement par l'État de leurs créances civiles et commerciales sur ce dernier. Au regard des montants en cause généralement très élevés, l'État s'est trouvé dépourvu de ressources morales pour imposer le paiement de la dette fiscale aux entités dont il pourrait compromettre l'équilibre de la trésorerie et donc son bon fonctionnement, du fait de ses propres manquements. C'est pourquoi, face à ces blocages, les deux parties finissent très souvent par conclure une convention de « dettes croisées » par laquelle l'entreprise apure sa dette fiscale et l'État sa dette civile ou commerciale.

461. Dans le deuxième cas de figure qui concerne les crédits de TVA, l'article 149 dispose que les crédits de TVA non imputables sont sur demande des intéressés et sur autorisation expresse du Directeur général des impôts, compensés par l'émission des chèques spéciaux du Trésor valables pour le paiement des impôts de même nature, ainsi que les droits de douane, à condition que ces derniers justifient d'une activité non interrompue depuis plus de deux ans, et qu'ils ne soient pas en cours de vérification de comptabilité. En matière de TVA, la compensation est donc demandée par le contribuable intéressé et ne concerne que les impôts de même nature, c'est-à-dire la TVA, les droits d'accises et les droits de douane. Cette TVA compensable ne peut résulter que des mécanismes normaux de déduction de la TVA d'amont.

462. On peut ainsi constater aisément que le champ d'application de la compensation quant aux impôts compensables est limité. Au regard de la loi, l'impôt sur les sociétés, l'impôt sur le revenu des personnes physiques et tous les autres impôts et taxes autres que ceux expressément mentionnés à l'article 149 sont exclus.

Toutefois, on observe très souvent, dans la pratique, l'administration procéder à la compensation des crédits de TVA avec la dette fiscale du contribuable, sans tenir compte de la nature de la créance fiscale. La régularité juridique de cette démarche est contestable au regard du champ très limité des impôts sus-évoqués pouvant faire l'objet d'une compensation avec les crédits de TVA non imputables. Au surplus, l'administration pouvait parvenir aux mêmes fins en utilisant la voie de l'Avis à Tiers Détenteur (ATD) analysée dans le cadre du contentieux du recouvrement.

463. **Après la directive CEMAC** relative au règlement général de la comptabilité publique, la situation a changé. Le nouveau texte a corrigé le vide juridique antérieur, pour reconnaître aux seuls comptables publics d'opérer au profit des personnes publiques des compensations légales à sens unique. Ainsi, au regard de l'article 46 de la directive, « *les redevables de l'État ne peuvent opposer la compensation légale dans le cas où ils se trouvent dans le même temps créanciers de l'État. Dans la même situation, préalablement à tout paiement, le comptable public doit opérer la compensation légale au profit de l'État entre les dettes et les créances de l'État assignées sur sa caisse* ». Cette disposition du droit communautaire a été reprise dans l'article 56 du décret n° 2013/160 du 15 mai 2013 portant règlement général de la comptabilité publique : « *lorsque dans le même temps, ils sont créanciers, les redevables de l'État et des autres organismes publics ne peuvent opposer la compensation légale* ». À l'inverse et en application de l'article 56 (2), « *dans la même situation et préalablement à tout paiement, le comptable public opère la compensation légale au profit de l'État entre les dettes et les créances assignées sur sa caisse* ». Cette compensation à sens unique, qui peut apparaître comme un mode de recouvrement forcé, est contraire à l'Acte uniforme portant organisation des procédures simplifiées de recouvrement et des voies d'exécution.

464. Dans la LF 2014, une modification du CGI a été introduite avec l'article L7 bis du LPF à l'effet de circonscrire le champ d'application des impositions pouvant faire l'objet d'une compensation. En rappelant que « *nul ne peut se prévaloir de l'existence d'une créance sur l'État pour se soustraire à ses obligations de déclaration et de paiement* », l'article sus-cité a précisé les impositions exclues du champ de la compensation. Il s'agit notamment des impôts retenus à la source ou pour lesquels le contribuable n'est que redevable légal. Le législateur ajoute que ces impôts « *ne peuvent faire l'objet de compensation de quelque nature que ce soit* ». La liste des impôts concernés peut comporter, les acomptes de l'impôt sur le revenu des personnes physiques et morales (BIC, BNC, IS) les précomptes sur loyers et sur achats, les retenues sur salaires, la TVA et les droits d'accises, etc.

Chapitre 3

Les procédures d'urgence : le sursis de paiement

465. En principe, la contestation des impositions par les contribuables ne dispense pas ces derniers de l'obligation de régler leur dette fiscale. En effet, l'administration est fondée, nonobstant la réclamation du contribuable à poursuivre le recouvrement de l'impôt. Ce dernier est tenu d'en acquitter le montant dans le délai légal. Mais, l'acquittement des impositions entachées d'irrégularité ou d'illégalité, pour lesquelles le contribuable entend déposer une réclamation, peut s'avérer périlleux pour la survie de ses affaires, au regard des délais très courts de la mise en recouvrement. Quels moyens le contribuable peut-il utiliser pour empêcher la poursuite du recouvrement de l'impôt par l'administration ? Et avec quelle chance de succès ? C'est pour résoudre ce genre de situation que les procédures d'urgence existent. Dans les procédures fiscales contentieuses, le législateur a mis à la disposition du contribuable, la procédure de sursis de paiement pour paralyser le recouvrement de l'impôt et s'octroyer ainsi un répit, face à l'urgence en cas de contestation des impositions. Dans ce chapitre, nous examinerons successivement la notion de sursis de paiement (section 1), les conditions de son obtention (section 2) et enfin la décision y afférente (section 3).

Section 1 : La notion de sursis de paiement

Nos analyses porteront sur la définition du sursis de paiement (§ 1) et la distinction de cette procédure d'urgence des autres procédures qui lui sont similaires (§ 2).

§ 1 : La définition du sursis de paiement

466. Le contribuable qui estime avoir été surtaxé à tort a deux possibilités, nonobstant la réclamation formulée auprès de l'administration. Il peut choisir d'acquitter la totalité des impôts contestés. Dans ce cas, s'il a gain de cause, ces impôts payés doivent lui être restitués avec les intérêts moratoires y afférents. Mais, s'il opte pour la deuxième possibilité, la suspension du recouvrement, il demandera normalement le sursis de paiement.

Le sursis de paiement est ainsi la possibilité offerte au contribuable contestant une imposition de suspendre son obligation de paiement en attendant la décision de l'autorité compétente pour statuer sur sa réclamation contentieuse. Le sursis de paiement ainsi défini peut être accordé par l'administration et par le juge de l'impôt. Ce sursis doit être distingué des procédures similaires qui ont la même finalité.

§ 2 : Le sursis de paiement et les procédures similaires

467. Le système fiscal camerounais, comme la plupart des systèmes fiscaux dans le monde, se caractérise par les situations d'urgence. Et « *l'urgence est le critère traditionnel de l'intervention du juge des référés et sa raison d'être. L'urgence correspond ainsi à la situation qui requiert une intervention rapide du juge à peine de dommages graves ou irréversibles* »[93]. Or, après l'émission d'un avis de mise en recouvrement, l'impôt doit être payé, même si le contribuable conteste l'impôt mis à sa charge. C'est à ce moment que le sursis de paiement déjà obtenu devant l'administration pourra lui être d'une grande utilité devant le juge. Ce sursis de paiement doit être distingué du sursis à exécution (A) et du référé administratif (B).

A/ Sursis de paiement et sursis à exécution

468. Le sursis à exécution est une procédure d'urgence par laquelle toute personne, ayant exercé un recours contre une décision administrative, sollicite devant le juge administratif, la suspension de l'exécution de cette décision en attendant l'aboutissement de son recours contentieux. De l'examen de cette définition, il découle que le sursis à exécution poursuit le même but que le sursis de paiement. Les deux procédures visent la suspension de l'exécution d'un acte administratif attaqué par une personne contestant sa régularité juridique. Au-delà de cette unique ressemblance, les deux procédures se distinguent par les textes les régissant, par les personnes qui peuvent en faire la demande, par leur champ d'application et par les conditions à remplir pour obtenir la suspension de l'exécution de l'acte.

469. S'agissant des textes qui les régissent, le sursis à exécution est prévu à l'article 30 de la loi n° 2006/022 du 29 décembre 2006 fixant l'organisation et le fonctionnement des tribunaux administratifs. Cette loi a intégralement repris les dispositions de l'article 16 de la loi n° 75/17 du 8 décembre 1975 fixant les procédures devant la Cour suprême statuant en matière administrative. Le changement législatif ici se justifie par le remplacement de la Chambre administrative de la Cour suprême par les tribunaux administratifs. De son côté, le sursis de paiement prévu aux

---

[93] J. VUITTON, X. VOUITTON, *Les référés*, Paris, Litec, 2003, p. 9.

articles L121 et L129 du LPF est organisé dans le Code général des Impôts.

470. En ce qui concerne les personnes qui peuvent en faire la demande, on observe que le sursis de paiement ne peut être sollicité que par le contribuable qui conteste une imposition. Il est de ce fait exclusivement réservé au gel du recouvrement des créances fiscales, alors que le sursis à exécution qui concerne la suspension de l'exécution des décisions administratives en général, est une procédure de droit commun, dans le cadre du contentieux administratif général.

471. Pour ce qui est de leur champ d'application, le sursis de paiement peut aussi bien être obtenu devant l'administration que devant le juge. Même si force est de reconnaître que la compétence du juge d'accorder le sursis de paiement est relativement récente. C'est en effet depuis l'entrée en vigueur du nouveau Code général des impôts, par la loi du 19 avril 2002, portant Code général des impôts que le juge est devenu compétent en matière de sursis de paiement. Cette rénovation du CGI a été marquée par l'introduction du Livre des procédures fiscales.

472. S'agissant enfin des conditions à remplir, le sursis à exécution au regard des exigences de l'article 30 de la loi du 29 décembre 2006 sus-citée, ne peut être accordé que si l'exécution est de nature à causer un préjudice irréparable et que la décision attaquée n'intéresse ni l'ordre public, ni la sécurité ou la tranquillité publique. De la lecture de cette disposition, il s'ensuit que le sursis à exécution est subordonné à deux conditions essentielles : la poursuite de l'exécution de la décision attaquée peut entraîner des conséquences irréparables ; cette décision ne doit intéresser ni l'ordre public, ni la sûreté et la tranquillité publiques. Lorsque ces conditions sont réunies, le sursis sollicité peut être ordonné par le président du Tribunal administratif après communication à la partie adverse et conclusions du ministère public.

473. D'une manière générale, le juge administratif a eu une interprétation très libérale des conditions ci-dessus. À ce propos, il a toujours considéré que la poursuite du recouvrement des impositions peut entraîner des conséquences irréparables, d'une part, et qu'elle n'intéresse ni l'ordre public, ni la sécurité ou la tranquillité publiques, d'autre part. Cette attitude est notamment illustrée dans l'ordonnance n° 01/OSE/PCA/CS/91-92 du 1er novembre 1991, affaire Ndengue Thomas C/ État du Cameroun « *Attendu que dans ses réquisitions écrites Monsieur le Procureur général près la Cour suprême est favorable à la demande aux motifs qu'elle a été introduite conformément aux dispositions de l'article 16 de la loi n° 75/17 du 8 décembre 1975 fixant*

la procédure devant la Cour suprême statuant en matière administrative ; qu'elle est donc régulière et mérite d'être déclarée recevable ; que l'imposition précitée ne concerne ni l'ordre public, ni la sécurité et la tranquillité publiques ; que si cette décision venait à être exécutée, elle causerait un préjudice irréparable au requérant ; qu'il importe dès lors de surseoir à l'exécution de cette imposition litigieuse jusqu'à l'issue du recours contentieux ; attendu que cette argumentation est pertinente encore que le juge administratif ne peut rendre qu'une ordonnance conforme à l'avis du ministère public, en application de l'article 16 alinéa 2 de la loi n° 75/17 du 8 décembre 1975 sus-citée ». La même motivation est reprise dans l'ordonnance n° 06/OSE/PCA/CS/91-92 du 11 mars 1992, affaire Ngamaleu Dominique C/ État du Cameroun : « *Attendu que pour sa part le procureur général est favorable à cette demande de sursis à exécution et fait valoir que le recouvrement dont il s'agit, entraînera inexorablement un préjudice irréparable au requérant, ce, vu la conjoncture économique particulièrement difficile ; d'autre part cette décision n'intéresse ni l'ordre public, ni la sécurité ou la tranquillité publiques ; qu'il serait donc judicieux d'ordonner, jusqu'à l'issue de l'instance au fond, la suspension des impositions entreprises ; attendu que cette argumentation est pertinente, qu'il y a lieu de rendre une ordonnance conforme à l'avis du ministère public par application de l'article 16 alinéa 2 de la loi n° 75/17 du 8 décembre 1975 susvisée* ».

474. Plus récemment, dans l'ordonnance n° 108/OSE/CAB/PCA/04-05 du 19 septembre 2005 relatif à l'affaire Complexe Chimique Camerounais (CCC) C/ État du Cameroun (MINEFI), le juge a estimé qu'« *attendu que la décision attaquée n'intéresse ni l'ordre public, ni la sécurité ou la tranquillité publiques ; que par ailleurs, son exécution est de nature à causer un préjudice irréparable à la requérante, par la mise d'un millier d'employés au chômage, compte tenu du montant élevé de la réclamation...* ».

Mais, dans l'ordonnance n° 132/OSE/CAB/PTA/YDE/2016 du 11 juillet 2016, affaire Société TOBOH Bâtiment et Services Sarl C/ État du Cameroun (MINFI), le Tribunal administratif de Yaoundé a rejeté une demande de sursis à exécution des impositions contenues dans un AMR du 5 avril 2012 en, « *considérant que les moyens d'annulation invoqués par la requérante ne paraissent pas pertinents, celle-ci n'ayant pas justifié du caractère irréparable du préjudice qu'elle pourrait subir du fait de cette mesure de l'administration fiscale, ce, d'autant plus que le préjudice économique ne constitue pas un préjudice irréparable* ».

475. La question de l'application de cette mesure du contentieux administratif général au contentieux spécifique de l'imposition a souvent été posée. Le juge pouvait-il s'appuyer sur la loi sus-citée pour accorder le sursis ou au contraire devait-il appliquer les conditions prévues dans le Code général des impôts pour l'octroi du sursis à exécution en matière de recouvrement de l'impôt ?

476. Dans une affaire intéressante, Ngankeu Pierre C/ État du Cameroun, le juge n'avait pas manqué l'occasion de rappeler l'autonomie de la procédure du sursis à exécution qui est liée au recours contentieux porté devant lui, par rapport à celle du sursis de paiement qui est liée à la réclamation portée devant l'administration. À ce propos, il avait affirmé sans ambiguïté que « *considérant qu'il convient de faire remarquer au ministre des Finances que le texte visé par lui s'applique dans le cas où la demande de sursis ou de dégrèvement est présentée à ses services ou à lui-même, que la Cour n'y est pas liée, que dans le cas de la demande de sursis à exécution présentée devant elle, en vertu d'un recours contentieux dont elle est saisie, la Cour statue conformément aux dispositions de l'article 16 de la loi n° 75/17 du 8 décembre 1975* »[94]. On ne saurait faire plus clair.

477. Cette lecture des textes était parfaitement justifiée pour la défense des droits du contribuable, à l'époque où le contribuable ne pouvait pas solliciter le sursis de paiement devant le juge. Ce qui était le cas avant l'entrée en vigueur du LPF le 19 avril 2002. Or, depuis cette date, le contribuable, qui en fait la demande, peut obtenir le sursis de paiement initialement obtenu auprès de l'administration devant le juge dans le cadre de son recours contentieux, conformément à l'article L129 du LPF.

478. D'où la question de savoir si, malgré les dispositions de l'article L129 du LPF, permettant au juge, sous certaines conditions, de prononcer le sursis de paiement, celui-ci peut encore accorder le sursis à exécution en matière fiscale. L'examen de plusieurs décisions rendues sur la question par les tribunaux administratifs montre que le juge de l'impôt, lorsqu'il est saisi d'une demande de sursis à exécution, se prononce favorablement, lorsqu'il estime les conditions réunies, c'est le cas du Tribunal administratif de Ngaoundéré[95], ou défavorablement, lorsque les conditions ne sont pas réunies.

---

94 Jugement ADD n° 3/CS/CA du 20 novembre 1978, affaire Ngankeu Pierre C/ État du Cameroun.

95 Tribunal administratif de Ngaoundéré, ordonnance n° 54/CAB/PTA/NG du 2 septembre 2014.

479. Le plus étonnant est que l'administration elle-même ne soulève pas le moyen de l'irrecevabilité de la demande de sursis à exécution, qui n'est pas appropriée du fait de la possibilité pour le contribuable d'obtenir le sursis de paiement en préservant minimalement les intérêts du Trésor public. On a ainsi vu l'administration réfuter la demande de sursis de paiement du contribuable en invoquant les conditions du sursis à exécution que le contribuable n'a pas sollicité[96]. Il arrive aussi souvent à l'administration, au contribuable et même au juge de combiner les dispositions législatives relatives au sursis à exécution avec celles du LPF relatives au sursis de paiement[97].

480. C'est le Tribunal administratif de Yaoundé, qui, allant contre les réquisitions du ministère public, essaie d'opérer une distinction entre le sursis de paiement et le sursis à exécution dans son ordonnance du 23 septembre 2014 « *considérant que le sursis de paiement prévu par l'article L129 du LPF diffère du sursis à exécution de l'article 30 de la loi organisant les tribunaux administratifs* ». Mais cette juridiction ne va pas jusqu'au bout de la logique de ces deux textes, comme l'atteste cette motivation « *que cette demande qui vise à obtenir la suspension de l'exigibilité de l'impôt en attendant qu'il soit statué sur le bien-fondé de la réclamation contentieuse, pourrait être accordée dès lors que le contribuable présente les garanties suffisantes et que la procédure d'imposition est exposée à l'annulation totale ou partielle* ». On a l'impression que les deux textes sont combinés, comme l'atteste l'intitulé de la décision « *Ordonnance accordant le sursis à exécution* »[98], alors que la demande du contribuable porte sur le sursis de paiement, qui ressort dans le dispositif de l'ordonnance présidentielle.

481. Tous ces errements de la jurisprudence illustrent la connaissance approximative par les tribunaux administratifs de la particularité du contentieux fiscal, qui est un contentieux spécifique avec ses règles particulières dérogeant au droit commun. Ce sont ces règles qui doivent normalement être appliquées à l'occasion des demandes de sursis visant la suspension de l'action en recouvrement de l'impôt avant la décision du juge sur le fond de la contestation. Cette solution est confortée par un

---

[96] Tribunal administratif de Douala, ordonnance n° 43/OSP/PTA/DLA/2014 du 18 décembre 2014, affaire ECA-ERNST & YOUNG C/ État du Cameroun (MINFI).

[97] Tribunal administratif de Douala, ordonnance n° 44/OSP/PTA/DLA/2014 du 18 décembre 2014, affaire Société SONAM Cameroun LTD C/ État du Cameroun (MINFI).

[98] Tribunal administratif de Yaoundé, ordonnance n° 59/0SE/CAB/PTAYDE/2014, accordant le sursis à exécution, affaire Société Union Bank of Cameroon C/ État du Cameroun (MINFI).

principe général de droit qui veut qu'en cas de contrariété entre une loi générale et une loi spéciale, c'est la loi spéciale qui s'applique. Tel est le cas du LPF.

482. L'application des conditions du sursis à exécution par le juge fiscal en matière de contentieux d'assiette n'est donc plus justifiée à notre sens. Au surplus, le juge saisi d'une demande de sursis à exécution pourrait l'accorder au contribuable en lui appliquant les conditions prévues à l'article L129 du LPF. Mais, il ne revient pas au juge, en vertu du principe du non *ultra petita*, de statuer au-delà de ce qui lui a été demandé.

B/ Sursis de paiement et référé administratif

483. L'article 27 de la loi n° 2006/022 du 29 décembre 2006 fixant l'organisation et le fonctionnement des tribunaux administratifs dispose que, dans les cas d'urgence, le président du tribunal ou le magistrat qu'il délègue peut, sur requête et si le demandeur justifie de l'introduction d'un recours gracieux, les parties convoquées et après conclusions du ministère public, ordonner en référé, toutes les mesures utiles, sans faire préjudice au principal. Les mesures utiles évoquées ici peuvent-elles concerner la suspension du recouvrement de l'impôt ? Au regard de la rédaction très générale de l'article 27, rien a priori ne l'exclut.

484. Toutefois, comme pour le sursis à exécution, cette procédure ne paraît pas opportune dans la mesure où le LPF a déjà donné la possibilité au réclamant de bénéficier sous certaines conditions d'un sursis de paiement. Le juge peut-il suspendre le recouvrement au regard de la situation personnelle du requérant qui est dans l'impossibilité de satisfaire les conditions posées pour le bénéfice du sursis de paiement ? Une telle lecture n'est pas à exclure. Mais elle violerait la loi spéciale qui régit le contentieux fiscal et qui ne l'a pas prévu.

Section 2 : Les conditions d'octroi du sursis de paiement

L'examen des conditions d'octroi du sursis de paiement devant l'administration (§ 2) sera suivi de l'examen par le juge (§ 2).

§ 1 : Les conditions du sursis devant l'administration

485. À la différence de ce qui est observé dans certains pays,[99] la compétence pour accorder le sursis de paiement dans le système camerounais appartient au chef de centre régional des impôts, au

[99] Dans le système français, le sursis de paiement est accordé par le comptable public chargé du recouvrement des impôts contestés.

directeur des grandes entreprises, au directeur général des impôts et au ministre des Finances. C'est pourquoi nous examinerons la demande du sursis de paiement adressée à ces différentes autorités et les conditions qu'elle doit remplir d'une part (A) et les effets de cette demande d'autre part (B).

A/ Demande et conditions du sursis devant l'administration

486. Il faut préciser d'emblée que la demande du sursis n'est pas automatiquement présumée lors du dépôt d'une réclamation. Elle constitue une simple faculté reconnue au contribuable. Ce dernier peut choisir d'acquitter les impôts qu'il conteste, malgré le dépôt d'une réclamation et se voir rembourser les sommes payées s'il a gain de cause.

487. La demande du sursis, qui doit être expresse, est adressée au chef de centre régional des impôts, au directeur des grandes entreprises, au directeur général des impôts et au ministre lors du dépôt de la réclamation auprès de ces autorités. Après réception de la demande, le sursis de paiement peut être accordé au contribuable lorsque certaines conditions prévues à l'article L121 du LPF sont réunies.

1/ Au niveau du CRI, du DGE et du DGI

Deux conditions sont prévues par la loi pour l'obtention du sursis de paiement auprès de ces autorités :

– premièrement, le contribuable doit expressément formuler sa demande de sursis de paiement dans sa réclamation préalable. Ce qui signifie que la demande de sursis doit être faite dans les mêmes conditions de forme et de délai que celle de la réclamation. Ces demandes doivent être concomitantes. Toutefois, lorsque le contribuable est encore dans les délais de réclamation, il peut adresser une demande de sursis de paiement postérieure à sa réclamation ;

– deuxièmement, le contribuable doit préciser le montant ou les bases du dégrèvement qu'il sollicite.

488. Aux deux conditions sus-examinées, la jurisprudence a ajouté une troisième condition. En effet, pour le Tribunal administratif de Yaoundé, la recevabilité de la demande de sursis est d'abord conditionnée par la recevabilité de la réclamation portée devant l'administration. En d'autres termes, le requérant dont la réclamation n'a pas rempli les conditions de recevabilité prévues à l'article L119 du LPF verra sa réclamation rejetée, ainsi que sa demande de sursis de paiement par voie de conséquence, pour ce motif. Le Tribunal administratif de Yaoundé a pris cette position dans l'affaire CAMUSAT CAMEROUN C/

État du Cameroun : « *considérant que la recevabilité de la demande aux fins de sursis est conditionnée par la recevabilité de la réclamation portée devant l'administration ; considérant en l'espèce que, le recourant ne s'est pas acquitté de la caution de 15 % des impositions contestées, exigée lors de l'introduction du recours gracieux préalable devant le ministre des Finances ; qu'il s'ensuit que son recours gracieux est irrecevable, et par voie de conséquence, sa demande aux fins de sursis* »[100].

2/ Au niveau du ministre

489. À cette étape, aucune condition particulière n'est prévue pour l'obtention du sursis. Il suffit seulement pour le contribuable de renouveler sa demande au moment du dépôt de sa réclamation auprès du ministre en charge des Finances. Au surplus, on peut seulement ajouter qu'il devra payer 15 % des impositions contestées. Mais, ces 15 % conditionnent beaucoup plus la recevabilité de la réclamation que la demande de sursis. En tout état de cause, le sursis accordé par les autorités de premier niveau continue de produire ses effets. En effet, l'administration a justifié l'augmentation de la consignation, qui est passée de 10 à 15 %, par la suppression de l'obligation du paiement de 10 % des impositions contestées, pour l'obtention du sursis devant les autorités du premier niveau. Dans tous les cas, la demande de sursis produit certains effets.

B/ Les effets de la demande de sursis de paiement

490. Lorsque la demande de sursis présentée par le contribuable est régulière, c'est-à-dire lorsqu'elle réunit les conditions prévues à l'article L121 du LPF, l'effet immédiat est la suspension de l'exigibilité de la créance fiscale. Cette suspension entraîne le gel du recouvrement des impôts. Au niveau des autorités administratives, le seul facteur qui peut légalement annihiler la demande de sursis, c'est l'irrégularité de la réclamation présentée.

À cet effet, le contribuable qui demande une réduction des impôts notifiés, c'est-à-dire qui ne conteste pas leur totalité, doit justifier du paiement de la partie non contestée pour que sa réclamation soit recevable. Dans un tel cas, la demande de sursis ne pourra produire aucun effet, du moment où la demande initiale est irrecevable. Lorsque la réclamation présentée est régulière et que la demande de sursis l'est

[100] Tribunal administratif de Yaoundé, ordonnance n° 209/OSE/CAB/PTA/YDE/2016, du 3 octobre 2016 déclarant irrecevable une demande de sursis de paiement.

également, le recouvrement est suspendu jusqu'à la décision de l'autorité compétente.

491. La question qui peut se poser est celle de savoir si l'administration peut refuser le sursis de paiement, pour les motifs autres que ceux prévus par la loi. Cette question renvoie à une autre : l'administration peut-elle ajouter d'autres conditions pour l'octroi du sursis de paiement ?

La position de l'administration a évolué par rapport à cette question. Elle est passée d'une logique de ne pas accorder automatiquement le sursis de paiement, même si le contribuable remplit toutes les conditions légales, à une logique inverse. L'administration doit accorder le sursis lorsque les conditions légales sont réunies.

Dans le premier cas de figure, la doctrine administrative[101] avait ajouté deux conditions non prévues par la loi, qui consistaient pour les services, à s'assurer, pour la première, que le contribuable sollicitant le sursis de paiement n'avait aucun arriéré de paiement des impôts dus. Même si ces impôts n'avaient aucun rapport avec la réclamation, le contribuable, se trouvant dans cette situation, ne devrait pas obtenir le sursis sollicité. Mais, dans la pratique, cette condition n'était pas respectée et n'apparaissait jamais dans la motivation du refus du sursis.

La seconde condition, ajoutée par la doctrine administrative, était liée à un classement des contribuables en trois catégories : les contribuables à risques, ceux qui sont systématiquement défaillants et irréguliers au regard de leurs obligations déclaratives ; les contribuables à risques faibles, ceux qui ne présentent pas des comportements déclaratifs particulièrement critiquables ; et les contribuables citoyens qui remplissent normalement et régulièrement leurs obligations déclaratives.

Pour les contribuables à risques, le sursis ne pouvait être accordé que s'ils avaient payé au préalable une somme pouvant aller jusqu'à 50 % des impositions contestées. Pour les deux dernières catégories, le sursis devait être accordé dans les conditions légales, sans autre exigence.

492. Mais dans la pratique, l'administration a, malgré son instruction, généralement accordé le sursis de paiement de façon libérale à toutes les catégories de contribuables au regard des conditions prévues par la loi. Au surplus, elle demande une instruction rapide des réclamations qui paraissent fondées sur le seul but du dilatoire, afin que la réponse

[101] Note n° 3033/MINEFI/DI du 04/12/2001 portant traitement des instances contentieuses en matière de droits et taxes autres que les droits d'enregistrement.

intervienne dans un délai très court sur le fond. Ce qui annule la demande de sursis.

493. Le revirement de la doctrine[102] va dans le sens du libéralisme dont a toujours fait montre l'administration, surtout au niveau des services centraux, d'accorder systématiquement le sursis lorsque les conditions légales sont remplies. Dans sa circulaire du 8 mai 2008, relative au traitement du contentieux, l'administration demande à ses agents d'accorder le sursis au contribuable qui remplit les conditions prévues à l'article L121 du LPF, sauf à démontrer que celui-ci cherche à organiser son insolvabilité ou à retarder le recouvrement par des manœuvres dilatoires. Cette évolution est motivée toujours selon la même circulaire par le fait que le sursis a pour but de limiter les conséquences difficilement réparables qui pourraient résulter d'une imposition irrégulière.

§ 2 : Les conditions du sursis de paiement devant le juge de l'impôt

L'examen des conditions d'obtention du sursis de paiement devant le juge (A) nous permet de constater que le juge administratif, notamment les nouveaux tribunaux administratifs confondent trop souvent ces conditions avec celles du sursis à exécution comme il a été relevé plus haut (B).

A/ Les conditions d'obtention du sursis de paiement devant le juge

494. Pour obtenir le sursis de paiement devant le juge, la demande du contribuable doit remplir deux conditions prévues à l'article L129 du LPF. En premier lieu, le requérant doit renouveler expressément sa demande de sursis dans sa requête contentieuse et en second lieu, il doit s'acquitter d'un montant supplémentaire de 10 % des impositions contestées. Ces 10 % doivent être prélevées sur le principal de l'impôt ou du droit. Les pénalités et l'intérêt de retard en sont normalement exclus, dans la mesure où ils ne sont pas des impositions.

495. Cette deuxième condition résulte de la modification de l'article L129 susmentionné par la loi n° 2013/017 du 16 décembre 2013 portant loi de finances pour l'exercice 2014. Cette modification a eu pour effet de réintroduire au niveau de la saisine du juge de l'impôt l'exigence de paiement d'une quotité supplémentaire des impositions contestées. En ajoutant les 15 % exigés pour la recevabilité du RGP porté devant le

[102] Circulaire cadre n° 0004/MINFI/DGI/LC/C du 8 mai 2008, relative au contentieux fiscal, p. 11.

ministre des Finances, le contribuable est obligé d'acquitter ainsi au moins 25 % des impositions contestées, en attendant la décision définitive sur son recours. Ce qui constitue le moindre mal, depuis la suppression de la condition relative à la constitution d'une caution auprès d'une banque de premier ordre, pour la garantie du paiement des impôts contestés et non acquittés à l'issue de la procédure. Cette suppression de la caution n'était pas normale dans la mesure où l'État se privait des garanties pouvant protéger sa créance fiscale pendant le déroulement du procès.

496. Il ne faut en effet jamais perdre de vue un fait, le prétexte du procès peut constituer une manœuvre dilatoire permettant au contribuable d'organiser son insolvabilité. Ce risque est réel et grand lorsqu'on sait que les délais dans lesquels les juges statuent en matière administrative en général et fiscale en particulier, sont longs[103]. À ce propos, Roland Atanga Fongue constate dans son ouvrage précité que « *les instances juridictionnelles en matière contentieuse les plus expéditives durent en moyenne trente mois. Cette moyenne est doublée, voire triplée dans certaines espèces* »[104]. Cette suppression des garanties de recouvrement des impôts contestés, qui n'a pas d'équivalent dans le droit comparé, est dépourvue de toute justification logique et de tout bon sens.

497. Lorsque les deux conditions précitées sont réunies, le sursis doit en principe être accordé par le juge. À notre avis, il s'agit d'une compétence liée. Mais ce qui paraît si évident ne l'est pas pour le juge administratif camerounais, tant les confusions entre les conditions du sursis de paiement et celles du sursis à exécution transparaissent à l'examen de la jurisprudence des nouveaux tribunaux administratifs.

---

[103] C'est pour prévenir ces risques que la loi de finances pour l'exercice 1988/1989, en modifiant l'article 328 de l'ancienne version du CGI, avait conditionné la recevabilité de la réclamation portée devant le juge par l'acquittement par le requérant d'une somme représentant 30 % supplémentaire de la partie contestée des impositions et de la constitution d'une caution bancaire, pour assurer le recouvrement du reste de l'impôt dû.
Ces nouvelles dispositions ont été immédiatement mises en application, y compris pour les réclamations qui étaient pendantes devant la Cour suprême, au moment de leur entrée en vigueur. Le juge les a appliquées, sans état d'âme, comme l'atteste une abondante jurisprudence de la Cour suprême.
Avec le paiement de 20 % des impôts contestés pour obtenir le sursis de paiement devant l'administration, selon la même loi, le contribuable qui saisissait le juge était ainsi obligé d'acquitter préalablement une somme représentant 50 % des impôts contestés.
Ces exigences étaient excessives et avaient pour but de dissuader le contribuable de porter sa réclamation devant le juge. Ce qui déséquilibrait davantage les rapports déjà difficiles entre l'administration fiscale et ses usagers.

[104] R. Atanga Fongue, *op. cit.*, p. 277.

B/ Les confusions entretenues par le juge sur les conditions du sursis de paiement et du sursis à exécution

498. Sur la confusion des conditions du sursis de paiement et du sursis à exécution, il convient de rappeler que le sursis de paiement prévu aux articles L121 et L129 du LPF concerne exclusivement le contentieux fiscal. Les conditions de son octroi sont relativement souples devant le juge. Pour obtenir le sursis de paiement devant ce dernier, il suffit au regard de l'article L129 du LPF, de renouveler expressément la demande dans le cadre de la requête et s'acquitter d'un montant supplémentaire de 10 % des impôts contestés. Aucune autre condition n'est ajoutée. Il s'agit là clairement d'une compétence liée. Lorsque ces conditions sont réunies, le juge, étant « *serviteur de la loi* » pour reprendre la formule heureuse du Professeur René Chapus[105], ne peut refuser le sursis sollicité.

499. Le sursis à exécution prévu dans l'article 30 de la loi n° 2006/022 du 29 décembre 2006, fixant l'organisation et le fonctionnement des tribunaux administratifs concerne le contentieux administratif de droit commun. Il peut être accordé lorsque l'exécution de la décision attaquée qui n'intéresse ni l'ordre public, ni la sécurité ou la tranquillité publiques, est de nature à causer un préjudice irréparable. L'illustration parfaite des confusions du juge est fournie par la décision du Tribunal administratif de Douala du 18 décembre 2014 dans l'affaire Société Multi Services (SMS) Sarl C/ État du Cameroun (ministère des Finances). Dans cette affaire, le contribuable a sollicité le sursis de paiement sur le fondement de l'article L129 du LPF et le sursis lui a été refusé par le juge au motif qu'« *attendu que s'il est établi que la société requérante s'est conformée aux prescriptions du Livre des procédures fiscales, notamment de l'article L129, il convient toutefois de reconnaître qu'elle n'a fait valoir aucun argument sérieux susceptible de porter un doute sur la légalité des impositions contestées et justifiant la mesure sollicitée... qu'il échet de rejeter sa demande comme non justifiée* ». Cette motivation du juge est très sévère, l'article L129 du LPF n'ayant pas prévu cette dernière condition. Dans le même sens, le Tribunal administratif de Yaoundé, dans sa décision du 3 octobre 2016, affaire Sud Cameroun Hévéa C/ État du Cameroun, a accordé le sursis de paiement sollicité sur le fondement de l'article L129 du LPF avec la motivation suivante : « *qu'il s'ensuit que, l'importance des sommes déjà versées par le requérant démontre sa volonté à respecter ses obligations fiscales, et l'exécution de la décision querellée serait de nature à causer un préjudice irréparable au requérant*

---

[105] René CHAPUS, *De la soumission au droit des règlements autonomes*, Recueil Dalloz, 1960, p. 119-126.

eu égard au montant élevé des impositions à recouvrer ; qu'en attendant l'issue de la réclamation au fond, il y a lieu d'ordonner le sursis de paiement de la décision querellée »[106]. Cette motivation du juge, appropriée dans le cadre d'une demande de sursis à exécution du contentieux administratif de droit commun, est surabondante dans le cas d'espèce. Le juge aurait pu se limiter à motiver sa décision avec les dispositions de l'article L129 du LPF, qui ne font aucune allusion aux conséquences de la poursuite de l'exécution de la décision querellée.

500. Cette tendance du Tribunal administratif de Yaoundé à combiner les conditions du sursis de paiement avec celles du sursis à exécution apparaissait déjà, dans sa décision du 9 octobre 2014 sur l'affaire Broadband Télécom C/ l'État du Cameroun. Dans cette affaire, le juge a accordé le sursis de paiement à la requérante en considérant que « *le sursis de paiement peut être accordé lorsque la procédure de contrôle est exposée à la nullité et que le contribuable présente des garanties suffisantes ; qu'en l'espèce, d'une part, les moyens de nullité de procédure de contrôle fondés sur la violation des articles L24, L26 et L40 invoqués par le requérant paraissent pertinents et d'autre part, le paiement total de la somme de 468 779 169 FCFA est la preuve de la crédibilité du contribuable dont il s'agit ; il convient de faire droit à la demande de sursis* ». Les arguments utilisés par le juge pour motiver sa décision d'accorder le sursis de paiement ne sont pas prévus dans le LPF. Il évoque tout d'abord que *le sursis de paiement peut être accordé lorsque la procédure de contrôle est exposée à la nullité*. On peine à trouver la disposition du LPF qui sert de fondement à cet argument. Il énonce ensuite *que le contribuable présente des garanties suffisantes*. Là aussi on ne trouve aucune trace d'une disposition prévoyant la constitution des garanties suffisantes. La loi au travers de l'article L129 du LPF a clairement prévu que « *le requérant qui entend bénéficier devant le juge administratif du sursis de paiement déjà appliqué au stade de sa réclamation doit renouveler expressément sa demande dans le cadre de sa requête et s'acquitter d'un montant supplémentaire de 10 % des impositions contestées* ». La précision de 10 % supplémentaires se justifie par le fait que pour obtenir le sursis de paiement devant l'administration, le contribuable devait acquitter une somme d'un montant de 10 % des impositions contestées conformément à l'article L121 du LPF en vigueur en 2014. Pour la recevabilité de sa réclamation devant le ministre, dans le cadre du recours hiérarchique, il devait acquitter conformément à l'article L119 en vigueur en 2014, la somme

---

[106] Tribunal administratif de Yaoundé, ordonnance n° 211/OSE/CAB/PTA/YDE/2016, du 3 octobre 2016 accordant le sursis de paiement.

supplémentaire de 10 % des impositions contestées. Au total, le contribuable, souhaitant obtenir le sursis de paiement devant le juge, devait payer une somme représentant 30 % des impositions contestées. BROADBAND contestant la somme de 3 501 976 920 FCFA aurait dû payer globalement 3 501 976 920 X 30 % = 1 050 593 076 FCFA. Le montant de *468 779 169 FCFA* payé était donc largement insuffisant. Son recours aurait dû être déclaré irrecevable, la loi n'ayant pas prévu la constitution des garanties suffisantes. Le juge a clairement outrepassé l'exigence légale du paiement de 10 % des impositions contestées. Plusieurs autres décisions des tribunaux administratifs illustrent ces approximations des juges comme on l'a vu plus haut.

Section 3 : La décision sur la demande du sursis de paiement

Nous verrons respectivement les décisions du sursis de paiement prononcées par l'administration (§ 1), par le juge (§ 2) et le recours éventuel contre la décision du juge sur le sursis de paiement (§ 3).

§ 1 : La décision de l'administration sur le sursis de paiement

501. Lorsque les conditions ne sont pas réunies au regard des critères ci-dessus examinés prévus à l'article L121 du LPF, le sursis de paiement n'est pas accordé. Dans cette hypothèse, l'administration doit le notifier expressément au réclamant en motivant sa décision. La réponse de l'administration doit être fournie dans un délai de quinze (15) jours. En effet, conformément au dernier paragraphe de l'article L121 du LPF « *l'absence de réponse de l'administration dans un délai de 15 jours équivaut à l'acceptation tacite du sursis de paiement dans les conditions prévues* ». Ce délai était de 30 jours jusqu'à la loi n° 2006/013 du 29 décembre 2006 portant loi de finances pour l'exercice 2007, qui l'a ramené à 15 jours. Le souci du législateur étant ici de rassurer rapidement le contribuable sur la poursuite ou non du recouvrement de l'impôt, avant la décision de l'administration sur sa réclamation. Ceci signifie que lorsque les conditions légales ne sont pas réunies, même en l'absence de décision de l'administration dans le délai de quinze (15) jours, le sursis ne peut être tacitement accordé.

502. Par contre, lorsque les conditions sont réunies, l'administration accorde le sursis dans une décision qui n'est pas obligatoirement motivée. Dans ce cas, elle informe le comptable public assignataire, pour que ce dernier interrompe les poursuites en attendant la solution sur la réclamation contentieuse. Le même sursis est tacitement accordé, si l'administration opte pour le silence dans le délai de quinze (15) jours suivant la demande du contribuable.

503. Enfin, on doit noter que la décision de l'administration relève de la compétence de l'autorité compétente pour statuer en matière contentieuse. Cette autorité est selon le cas : le chef de centre régional des impôts, le Directeur des grandes entreprises, le Directeur général des impôts ou le ministre des Finances.

504. Le sursis accordé cesse de produire ses effets à compter de la notification de la décision de l'autorité compétente pour statuer sur la réclamation préalable. Le contribuable qui n'est pas satisfait par les décisions du chef de centre régional des impôts, du Directeur des grandes entreprises ou du Directeur général des impôts, peut saisir le ministre des Finances par le moyen d'un recours hiérarchique. Et dans ce cas, le sursis obtenu continuera à produire ses effets, jusqu'à la décision du ministre sur sa réclamation.

§ 2 : La décision du juge sur le sursis de paiement

505. La loi n'a apporté aucune clarification sur le juge habilité à prononcer le sursis de paiement. Elle n'a non plus précisé ni le délai, ni le cadre de l'intervention de ce juge. Mais, depuis la mise en service effective des tribunaux administratifs, ce sont les présidents de ces juridictions ou les magistrats qu'ils délèguent qui se prononcent sur le sursis de paiement. La loi ayant fixé avec précision les conditions d'octroi du sursis de paiement par le juge, ce dernier n'a aucune difficulté particulière pour rendre sa décision par voie d'ordonnance.

§ 3 : Le recours contre la décision du juge sur le sursis de paiement

506. Le Livre des procédures fiscales n'a prévu aucun recours sur l'ordonnance rendue par le Tribunal administratif en matière de sursis de paiement. Dans ces conditions, les voies de recours à la disposition des parties, sont celles en vigueur dans le contentieux administratif de droit commun. C'est notamment le cas du pourvoi contre les ordonnances de sursis à exécution, qui est prévu dans les articles 111 et 112 de la loi fixant l'organisation et le fonctionnement de la Cour suprême.

507. Au regard de l'article 111, le pourvoi contre une ordonnance de sursis à exécution d'un acte administratif suspend de plein droit l'exécution de ladite ordonnance. L'arrêt rendu sur pourvoi contre une ordonnance en matière de sursis à exécution est, dans les vingt-quatre (24) heures, notifié aux parties en cause, et l'effet de l'acte attaqué est suspendu à compter du jour de cette notification.

Chapitre 4

Le règlement des litiges fiscaux devant la juridiction administrative

508. Le règlement des litiges relatifs à la contestation des impôts, droits et taxes établies par la Direction générale des impôts relève désormais de la compétence exclusive du juge administratif. Dans les développements qui suivent, nous examinerons : les caractéristiques de la procédure devant la juridiction administrative (section 1), l'instance devant les tribunaux administratifs qui statuent en premier ressort (section 2)) et les voies de recours (section 3).

Section 1 : Les caractéristiques de la procédure devant la juridiction administrative

Cette procédure est écrite (§ 1), contradictoire (§ 2) et inquisitoriale (§ 3).

§ 1 : La procédure est écrite

509. Les prétentions et l'argumentation des parties sont formulées dans des mémoires écrits. Le juge n'arrêtera sa décision qu'au vu de l'argumentation développée et des éléments de preuve fournis dans les mémoires écrits et ceux qu'il aura pris l'initiative de demander. Toutefois, l'article 49 de la loi n° 2006/022 du 29 décembre 2006, fixant l'organisation et le fonctionnement des tribunaux administratifs permet aux parties de s'exprimer avec modération et de garder en tout le respect dû à la justice lors des audiences.

§ 2 : La procédure est contradictoire

510. Chaque partie est toujours appelée à s'expliquer sur ce qui est avancé par la partie adverse. Les parties doivent être à même de discuter l'argumentation et les prétentions de leurs adversaires. La requête, les mémoires et les pièces sont communiqués aux parties selon des modalités prévues aux articles L127 à L133 du LPF.

§ 3 : La procédure est inquisitoriale

511. Ce type de procédure s'oppose à la procédure dite accusatoire à laquelle la procédure civile a fourni le type caractéristique, en ce qui concerne le rôle du juge. Dans la procédure accusatoire, il se borne à

suivre le déroulement de l'instruction dont les parties gardent l'initiative alors que dans la procédure inquisitoriale, il la dirige. En pratique, dans le procès civil, l'action en justice débute par une assignation adressée à la partie adverse par le demandeur et se poursuit par les notifications qu'échangent les avocats ; dans le procès administratif, au contraire, c'est au juge que le demandeur s'adresse. Et c'est le juge qui saisit la partie adverse ; c'est à lui que sont adressés les mémoires des parties ; c'est lui qui les transmet de l'une à l'autre, et qui met fin à cet échange lorsqu'il estime l'affaire en état d'être jugée.

Section 2 : Le Tribunal administratif : juge de premier degré

512. Les développements porteront sur l'organisation des tribunaux administratifs (§ 1) leur compétence (§ 2) et le déroulement de l'instance devant ces tribunaux (§ 3).

§ 1 : L'organisation interne du Tribunal administratif

Conformément à l'article 6 de la loi du n° 2006/022 du 29 décembre 2006, le Tribunal administratif est composé au siège : d'un président ; de juges ; d'un greffier en chef ; de greffiers. Au parquet : du Procureur général près la Cour d'appel du ressort du Tribunal administratif ; d'un ou plusieurs substituts du Procureur général. Ce qui signifie, comme le confirme l'article 7 de la même loi, que le parquet est le parquet de la Cour d'appel du ressort du Tribunal administratif. On peut regretter ici le défaut de spécialisation du parquet quand on sait le rôle que les commissaires du gouvernement ont joué en France dans la construction du droit administratif au travers de leurs conclusions.

§ 2 : La compétence des tribunaux administratifs

L'étude classique des compétences d'une juridiction renvoie à l'examen de sa compétence matérielle (A) et de sa compétence territoriale (B).

A/ La compétence matérielle des tribunaux administratifs

513. Conformément à l'article 2(2) de la loi du 29 décembre 2006 fixant l'organisation et le fonctionnement des tribunaux administratifs, ces tribunaux connaissent en dernier ressort de l'ensemble du contentieux administratif concernant l'État… En réalité, la bonne formulation aurait été que les « *tribunaux administratifs connaissent en premier et dernier ressort l'ensemble du contentieux administratif* ». En effet, aucune autre juridiction n'est compétente, en premier ressort sur la même matière. Or, la terminologie de jugement rendu en dernier ressort s'applique aux jugements rendus en appel. Ce qui n'est pas le cas des jugements des

tribunaux administratifs, qui sont ici dans la même situation que le Tribunal criminel spécial et les autres juridictions pénales de droit commun en matière de répression de l'infraction de détournement des biens publics[107]. Le contentieux fiscal faisant partie du contentieux administratif, les tribunaux administratifs sont, par conséquent, juges de premier et de dernier ressort en matière fiscale. La compétence de ces juridictions est exclusive depuis les changements survenus dans le droit communautaire à travers la modification de la directive CEMAC sur les droits d'enregistrement et de timbre qui est entrée en vigueur le 30 septembre 2013. C'est pourquoi il convient d'examiner la situation avant cette directive (1) et la situation après la directive (2).

1/ La situation avant la directive CEMAC du 30 septembre 2013

514. Avant la nouvelle directive sur les droits d'enregistrement et en application des dispositions combinées des articles L115 et L126 du LPF, les tribunaux administratifs n'étaient compétents que pour connaître tous les litiges relatifs aux impôts directs, les taxes sur le chiffre d'affaires et autres taxes assimilées émises par la Direction générale des impôts. Ce qui excluait les contestations concernant les droits d'enregistrement, les droits de timbre et les taxes assimilées à ces droits. La contestation de ces derniers droits et taxes relevait de la compétence du juge judiciaire. Cette procédure particulière, qui est un héritage de la colonisation et qui est encore en vigueur en France à cause du poids des traditions, causait beaucoup de difficultés aux contribuables et à l'administration.

Les contribuables étaient confrontés aux difficultés de se retrouver dans toutes les nuances du contentieux fiscal. Pour contester les impositions d'un même contrôle fiscal, s'agissant par exemple d'une vérification de comptabilité, les requérants devaient faire deux recours administratifs distincts et deux recours juridictionnels distincts. Les recours administratifs concernant les impôts directs comportaient plusieurs phases préalables obligatoires : l'administration fiscale, d'abord, et le ministre des Finances ensuite, alors qu'en matière de droit d'enregistrement, était prévu un recours unique adressé au ministre des Finances. S'agissant des recours juridictionnels, les litiges relatifs aux

---

[107] L'article 11 de la loi n° 2011/028 du 14 décembre 2011 portant création d'un Tribunal criminel spécial, modifiée et complétée par la loi n° 2012/011 du 16 juillet 2012, dispose clairement que « le Tribunal saisi en application de l'article 2 de la présente loi, et les tribunaux de première et de grande instance, saisis lorsque le préjudice est d'un montant inférieur à cinquante millions (50 000 000) de francs CFA, des infractions de détournement de biens publics et des infractions connexes prévues par le Code pénal et les conventions internationales ratifiées par le Cameroun, statuent en premier et dernier ressort. Leurs décisions peuvent exclusivement faire l'objet d'un pourvoi ».

impôts directs étaient portés devant le juge administratif, alors que ceux concernant les droits d'enregistrement étaient portés devant le juge judiciaire. Tous ces recours avaient des délais de saisine et de décision différents. Ce système a pris fin avec la réforme de septembre 2013.

2/ La situation après la directive du 30 septembre 2013

515. La compétence du juge administratif en matière de contentieux fiscal d'assiette, telle que prévue dans les articles L115 et L126 du LPF inclut désormais les droits d'enregistrement de timbre et autres taxes assimilées. Cette inclusion de ces droits dans le champ de compétence du juge administratif est récente et procède de la directive n° 01/13-UEAC-219-CM-25 du 30 septembre 2013 portant révision de l'acte n° 10/88-UDEAC-257 relatif à l'harmonisation des droits d'enregistrement, du timbre et de la curatelle. L'article 149 de cette directive stipule clairement et sans ambigüité que les règles de procédure en matière de contentieux des droits d'enregistrement sont les mêmes que celles prévues par la législation de chaque État membre pour les impôts, taxes et droits directs telles qu'édictées dans le Livre des procédures fiscales. Par ce renvoi aux procédures anciennement en vigueur uniquement pour les impôts directs, le législateur communautaire a entendu simplifier le traitement de tous les litiges fiscaux par une harmonisation des procédures. Cette modification, qui est une véritable révolution juridique, présente beaucoup d'avantages pour le contribuable et pour l'administration.

Pour les contribuables, les règles sont désormais très limpides, toutes les contestations visant les impositions de toute nature, établies par la DGI, relèvent rigoureusement des mêmes procédures administratives et juridictionnelles. Pour l'administration, l'harmonisation des procédures facilite le suivi du contentieux, en même temps qu'elle concourt à améliorer ses relations avec les contribuables.

B/ La compétence territoriale des tribunaux administratifs

516. Du point de vue de la compétence territoriale des tribunaux administratifs, deux textes s'affrontent : l'article L124 du LPF qui consacre la compétence du Tribunal administratif du centre des impôts de rattachement du contribuable et l'article 15 de la loi du 29 décembre 2006 sus-citée qui donne plusieurs possibilités au demandeur.

1/ La compétence territoriale définie par l'article L124 du LPF

517. L'article L124 du LPF dispose qu'en cas de silence du ministre chargé des Finances au terme du délai de deux (2) mois, le contribuable peut saisir d'office le Tribunal administratif du centre des impôts de

rattachement. Au regard des dispositions de cet article, il est clair qu'en cas de rejet implicite du RGP par le ministre, le contribuable doit saisir le juge dans le délai de deux mois. Mais l'article L126 du LPF qui dispose que les décisions rendues par le ministre en charge des Finances sur les réclamations contentieuses, et qui ne donnent pas entièrement satisfaction aux intéressés peuvent être attaquées devant les tribunaux administratifs dans un délai de soixante (60) jours à partir du jour de la réception de l'avis portant notification de la décision, ne confirme pas expressément les dispositions de l'article L124. Cette rédaction met l'accent sur le rejet explicite en évoquant « *la réception de l'avis portant notification de la décision* ». Malgré cette imprécision, le juge peut faire une lecture combinée des dispositions des articles L124 et L126 du LPF pour retenir la compétence du Tribunal administratif du centre des impôts de rattachement du contribuable. Au regard des dispositions de l'article L124, le Tribunal administratif compétent pour les impositions établies par un centre régional des impôts est celui du siège de la région concernée ; alors que pour les impositions émises par la direction des grandes entreprises qui a son siège à Yaoundé, le Tribunal administratif compétent est celui de Yaoundé. Bien que la décision attaquée soit toujours dans tous les cas celle du ministre des Finances, du fait du double degré de la phase administrative de la réclamation, tous les tribunaux administratifs ont l'occasion de traiter le contentieux fiscal. Cette solution, outre les avantages qu'elle procure au justiciable, a le mérite de diversifier les décisions des juges et de répartir la charge de travail entre les différentes juridictions administratives de premier et dernier ressort.

2/ La compétence territoriale définie par l'article15 de la loi n° 2006/022 du 29 décembre 2006

518. L'article 15 de la loi du 29 décembre 2006 dispose que le Tribunal administratif compétent est celui : dans le ressort duquel a légalement son siège l'autorité qui a pris la décision attaquée ; de la résidence du demandeur ; de la situation des biens ; du lieu d'exécution du contrat ; du fait dommageable si ce fait est imputable à une décision. Au regard de cette disposition, le contribuable a plusieurs choix. Toutefois, cette multiplicité de possibilités n'est pas compatible avec l'intention du législateur traduite dans l'article L124 du LPF.

519. De plus, un grand principe du droit qui préconise qu'en cas de contrariété entre une loi générale, c'est-à-dire l'article 15 de la loi n° 0022 du 29 décembre 2006 et une loi particulière, c'est-à-dire l'article L124 du LPF, cette dernière l'emporte. Dans la réalité, ce problème qui

n'est pas que théorique, a surtout été observé dans les choix des entreprises relevant de la direction des grandes entreprises. Ces entreprises quel que soit le lieu de situation de leur siège social, sont fiscalement domiciliées à Yaoundé. Dans la pratique, ces entreprises ont parfois saisi le Tribunal administratif de Yaoundé qui est celui de leur centre des impôts de rattachement. Mais dans la majorité des cas, elles ont généralement saisi le Tribunal administratif de leur siège social. C'est pourquoi le Tribunal administratif de Douala est fréquemment sollicité, cette ville étant la capitale économique du Cameroun. Aussi curieux que cela puisse paraître, l'administration n'a jamais soulevé l'exception d'incompétence territoriale lors des nombreux litiges concernant les entreprises de la DGE.

§ 3 : L'introduction de l'instance devant le Tribunal administratif

520. Conformément aux dispositions combinées des articles 32 de la loi du 29 décembre 2006 fixant l'organisation et le fonctionnement des tribunaux administratifs et L127 du LPF, le Tribunal administratif est saisi par une requête introductive d'instance, déposée au greffe ou adressée audit greffe par voie postale. Elle est enregistrée et datée à son arrivée. Un certificat constatant le dépôt de la requête est délivré au demandeur. Les développements porteront sur : les personnes habilitées à saisir le Tribunal administratif (A), le délai de saisine du tribunal (B) et le contenu de la requête introductive d'instance (C), l'échange des mémoires (D) et la clôture de l'instruction qui est suivie de l'audience (E).

A/ Les personnes habilitées à saisir le Tribunal administratif

521. Au regard des dispositions combinées des articles L128 du LPF et 20, 21, 22 et 23 de la loi fixant l'organisation et le fonctionnement des tribunaux administratifs, ces juridictions sont saisies par le contribuable qui conteste les impositions. Mais, le contribuable peut se faire représenter par un mandataire ou un avocat. Le mandataire doit être dûment habilité, c'est-à-dire qu'il doit justifier son mandat par la production d'un acte authentique, ou d'un acte sous seing privé légalisé par l'autorité compétente.

Les personnes morales de droit public sont représentées devant le Tribunal administratif par l'autorité habilitée à recevoir le recours gracieux préalable. Cette autorité peut se faire représenter par un fonctionnaire, un agent de l'État ou d'une collectivité territoriale décentralisée ou par un avocat.

522. La requête est en principe individuelle. Les requêtes collectives sont de ce fait irrecevables, sauf lorsque le recours est dirigé contre un acte indivisible conformément à l'article 33 de la loi précitée du 29 décembre 2006. Il se peut à cet égard que l'impôt soit établi au nom d'une pluralité de personnes physiques ou morales. C'est notamment le cas d'une taxe foncière établie au nom de la totalité des copropriétaires. C'est aussi le cas pour l'impôt sur le revenu des personnes physiques, établi au nom de la société transparente ou du chef de famille.

Pour terminer avec les personnes habilitées à saisir le juge de l'impôt, il faut souligner que l'administration camerounaise ne dispose pas de cette faculté. Cette affirmation n'est pas banale, dans la mesure où en droit comparé, notamment en France, l'administration elle-même a la faculté de saisir le juge de la réclamation du contribuable dans le cas où elle ne lui a pas donné une suite favorable[108].

B/ Le délai de saisine du Tribunal administratif

523. Au regard de l'article L126 du LPF, les décisions rendues par le ministre des Finances sur les réclamations contentieuses et qui ne donnent pas entièrement satisfaction aux intéressés peuvent être attaquées devant le Tribunal administratif dans le délai de 60 jours, à partir du jour de réception de l'avis portant notification de la décision. Nous examinerons successivement l'application du délai en cas de décision expresse de rejet de la réclamation (1), l'application du délai en cas de silence ou de réponse tardive du ministre sur la réclamation (2) et les incidents du non-respect du délai par le requérant (3).

1/ L'application du délai en cas de rejet formel de la réclamation

524. À la lecture de l'article L126 du LPF, il ressort clairement que le délai de soixante (60) jours dont dispose le contribuable pour porter sa requête devant le Tribunal administratif court à compter du jour où l'intéressé reçoit l'avis portant notification de la décision sur sa réclamation. Il convient de rappeler que conformément à l'article L119 du LPF, seule la réclamation présentée au ministre tient lieu de recours gracieux préalable. La décision expresse et motivée de rejet de la réclamation par le ministre doit intervenir dans le délai de deux (2) mois après sa saisine, conformément à l'article L123 du LPF. C'est seulement

[108] Selon l'article R*199-1 alinéa 3 du LPF français, « L'administration peut soumettre d'office au tribunal la réclamation présentée par un contribuable. Elle doit en informer ce dernier ». Cette procédure qui a pour but d'accélérer la solution du litige, est utilisée parfois lorsque la réclamation porte sur une contestation similaire relative à une autre année déjà pendante devant le Tribunal administratif.

après cette décision que le contribuable est fondé à saisir le juge de l'impôt. Pour la jurisprudence française, « *la notification de la décision de l'administration ne peut faire courir le délai de recours contentieux que si elle est régulièrement effectuée et si la décision notifiée est suffisamment motivée* »[109]. En clair, une notification irrégulière ne fait pas courir le délai de recours contentieux, dans la mesure où elle est considérée comme une absence de réponse.

525. En transposant cette solution française au Cameroun, lorsque la décision du ministre n'est pas régulière, c'est-à-dire qu'elle n'est pas motivée, le délai de saisine du Tribunal administratif ne court qu'après l'expiration du délai de deux mois à compter de la date de saisine du ministre. On peut observer ici une réduction de ce délai qui est passé de trois à deux mois. Ce qui n'est pas forcément une bonne avancée, dans la mesure où l'administration risque de ne pas disposer suffisamment de temps pour instruire sereinement la réclamation et apporter une solution appropriée au litige. Le but du recours administratif préalable obligatoire étant de réduire le volume et de filtrer les réclamations portées devant le juge, la réforme de la phase administrative du contentieux fiscal, est à cet égard, un véritable recul. À titre de comparaison, l'administration dispose d'un délai de quatre (4) mois[110] au Gabon et au Tchad [111] ; il est de six (6) mois au Congo[112].

526. Pour la jurisprudence du Conseil d'État français[113], lorsque le contribuable a présenté successivement deux ou plusieurs réclamations dans le délai ouvert pour la saisine de l'administration, le délai de deux mois prévu pour saisir le Tribunal administratif court à compter de la notification de la dernière décision de l'administration. En d'autres termes, une nouvelle réclamation présentée dans le délai de réclamation rouvre le délai de réclamation, même après l'expiration du délai pour contester le rejet d'une première réclamation. Toutefois, cette possibilité de plusieurs réclamations successives auprès du ministre des Finances n'est pas facilement réalisable au Cameroun à cause du délai très court dont dispose le contribuable en cas de rejet explicite ou implicite de sa réclamation par les autorités statuant au premier niveau. Ce délai, à titre de rappel est de trente (30) jours conformément à l'article L119 du LPF, alors que le contribuable français dispose d'un délai de six (6) mois pour présenter sa réclamation préalable.

---

[109] Georges LATIL, *Contentieux fiscal*, Éditions Francis Lefebvre, 2002, p. 293.
[110] Article P 1051 du Livre des Procédures fiscales gabonais.
[111] Article R 121 du LPF tchadien.
[112] Article 432 du CGI congolais.
[113] Georges LATIL, *Contentieux fiscal*, Éditions Francis Lefebvre, 2002, p. 293.

2/ L'application du délai en cas de silence ou de réponse tardive du ministre sur la réclamation

Lorsque, régulièrement saisi, le ministre des Finances ne s'est pas prononcé sur la réclamation dans le délai de deux mois qui lui est imparti, deux cas de figure sont envisageables selon qu'il est resté totalement silencieux ou qu'il a répondu tardivement.

527. **Lorsque le ministre est resté totalement silencieux**, le contribuable est fondé à saisir d'office le Tribunal administratif compétent, dans le délai de 60 jours, conformément à l'article L124 du LPF qui dispose qu'« *en cas de silence du ministre chargé des Finances au terme du délai de deux (2) mois, le contribuable peut saisir le Tribunal administratif du centre des impôts de rattachement* ». Le silence de l'administration est ici interprété comme une décision implicite de rejet de sa réclamation. Ce qui semble ne pas être l'avis du Tribunal administratif de Yaoundé comme l'illustre l'ordonnance n° 132/OSE/CAB/PTA/YDE/2016 du 11 juillet 2016 rejetant une demande de sursis à exécution, dans l'affaire Société TOBOH et Bâtiments et Services Sarl C/ État du Cameroun (MINFI). Le juge considère que « *l'irrecevabilité invoquée par le Procureur général ne saurait prospérer en l'espèce ; que l'article L124 du Livre des procédures fiscales dispose : "qu'en cas de silence du ministre chargé des Finances au terme du délai de deux (2) mois, le contribuable peut saisir d'office le Tribunal administratif du Centre des impôts de rattachement", laisse la faculté au contribuable d'attendre ou non la réponse du ministre des Finances, l'obligation étant faite à ce dernier de répondre à la réclamation qui lui est présentée aux termes de l'article L123 du LPF ; qu'il infère que l'hypothèse du silence normateur de sens négatif, reconnu en droit administratif général processuel par la loi n° 2006/022 du 29 décembre 2006 fixant l'organisation et le fonctionnement des tribunaux administratifs, doit être écartée en l'espèce, le contentieux fiscal étant soumis à une loi spéciale découlant du Livre des procédures fiscales ; qu'ainsi c'est de bon droit que la requérante a saisi la juridiction de céans le 21 avril 2015 ; que sa requête est dès lors recevable* ». Dans cette affaire, le requérant a fait l'objet d'un contrôle fiscal à l'issue duquel les redressements globaux d'un montant de 12 890 697 FCFA lui ont été notifiés par AMR du 5 avril 2012 du CIME de Yaoundé. En contestation de cet AMR, il a saisi le ministre des Finances le 20 octobre 2014 dans le cadre du recours gracieux préalable. Cette autorité n'ayant pas répondu à sa réclamation dans le délai de deux (2) mois qui lui était imparti, le contribuable a saisi le Tribunal administratif de Yaoundé le 21 avril 2015. Dans ses

réquisitions, le Procureur général a conclu à l'irrecevabilité de la requête pour forclusion. En effet, pour le parquet, « *la requérante en saisissant le ministre des Finances le 20 octobre 2014, avait au regard du silence gardé par ladite autorité administrative, jusqu'au 21 mars 2015 pour saisir le juge d'un recours en annulation de l'acte contesté ; en saisissant le président du Tribunal administratif d'une requête aux fins de sursis à exécution le 21 avril 2015, soit un mois après le délai de recours contentieux, son recours est irrecevable* ». Par une interprétation très contestable des articles L123 et L124 du LPF, le juge de l'urgence estime que le silence du ministre des Finances sur la réclamation au terme du délai de deux (2) mois ne doit pas être regardé comme une décision implicite de rejet, telle qu'on aurait pu l'interpréter dans le contentieux administratif de droit commun. Le président du Tribunal administratif justifie cette position par la spécificité du contentieux fiscal qui est régi par une loi spéciale découlant du Livre des procédures fiscales.

528. Cette interprétation va à l'encontre de l'esprit de l'article L124 du LPF qui donne la faculté au contribuable de saisir d'office le juge en cas de silence du ministre au terme du délai légal. Avant la clarification apportée par l'article L124, certains contribuables attendaient la décision expresse du ministre sur leur recours gracieux préalable avant de saisir le juge ; cette décision intervenant généralement après l'expiration des délais de recours juridictionnels, les recours formés par ces contribuables étaient rejetés par le juge pour forclusion. C'est pour cette raison que le législateur leur a rappelé que sans attendre une décision tardive de l'administration qui exposait leur recours à l'irrecevabilité pour forclusion, ils pouvaient d'office saisir le juge, mais dans le délai de soixante (60) jours suivant le silence du ministre deux (2) mois après sa saisine. Dans l'esprit le législateur considère donc qu'à l'expiration du délai de deux (2) mois, le contribuable doit regarder que sa réclamation a fait l'objet d'un rejet implicite. C'est donc tout le contraire de l'interprétation faite par le président du Tribunal administratif de Yaoundé.

529. **Lorsque le ministre a répondu après l'expiration du délai de deux (2) mois** le recourant dispose-t-il d'un nouveau délai de soixante (60) jours à compter de la date de notification de la décision expresse tardive de rejet de sa réclamation ? Ou bien le délai de soixante (60) jours court depuis l'expiration du délai imparti au ministre pour se prononcer sur sa réclamation ? La jurisprudence camerounaise a tranché pour la deuxième option. C'est le cas illustré par le jugement n° 30/CS-CA/77-78 du 13 juillet 1978, Aka'a Jules C/ État du Cameroun. Dans cette affaire, le juge a sévèrement jugé la réclamation irrecevable.

Les faits de l'espèce sont les suivants : à la suite d'une imposition qu'il estime surélevée par rapport à son plafond de revenu, le sieur Aka'a a saisi le ministre des Finances d'un recours gracieux tendant au réexamen du montant de ses impôts le 1er mars 1976. Trois mois plus tard c'est-à-dire le 1er juin 1976, le ministre n'avait toujours pas répondu à sa réclamation. Rejetant ainsi implicitement le recours gracieux. Toutefois, le ministre répondit explicitement le 2 octobre 1976, c'est-à-dire quatre (4) mois après le délai légal qui lui était imparti. Le sieur Aka'a a saisi le juge avec cette décision explicite tardive de rejet de sa réclamation et ce dernier lui a signifié qu'il était forclos. Pour le juge, le contribuable avait jusqu'au 2 août pour le saisir valablement. Cette position du juge est très sévère, même si l'article L123 du LPF dispose qu'elle « doit » être rendue dans le délai de deux (2) mois. Le juge aurait pu reconsidérer le délai du recours contentieux au regard de la décision formelle de l'administration, malgré sa tardiveté.

530. Dans le système français, à titre de comparaison, si après l'expiration du délai de six (6) mois, l'administration statue sur la réclamation du contribuable et lui notifie une décision expresse de rejet, alors que l'intéressé n'a pas encore saisi le tribunal, celui-ci se trouve placé dans la même situation que si l'administration avait statué dans le délai de six mois : il dispose du délai légal de saisine du juge qui est de deux mois à compter de la date de notification de la décision expresse tardive de l'administration. Il est vrai que contrairement à la rédaction de l'article L126 du LPF camerounais qui dispose que « *les décisions rendues par le ministre des Finances sur les réclamations contentieuses... peuvent être attaquées devant les tribunaux administratifs dans un délai de soixante (60) jours à partir du jour de réception de l'avis portant notification de la décision* », l'article R 199-1 alinéa 1er du LPF français dispose que « *l'action doit être introduite devant le tribunal compétent dans le délai de deux mois à partir du jour de la réception de l'avis par lequel l'administration notifie au contribuable la décision prise sur sa réclamation, que cette décision soit faite avant ou après l'expiration du délai de six mois prévu à l'article R 198-10* ». La législation française prévoit donc expressément la possibilité pour le contribuable de saisir le juge compétent après la réponse tardive de l'administration. Et le délai dans cette hypothèse court à compter de la date de réception de la notification de la décision tardive.

531. La législation camerounaise ne prévoit pas cette hypothèse, mais le juge peut assouplir sa position en reconnaissant au contribuable un nouveau délai de recours de soixante (60) jours à compter de la date de réception de la décision tardive du ministre des Finances. Ce serait une

bonne solution pour la bonne administration de la justice dans l'intérêt des justiciables.

D'une manière générale, les contribuables doivent respecter les délais de recours pour éviter de subir les conséquences liées au non-respect de ces délais.

3/ Les conséquences du non-respect du délai de recours

Le non-respect du délai du recours peut entraîner pour le contribuable des conséquences fâcheuses. Dans tous les cas et pour plus de précaution, il doit éviter de saisir précocement ou tardivement le juge. Dans le premier cas, sa demande sera prématurée et dans le second cas elle sera tardive.

3.1 Le recours prématuré

532. Le recours prématuré est celui qui est adressé au juge avant la saisine de l'administration ou avant l'expiration du délai de deux mois qui est accordé au ministre pour se prononcer sur la réclamation. Le contribuable qui saisit le juge avant la réponse du ministre ou l'absence de réponse du ministre dans les deux (2) mois visés par la loi, expose logiquement son recours à un rejet. Les recours prématurés sont en effet irrecevables. Cette irrecevabilité est d'ordre public et le juge doit normalement la soulever, même si les parties ne l'ont pas fait.

C'est d'ailleurs ce que le juge a rappelé avec force dans l'affaire opposant la société SOCABOIS à l'État du Cameroun : CS/CA, jugement n° 27/89-90 du 3 mai 1990 « *attendu que la règle du recours gracieux préalable a une portée générale et d'ordre public ; que les délais prévus à cet effet sont, dans tous les cas, impératifs ; attendu que des règles ci-dessus rappelées, la jurisprudence a déduit et réaffirmé à travers maintes décisions que tout recours contentieux introduit avant l'épuisement de la procédure administrative d'examen préalable du recours gracieux est prématuré et partant irrecevable ; qu'en l'espèce, le recours gracieux a été exercé suivant requête du 25 août 1986 reçue le 29 septembre 1986 au ministère des Finances, que le délai réservé à l'autorité compétente pour se prononcer expirait le 30 décembre 1986, le juge administratif ne pouvait être valablement saisi qu'après cette dernière date, et ce, pendant un délai de 60 jours ; qu'il s'ensuit qu'en formant précocement son recours devant la Chambre administrative par requête y enregistrée le 30 octobre 1986, soit un mois seulement après l'introduction de son recours gracieux, la Société Camerounaise de Bois ne s'est pas conformée aux vœux de la loi. Par ces motifs la requête est irrecevable comme précoce* ».

Cette décision limpide illustre la rigueur et l'attachement que le juge accorde au respect des délais relatifs au recours gracieux préalable. Partant du fait que ce recours est d'ordre public, le juge a déduit que les délais prévus par la loi sont dans tous les cas impératifs.

533. Toutefois, à rebours de cette jurisprudence conforme à l'esprit et à la lettre de la loi sur le RGP, la Chambre administrative de la Cour suprême, dans une affaire récente, a eu une interprétation curieuse et critiquable de cette règle en matière fiscale. Cette décision contestable est contenue dans le jugement n° 123/2005-2006 du 27 septembre 2006, affaire CCC C/ État du Cameroun.

Un bref rappel des faits est utile à la compréhension de cette affaire. La société en question a été soumise à vérification de comptabilité, au terme de laquelle des redressements lui ont été notifiés, à la suite d'une procédure de redressement contradictoire, par AMR du 11 juillet 2005. Après réception de cet AMR, elle a déposé une réclamation auprès du ministre des Finances le 22 juillet 2005. Le 26 juillet, elle a saisi la Chambre administrative de la Cour suprême, pour l'annulation de l'AMR susmentionné et l'obtention du sursis de paiement.

Dans le mémoire en défense de l'administration, les représentants de l'État ont conclu à l'irrecevabilité du recours au motif que la saisine du juge était prématurée, le ministre des Finances ayant jusqu'au 23 octobre 2005 pour se prononcer. Mais la Chambre administrative n'a pas suivi cette argumentation ; et a admis la recevabilité du recours en la forme et au fond, a annulé les impositions émises.

Au regard des faits, il est clair que la décision prise a totalement méconnu la règle du recours gracieux préalable qui a un caractère d'ordre public, comme on vient de l'illustrer. Dans le cas d'espèce, le ministre des Finances saisi le 22 juillet, avait jusqu'au 23 octobre pour émettre sa décision qui peut faire l'objet du recours juridictionnel, conformément aux articles L123 et L128 du LPF. Logiquement le juge aurait dû déclarer le recours irrecevable pour défaut de RGP.

534. Ce jugement a heureusement et logiquement été infirmé par l'Assemblée plénière de la Cour suprême, après appel de l'État, par arrêt n° 16/AP du 27 mai 2010, affaire État du Cameroun (MINFI) C/ Complexe Chimique Camerounais (CCC). Pour infirmer le jugement de la Chambre administrative, la Haute juridiction a fait sienne les arguments développés par les défenseurs de l'État. Et en évoquant l'affaire, elle a déclaré le recours de la société CCC irrecevable, comme l'illustre cet extrait de l'arrêt, « *Considérant qu'il résulte de la*

combinaison des dispositions législatives sus-citées que le recours contentieux est précédé de certains préalables obligatoires comme : la saisine du responsable de la structure chargée des grandes entreprises, ensuite celle du Directeur général des impôts et enfin celle du ministre des Finances ; le paiement de la partie non contestée de l'impôt et de 10 % de celle contestée ;... Considérant qu'en se déterminant de la sorte, la décision entreprise a méconnu les dispositions légales sus-citées ; Qu'elle encourt infirmation ; Sur l'évocation ; Considérant au regard de tout ce qui précède que le recours de la société CCC doit être déclaré irrecevable ».

Les principales observations qu'on peut tirer de cet important arrêt sont au nombre de deux : la jurisprudence antérieure a été confortée et le juge a proclamé le caractère obligatoire de toutes les étapes de la réclamation devant l'administration.

535. **En premier lieu,** il a conforté la jurisprudence antérieure sur les conditions de recevabilité des recours contentieux en matière fiscale. La décision censurée de la Chambre administrative risquait de remettre en cause toute la théorie patiemment élaborée par le juge administratif sur l'interprétation de la règle du RGP, qui serait ainsi vidée de tout contenu. On serait passé ainsi d'un excès de sévérité, souvent dénoncé par la doctrine, à un excès de libéralisme. Sauf qu'ici, la lettre et l'esprit de la loi instituant le RGP étaient particulièrement malmenés. La lettre dans la mesure où la décision faisant grief n'a pas été prise. Faute de décision du ministre, pas de recours possible. L'esprit parce que la raison d'être principale du RGP est de permettre d'abord à l'administration auteur de l'acte critiqué de se prononcer sur les prétentions du recourant. C'est seulement en cas de décision non satisfaisante ou d'absence de décision dans le délai légal, qui était de trois mois et qui est aujourd'hui de deux mois, que le requérant est fondé et autorisé à soumettre ses prétentions au juge. Ceci est vrai aussi bien pour la procédure contentieuse administrative générale (avec notamment l'article 17 de la loi n° 2006/022 du 29 décembre 2006 fixant l'organisation et le fonctionnement des tribunaux administratifs), que pour la procédure contentieuse spécifique à la matière fiscale.

536. **En second lieu**, le juge de l'impôt a affirmé pour la première fois que les différentes étapes prévues par le LPF pour l'examen de la réclamation devant l'administration ne sont pas facultatives, mais obligatoires : *Considérant qu'il résulte de la combinaison des dispositions législatives sus-citées que le recours contentieux est précédé de certains préalables obligatoires comme : la saisine du responsable de*

la structure chargée des grandes entreprises, ensuite celle du Directeur général des impôts et enfin celle du ministre des Finances. Pour cette raison, il fait déjà jurisprudence.

3.2 Les recours tardifs

537. Le recours tardif est celui qui est adressé au juge après l'expiration du délai de 60 jours, à compter de la date de notification par l'administration de la décision de rejet de la réclamation préalable. Il en est de même lorsque le ministre des Finances, ne s'étant pas prononcé dans le délai de deux mois, le contribuable a saisi le juge après le délai de 60 jours qui lui est imparti.

538. Le juge administratif va plus loin, et considère que la réclamation est tardive lorsque le ministre des Finances a été saisi tardivement. C'est en ce sens que s'est prononcée la Chambre administrative de la Cour suprême par jugement n° 32/87-88 du 28 novembre 1987, affaire Kemayou Pierre C/ État du Cameroun : « *Attendu qu'en l'espèce outre que la réclamation adressée le 22 décembre 1982 au ministre des Finances, en réaction au commandement du 15 novembre 1982, l'a été tardivement puisque les impositions contestées ont été émises en avril 1976 ou antérieurement, le requérant qui conteste la totalité desdites impositions, n'est pas en mesure de justifier le paiement de 20 % d'assiettes alors que cette formalité est prescrite à peine d'irrecevabilité ; qu'il s'ensuit que son recours est doublement irrecevable* ». Cette position du juge est logique dans la mesure où une imposition qui n'a pas été contestée dans les délais de recours fixés par la loi, devient une imposition définitive, c'est-à-dire insusceptible de tout recours.

Dans le cas d'espèce les impositions ayant été émises en avril 1976, c'est en juillet de la même année, ou à tout le moins, dans les trois mois suivant la notification desdites impositions, que le contribuable était en droit de les contester. Or, il a introduit sa réclamation contentieuse plusieurs années après, au moment où l'administration voulait effectuer le recouvrement forcé de sa créance fiscale.

539. Le recours est également tardif lorsque saisi normalement dans les délais, le ministre a répondu tardivement, c'est-à-dire après expiration du délai qui lui était imparti et le contribuable a saisi tardivement le juge sur la base de la réponse explicite tardive du ministre, comme l'illustre le jugement n° 30/CS-CA/77-78 du 13 juillet 1978, Aka'a Jules C/ État du Cameroun, sus-examiné.

C/ Le contenu de la requête introductive d'instance

540. Au regard de l'article L128 du LPF, la requête du contribuable, pour être recevable, doit être présentée par écrit, signée par le requérant ou son représentant dûment habilité ; elle doit également contenir l'exposé sommaire des faits, moyens et conclusions de la partie. Cette requête doit en plus préciser le montant des dégrèvements en droits et en pénalités sollicités et être accompagnée d'une copie de la décision contestée. Le réclamant doit également joindre à sa requête, toutes les pièces déjà mentionnées pour la réclamation préalable au chapitre précédent. D'ailleurs, à ce propos, l'article 35 de la loi du 29 décembre 2006 fixant l'organisation et le fonctionnement des tribunaux administratifs, évoque clairement l'énumération des pièces produites à l'appui de la demande. Le réclamant doit enfin consigner une provision de 20 000 FCFA. Cette dernière condition figure dans l'article 34 de la loi sus-citée. En rappel, il convient de souligner que la législation relative aux conditions de recevabilité de la requête devant le juge a été notablement assouplie[114]. Les développements porteront sur les conclusions (1) et sur les moyens des parties (2).

1/ Les conclusions

541. Le président Raymond Odent considère que « *les conclusions énoncent les prétentions que tout requérant soumet au juge qu'il saisit* »[115]. Elles sont pour le professeur Chapus « *l'expression des prétentions soumises au juge* »[116]. D'une manière générale, les conclusions définissent l'objet de la demande. Elles expriment la chose demandée par le requérant. C'est pourquoi elles doivent être formulées de manière très claire et très précise. Dans le contentieux de l'établissement des impositions, l'exigence de la formulation des conclusions implique que la requête vise clairement les impositions émises dans l'AMR, objet de la contestation. Aussi, les conclusions tendront-elles : soit à la décharge, c'est-à-dire au dégrèvement de la totalité des impositions émises ; soit à la réduction, c'est-à-dire au dégrèvement partiel des

---

[114] La recevabilité de la réclamation portée devant le juge était subordonnée au paiement préalable de 30 % supplémentaire des impôts contestés, en vertu d'une modification apportée à l'article 328 du CGI par la loi de finances de l'exercice 1988-1989. Cette somme a été ramenée à 20 % dans la loi de finances de l'exercice 1995-1996. C'est avec la loi n° 2002/003 du 19 avril 2002 portant Code général des impôts, précitée que cette exigence a été supprimée, afin de faciliter la saisine du juge de l'impôt par le contribuable.

[115] ODENT (R), *Contentieux administratif*, Tome 1, Dalloz 2007, p. 870.

[116] CHAPUS (R), *Droit du contentieux administratif*, 5e édition, Montchrestien, 1995, p. 600.

impositions ; soit enfin à la restitution des impôts payés spontanément sans AMR en support.

542. Lorsque la demande tend à la décharge, à la réduction ou à la restitution de plusieurs impositions distinctes, il est nécessaire de présenter des conclusions pour chacune des impositions. Cette exigence ne vaut pas pour les pénalités dont le sort suit automatiquement celui des impôts en principal.

De ce qui précède, on peut déduire que la demande en justice est sans objet et les conclusions énoncées irrecevables, lorsqu'elles sont dirigées contre des impositions non établies. Sur un autre plan, le demandeur n'a pas une liberté absolue dans la formulation de ses conclusions devant le juge.

En effet, aux termes de l'article L130 du LPF, « *le réclamant ne peut contester devant le Tribunal administratif des impositions différentes de celles qu'il a visées dans sa réclamation à l'administration* ». Cette interdiction de modifier l'objet de la demande devant le juge, résulte de l'application du caractère obligatoire et stricte de la règle de la réclamation préalable devant l'administration. Il s'ensuit logiquement, comme nous l'avons souligné, que ces règles qui ont un caractère d'ordre public, peuvent être invoquées à tout moment de la procédure. La limitation prévue à l'article L130 du LPF concerne aussi bien les impositions contestées dans la réclamation que le montant des dégrèvements primitivement sollicités. La jurisprudence du Conseil d'État[117] français a d'ailleurs à ce sujet, estimé que l'obligation de saisine préalable de l'administration, impliquait que le contribuable ne pouvait prétendre à un dégrèvement supérieur au montant du dégrèvement sollicité dans sa réclamation.

543. Toutefois, et dans la limite du dégrèvement sollicité, le contribuable peut, conformément à l'article L130 sus-cité, « *faire valoir toute conclusion nouvelle à condition de les formuler explicitement dans sa demande introductive d'instance* ». On peut légitimement s'interroger sur la nature de ces conclusions nouvelles. En effet, du moment où la demande ne peut tendre qu'à une décharge ou à une réduction des impôts, en quoi peuvent consister les conclusions nouvelles ?

On peut estimer que si le réclamant a demandé le dégrèvement de la totalité des impositions, il lui est permis, dans sa requête au juge de

---

[117] CE, 24 mai 1978 n° 1864, cité G. LATIL, *Contentieux fiscal*, Éditions Francis Lefebvre, 2002, p. 309.

demander un dégrèvement partiel des impositions primitivement contestées devant l'administration.

En revanche, le contribuable ne peut pas demander au niveau du juge une réduction des impositions différentes de celles qu'il a soumises devant l'administration dans le cadre de sa réclamation préalable. À titre d'exemple, le contribuable qui a contesté l'impôt sur les sociétés devant l'administration est mal fondé à contester la TVA devant le juge, même s'il est maintenu dans la limite du dégrèvement sollicité.

2/ Les moyens

544. Les moyens sont définis par le président Odent comme « *les raisons de droit et de fait invoqués devant un tribunal à l'appui d'une prétention* »[118]. Pour Georges Latil, « *les moyens sont les éléments de droit ou de fait qu'invoquent les parties pour s'efforcer de convaincre le juge du bien-fondé de leurs conclusions* ». Ces deux auteurs considèrent donc que les moyens peuvent être de droit ou de fait.

Le président Odent estime d'ailleurs à ce sujet que l'expression « moyens de légalité » est de moins en moins synonyme de celle de « moyens de droit ». Car des moyens de fait constituent des moyens de légalité chaque fois que certaines circonstances de fait sont une condition légale de l'exercice des pouvoirs de l'administration[119].

C'est pour cette raison que l'article L128 du LPF met un accent particulier sur le fait que la requête doit contenir « l'exposé sommaire des faits et moyens ». Les « faits » sont en effet indispensables à l'appréciation des moyens. Étant donné que les moyens sont nécessaires pour la recevabilité de la requête, il s'ensuit qu'une requête dépourvue de moyens est frappée d'une irrecevabilité d'ordre public.

545. Quels sont les moyens invocables devant le juge ? Le requérant peut-il invoquer des moyens nouveaux devant le juge à l'appui de sa requête ? La réponse à cette interrogation est positive. Toutefois, les moyens nouveaux ne sont recevables que lorsqu'ils sont formulés dans les délais de recours. De plus, ils ne peuvent être invoqués que dans la limite du dégrèvement primitivement sollicité. À titre d'exemple, le contribuable qui a initialement contesté le bien-fondé des impositions dans sa requête, peut, en cours d'instruction, invoquer l'irrégularité de la procédure d'imposition suivie par l'administration ; ce moyen nouveau n'est recevable que dans la limite des dégrèvements sollicités.

---

[118] R. ODENT, *op. cit.*, p. 870.

[119] R. ODENT, *Contentieux administratif*, Tome 2, Dalloz 2007, p. 6.

D/ L'instruction de la requête

546. Dès réception de la requête introductive d'instance au greffe, le président du Tribunal administratif désigne un rapporteur, qui, sous son autorité, dirige l'instruction. Ce dernier va notamment ordonner la communication d'une copie de la requête à l'administration pour la production de son mémoire en défense (1). Ce mémoire, à son tour, sera communiqué au demandeur pour la production de ses observations dans un mémoire en réplique ; celles-ci peuvent éventuellement entraîner une réponse de l'administration (2). Le juge peut également ordonner des mesures d'instruction à la suite de ces échanges (3).

1/ La production du mémoire en défense

547. Avant l'examen de la requête, il est important d'analyser le délai accordé à l'administration pour produire son mémoire et les conséquences attachées au non-respect de ce délai.

1.1 Le délai de production du mémoire en défense

En application des dispositions de l'article L133 du LPF, le ministre chargé des Finances dispose d'un délai de trois mois dès la réception de la copie de la requête du réclamant pour produire le mémoire en défense de l'administration (rapport). De ces trois mois, la loi précise que deux sont accordés au directeur général des impôts pour procéder à l'instruction. Le délai de trois (3) mois peut être prolongé de deux mois en raison des circonstances exceptionnelles sur demande motivée et être ainsi porté à cinq (5) mois.

1.2 Les conséquences de l'inobservation des délais

548. La non-production du mémoire dans le délai imparti, est considérée comme un acquiescement aux faits exposés de la part de l'administration en vertu des dispositions de l'article L133 du LPF. Il en est de même lorsque le mémoire est produit tardivement. Le juge administratif s'est d'ailleurs prononcé en ce sens dans son jugement n° 10/CS/CA/82-83 du 13 janvier 1983, affaire CAMMAG C/ État du Cameroun. L'administration a produit son mémoire dans un délai de 8 mois alors que pour le juge, le délai de 5 mois prévu par le CGI est impératif. « *Attendu qu'il y a lieu de rappeler qu'au terme de l'article 334 du CGI, le ministre des Finances dispose, pour produire son rapport (entendre mémoire en défense) d'un délai de trois mois... ce délai peut être prorogé de deux mois en raison des circonstances exceptionnelles, sur demande motivée... Si ce délai n'est pas observé par la défenderesse (administration) elle sera réputée avoir acquiescé aux faits exposés dans le recours... Attendu que la circonstance que le mémoire a été déposé*

avant le prononcé du jugement ne peut nullement relever le ministère des Finances de la déchéance qu'il avait déjà encourue... Attendu par conséquent qu'il y a lieu de dire et juger que le ministre des Finances a acquiescé aux faits exposés dans le recours ».

549. Cependant, l'acquiescement aux faits ne pouvant être assimilé à l'acquiescement au droit, la juridiction saisie n'est nullement dispensée d'examiner le dossier dont le contenu peut démentir les faits auxquels il est ainsi acquiescé. Le juge ne doit par conséquent pas s'appuyer sur le motif de dépôt tardif du mémoire de l'administration, pour l'écarter du dossier d'instruction. Les arguments de droit soutenus par l'administration doivent être pris en compte. Le seul effet que le droit reconnaît à l'acquiescement est de priver le défendeur retardataire de la possibilité de contester les arguments de fait soutenus par le requérant.

550. C'est d'ailleurs dans ce sens que le Conseil d'État français s'est prononcé. Cette haute juridiction estime que si l'expiration du délai imparti à l'administration autorise le tribunal à statuer sur la demande dont il est saisi et à tenir pour acquis les faits énoncés dans la requête, elle n'a pas par elle-même pour effet de clore l'instruction de sorte qu'un mémoire de l'administration, déposé après l'expiration du délai, peut être pris en compte par le juge[120].

Mais, dans une affaire récente, le juge camerounais a fait une confusion regrettable et lourde de conséquences, si ce jugement qui demeure pour l'instant isolé est confirmé par l'Assemblée plénière de la Cour suprême[121].

1.3 L'examen de la requête par l'administration

Cet examen concernera successivement la forme, le fond et des indications sur la rédaction du mémoire.

551. **S'agissant de l'examen en la forme,** le rédacteur du mémoire en défense doit s'assurer que la requête remplit les conditions de forme. À ce propos, il doit notamment vérifier que : le réclamant a saisi le juge

---

[120] CE, 10 décembre 1984 n° 45652, cité par Georges Latil, dans *Contentieux fiscal*, Francis Lefebvre, 2002, p. 330.

[121] Dans son jugement n° 59/05-06 du 5 avril 2006, relatif à l'affaire SODEXHO C/ État du Cameroun, le juge a constaté le dépôt tardif du mémoire en défense de l'État du Cameroun et a conclu logiquement à l'acquiescement aux faits exposés dans le recours. Mais, l'erreur grave d'interprétation de la loi vient de ce qu'il en a déduit un acquiescement au droit et donné gain de cause au requérant. Cette interprétation est très critiquable dans la mesure où l'article L133 évoque explicitement l'acquiescement aux faits et non au droit. Pour une question concernant les impôts qui sont la principale ressource de fonctionnement de l'État, une telle approche pourrait être dangereuse.

dans le délai légal, c'est-à-dire, dans les deux mois qui suivent la décision de l'administration sur la réclamation préalable. À ce sujet, il faut rappeler que les demandes prématurées et tardives sont irrecevables. Il doit aussi s'assurer que la demande est signée du réclamant ou de son mandataire. Il doit enfin vérifier que la demande comporte l'exposé des faits. En effet, la demande est irrecevable d'ordre public si elle n'expose pas les conclusions qui définissent son objet et sa portée concernant les impositions contestées d'une part, et d'autre part, les faits et moyens qui motivent les conclusions.

552. **Pour ce qui est de l'examen au fond**, le rédacteur du mémoire doit s'assurer que : l'évolution de la jurisprudence et de la doctrine administrative ne rend pas délicate la défense du dossier en droit ; l'évolution des textes ne la rend pas inopportune ; les éléments de preuve pour maintenir les redressements sont suffisants ; les arguments nouveaux et justificatifs produits par le requérant ne remettent pas en cause le bien-fondé de l'imposition ; aucun vice de forme, même non soulevé, n'existe.

Ainsi, le réexamen d'une affaire peut conduire parfois à soumettre à l'appréciation de l'autorité administrative compétente, l'abandon des impositions et des pénalités contestées, dès lors que la défense du dossier se trouve fragilisée.

553. **En ce qui concerne la rédaction du mémoire,** trois possibilités s'offrent au rédacteur du mémoire quant au sort à réserver à la demande : le rejet de la requête ; l'admission partielle et l'admission totale. En cas de rejet ou d'admission partielle, l'administration doit motiver sa position.

Le mémoire en défense qui est destiné au juge et au contribuable doit être conçu comme une démonstration. Il faut convaincre le juge du bien-fondé de l'imposition contestée en lui fournissant clairement les données factuelles et juridiques de nature à lui permettre de statuer en toute connaissance de cause.

C'est pourquoi l'exposé de l'affaire doit être complet et précis. Les arguments développés par le contribuable doivent faire l'objet d'une discussion rigoureuse et les conclusions doivent être nettes. Le mémoire en défense comprend trois parties : une première partie exposant l'affaire dans laquelle est présenté l'ensemble des faits utiles à sa compréhension ; une deuxième partie, le cas échéant, sur la recevabilité en la forme de la demande du contribuable ; une troisième partie destinée à démontrer le bien-fondé de l'imposition contestée, d'une part, en démontrant que l'imposition est bien conforme au droit, et d'autre part, en réfutant l'argumentation de la partie adverse.

2/ Les mémoires en réplique et en réponse

554. Après la production par l'administration de son mémoire en défense, l'article L133 du LPF prescrit au contribuable un délai d'un mois pour présenter ses observations. Mais généralement, le juge accorde souvent un délai supplémentaire. Si au terme de ce délai le requérant ne les produit pas, il est réputé s'être désisté de son action.

Dans son mémoire en réplique, le contribuable ou son défenseur s'attachera à réfuter tous les arguments développés par l'administration pour justifier le maintien des impositions contestées. Ce mémoire est communiqué à l'administration pour ses observations.

L'examen du mémoire du contribuable peut offrir deux cas de figure à l'agent instructeur : le contribuable a soulevé un moyen nouveau de fait ou de droit, ou aucun moyen nouveau de fait ou de droit n'a été soulevé.

Dans l'hypothèse où aucun moyen nouveau de fait ou de droit n'a été soulevé, l'administration doit adresser au juge une lettre dans laquelle elle l'informe que le mémoire en réplique n'appelle de sa part aucune observation particulière et que, par conséquent, elle maintient ses précédentes conclusions tendant au rejet de la requête. Elle peut aussi ajouter qu'elle estime que l'affaire est en l'état d'être jugée.

555. Dans l'hypothèse où les moyens nouveaux sont soulevés, le mémoire en duplique de l'administration doit seulement aborder les points nouvellement invoqués en actualisant, le cas échéant, la défense de l'administration, en tenant compte du dernier état de la jurisprudence. Il convient aussi à ce stade de veiller à ne pas soutenir d'arguments qui divergent des développements antérieurs ou qui les contredisent. Il convient enfin de s'assurer que les arguments développés par le contribuable ne sont pas de nature à entraîner une modification de la position de l'administration justifiant un dégrèvement total ou partiel des impositions litigieuses.

3/ Les mesures d'instruction

556. Dans le cadre de l'administration de la preuve, le juge peut ordonner certaines mesures d'instruction dont la plus importante en matière fiscale est l'expertise. À côté de celle-ci, existent d'autres mesures.

3.1 L'expertise

L'expertise consiste à confier à un tiers qualifié, « l'expert », la mission de recueillir, de préciser, de vérifier ou d'apprécier en toute indépendance, des faits douteux ou litigieux, susceptibles d'avoir une incidence sur la solution de l'affaire soumise au juge de l'impôt. Il s'agit d'un moyen d'investigation régi par les articles 84 à 93 de la loi n° 2006/022 du 29 décembre 2006 fixant l'organisation et le fonctionnement des tribunaux administratifs, auquel le juge administratif peut décider de recourir en toutes matières. Mais en matière spécifiquement fiscale, les conditions du recours à l'expertise, le déroulement des opérations y afférentes et les rapports de fin de mission, sont régis par les articles L134 à L139 du LPF.

557. **S'agissant des conditions du recours à l'expertise**, elle est, en vertu de l'article L134 du LPF, demandée par un contribuable ou ordonnée par le Tribunal administratif. Elle est faite par trois experts, à moins que les parties ne consentent qu'il y soit procédé par un seul. Le même article précise que lorsque l'expertise est confiée à trois experts, l'un d'eux est nommé par le tribunal et chacune des parties désigne le sien.

Qu'elle soit prescrite d'office ou qu'elle ait lieu à la demande de l'une des parties, l'expertise est ordonnée par un jugement du Tribunal administratif par lequel il est décidé de surseoir à statuer sur le bien-fondé de l'imposition et de nommer les experts. Cette décision qui a le caractère d'un jugement d'avant dire droit, peut être frappée d'appel. En ordonnant l'expertise, le tribunal fixe l'objet de celle-ci ainsi que la mission des experts et en détermine l'étendue.

558. **Pour ce qui est du déroulement des opérations,** le jugement susmentionné fixe le jour et l'heure du début des opérations d'expertise. Les experts ainsi que le requérant et le Directeur général des impôts sont prévenus au moins dix (10) jours francs avant le début de ces opérations. Dans le cadre de leur mission, les experts doivent s'attacher essentiellement à la vérification des faits tout en restant dans les limites de celle-ci. Lorsqu'il est nécessaire de se rendre sur les lieux au cours de l'expertise, le ou les experts effectuent cette descente en présence d'un agent de l'administration fiscale et du requérant ou de son représentant.

559. **Au terme de leur mission**, l'expert ou les experts rédigent un procès-verbal d'expertise signé des parties. Ils rédigent également soit un rapport commun, soit des rapports séparés. Le procès-verbal et les rapports sont déposés au greffe qui les notifie aux parties intéressées. Ces

dernières sont invitées à fournir leurs observations dans un délai de trente (30) jours.

Il faut noter que l'avis des experts ne lie pas le juge, comme le dispose sans ambiguïté, l'article 93 de la loi sus-citée. Enfin, les frais d'expertise sont supportés par la partie qui succombe.

3.2 Les autres mesures d'instruction

560. Les autres mesures d'instruction qui ne sont pas spécifiquement visées dans le LPF, sont prévues dans les articles 65 à 83 de la loi du 29 décembre 2006 fixant l'organisation et le fonctionnement des tribunaux administratifs. Elles sont constituées par les descentes sur les lieux, l'audition des parties, la vérification des écritures et l'enquête.

Les descentes sur les lieux, conformément aux dispositions des articles 72 à 76 de la loi susvisée, constituent une mesure d'instruction au travers de laquelle, le Tribunal peut soit se transporter sur les lieux, soit charger un juge de son choix pour procéder à toutes constatations et vérifications utiles. La décision ordonnant le déplacement du Tribunal précise les points à constater ou à vérifier et fixe le jour et l'heure du transport. Au cours de la visite, il peut être procédé à l'audition de toute personne utile. Au terme de la descente sur les lieux, un procès-verbal tant des opérations que des dires et observations des parties et des dépositions des témoins est dressé. Ce procès-verbal est signé par le président, le juge commis, le greffier et éventuellement, les témoins et les parties.

La vérification des écritures, qui est prévue par l'article 83 du même texte intervient dans le cas où une des parties met en doute la véracité d'un acte sous seing privé, public ou authentique. La même partie doit en rapporter la preuve conformément au droit commun.

L'enquête, qui est régie par les articles 65 à 71 de la même loi, a pour but de recueillir les témoignages des tiers pour éclairer des faits dont la constatation peut paraître utile au tribunal pour l'instruction de l'affaire.

E/ Clôture de l'instruction et tenue de l'audience

La clôture de l'instruction (1) qui signifie que le juge dispose d'éléments suffisants pour statuer est suivie de la convocation des parties à l'audience (2) ; nous examinerons également son office (3), pour terminer sur la formation de jugement (4).

1/ La clôture de l'instruction

561. Lorsque les échanges de mémoire sont terminés ou lorsque les délais fixés pour leur dépôt sont expirés, le rapporteur procède à l'étude du dossier. L'instruction est close quand le rapporteur estime que les éléments en sa possession sont suffisants pour que l'affaire soit jugée. Et la clôture de l'instruction a pour effet de mettre fin au droit des parties de produire de nouveaux mémoires.

2/ Convocation et audition des parties

562. Le Tribunal administratif tient ses audiences à la date fixée par le ministre de la Justice sur proposition des présidents des tribunaux administratifs conformément à l'article 48 de la loi du 29 décembre 2006. Il s'agit là d'une curieuse intrusion de l'exécutif sur le fonctionnement du pouvoir judiciaire qui est censé être indépendant. À titre de comparaison, la Chambre administrative tenait ses audiences à la date fixée par son président après avis du Procureur général.

Les audiences sont publiques à moins que le tribunal n'estime cette publicité dangereuse pour l'ordre public ou les bonnes mœurs. Au cours des audiences, les parties sont tenues de s'exprimer avec modération et de garder en tout le respect de la justice.

3/ L'office du juge

563. L'office du juge définit quel est son rôle dans la direction d'un procès, quels sont ses pouvoirs et ses obligations.

3.1 Les pouvoirs du juge

Le juge fiscal, agissant dans le cadre du plein contentieux, bénéficie d'une large autonomie pour prononcer sa décision. Il ne se borne pas seulement à prononcer un dégrèvement partiel ou un dégrèvement total des impôts contestés. Il a, à la différence du juge de l'excès de pouvoir, l'obligation de se substituer à l'administration et de déterminer le montant exact des impôts dus. Il ne doit par conséquent se contenter de rejeter certaines charges servant à l'établissement de l'impôt sur les sociétés et maintenir d'autres. En d'autres termes, il ne doit pas s'arrêter sur les bases, il doit calculer exactement le reliquat d'impôt dû. C'est ce que n'a pas fait la Chambre administrative de la Cour suprême dans l'affaire I.L.S C/ État du Cameroun[122].

---

[122] CS/CA, jugement n° 006/2009/CA/CS du 14 janvier 2009, affaire I.L.S C/ État du Cameroun (MINEFI). Dans son dispositif, le juge décide qu'au fond, le recours « est partiellement justifié : par conséquent, le commandement contesté est maintenu en ce qui concerne le montant de 51 300 000 FCFA relatif à la facture de transport de pouzzolane ;

Le juge de l'impôt n'est pas également lié par l'avis des experts et reste libre de se fonder sur leurs résultats, de les retenir partiellement ou de les écarter.

Il n'est pas davantage lié par l'avis de l'administration ou les propositions qu'elle peut formuler lors de l'instruction, notamment les propositions de dégrèvements. S'il estime la requête irrecevable, il n'accordera pas au contribuable le dégrèvement proposé par l'administration[123]. Dans le même ordre d'idées, si le contribuable n'apporte pas la preuve lorsque la charge lui incombe, il rejettera sa demande malgré les conclusions en réduction de l'imposition de l'administration[124].

Toutefois, et relativement aux possibles causes de nullité des impositions suite à un vice de procédure, le juge devra sérier entre les vices qui entachent une formalité substantielle dans la garantie des droits du contribuable et les vices qui entachent une formalité non substantielle.

564. **Pour les vices entachant une formalité substantielle**, le juge pourrait prononcer la nullité de la procédure, mais sous la seule réserve que cette nullité soit prévue par les textes. On peut à ce propos constater que le LPF a prévu seulement quelques situations pour lesquelles le non-respect de la procédure peut entraîner la nullité de celle-ci et, donc des impositions subséquentes. Il s'agit d'abord de la mention dans l'avis de vérification que le contribuable a la possibilité de se faire assister par un conseil de son choix (art. L13 (1) du LPF). Il s'agit ensuite de la notification de redressement ou l'avis d'absence de redressement qui doit être adressé au contribuable dans un délai de soixante (60) jours à compter de la fin des opérations de contrôle sur place, matérialisé par un procès-verbal de fin de contrôle (art. L24 (2) du LPF). Il s'agit enfin de la réponse aux observations du contribuable, qui doit être adressée à ce dernier dans un délai de soixante (60) jours à compter de la réception des observations du contribuable.

565. **Pour ce qui est des vices entachant une formalité non substantielle**, la violation par l'administration de ce type de formalité ne saurait avoir pour conséquence la nullité de la procédure d'imposition, et partant, celle des impositions y consécutives. On peut évoquer, dans cette catégorie, la vérification effectuée irrégulièrement hors des locaux du

---

il est annulé en ce qui concerne la prise en compte en produit du montant de 2 600 000 FCFA payé à la Société ITCO ».

[123] G. LATIL, *Contentieux fiscal, réclamation sursis de paiement recours juridictionnels modèles et formulaires*, Éditions Francis Lefebvre, 2002, p. 372.

[124]G. LATIL, *op. cit.*, p. 372.

contribuable (art. 11 du LPF) ou le dépassement par l'administration du délai de trois (3) mois dans l'entreprise lors du contrôle (art. 40 du LPF). Toutefois, dans la pratique, l'administration fiscale, dans ses différentes circulaires et instructions, a ajouté plusieurs situations de vice de procédure auxquelles elle a attaché une nullité. Mais, comme nous l'avons vu en examinant la doctrine administrative, le juge de l'impôt n'est pas lié par l'interprétation de l'administration.

3.2 Les obligations du juge

566. D'une manière générale, lorsqu'il est juge de l'impôt, le juge administratif se trouve toujours saisi d'une demande de dégrèvement de la totalité des impôts émis (décharge) ou de dégrèvement d'une partie de ces impôts (réduction). S'il estime devoir y faire droit, il lui appartient alors de réformer la décision d'imposition prise par l'administration (l'avis de mise en recouvrement). En d'autres termes, le juge de l'impôt doit, lui-même, déterminer définitivement le montant de l'impôt dû par le contribuable et ne peut se borner à fixer l'assiette dudit impôt sans le liquider lui-même, que si le litige ne porte que sur la base d'imposition et non sur la détermination du taux applicable et sur le calcul des droits résultant de ce taux. « *Il s'agit donc bien de plein contentieux en ce sens que les pouvoirs du juge ne sont limités que par l'obligation de droit commun qui lui incombe d'appliquer les textes en vigueur en la matière* »[125]. Il est ainsi conduit dans son dispositif à fixer l'assiette de l'impôt ou même à en préciser le montant. C'est ce que la Chambre administrative de la Cour suprême a fait dans l'affaire I.L.S C/ État du Cameroun (MINEFI)[126]. Le juge, ayant prononcé un dégrèvement partiel des bases des impositions, n'a pas procédé au calcul des impôts restants dus. Le litige portait en effet sur les charges déductibles.

Cette mission du juge spécifique au contentieux de l'établissement de l'impôt, ne saurait faire oublier l'obligation générale et absolue qui s'impose à toute juridiction, quelle qu'elle soit – hormis le cas où l'affaire se solde par un non-lieu ou en donnant acte d'un désistement – de statuer sur toutes les prétentions expressément formulées par les parties, y compris celles qui sont irrecevables (qui doivent alors être rejetées) ou ne présentent qu'un caractère subsidiaire.

567. Le juge a l'obligation de motiver sa décision en fait et en droit. À ce sujet, l'article 7 de la loi n° 2006/015 du 29 décembre 2006 portant

---

[125] C. DAVID, O. Fouquet, B. Plagnet, P.-F. Racine, *Les grands arrêts de la jurisprudence fiscale*, Dalloz, 3e éd., 2000, p. 859.
[126] CS/CA, jugement n° 006/2009 14 janvier 2009, affaire I.L.S C/ État du Cameroun.

organisation judiciaire précise que l'inobservation de cette prescription entraîne une nullité d'ordre public de la décision du juge. De cette obligation de motivation obligatoire des jugements, il résulte que le juge doit statuer au regard des conclusions et des moyens soulevés par les parties.

Sur les conclusions des parties, le juge a l'obligation de statuer sur leur ensemble. Toutefois, au regard de la jurisprudence de la Cour suprême, l'obligation du juge porte sur les chefs de demande contenus dans le dispositif des conclusions et non ceux indiqués dans les motifs et non repris dans le dispositif[127].

568. Il doit aussi respecter *le principe du non ultra petita*. S'il est tenu de se prononcer sur toutes les conclusions, le juge ne peut pas statuer au-delà de ce qui lui est demandé. Sa décision doit être prise dans les limites du litige, telles que tracées par les conclusions des parties.

Si la juridiction de premier ressort statue au-delà des conclusions des parties, son jugement encourt réformation. Il en est ainsi lorsque le juge accorde au contribuable une décharge, c'est-à-dire un dégrèvement total, alors qu'il a demandé une réduction des impôts ; ou lorsqu'il accorde une réduction plus importante que celle sollicitée[128].

569. *Sur les moyens*, la motivation du jugement doit contenir l'examen des différents moyens. En effet « *l'obligation faite au juge du fond de motiver leurs décisions les oblige à répondre aux moyens présentés par les parties notamment dans leur requête introductive et mémoires à l'appui de leur recours, dès lors que ces moyens sont susceptibles, selon qu'ils sont fondés ou non, de réagir sur le dispositif de leurs décisions* »[129]. Cet examen doit concerner aussi bien tous les moyens soulevés par les parties que les moyens d'ordre public.

570. Les moyens d'ordre public sont ceux qui doivent être relevés d'office par le juge, même si les parties n'en discutent pas. À leur propos, le président Odent considère qu'« *un moyen d'ordre public est un moyen relatif à une question de droit d'une importance telle que le juge méconnaîtrait lui-même la règle de droit qu'il a mission de faire*

---

[127] CS, arrêt n° 68/s du 2 juin 1994, cité par Samuel Ngué dans *Code de procédure civile et commerciale*, édition Minos, p. 566.

[128] G. LATIL, *op. cit.*, p. 374.

[129] CS, arrêt n° 11 du 21 juin 1966, voir Alexis Dipanda Mouelle, *Répertoire chronologique de la jurisprudence de la Cour suprême du Cameroun*, Tome V, droit administratif, p. 73.

respecter si la décision juridictionnelle rendue n'en tenait pas compte : c'est l'importance de cette question qui légitime son examen d'office »[130].

Ces moyens peuvent se rapporter au fond du litige ou au déroulement de la procédure contentieuse ; mais pas à la procédure d'imposition. Ils se rattachent le plus souvent à la compétence juridictionnelle ou administrative, à la recevabilité de la demande, à la procédure devant les juridictions.

4/ Formation de jugement

571. Les jugements sont rendus en audience publique et sont pris après délibéré à la majorité des voix des juges ayant suivi les débats. Le jugement est contradictoire soit lorsque les parties ont comparu ou ont été représentées à l'audience soit lorsqu'elles ont produit leurs mémoires sans comparaître à l'audience, bien que régulièrement convoquées. Les jugements des tribunaux administratifs sont notifiés aux parties qui peuvent utiliser les voies de recours ouvertes par les textes.

Section 3 : les voies de recours

572. Lorsque le Tribunal administratif a rendu sa décision sur le litige, la partie non satisfaite ne peut pas interjeter appel, car cette voie de recours ordinaire contre les décisions rendues en premier ressort par les juridictions inférieures, n'a pas été prévue pour un grand pan du contentieux administratif, dont le contentieux fiscal en fait partie. En effet, contrairement à ce qui était observé dans la loi n° 75/17 du 8 décembre 1975 fixant les procédures devant la Cour suprême statuant en matière administrative, qui prévoyait un recours en appel devant l'Assemblée plénière contre les décisions de la Chambre administrative, la loi n° 2006/022 du 29 décembre 2006 fixant l'organisation et le fonctionnement des tribunaux administratifs dispose que : ces tribunaux connaissent... en dernier ressort, de l'ensemble du contentieux administratif de l'État... (art. 2(2)).

573. Par voie de conséquence, les seuls recours à la disposition des parties contre les décisions des tribunaux administratifs sont des recours extraordinaires à savoir : le pourvoi en cassation devant la Cour suprême et les autres recours extraordinaires devant les juridictions ayant rendu les décisions attaquées. Ces voies de recours extraordinaires seront brièvement évoquées (§ 1) avant l'examen de : l'introduction du pourvoi (§ 2), les effets du pourvoi (§ 3), l'instruction et le jugement de l'affaire (§ 4).

---

[130] R. ODENT, *Contentieux administratif*, Tome 1, Dalloz 2007, p. 958.

§ 1 : Les voies de recours extraordinaires

574. Les voies de recours extraordinaires ouvertes aux parties sont constituées : de l'opposition (A), de la tierce opposition ouverte aux tiers au procès (B), du recours en rectification matérielle (C) et du recours en révision (D). Ces voies de recours présentent la particularité d'être exercées devant les tribunaux administratifs ayant rendu les décisions contestées.

A/ L'opposition

575. L'opposition prévue aux articles 107 à 111 de la loi du 29 décembre 2006, fixant l'organisation et le fonctionnement des tribunaux administratifs, est la procédure ouverte contre les décisions prises par défaut. Les jugements sont rendus par défaut lorsque les parties n'ont pas déposé les mémoires dans les délais impartis (art. 109). La requête en opposition est formée dans les quinze (15) jours de la notification de la décision de défaut. La déclaration d'opposition contre tout jugement de défaut du Tribunal administratif est faite soit par le demandeur en personne ou par son avocat, soit par un mandataire muni à peine d'irrecevabilité d'un pouvoir spécial.

B/ La tierce opposition

576. La tierce opposition prévue à l'article 115 de la loi sus-citée est une voie de recours de rétractation ou de réformation ouverte aux personnes qui n'ont été ni parties ni représentées dans une instance. Elle leur permet d'attaquer une décision qui leur fait grief, et de faire déclarer qu'elle leur est inopposable. Cette voie de recours, dont la demande est soumise aux conditions de la requête introductive d'instance conformément à l'article 115 sus-cité, est soumise aux règles édictées par le droit commun, c'est-à-dire par les articles 217 à 222 du Code de procédure civile et commerciale.

C/ Le recours en rectification d'erreur matérielle

577. Le recours en rectification d'erreur matérielle, est une voie de recours prévue à l'article 117 de la loi du 29 décembre 2006, fixant l'organisation et le fonctionnement des tribunaux administratifs, qui permet aux parties de solliciter la rectification d'une décision d'un Tribunal administratif, entachée d'une erreur matérielle. Ce recours est introduit dans un délai de trente (30) jours à compter de la notification de la décision en cause, par simple requête adressée au président du tribunal ayant statué par la partie intéressée.

D/ Le recours en révision

578. Le recours en révision prévu à l'article 118 de la loi du 29 décembre 2006 sus-citée, est dirigé contre les décisions contradictoires, lorsqu'il y a eu dol personnel ; lorsqu'il a été statué sur les pièces reconnues ou déclarées fausses depuis la décision ; enfin, lorsqu'une partie a succombé, faute de présenter une pièce décisive retenue par son adversaire.

Le recours en révision doit être formé dans un délai de trente (30) jours qui court à compter du lendemain du jour de la connaissance de la cause ouvrant droit à révision. Il est instruit et jugé par le tribunal qui a rendu le jugement prétendument vicié et selon la procédure suivie devant le tribunal.

§ 2 : L'introduction du pourvoi

579. Il est utile de rappeler que le pourvoi en cassation étant une voie de recours extraordinaire, ne suspend pas l'exécution du jugement du tribunal administratif[131] dans la mesure où il ne peut être formé que pour des causes limitativement énumérées. Mais pour les parties, cela ne change rien au fond, dans la mesure où le contribuable qui a obtenu le sursis de paiement continuera à bénéficier des effets de ce sursis. L'administration, de son côté, ne pourra pas entreprendre le recouvrement forcé des impôts contestés, ceux-ci n'étant pas encore définitifs. Après ces précisions, il convient de noter que le pourvoi en cassation, à peine d'irrecevabilité doit être introduit dans le délai légal (A), la loi précise également les personnes habilitées à l'introduire (B) et trace avec netteté les contours de son objet (C) et des moyens invocables par le demandeur (D).

A/ Délai du pourvoi en cassation

580. Au regard des dispositions de l'article 89 de la loi n° 2006/016 fixant l'organisation et le fonctionnement de la Cour suprême, les parties disposent d'un délai de quinze (15) jours à compter du lendemain de la notification de la décision de la juridiction inférieure en matière de contentieux administratif, c'est-à-dire du Tribunal administratif, pour saisir la Cour suprême. À l'expiration de ce délai, elles sont forcloses et le jugement du Tribunal administratif devient définitif.

Le pourvoi est fait par déclaration au greffe du Tribunal administratif ayant rendu la décision attaquée, conformément à l'article 90 (1) de la loi

[131] CS, arrêt n° 9 du 11 décembre 1962, Bull n° 7, p. 391.

susvisée. Le greffier qui enregistre le pourvoi dresse un procès-verbal et en délivre une expédition au demandeur.

B/ Les personnes admises au pourvoi

581. Le Tribunal administratif statuant en premier et dernier ressort, toutes les personnes qui ont eu la qualité de parties à un procès ayant donné lieu au jugement contesté peuvent se pourvoir en cassation. Mais, au regard de l'article 90 (2) de la loi susmentionnée, le pourvoi est fait, soit par le demandeur en personne ou par son avocat, soit par un mandataire muni, à peine d'irrecevabilité, d'un pouvoir spécial.

Toutefois, le fait de faire partie à l'instance de dernier ressort ne suffit pas pour que le pourvoi soit recevable. En effet, comme dans toute procédure juridictionnelle, l'auteur d'un recours en cassation doit justifier d'un intérêt à agir. Il doit donc avoir intérêt à la cassation de la décision juridictionnelle attaquée. Cet intérêt s'apprécie exclusivement, au regard du dispositif du jugement déféré au juge de cassation.

En conséquence, le pourvoi (comme l'appel), dirigé contre le dispositif qui satisfait intégralement aux conclusions de première instance de l'appelant, est dépourvu d'intérêt et est irrecevable quels que soient les motifs retenus par les premiers juges pour statuer comme ils l'ont fait. Même le défendeur satisfait par le dispositif du jugement qui a rejeté le recours ne peut justifier de l'intérêt à faire appel quels que soient les motifs retenus par les premiers juges[132].

582. Hormis les parties au procès, tout acte juridictionnel des juridictions inférieures devenu définitif et entaché de violation de la loi peut être déféré à la Cour suprême par le Procureur général près ladite. Mais le pourvoi de ce haut magistrat est exercé dans le seul intérêt de la loi, et les parties, sauf ordre du ministre de la Justice dans ce sens, ne peuvent pas s'en prévaloir dans le règlement de leur litige.

C/ L'objet du pourvoi

583. Toute requête présentée devant la Chambre administrative de la Cour suprême comme en première instance, doit comporter un objet. À cet égard, puisque nous sommes dans un recours en cassation, les conclusions du recourant ne peuvent tendre qu'à l'annulation ou à la cassation du jugement attaqué. L'objet du pourvoi est donc d'obtenir l'annulation du jugement de la juridiction inférieure, c'est-à-dire du Tribunal administratif dans le cas qui nous concerne, pour un motif

---

[132] R. CHAPUS, *Droit du contentieux administratif*, 5e édition, Montchrestien, 1995, p. 877.

quelconque de non-conformité à la règle de droit. La fonction du recours en cassation est d'assurer la conformité des jugements à la règle de droit et, par là même, l'unité dans l'identification et l'interprétation des normes juridiques par les diverses juridictions. « *En bref sa mission est de juger, non les litiges, mais les jugements* »[133].

584. En clair, lorsqu'elle est saisie comme juge de cassation, la Cour suprême ne juge pas les litiges soumis au juge du fond. Elle se borne à apprécier la régularité de la décision rendue par ces juges, sans pouvoir se prononcer sur une question qui n'a pas été débattue devant eux. Il en résulte que les parties ne peuvent présenter de conclusions nouvelles. La Cour suprême a d'ailleurs eu l'occasion de se prononcer sur cette question en ces termes : « *considérant que le mémoire ampliatif demande à la Cour suprême de statuer sur des points dont la Chambre administrative n'a pas été saisie dans le cadre de la présente procédure et sur lesquels l'arrêt n'a donc pas eu à se prononcer ; que ces demandes sont en conséquence irrecevables* »[134].

D/ Les moyens du pourvoi

585. L'article 35(1) de la loi n° 2006/016 fixant l'organisation et le fonctionnement de la Cour suprême donne une énumération exhaustive des cas d'ouverture à pourvoi qui sont : l'incompétence, la dénaturation des faits de la cause ou des pièces de procédures, le défaut de contradiction ou l'insuffisance des motifs, le vice de forme, la violation de la loi, la non-réponse aux conclusions des parties ou aux réquisitions du ministère public, le détournement de pouvoir, la violation d'un principe général de droit, le non-respect de la jurisprudence de la Cour suprême ayant statué en sections réunies d'une Chambre ou en Chambres réunies.

Le deuxième paragraphe du même article 35 précise que ces moyens peuvent être soulevés d'office par la Cour suprême. Il s'agit donc des moyens d'ordre public.

§ 3 : Instruction et jugement de l'affaire par la Chambre administrative

586. Dans les trente (30) jours de la réception de l'acte de pourvoi, le demandeur dépose contre récépissé, un mémoire au greffe de la Chambre

---

[133] R. CHAPUS, *op. cit.*, p. 923.

[134] CS/AP Arrêt n° 14 du 30 novembre 1972, « Les Boulangeries réunies contre État Fédéré du Cameroun », dans Alexis Dipanda Mouelle, *Repertoire chronologique de la jurisprudence de la Cour suprême*, Première partie, Année 1960-1980, Tome V, Droit administratif, p. 107-108.

administrative de la Cour suprême. Ce mémoire dûment timbré par feuillet, doit contenir les noms, prénoms, profession et domicile du demandeur, l'exposé des faits qui servent de base au pourvoi, les moyens ainsi que l'énumération des pièces y annexées conformément aux articles 91 et 92 de la loi susmentionnée. Le mémoire et les pièces annexées doivent être déposés en quatre exemplaires et accompagnés de trois copies de la déclaration de recours. Dès réception au greffe, les mémoires et toutes les autres pièces sont enregistrés. Le greffier en chef de la Chambre administrative y appose un timbre indiquant la date de leur arrivée et le numéro de leur enregistrement.

Le mémoire est ensuite transmis au Procureur général dans les cinq (5) jours de sa réception par le greffier en chef. Ce dernier transmet également après l'enregistrement du mémoire, le dossier au président de la section, qui va s'assurer que le demandeur s'est conformé aux dispositions des articles 90 à 94 de la loi fixant l'organisation et le fonctionnement de la Cour suprême. Si ce n'est pas le cas, le président de section l'invite à régulariser son recours dans un délai de quinze (15) jours, à peine d'irrecevabilité. Mais le président peut le dispenser de la production de copies des documents volumineux.

587. Après régularisation du recours, le président peut réclamer au demandeur la communication de tout document dont la production lui paraît utile à la solution du litige. Lorsque le dossier est en état, le président de la section ordonne la communication au défendeur des copies du recours, du mémoire et des pièces annexées. Cette communication est assurée par le greffier en chef de la Chambre administrative, dans les trois jours de l'ordonnance du président de section.

588. Le mémoire en défense doit être produit dans un délai de trente (30) jours à compter du lendemain de la communication du mémoire du demandeur. Les mémoires en réponse et en réplique sont déposés dans un délai de quinze (15) jours à compter du jour de la notification aux intéressés des mémoires en défense et en réplique. Le président de section peut, par ordonnance, accorder un délai supplémentaire aux parties pour la production de ces divers mémoires. Toutefois, dans les affaires qui requièrent une célérité particulière, le président de la section peut décider, après avis du Procureur général, que ces délais sont réduits de moitié ou des deux tiers. Les délais ci-dessus sont prescrits à peine de déchéance, sans préjudice, le cas échéant, de l'action disciplinaire et en responsabilité pour faute professionnelle contre l'avocat constitué ou désigné.

589. Après l'échange des mémoires ou l'expiration des délais fixés pour leur dépôt, le président désigne un rapporteur et lui transmet le dossier. Le rapporteur peut solliciter des parties, par une mise en demeure, dans un délai de quinze (15) jours, la production de toutes les explications écrites ou documents nécessaires pour la solution du litige. Ces explications et ces documents sont notifiés aux autres parties du litige pour discussion dans un délai de quinze (15) jours.

590. À la fin de l'instruction, dans les trente (30) jours de la remise du dossier ou le cas échéant, du dépôt des explications supplémentaires, le rapporteur rétablit le dossier au greffe avec son rapport. Le greffier en chef transmet le dossier au Procureur général avec un exemplaire du rapport et une copie de chaque mémoire et documents déposés. Dans les trente (30) jours de la transmission, le Procureur général rétablit également le dossier au greffe avec ses conclusions et ses propositions, pour l'inscription de l'affaire au rôle. Les parties sont ensuite convoquées pour l'audience et le jugement.

DEUXIÈME PARTIE

LE CONTENTIEUX DU RECOUVREMENT

591. Le recouvrement de l'impôt peut s'effectuer de deux façons en fonction du degré d'acceptation par le redevable de sa dette fiscale. Il peut choisir après réception de l'AMR ou du titre de perception de régler sa dette sans que l'administration ne le force à le faire. Il s'agira, dans ce cas, du recouvrement à l'amiable. Il peut opter pour le non-règlement volontaire de sa dette. L'administration se trouvera alors dans l'obligation d'utiliser les moyens exorbitants de puissance publique dont elle dispose pour recouvrer les impôts dus. Il s'agira, dans ce dernier cas, du recouvrement forcé. Les actes que l'administration utilisera pour parvenir à ses fins sont qualifiés d'actes de poursuite. Or, le redevable peut manifester son désaccord sur la régularité en la forme ou au fond de ces actes ; et ce désaccord crée un contentieux d'un type particulier : le contentieux du recouvrement.

592. Le contentieux du recouvrement a pour objet de permettre au redevable de contester soit la validité de son obligation de payer, soit la régularité des mesures de poursuites décernées à son encontre pour le contraindre à se libérer de sa dette fiscale dans les plus brefs délais. « *Le contentieux du recouvrement de l'impôt s'analyse donc comme la contestation juridictionnelle, au fond ou en la forme, du recouvrement forcé d'une créance fiscale* », selon l'excellente définition de Marie Masclet de Barbarin[135].

A la lecture de ces définitions, il ressort clairement que le contentieux du recouvrement repose essentiellement sur deux grands piliers : la contestation de la régularité en la forme des actes de poursuite et la contestation de l'existence de l'obligation de payer. Ces deux branches sont aussi qualifiées parfois d'opposition à poursuite pour le premier cas, et d'opposition à contrainte pour le second. Dans le droit fiscal camerounais, c'est surtout la première branche de ce contentieux, à savoir

[135] M. MASCLET de BARBARIN, *Le contentieux du recouvrement*, Bibliothèque de droit public, Tome 243, 2004, p. 1 et 3.

la contestation de la régularité formelle des actes de poursuite qui est visée. La contestation de l'existence de l'obligation de payer n'est pas explicitement évoquée. Les développements qui suivent porteront sur les actes de poursuites susceptibles de faire l'objet des contestations (chapitre 1), la contestation juridictionnelle de ces actes (chapitre 2) et enfin, la contestation de l'existence de l'obligation de payer (chapitre 3).

Chapitre 1

Les actes de poursuites

593. L'acte de poursuites « *constitue une voie d'exécution du recouvrement forcé de l'impôt destinée à contraindre le redevable à exécuter son obligation de payer, engagée par l'administration fiscale en vertu d'un titre exécutoire émis à l'égard d'un redevable défaillant* » [136]. Pour effectuer le recouvrement forcé de l'impôt, l'administration dispose de deux moyens principaux prévus dans le LPF : elle peut utiliser le moyen que lui offrent les actes de poursuites de droit commun (section 1), elle peut également recourir aux mesures de poursuites particulières (section 2). Après l'examen de ces actes de poursuites, il est utile d'apporter des éclairages sur les garanties de recouvrement mises à la disposition de l'administration par la loi (section 3).

Section 1 : les actes de poursuites de droit commun

595. L'article L55 du LPF précise clairement que les poursuites de droit commun comprennent trois degrés : la mise en demeure valant commandement de payer (§ 1), la saisie (§ 2) et la vente (§ 3). Mais, le LPF et l'Acte uniforme portant organisation des procédures simplifiées de recouvrement et des voies d'exécution, prévoient également la saisie-conservatoire et la saisie-attribution (§ 4).

§ 1 : La mise en demeure valant commandement de payer

596. La mise en demeure est l'acte par lequel l'administration fait sommation au débiteur d'une imposition dûment authentifiée par un avis de mise en recouvrement de se libérer de sa dette et lui annonce qu'après l'expiration d'un délai de huit (8) jours, elle pourra engager les poursuites. Elle intervient lorsque le contribuable n'a pas payé les sommes dues dans les délais mentionnés dans l'avis de mise en recouvrement (AMR) et quand il n'a pas sollicité le sursis de paiement prévu à l'article L121 du LPF. L'article L53 du LPF fixe à 15 jours le délai accordé au contribuable pour acquitter sa dette. Ce qui signifie qu'une mesure de poursuites engagée moins de 15 jours après la notification de l'AMR par le receveur des impôts est irrégulière. Le commandement qui est signifié par les porteurs de contrainte doit être

---

[136] M. MASCLET de BARBARIN, *op. cit.*, p. 39.

remis en mains propres au destinataire lui-même ou à son représentant. En cas d'absence, il est remis au chef de circonscription administrative territorialement compétent.

Il contient à peine de nullité, les références de l'AMR en vertu duquel les poursuites sont exercées, avec le décompte détaillé des sommes réclamées en principal, pénalités et frais. La mise en demeure valant commandement de payer est revêtue de la mention « *le présent commandement emporte obligation de paiement de la dette concernée dans un délai de huit (8) jours, faute de quoi il sera procédé à la saisie de vos biens meubles* ». L'un des effets essentiels du commandement de payer est d'être toujours *interruptif de prescription.*

§ 2 : La saisie

597. Après réception de la mise en demeure, si le contribuable débiteur ne règle pas sa dette dans le délai de 8 jours susmentionné, il sera procédé à la saisie de ses biens meubles par les porteurs de contrainte. Ces derniers sont des agents de recouvrement assermentés qui remplissent les fonctions d'huissier. À cet égard, l'article 92 de l'Acte OHADA portant procédure simplifiée de recouvrement et voies d'exécution dispose que : la saisie est précédée d'un commandement de payer signifié au moins 8 jours avant la saisie au débiteur. Tous les biens corporels saisissables du débiteur peuvent faire l'objet d'une saisie-vente, y compris ceux qui ont été saisis antérieurement à titre conservatoire. La saisie est exécutée nonobstant opposition (article L61 du LPF). Toutefois, si le contribuable offre de se libérer en totalité ou en partie, le receveur des impôts territorialement compétent est autorisé à en suspendre l'exécution.

§ 3 : La vente

598. La vente des biens saisis est le dernier acte de poursuites de droit commun. Selon l'article 67 du LPF, elle doit être expressément autorisée par le directeur général des impôts et faite par le commissaire-priseur ou à défaut, par le porteur des contraintes dans la forme des ventes qui ont lieu par autorité judiciaire. La vente est interrompue dès que le produit est suffisant pour solder les impôts, droits, taxes et pénalités exigibles au jour de cette vente ainsi que les frais de poursuite. Chaque vente est effectuée en présence du receveur des impôts et donne lieu à établissement d'un procès-verbal. Dans les procédures OHADA, la vente peut être réalisée à l'amiable (A) ou elle peut être forcée (B).

A/ La vente amiable

599. Pour la vente amiable (art. 115 à 119 de l'Acte uniforme), le débiteur contre lequel est exercée une mesure d'exécution forcée peut vendre volontairement les biens saisis pour en affecter le prix au paiement des créanciers. À cet effet, il dispose d'un délai d'un mois à compter de la notification du procès-verbal de saisie pour procéder lui-même à la vente des biens saisis.

Les biens saisis restent indisponibles sous la responsabilité du gardien. En aucun cas, ils ne peuvent être déplacés avant la consignation du prix entre les mains de l'huissier ou de l'agent d'exécution au choix du créancier saisissant. Le transfert de propriété et la délivrance des biens sont subordonnés à la consignation du prix. À défaut de consignation dans le délai convenu, il est procédé à la vente forcée.

B/ La vente forcée

600. La vente forcée (art. 120 à 128 de l'Acte uniforme) est effectuée aux enchères publiques par un auxiliaire de justice habilité par la loi, soit au lieu où se trouvent les objets saisis, soit en une salle ou un marché public dont la situation géographique est la plus appropriée pour solliciter la concurrence à moindres frais. En cas de désaccord entre le créancier et le débiteur sur le lieu où doit s'effectuer la vente, la juridiction compétente, pour statuer en matière d'urgence, tranche ce différend dans les 5 jours de sa saisine. Une large publicité doit être faite préalablement à la vente. La vente est arrêtée lorsque le prix des biens vendus assure le paiement du montant des causes de la saisie et des oppositions en principal, intérêts et frais.

§ 4 : Les autres formes de saisie

Les autres formes de saisie concernent la saisie-conservatoire (A) et la saisie-attribution (B).

A/ La saisie-conservatoire

601. Elle est prévue dans les articles 54 à 87 de l'Acte uniforme et 64 du LPF. Suivant l'article 54 de l'Acte uniforme, toute personne dont la créance paraît fondée en son principe, peut solliciter de la juridiction compétente du domicile ou du lieu où demeure le débiteur, l'autorisation de pratiquer une saisie-conservatoire sur tous les biens mobiliers corporels ou incorporels de son débiteur, sans commandement préalable, si elle justifie de circonstances de nature à en menacer le recouvrement. L'article 55 du même acte précise *que l'autorisation préalable de la juridiction n'est pas nécessaire lorsque le créancier se prévaut d'un titre*

exécutoire. C'est le cas de l'administration avec l'avis de mise en recouvrement.

602. À la lecture des dispositions sus-citées, il ressort que les saisies conservatoires sont des saisies destinées à soustraire préventivement les biens mobiliers du débiteur à la libre disposition de ce dernier, afin de les conserver au profit du créancier. « *Elles sont donc à la fois des mesures de précaution contre l'insolvabilité éventuelle du débiteur et des moyens de pression pour amener ce dernier à s'exécuter volontairement* »[137]. Ces saisies ne peuvent porter que sur les biens mobiliers, que les meubles soient corporels ou incorporels. Elles sont conditionnées par l'exigence d'une créance fondée en son principe, lorsque son recouvrement peut être menacé par les actes du débiteur.

B/ La saisie-attribution

603. Elle est prévue dans les articles 153 à 172 de l'Acte uniforme et 65 du LPF. La saisie-attribution permet à tout créancier muni d'un titre exécutoire constatant une créance liquide et exigible, pour en obtenir le paiement, de saisir entre les mains d'un tiers les créances de son débiteur portant sur une somme d'argent, sous réserve des dispositions particulières à la saisie des rémunérations.

Toutefois, la saisie-attribution produit exactement le même effet que l'avis à tiers détenteur (ATD). Et de ce fait, l'administration n'a aucun intérêt à utiliser cette procédure dont le contentieux relève du juge judiciaire.

604. La contestation de la régularité de tous ces actes de poursuites de droit commun est portée directement chez le juge. La règle de la réclamation préalable ne s'applique pas ici, contrairement à la procédure suivie pour les mesures particulières de poursuites.

Section 2 : Les mesures particulières de poursuites

605. Les mesures particulières de poursuites sont anciennes[138] dans le dispositif du recouvrement forcé dont dispose l'administration fiscale. À

---

[137] Anne-Marie H. ASSI-ESSO, Ndiaw DIOUF, *op. cit.*, 73.

[138] L'explication de cette situation vient de ce que pendant longtemps, la direction des impôts qui ne suivait que le recouvrement des impôts à versement spontané, n'avait pas de réseau comptable propre. Les premiers postes comptables relevant de la DI ont vu le jour à Douala et à Yaoundé au milieu des années quatre-vingt-dix, avec la création de deux recettes des impôts. Mais c'est avec la loi n° 98-009 du premier juillet 1998 portant loi de finances pour l'exercice 1998/1999, dans ses différents modificatifs du CGI, notamment les articles 315 bis, 315 ter, 315 quater, 315 quinquies, 315 sixies, 315 sepities, 315 octies, que la direction des impôts a obtenu la compétence de droit commun

la différence des actes de poursuite de droit commun et de l'avis à tiers détenteur qui relevait de la compétence de la direction du Trésor, ces mesures ont toujours relevé de la compétence de la direction des impôts. Elles présentent un avantage énorme pour l'administration, du fait de la grande souplesse de leur mise en œuvre. De plus, et ce qui n'est pas le moindre avantage, le contentieux de la régularité de leur mise en œuvre exige une réclamation préalable devant l'administration avant la saisie du juge administratif. Or, le contentieux des actes de poursuites de droit commun, pour ce qui est de la régularité formelle de l'action en recouvrement forcé, relève du juge judiciaire. Les mesures particulières de poursuites sont constituées de l'avis à tiers détenteur (§ 1), le blocage des comptes (§ 2), la fermeture de l'établissement (§ 3), la mise en fourrière d'un véhicule (§ 4), la contrainte extérieure et l'exclusion des marchés (§ 5).

§ 1 : L'avis à tiers détenteur (ATD)

606. L'avis à tiers détenteur est un acte de procédure qui permet au comptable, sur simple demande, d'obliger un tiers à lui verser, sur les fonds dont il est dépositaire, détenteur ou débiteur à l'égard d'un redevable, les impôts dus par ce dernier. Il peut, quant à ses effets, être rapproché de la saisie-attribution, examinée dans les actes de poursuites de droit commun (voir *supra* n° 652). Notre examen porte sur le champ d'application de l'avis à tiers détenteur (A), les conditions de sa mise en œuvre (B) et ses effets (C).

A/ Le champ d'application de l'ATD

607. À la lecture des dispositions de l'article 71 du CGI, la procédure de l'avis à tiers détenteur concerne tous les impôts, pénalités et frais accessoires, dont le recouvrement est garanti par le privilège du Trésor prévu aux articles L81 à L84 du LPF. À cet égard, l'article L84 du LPF précise que le privilège du Trésor garantit le recouvrement de tous les impôts, droits, taxes et pénalités assis et liquidés par la Direction générale des impôts et les pénalités de recouvrement liquidées par la Direction générale des impôts et celle du Trésor. Cette énumération très générale implique que tous les impôts et taxes recouvrés par la DGI sont susceptibles de faire l'objet d'un ATD. Aucune distinction n'est donc faite ici entre impôts directs et taxes assimilées et droits d'enregistrement.

---

en matière de recouvrement des impôts. La Direction du Trésor est dès lors restée cantonnée au recouvrement des restes à recouvrer des impôts mécanisés, anciennement émis par voie de rôle.

608. L'ATD est applicable à l'égard de tous les dépositaires et détenteurs de fonds appartenant au débiteur de l'impôt : clients, comptables publics, banques, centres de chèques postaux, employeurs, notaires, etc. Il est important de préciser que l'ATD ne peut porter que sur les deniers appartenant ou devant revenir au débiteur, à l'exclusion des sommes dont il n'est que dépositaire pour le compte de ses clients (lorsque, à titre d'exemple, les sommes appartenant au débiteur sont détenues par un notaire ayant mandat de les transmettre à un créancier débiteur).

B/ Forme et mise en œuvre de l'ATD

609. La loi n'a prévu aucun formalisme particulier pour la notification de l'avis à tiers détenteur. Il peut être adressé par voie postale avec accusé de réception, comme il peut être remis en main propre contre décharge. Toutefois, l'envoi de l'avis à tiers détenteur ne peut intervenir qu'après une mise en demeure adressée au redevable qui n'a pas réglé sa dette fiscale dans le délai quinze de (15) jours après réception de l'avis de mise en recouvrement.

L'avis à tiers détenteur établi sur un imprimé administratif est signé et notifié par le receveur des impôts. Il ne doit pas renfermer des précisions sur l'importance des affaires du redevable débiteur, ni spécifier la nature exacte des taxes dont le paiement est réclamé, ni même indiquer la période sur laquelle portent les impositions.

Le redevable doit obligatoirement être informé de la poursuite exercée à son encontre conformément à l'article L71 alinéa 2 du LPF.

610. Autre condition, pour les créances dont le montant excède le seuil prévu à l'article 107-5° de l'Acte uniforme relatif aux sûretés, pour les privilèges généraux non soumis à publicité, l'administration doit obligatoirement les inscrire au Registre du commerce et du crédit mobilier (RCCM). L'article 108 de l'Acte stipule clairement que ces privilèges n'ont d'effet que s'ils sont inscrits, dans les six (6) mois de l'exigibilité de ces créances, au Registre du commerce et du crédit mobilier. En clair, un ATD pratiqué sur une créance d'un certain montant non inscrite dans le RCCM, c'est-à-dire n'ayant fait l'objet d'aucune publicité, est irrégulier et encourt annulation.

611. Enfin, au regard de l'article 2099 du Code civil qui dispose qu'en aucun cas le Trésor ne peut obtenir de privilège au préjudice des droits antérieurement acquis à des tiers, un avis à tiers détenteur ne saurait valablement prospérer sur de tels droits.

C/ Les effets de l'avis à tiers détenteur

612. L'avis à tiers détenteur comporte l'effet d'attribution immédiate, c'est-à-dire, le transfert juridique de la propriété de la créance disponible entre les mains du tiers se produit immédiatement, à concurrence des sommes pour lesquelles l'ATD est pratiqué. À cet égard, l'article L72 du LPF précise que l'avis à tiers détenteur a pour effet d'affecter, dès réception, les sommes dont le versement est ainsi demandé, au paiement des impositions quelle que soit la date à laquelle les créances, même conditionnelles ou à terme que le redevable possède à l'encontre du tiers détenteur, deviennent effectivement exigibles.

La créance appréhendée par la voie de l'ATD sort du patrimoine du saisi au profit exclusif du saisissant qui devient créancier direct du tiers saisi, à hauteur de l'obligation de ce dernier. La date à laquelle se produit l'effet d'attribution est celle figurant sur la décharge, signée par le tiers détenteur, en cas de remise en main propre ou celle de l'accusé de réception en cas d'envoi postal.

L'avis à tiers détenteur rend le tiers personnellement débiteur des causes de la saisie, dans la limite de son obligation. Il reste valable jusqu'à l'extinction de la dette pour laquelle il a été établi ou à l'obtention d'une main levée établie par ceux qui l'ont émis. Enfin, le tiers qui refuse ou qui s'oppose à l'exécution de l'ATD, s'expose aux lourdes sanctions prévues par l'article L104 du LPF.

613. À titre de rappel L104 du LPF dispose que toute personne… ayant tenté de se soustraire ou de s'opposer à l'avis à tiers détenteur, est passible d'une amende pouvant aller jusqu'à cinq millions (5 000 000) de FCFA.

Une astreinte de cent mille (100 000) FCFA par jour de retard, calculée à partir de la date de réception de l'avis à tiers détenteur, est appliquée en cas de manœuvres dilatoires ayant pour but de s'opposer à l'exécution de cet avis.

§ 2 : Le blocage des comptes bancaires

614. Le blocage des comptes bancaires, prévu à l'article L76 du LPF, est une mesure de recouvrement forcé, par laquelle le receveur des impôts compétent, immobilise les comptes bancaires d'un redevable défaillant, après une mise en demeure, pour le contraindre de régler sa dette fiscale. Cette mesure a été introduite dans le Code général des impôts, par la loi de finances pour l'exercice 1977/1978. Cette loi a institué l'article 288 bis qui s'ajoutait aux articles 287 et 288 qui

traitaient de la fermeture de l'établissement. Nous examinerons son champ d'application (A), sa mise en œuvre (B) et ses effets (C).

A/ Champ d'application du blocage des comptes bancaires

615. Au regard de l'article L76 du LPF, le blocage des comptes bancaires concerne le recouvrement de tous les impôts et taxes dûment liquidés. La nouvelle rédaction de cet article, issue de la refonte du CGI dans la loi du 19 avril 2002, a élargi les impôts et taxes dont le recouvrement peut être poursuivi par cette voie.

Tous les impôts et taxes sont désormais concernés, sans tenir compte de leur mode d'établissement. D'ailleurs, cet élargissement du champ d'application du blocage des comptes a été amorcé dans le cadre des modifications apportées au CGI par la loi de finances pour l'exercice 1998/1999. Cette loi a notamment modifié l'ancien article 288 bis et a introduit les taxes et redevances forestières, ainsi que les droits d'enregistrement dans le périmètre du blocage des comptes bancaires.

C'est vrai que tous ces droits et taxes nouvellement introduits sont recouvrés par versement spontané. Or, l'article 288 bis avait été conçu à l'origine pour le recouvrement forcé des impôts à versement spontané, dont le suivi incombait à la direction des impôts.

La version réactualisée, qui n'a apporté aucune précision dans les impôts et taxes visés, a pour but de permettre à l'administration d'utiliser également cette arme pour le recouvrement de tous les impôts et taxes actuels et à venir. Il n'est plus tenu compte de leur mode d'établissement (versements spontanés ou impositions établies à la suite des contrôles et après émission de l'AMR).

B/ Mise en œuvre du blocage des comptes bancaires

616. La mesure consistant à bloquer les comptes d'un redevable défaillant est déclenchée par les receveurs régionaux des impôts territorialement compétents, ou par les receveurs des impôts des unités de gestion spécialisées. La doctrine administrative a défini la notion « *d'unités de gestion spécialisées* »[139]. Pour l'administration, les unités de gestion spécialisées de la DGI sont : la direction des grandes entreprises (DGE) et les centres des impôts des moyennes entreprises (CIME). En outre, le blocage des comptes ne peut intervenir qu'après une mise en demeure signifiée par l'administration, sommant le redevable à régler sa dette.

---

[139] Circulaire du 31 décembre 2010 précisant les modalités d'application des dispositions fiscales de la loi du 21 décembre 2010 portant loi de finances pour l'exercice 2011.

Mais la loi n'a ni déterminé un délai fixe au terme duquel l'administration peut envoyer cette mise en demeure au redevable, ni précisé le délai d'expiration de celle-ci. En l'absence de précision, à quelle période l'administration doit-elle adresser la mise en demeure au redevable ?

Compte tenu de l'évocation par le législateur des impôts et taxes « dûment liquidés », la réponse à cette interrogation dépend de l'origine de la liquidation. Selon qu'ils sont liquidés par le contribuable lui-même ou par l'administration, le moment de la mise en demeure sera différent.

Lorsqu'ils sont liquidés par le contribuable, c'est notamment le cas des versements spontanés, la mise en demeure peut être adressée après la date de dépôt de la déclaration auto-liquidative non accompagnée de paiement, ou accompagnée d'un paiement partiel.

En revanche, lorsque la liquidation est l'œuvre de l'administration, ce qui entraînera normalement l'émission d'un AMR, la mise en demeure ne peut être adressée qu'après l'expiration du délai de quinze (15) jours. En effet, conformément à l'article L53 du LPF, le receveur des impôts doit accorder au redevable un délai de quinze (15) jours pour régler spontanément sa dette, sous peine de subir le recouvrement forcé.

C/ Effets et fin du blocage des comptes bancaires

617. Le blocage des comptes a pour principal effet d'empêcher le contribuable d'accéder à son ou ses comptes bancaires. Aucune transaction ne peut plus être opérée sur le compte bloqué. C'est une mesure très utilisée par l'administration fiscale pour son efficacité.

En effet, les entreprises ne supportent pas très longtemps la paralysie de leurs activités, occasionnée par ce blocage ; elles engagent par conséquent des négociations avec l'administration pour l'apurement de leur dette fiscale en sollicitant, le cas échéant, un moratoire. De son côté, l'administration ne procède le plus souvent à la levée de la mesure que lorsqu'il y a eu un début de payement de la part du redevable des impôts.

S'agissant de la fin de la mesure, la loi n'a apporté aucune précision sur le délai de la levée du blocage des comptes bancaires. Mais, on peut aisément imaginer qu'il doit être levé après le règlement de la dette fiscale. En droit comparé, notamment dans la législation gabonaise, le blocage des comptes bancaires prend immédiatement fin avec le paiement intégral des sommes dues[140].

[140] Article P-947 du LPF gabonais.

§ 3 : La fermeture de l'établissement

619. La fermeture de l'établissement qui fait l'objet de l'article L77 du LPF, est un acte de recouvrement forcé par lequel l'administration procède à la fermeture de l'établissement d'un redevable défaillant du paiement des impôts et taxes, pour le contraindre à régler sa dette fiscale.

Elle est même l'acte de recouvrement forcé le plus ancien dont disposait la direction des impôts. Elle figure dans le CGI, dans sa première version qui est entrée en vigueur, le 1er juillet 1973. Son champ d'application, sa mise en œuvre, ses effets et sa fin sont presque similaires à ceux du blocage des comptes.

S'agissant de son champ d'application, la fermeture de l'établissement peut s'opérer pour tous les impôts et taxes recouvrés par la DGI, comme pour le blocage des comptes, lorsque ces impôts et taxes sont devenus exigibles. Pour ce qui est de sa mise en œuvre, la fermeture de l'établissement est précédée par une mise en demeure préalable, informant le redevable que son établissement sera fermé si sa dette fiscale n'est pas réglée. La loi n'ayant apporté aucune précision sur le moment de la mise en demeure, et le délai de celle-ci, les développements concernant le blocage des comptes sont aussi valables ici.

En ce qui concerne ses effets, la fermeture de l'établissement a pour principale conséquence de maintenir l'établissement fermé tant que la dette fiscale n'est pas encore réglée. Et la fermeture prend immédiatement fin avec le paiement des impôts dus, comme le souligne l'article L77 du LPF en son alinéa (2).

§ 4 : La mise en fourrière d'un véhicule

620. Cette mesure de recouvrement forcé, prévue à l'article L78 du LPF, concerne les propriétaires de véhicules qui ne peuvent pas justifier du paiement de certains impôts et taxes à l'instar de la patente, du timbre de la carte grise, de la vignette automobile et de la taxe à l'essieu. Le défaut de paiement de ces impôts et taxes est constaté lors des contrôles effectués par les agents de la Direction générale des impôts spécialement habilités.

Ces agents doivent effectuer les contrôles et procéder à la mise en fourrière des véhicules interceptés, dans le respect des règles de procédures. La mise en fourrière d'un véhicule prend immédiatement fin avec le paiement intégral des sommes dues.

§ 5 : La contrainte extérieure et l'exclusion des marchés

621. **La contrainte extérieure,** suivant l'article L74 du LPF est établie par le receveur des impôts assignataire à l'adresse d'un autre receveur des impôts ou d'un comptable du Trésor lorsque le contribuable dispose de créances domiciliées chez ces derniers ou en cas de changement de domicile de celui-ci. Elle est, en fin de compte, un mandat par lequel le comptable ayant émis l'AMR, demande au comptable du lieu de domiciliation de la créance, de recouvrer les impôts dus pour son compte.

On peut constater qu'elle est une mesure purement intérieure à l'administration. Le comptable mandaté est seulement chargé d'utiliser les actes de poursuites de droit commun ou certaines mesures particulières de recouvrement en lieu et place de son collègue. Il ne s'agit pas d'un autre mode de recouvrement de l'impôt.

622. **L'exclusion des marchés publics** qui est prévue à l'article L79 du LPF consiste à prononcer une interdiction temporaire de soumissionner des marchés publics, de se porter acquéreur d'une entreprise publique en voie de privatisation, ou de participer aux opérations boursières, toute personne qui, après mise en demeure, n'a pas acquitté les impôts, droits ou taxes dus. L'interdiction peut être définitive en cas de récidive. Cette mesure s'apparente beaucoup plus à une sanction prononcée contre les contribuables qui se singularisent de manière récurrente par le non-respect de leurs obligations fiscales.

Section 3 : Les garanties du recouvrement des créances fiscales

623. Pour se prémunir de la défaillance du contribuable face à ses obligations de paiement des impôts, droits et taxes perçus en vertu du Code général des impôts, le Trésor public jouit de certaines garanties qui lui ont été accordées par la loi. Ces garanties comprennent le délai de prescription de l'action en recouvrement (§ 1), les garanties réelles (§ 2) et les garanties personnelles (§ 3).

§ 1 : Le délai de l'action en recouvrement et prescription

624. Le dictionnaire Larousse définit la prescription « *comme l'écoulement d'un délai à l'expiration duquel... une situation de droit ou de fait est acquise* ». Elle « *est justifiée par un impératif de sécurité juridique auquel l'État est soumis comme toute autre personne, fondé sur l'écoulement d'un certain délai au terme duquel une situation de fait qui s'est prolongée, devient inattaquable* »[141]. Elle peut être *acquisitive*

[141] Gérard LEGRANG, *Le recouvrement de l'impôt*, Litec, 2006, p. 69.

lorsqu'une situation de droit ou de fait est acquise. En matière fiscale, c'est le cas lorsque le contribuable n'a pas sollicité de l'État la restitution des sommes indûment payées au titre des impôts et taxes dans le délai de deux (2) ans (art. L90 du LPF). *Elle est dite extinctive* lorsque l'écoulement du délai fait perdre un droit à son titulaire.

C'est le cas en matière de recouvrement des créances fiscales, lorsque le comptable public n'a engagé aucune action en vue du recouvrement dans le délai légal. La prescription de l'action en recouvrement est, par conséquent, celle qui court contre les comptables publics et par laquelle, à l'issue d'un certain délai décompté à partir de la mise en recouvrement, ceux-ci se trouvent privés de tout droit sur la créance fiscale authentifiée par un titre de perception, rôle ou avis de mise en recouvrement et donc de toute possibilité d'action contre le contribuable.

625. Cette prescription de l'action en recouvrement n'est pas à confondre avec la *prescription d'assiette ou prescription de mise en recouvrement.* La prescription d'assiette correspond au délai dont dispose l'ordonnateur pour émettre le titre de recette matérialisant les droits de la personne publique à l'encontre de son débiteur. À défaut d'émission du titre de recette dans ce délai, la prescription est acquise au profit du débiteur et emporte l'extinction des droits de la personne publique. En matière spécifiquement fiscale, *la prescription du droit de répétition ou de reprise* de l'administration de l'article L34 du LPF est une prescription d'assiette. En effet, cette prescription, qui a fait l'objet des développements dans la première partie de l'ouvrage (voir *supra* n° 145 à 153), concerne le délai limite pendant lequel l'administration peut réparer les omissions totales ou partielles, ainsi que les insuffisances et inexactitudes constatées dans l'assiette des impositions, au travers des redressements fiscaux, qui sont constatés dans un avis de mise en recouvrement. Les développements porteront sur le délai de prescription de l'action en recouvrement (A), les évènements entraînant la modification de ce délai (B) et la mise en œuvre des effets de la prescription (C).

A/ Délai de prescription de l'action en recouvrement des créances fiscales

626. Le délai de prescription de l'action en recouvrement des créances fiscales est en principe de quatre (4) ans. En effet, conformément à l'article L89 du LPF, *les sommes dues par les contribuables pour les impôts, droits et taxes assis ou liquidés en vertu du CGI sont prescrites à leur profit après un délai de quatre (4) ans suivant la date d'exigibilité, si aucun acte n'est venu interrompre la prescription.* C'est ce qu'on appelle

la prescription quadriennale. Mais cette prescription de quatre ans ne s'applique pas à toutes les créances. C'est pourquoi, après avoir clarifié le point de départ de ce délai (1), nous distinguerons les créances fiscales concernées par le délai de quatre ans de celles qui ne sont pas concernées par ce délai (2).

1/ Le point de départ du délai de prescription

627. Le point de départ du délai de prescription de quatre ans est la date d'exigibilité de la créance qui coïncide avec la notification de l'avis de mise en recouvrement. Le délai commence en principe à courir le premier jour qui suit la notification, et la prescription est acquise lorsque le dernier jour du délai est écoulé, conformément aux dispositions des articles 2260 et 2261 du Code civil. Il n'est pas prorogé au lendemain si le dernier jour est un dimanche ou un jour férié.

2/ Les créances concernées et non concernées par le délai

628. En principe, les créances concernées par la prescription quadriennale sont constituées de tous les impôts, droits et taxes figurant dans l'avis de mise en recouvrement qui sont à la charge effective du redevable. **Sont par conséquent exclus de cette prescription**, *les impôts retenus à la source, ou ceux dont le redevable n'est que collecteur*, conformément à l'alinéa 2 de l'article L89 du LPF.

B/ Les évènements modifiant le délai de prescription

629. Le délai de quatre (4) ans prévu à l'article L89 du LPF, qui prescrit le droit des comptables publics à procéder au recouvrement des créances non acquittées par les redevables, n'est pas fixé sur le marbre. Certains évènements prévus par les textes sont susceptibles de l'interrompre (1) ou de le suspendre (2).

1/ L'interruption du délai de la prescription

630. Au regard des dispositions des articles 334 du CGI et L89 du LPF, il ressort clairement que le délai de quatre (4) ans par lequel l'action en recouvrement est prescrite, est susceptible d'interruption. Les prescriptions peuvent être interrompues par l'avis de mise en recouvrement, la reconnaissance de dette de la part du contribuable et par les actes de poursuite. Cette interruption, dans tous les cas, produit des effets sur la suite de l'action en recouvrement.

631. **S'agissant de la reconnaissance de dette**, l'article 334 du CGI, relativement aux droits d'enregistrement et de timbre, dispose que les prescriptions sont interrompues par le versement d'un acompte ou par le dépôt d'une pétition en remise de pénalités. Une demande de délai de

paiement, c'est-à-dire un moratoire, est considérée également comme une reconnaissance de dette.

632. **Pour ce qui est des actes de poursuites**, l'article L89 du LPF dispose que les sommes dues par les contribuables pour les impôts, droits et taxes assis ou liquidés en vertu du CGI sont prescrites à leur profit après un délai de quatre (4) ans… si aucun acte n'est venu interrompre la prescription. Les actes, ainsi susceptibles d'interrompre la prescription sont ceux qui peuvent être mis en œuvre par le comptable poursuivant contre le redevable principal de l'impôt, ou contre les tiers solidairement responsables avec lui du paiement de la dette fiscale. Il s'agit des actes de poursuites de droit commun et des mesures particulières de poursuites.

Dans la catégorie des poursuites de droit commun, on retrouve : la mise en demeure valant commandement de payer, la saisie et la vente. Dans la catégorie des mesures particulières de poursuites, on retrouve : l'avis à tiers détenteur, le blocage des comptes bancaires, la fermeture de l'établissement, l'exclusion des marchés publics et la contrainte extérieure.

633. **En ce qui concerne ses effets**, l'interruption du délai de prescription a d'abord pour conséquence de substituer à la prescription en cours, une nouvelle prescription de même durée, soit en règle générale, un nouveau délai de quatre (4) ans, à compter de la réalisation de l'acte interruptif. Ce délai peut être prorogé dans les mêmes conditions jusqu'à épuisement de la prescription civile, prévue à l'article 2262 du Code civil, dont le délai est de trente (30) ans. Toutefois, cet effet ne se produit que pour le montant des droits, taxes ou redevances mentionnés dans l'acte interruptif de prescription et qu'il ne peut être opposé qu'à celui contre qui il est dirigé, sous réserve de quelques exceptions. C'est notamment le cas des redevables solidaires. En effet, l'interruption des poursuites à l'encontre du redevable de l'impôt est opposable aux redevables solidaires prévus dans les articles L86 à L88 du LPF.

2/ La suspension du délai de la prescription

634. La suspension de la prescription entraîne l'arrêt du cours de la prescription. Ce qui signifie que le délai déjà écoulé est maintenu et que celui restant à courir pourra reprendre à la date à laquelle la cause de la suspension a disparu.

La suspension de ce fait ne modifie pas le délai de prescription, puisque c'est le même qui continue à courir. Il est tout simplement gelé. À titre d'illustration, si le délai de recouvrement d'une créance fiscale était épuisé de deux ans avant la suspension, après celle-ci, le comptable poursuivant n'aurait plus que deux ans après la disparition de la cause de la suspension. C'est là la différence majeure entre la suspension et l'interruption, car dans ce dernier cas, il y a substitution d'un nouveau délai de quatre (4) ans. Les principales causes de suspension sont : le sursis de paiement ou le sursis à exécution (2.1) et l'ouverture d'une procédure de redressement ou de liquidation judiciaire (2.2).

2.1 Le sursis de paiement

635. Le sursis de paiement a un effet suspensif sur le délai de recouvrement dans la mesure où la demande de sursis de paiement ou parfois de sursis à exécution suspend l'exigibilité de l'impôt. Cette exigibilité est suspendue jusqu'à ce qu'une décision définitive soit prise sur la réclamation préalable devant l'administration ou devant les juridictions saisies. À ce titre, le Conseil d'État français dans un avis, a confirmé que « *la demande de sursis de paiement produite à l'appui d'une réclamation contentieuse régulière, qui suspend l'exigibilité de l'impôt à la date de sa réception par l'administration et met ainsi le comptable dans l'impossibilité d'agir, est suspensive de la prescription de l'action en recouvrement* »[142]. Cette solution est pleinement justifiée par le fait que l'administration fiscale est privée, pendant la durée du sursis, des moyens de forcer le redevable à acquitter les sommes dues.

636. La suspension du délai de prescription vaut jusqu'à la date à laquelle le sursis cesse de produire effet, soit à l'expiration du délai de trente (30) jours à compter de la décision expresse de rejet de la réclamation par le chef de centre régional des impôts, le directeur des grandes entreprises ou le directeur général des impôts, en l'absence de recours devant le ministre. Il en est de même après la décision expresse de rejet de la réclamation par le ministre ou de la notification du jugement du Tribunal administratif.

En effet, la suspension de la prescription est prolongée jusqu'à la notification du jugement, si une décision a été prise sur la réclamation préalable, et que le contribuable a saisi le Tribunal administratif, à la suite du rejet de celle-ci, et a obtenu le sursis de paiement.

637. En revanche, la suspension de la prescription cesse si le contribuable n'a pas saisi le Tribunal administratif compétent dans les soixante (60) jours qui suivent la décision expresse de rejet de la réclamation par le ministre des Finances. De plus, en cas de rejet de son recours par le tribunal saisi, l'effet suspensif ne s'applique pas au pourvoi

---

[142] Avis, CE section des finances, 30 avril 1996, Bulletin officiel des impôts (BOI) 13 O-2-96.

formé devant la Chambre administrative de la Cour suprême. Le pourvoi en cassation est en effet une voie de recours extraordinaire puisqu'il n'est pas suspensif d'exécution[143] et ne peut être formé que pour des causes limitativement énumérées.

2.2 L'ouverture d'une procédure de redressement ou de liquidation judiciaire

638. L'ouverture d'une procédure collective, qu'il s'agisse d'une mesure de sauvegarde, de redressement ou de liquidation judiciaire, est soumise à la règle de l'interruption des poursuites individuelles. En effet, conformément à l'article 75 (1) de l'Acte uniforme OHADA portant organisation des procédures collectives d'apurement du passif, la décision d'ouverture suspend ou interdit toutes les poursuites individuelles tendant à faire reconnaître des droits et des créances, ainsi que toutes les voies d'exécution tendant à en obtenir le paiement. Cette suspension des poursuites individuelles s'applique également aux créanciers dont les créances sont garanties par un privilège général. Ce qui est le cas du Trésor public avec le privilège du Trésor prévu à l'article L81 du LPF.

C/ La mise en œuvre de l'effet extinctif de la prescription

639. La prescription des créances fiscales n'opère pas de plein droit et ne peut être soulevée d'office par le juge, quand bien même toutes les conditions seraient réunies, puisque le moyen tiré de la prescription de l'action en recouvrement n'est pas d'ordre public. Le contribuable ou mieux le redevable doit donc impérativement contester le premier acte de poursuites permettant d'invoquer la prescription.

Puisque la contestation ne porte pas sur la régularité formelle de l'acte de poursuites, mais sur l'existence ou l'exigibilité de la dette, au motif que la prescription est acquise, le juge compétent sera naturellement le juge de l'impôt, c'est-à-dire le juge administratif (voir *supra* n° 700). Cela supposera donc une réclamation préalable devant l'administration. Cette réclamation sera adressée au comptable public poursuivant, c'est-à-dire à *l'autorité auteur de l'acte attaqué* conformément à l'article 17 (1) de la loi n° 2006/022 du 29 décembre 2006 fixant l'organisation et le fonctionnement des tribunaux administratifs. Cette réclamation doit être formulée dans les deux mois qui suivent la mise en œuvre par le comptable poursuivant du premier acte de poursuites. Puis, en cas de rejet de sa réclamation, le redevable pourra saisir le Tribunal administratif compétent.

---

[143] CS, arrêt n° 9 du 11 décembre 1962, Bull n° 7, p. 391.

Dans tous les cas, lorsque la prescription est acquise, son effet extinctif fait disparaître le caractère obligatoire de la dette et prive le Trésor public du droit de contraindre son débiteur au paiement. Elle laisse seulement subsister une obligation naturelle, qui fait qu'un versement volontaire ne constituerait pas un paiement sans cause, dont le redevable pourrait demander le remboursement[144].

§ 2 : Les garanties réelles

640. Ces garanties sont essentiellement constituées du privilège du Trésor (A) et de l'hypothèque légale (B).

A/ Le privilège du Trésor

Nous examinerons la définition du privilège du Trésor (1), son champ d'application (2) et sa mise en œuvre (3).

1/ La définition du privilège du Trésor

Le privilège est un droit que la qualité de la créance donne à un créancier d'être préféré aux autres créanciers, même hypothécaires (C. civ. art. 2095). À la lumière de cette définition du Code civil, le privilège du Trésor, prévu à l'article L81 du LPF, est le droit que la loi reconnaît au comptable public, responsable du recouvrement des créances fiscales, d'être préféré aux autres créanciers sur l'ensemble des biens de son débiteur ou de certains d'entre eux. Il signifie que si le contribuable, débiteur, a plusieurs autres créanciers, le Trésor doit leur être préféré. En d'autres termes, le Trésor doit d'abord être servi avant les autres créanciers.

Il s'agit donc en définitive d'une sûreté réelle qui consiste à se faire payer par préférence sur le prix de réalisation du bien meuble ou immeuble affecté à la garantie de l'obligation du contribuable défaillant.

2/ Le champ d'application du privilège du Trésor

Le champ d'application du privilège du Trésor peut être examiné sur le double plan des créances fiscales concernées et celui des biens concernés.

S'agissant des créances fiscales concernées, il couvre le principal de l'impôt et les pénalités, qu'il s'agisse des pénalités d'assiette ou des pénalités de recouvrement. À cet effet, l'article L81 du LPF précise que le privilège du Trésor garantit le recouvrement de tous les impôts, droits,

[144] Gérard LEGRAND, *Le recouvrement de l'impôt*, Litec, 2006, p. 88.

taxes et pénalités assis et liquidés par la Direction générale des impôts et ceux de la Direction générale du Trésor.

Pour ce qui est des biens concernés, le privilège du Trésor s'étend sur tous les biens meubles, immeubles et effets mobiliers du contribuable en quelque lieu qu'ils se trouvent, dans les conditions de rang définies à l'article 107 de l'Acte uniforme OHADA relatif aux sûretés (art. L82. LPF).

3/ La mise en œuvre du privilège du Trésor

641. Le privilège du Trésor permet à l'administration fiscale de recourir à la procédure de l'avis à tiers détenteur prévue à l'article L71 du LPF. Cette procédure à titre de rappel, permet au comptable public d'obliger un tiers à lui verser des fonds dont il est dépositaire, détenteur ou débiteur à l'égard du redevable, à concurrence des impositions dues par ce redevable.

Le privilège du Trésor peut donner lieu à une subrogation, qui sera conventionnelle ou légale lorsqu'elle est accordée à la caution qui paye à la place du redevable principal ou à l'héritier qui règle avec ses propres deniers les dettes de la succession. Dans cette perspective, l'article 2112 du Code civil dispose que les cessionnaires des diverses créances privilégiées exercent tous les mêmes droits que les cédants en leur lieu et place.

Toutefois, les tiers ou créanciers subrogés ne pourront pas utiliser les moyens de recouvrement qui sont à la disposition du Trésor et notamment la procédure de l'avis à tiers détenteur, ce qui revient à dire que le bénéfice de la subrogation sera limité au caractère privilégié de la créance. « *La subrogation ne devra, en outre, pas porter préjudice à l'administration fiscale. Ce qui signifie que le tiers subrogé ne pourra venir en concours avec le Trésor qui continuera en cas de paiement partiel, d'exercer ses droits pour le solde* »[145].

Pour sa mise en œuvre effective, il convient de préciser qu'au regard de l'article 2099 du Code civil, *en aucun cas le Trésor ne peut obtenir de privilège au préjudice des droits antérieurement acquis à des tiers*.

642. Bien plus, le rang du privilège du Trésor n'est plus tout à fait aussi favorable, car il est primé par d'autres privilèges énumérés à l'article 107 susmentionné de l'Acte uniforme OHADA relatif aux sûretés. Pour ces privilèges généraux non soumis à publicité et pour un montant déterminé correspondant à une durée, le Trésor public n'arrive

[145] Gérard LEGRAND, *Le recouvrement de l'impôt*, Litec, 2006, p. 250.

qu'en 5e position, derrière des créances privilégiées pour des raisons humanitaires, d'ouverture des procédures collectives, de sauvegarde des intérêts des salariés et pour des sommes dues aux auteurs d'œuvres intellectuelles[146].

En revanche, l'article 108 de l'Acte sur les sûretés étend le privilège du Trésor au-delà des montants fixés par l'article 107-5°. Mais ce privilège n'a d'effet que si les créances concernées sont publiées, c'est-à-dire si elles sont inscrites au Registre du commerce et du crédit mobilier (RCCM) dans les six (6) mois de leur exigibilité. Toutefois, précise le même article 108, s'il y a eu infraction à la législation fiscale, douanière ou sociale, le délai ne commence à courir qu'à compter de la contrainte, ou du titre de perception ou de tout autre titre de recouvrement. Il s'agit notamment, pour les créances fiscales, de l'avis de mise en recouvrement.

Cette inscription conserve le privilège du Trésor public pendant trois ans à compter du jour où elle a été prise sauf, renouvellement, avant l'expiration de ce délai. Elle est justifiée par le fait que les créanciers qui sont ainsi renseignés sur le passif privilégié au fur et à mesure de sa constitution, consentiront du crédit à leur débiteur à leurs risques et périls et en parfaite connaissance de cause.

B/ L'hypothèque légale

L'hypothèque légale est aussi une garantie sûre dont disposent les comptables publics. L'étude portera successivement sur la définition de l'hypothèque légale (1), sa mise en œuvre (2) et ses effets (3).

1/ La notion d'hypothèque légale

643. L'hypothèque est un droit réel sur les immeubles affectés à l'acquittement d'une obligation (C. civ. art. 2114). Il s'agit donc d'un droit réel accessoire grevant un immeuble et constitué au profit d'un créancier en garantie du paiement de la dette. L'hypothèque n'entraîne

---

[146] Sont notamment privilégiés sans publicité et dans l'ordre qui suit à l'article 107 : 1° les frais d'inhumation, les frais de dernière maladie du débiteur ayant précédé la saisie des biens ; 2° les fournitures de subsistance faites au débiteur pendant la dernière année ayant précédé son décès, la saisie des biens ou la décision judiciaire d'ouverture d'une procédure collective ; 3° les sommes dues aux travailleurs et apprentis pour exécution et résiliation de leurs contrats durant la dernière année ayant précédé le décès du débiteur, la saisie des biens ou la décision judiciaire d'ouverture d'une procédure collective ; 4° les sommes dues aux auteurs d'œuvres intellectuelles, littéraires et artistiques pour les trois dernières années ayant précédé le décès du débiteur, la saisie des biens ou la décision judiciaire d'ouverture d'une procédure collective et 5° les sommes dont le débiteur est redevable au titre des créances fiscales, douanières et envers les organismes de sécurité et de prévoyance sociale.

pas le dessaisissement du propriétaire[147]. Mais elle autorise le créancier non payé à l'échéance à faire saisir et vendre l'immeuble en quelque main qu'il se trouve, c'est-à-dire même s'il a été acquis par un tiers (droit de suite).

L'hypothèque est en principe conventionnelle, c'est-à-dire qu'elle résulte du libre consentement des parties. Mais elle peut être forcée lorsqu'elle est conférée par une décision de justice (hypothèque judiciaire) ou par la loi (hypothèque légale). C'est cette dernière, prévue par l'article L85 du LPF, en conformité avec le droit OHADA qui est examinée ici. À ce titre, l'article 132 de l'Acte sur les sûretés, stipule que les hypothèques forcées autres que celles prévues par l'Acte sont régies par les dispositions particulières de la loi nationale de chaque État partie.

2/ La mise en œuvre de l'hypothèque légale

644. L'article L85 du LPF dispose que : pour le recouvrement des impositions de toute nature et amendes fiscales qui relèvent de la compétence du receveur des impôts, l'administration fiscale a une hypothèque légale sur tous les biens immeubles du redevable. Cette hypothèque prend rang à la date de son inscription à la Conservation foncière. Elle ne peut être inscrite qu'à partir de la date de mise en recouvrement des impositions concernées et des pénalités y afférentes. Ces pénalités peuvent résulter d'une procédure de redressement contradictoire, d'une procédure de taxation d'office ou des majorations pour défaut de paiement ou de paiement tardif.

L'hypothèque légale visée à l'article L85 du LPF a vocation à garantir le recouvrement de toutes les impositions émises par les services de la DGI et relevant de la compétence des receveurs des impôts. Cette référence exclusive au receveur des impôts, s'explique par le fait que depuis l'entrée en vigueur du Livre des procédures fiscales le 19 avril 2002, c'est ce comptable public qui est chargé du recouvrement de tous les impôts, droits et taxes émis par la DGI.

L'inscription de l'hypothèque légale peut intervenir à tout moment tant que les créances fiscales garanties ne sont pas encore prescrites, c'est-à-dire quand le délai de quatre (4) ans ouvert à l'administration pour l'action en recouvrement n'a pas encore expiré. Mais elle ne peut être inscrite que si les impositions concernées sont mises en recouvrement. L'hypothèque légale qui ne garantit qu'une dette exigible ne peut jamais garantir une dette future.

---

[147] *Lexique des termes juridiques*, 20e édition, Dalloz, 2013, p. 474.

Elle peut être prise sur tous les immeubles du contribuable ou des personnes tenues solidairement avec lui, que cette solidarité résulte de la loi (articles L86 à L88 du LPF), ou de stipulations conventionnelles en cas de cautionnement à titre d'exemple. Dans le cas où l'immeuble est en indivision, l'hypothèque légale ne porte que sur la part indivise du contribuable. Le choix des immeubles sur lesquels est inscrite l'hypothèque appartient au comptable en charge du recouvrement. Celui-ci peut décider d'une inscription sur l'ensemble des immeubles du redevable ou une partie de ces immeubles en fonction de la possibilité, en cas de réalisation, de l'hypothèque de couvrir la totalité de la dette fiscale.

L'hypothèque légale produit les effets de toute hypothèque, conférant au Trésor un droit de préférence selon le rang de l'hypothèque en fonction de la date de son inscription, ainsi qu'un droit de suite qui permet de poursuivre la vente de l'immeuble même après que celui-ci est passé entre les mains d'un tiers acquéreur.

L'hypothèque légale du Trésor qui est un droit accessoire, s'éteint lorsque la créance qu'elle garantit disparaît. Elle est donc susceptible de radiation lorsque l'impôt garanti a été payé ou a fait l'objet d'un dégrèvement.

§ 3 : Les garanties personnelles

645. Les garanties personnelles consistent dans la possibilité qu'a l'administration de s'adresser à des tiers solidairement responsables du paiement de l'impôt. Cette solidarité fait l'objet des articles 308 à 311et 583 du CGI et L86 à L88 du LPF. Nous examinerons les cas des redevables solidaires en matière d'impôts directs et taxes sur le chiffre d'affaires (A), en matière de droits d'enregistrement et de timbre (B) et la responsabilité solidaire des dirigeants des sociétés (C).

A/ Les redevables solidaires en matière d'impôts directs et taxes sur le chiffre d'affaires

646. L'article L86 du LPF dispose clairement que « *l'avis de mise en recouvrement régulièrement établi est exécutoire non seulement à l'encontre du contribuable qui y est inscrit, mais à l'encontre de ses représentants ou ayants droit* ». Bien plus, « *le tiers détenteur est solidaire du paiement des sommes réclamées en cas de négligence coupable, défaillance avérée ou complicité établie* ». Au regard des dispositions du LPF, les personnes ci-après désignées ont l'obligation solidaire de payer les impôts en lieu et place du redevable principal :

Il s'agit d'abord de tout employeur, tout fermier ou locataire et, d'une manière générale, tout débiteur ou tout tiers détenteur. Ces personnes sont tenues de payer en l'acquit du redevable sur demande de l'agent de recouvrement et à concurrence des sommes dont ils sont ou seront dépositaires ou débirentiers (art. L86).

Il s'agit ensuite des cas de cession pour lesquels le cessionnaire peut être tenu pour responsable solidairement avec le cédant du montant des impôts émis et restant à émettre, quelles qu'en soient les conditions. Et le cessionnaire ne peut être mis en cause qu'au titre de la période non prescrite et seulement jusqu'à concurrence du prix de cession si celle-ci est faite à titre onéreux, ou de la valeur retenue pour la liquidation des droits de transmission entre vifs si elle a lieu à titre gratuit.

Il s'agit également de la situation des personnes mariées, lorsqu'elles vivent sous un même toit, chacun des époux est solidairement responsable des impositions assises au nom de son conjoint au titre de l'impôt sur le revenu des personnes physiques, à l'exception des situations prévues dans le Code général des impôts (art. L87).

Enfin, les héritiers ou légataires peuvent être poursuivis solidairement et conjointement, à raison des impôts non encore payés par leur auteur (art. L87).

B/ Les redevables solidaires en matière de droits d'enregistrement et de timbre

647. En matière de droits d'enregistrement, l'article 308 du CGI dispose que : les officiers publics qui auraient fait pour les parties l'avance des droits d'enregistrement pourront en poursuivre le paiement, conformément aux dispositions légales relatives au recouvrement des frais dus aux notaires avoués et huissiers.

Dans la même logique, en matière de baux et locations quelconques, bailleurs et preneurs sont responsables solidairement, pour les droits simples et, le cas échéant, pour les pénalités, en application de l'article 310 du CGI. Enfin, les droits et déclarations des mutations par décès seront payés par les héritiers, donataires ou légataires. Les cohéritiers sont solidaires (art. 311 du CGI).

En matière de taxe foncière sur la propriété immobilière, lorsque les titres de propriété, les permis de bâtir, les devis de construction et autres documents assimilés sont établis au nom d'une collectivité, les co-indivisaires sont solidairement responsables du paiement de l'impôt dû assis au nom de leur mandataire. La même procédure est appliquée aux immeubles acquis en copropriété (art. 583 (2) du LPF).

C/ La responsabilité solidaire des dirigeants des sociétés

648. Cette responsabilité résulte de l'article L88 du LPF qui dispose que, lorsque le recouvrement de certains impôts, droits, taxes et pénalités dus par les sociétés a été totalement compromis ou lorsque l'insolvabilité de celles-ci a été organisée par les manœuvres frauduleuses des personnes qui exercent en droit ou en fait, directement ou indirectement, la direction effective de ces sociétés, ces personnes sont tenues solidairement responsables du paiement de ces impôts et pénalités. Au regard de l'article sus-cité, la responsabilité s'applique à toutes les impositions en principal, aux intérêts de retard non mentionnés explicitement, mais qui sont des accessoires de ceux-ci et aux pénalités. Cette responsabilité s'applique notamment à tous les impôts directs et aux taxes sur le chiffre d'affaires. Nos développements porteront par conséquent sur les dirigeants susceptibles d'être mis en cause (1), les agissements justifiant la responsabilité (2) et la mise en œuvre de la responsabilité (3).

1/ Les dirigeants susceptibles d'être mis en cause

649. De la lecture de l'article L88 du LPF, il ressort clairement que législateur vise les « *personnes qui exercent en droit ou en fait, directement ou indirectement, la direction effective des sociétés* ». Nous ne nous attarderons pas sur le cas des dirigeants de droit, leur identification ne soulevant aucune difficulté. En revanche, pour appréhender le dirigeant de fait, la doctrine administrative et la jurisprudence camerounaises ne nous donnent pas encore d'indications. Aussi devons-nous ausculter la jurisprudence française pour rechercher les solutions. Celle-ci se fonde sur un faisceau d'indices[148]. L'idée générale étant « *qu'un dirigeant de fait exerce un contrôle effectif et constant sur l'ensemble de la gestion de la société* ». Parmi les principaux indices retenus par cette jurisprudence, on peut citer : le fait de posséder une procuration bancaire ; la signature des déclarations fiscales ; la responsabilité des relations avec les fournisseurs et les clients. Mais, aucun de ces critères n'est décisif : dans chaque affaire, certaines circonstances militent en faveur de la gérance de fait et d'autres en sens inverse. En effet, l'exercice de telle ou telle de ces compétences n'est pas suffisant ; il faut que l'intéressé puisse être considéré comme responsable de l'ensemble de la gestion de l'entreprise.

---

148 C. DAVID, O. FOUQUET, B. PLAGNET, P.-F. RACINE, *Grands arrêts de la jurisprudence fiscale*, Dalloz, 5e édition, 2009, n° 36, p. 666.

2/ Les agissements justifiant la responsabilité

650. Au regard de l'article L88 du LPF, deux exigences sont requises pour justifier la responsabilité solidaire du dirigeant de la société : les agissements prohibés du dirigeant doivent être des manœuvres frauduleuses (2.1) ; et ces agissements ont pour effet de compromettre totalement le recouvrement des créances fiscales (2.2).

2.1 Les agissements doivent être des manœuvres frauduleuses

Dans le droit positif fiscal camerounais, la notion de manœuvres frauduleuses n'a été envisagée que pour l'application de la majoration de 150 % dans le cadre des pénalités d'assiette. Mais, à la différence de la mauvaise foi qui est bien définie par une circulaire administrative du 11 janvier 2008, la doctrine administrative camerounaise n'a pas déterminé les contours de la notion de manœuvre frauduleuse. En droit comparé, l'administration fiscale française considère que les manœuvres frauduleuses consistent dans la mise en œuvre de procédés ayant pour effet, soit de faire disparaître ou de réduire la matière imposable, soit d'obtenir de l'État des remboursements injustifiés, lorsque ces procédés ne peuvent être considérés comme des erreurs excusables ou des omissions involontaires mais sont, au contraire, le résultat d'actes conscients et volontaires destinés à donner l'apparence de la sincérité à des déclarations en réalité inexactes et impliquant l'intention manifeste d'éluder tout ou partie de l'impôt[149].

Pour le juge français[150], la qualification de manœuvre frauduleuse n'est en rien subordonnée à l'existence d'une fraude fiscale ayant été réprimée pénalement par le juge répressif sur le fondement de l'article 1741 du Code général des impôts qui est l'équivalent des articles L107 et L108 du LPF camerounais. Il appartient au juge de l'impôt, c'est-à-dire le juge administratif. Il revient à lui seul de qualifier, au regard de la loi fiscale, le comportement du contribuable.

En conséquence, pour ce juge, *la manœuvre frauduleuse*, à ne pas confondre avec *la mauvaise foi*, se caractérise par deux éléments : il faut d'une part qu'il y ait un agissement du contribuable, c'est-à-dire une action positive et non une simple omission ou une abstention, et d'autre part cet agissement ou ce montage doit avoir eu pour objet d'égarer l'administration ou de rendre plus difficile l'exercice de son pouvoir de contrôle. En clair, la manœuvre frauduleuse est « *un acte, une opération*

---

[149] Documentation administrative. 13 N-1223 n° 15.

[150] Gilles BACHELIER, « Les sanctions fiscales dans la jurisprudence du Conseil d'État », *Revue française des finances publiques*, n° 65, mars 1999, p. 30 et 31.

ou un artifice destiné à égarer ou à restreindre le pouvoir de vérification de l'administration »[151].

2.2 Les agissements ont totalement compromis le recouvrement des créances fiscales

Au regard de cette deuxième exigence, l'administration doit établir sans ambigüité que le manquement du dirigeant de la société est à l'origine de l'impossibilité de recouvrer totalement les impôts. Pour la jurisprudence française[152], « *les agissements du dirigeant ne doivent pas seulement rendre difficile le recouvrement des impôts dus par la société, il doit rendre ce recouvrement impossible* ». De plus, il faut établir un lien de causalité entre les agissements du dirigeant et l'impossibilité du recouvrement de la créance par l'administration. Il ne suffit donc pas de constater la matérialité des manquements, encore faut-il établir le lien de causalité entre ces infractions et l'impossibilité d'assurer le recouvrement de l'impôt. « *Le lien de causalité doit être recherché dans les circonstances de l'espèce, le comptable des impôts étant tenu d'utiliser tous les moyens à sa disposition pour poursuivre le recouvrement* ». L'établissement du lien de causalité entre les agissements du dirigeant et l'impossibilité du recouvrement est donc exigé pour la mise en œuvre de la responsabilité du dirigeant.

3/ La mise en œuvre de la responsabilité

651. Le Livre des procédures fiscales n'a ni désigné explicitement les agents de l'administration fiscale compétents pour actionner le mécanisme de la responsabilité solidaire, ni prévu la procédure à suivre. S'agissant des agents publics compétents pour actionner la responsabilité solidaire, il ne fait pas de doute que seul le comptable territorialement compétent chargé du recouvrement est habilité à engager cette action. En effet, conformément à l'article L51 (1) du LPF, le recouvrement des impôts, droits et taxes est confié aux receveurs des impôts territorialement compétents. Mais, la vraie question est de savoir si le comptable doit engager cette responsabilité solidaire du dirigeant devant le juge, ou s'il doit le faire lui-même directement. Dans le premier cas de figure, c'est le juge qui autoriserait l'action en recouvrement forcé contre le dirigeant. Dans le deuxième cas de figure, le comptable engagera lui-même le recouvrement forcé en utilisant les moyens mis à sa disposition

---

[151] C. DAVID, O. FOUQUET, B. PLAGNET, P.-F. RACINE, *Grands arrêts de la jurisprudence fiscale*, Dalloz, 5e édition, 2009, n° 36, p. 667.
[152] C. DAVID, O. FOUQUET, B. PLAGNET, P.-F. RACINE, *op. cit.*, p. 668.

par les textes. Dans cette deuxième hypothèse, le dirigeant concerné pourrait attaquer cette action devant le juge.

En l'absence de précisions sur la mise en œuvre de la responsabilité solidaire des dirigeants des sociétés dans la législation camerounaise, on peut déduire que c'est la deuxième hypothèse qui doit être retenue. En d'autres termes, le comptable engage l'action contre le dirigeant et ce dernier peut contester son obligation de payer devant le juge. De fait, c'est ce qui est souvent observé dans la pratique camerounaise.

Cette solution qui est conforme à la logique des textes camerounais, est l'inverse de celle retenue par le législateur français. Au regard de l'article L.267 du LPF français, « *le dirigeant d'une société... peut être déclaré solidairement responsable du paiement des impositions et pénalités par le président du Tribunal de grande instance du lieu du siège social. Les voies de recours qui peuvent être exercées contre la décision du président de Tribunal de grande instance ne font pas obstacle à ce que le comptable prenne à leur encontre les mesures conservatoires en vue de préserver le recouvrement de la créance du Trésor* ».

Dans le contexte camerounais, quelle est la juridiction compétente pour connaître des litiges résultant de la mise en œuvre par le comptable de la responsabilité solidaire des dirigeants des sociétés ? La législation fiscale étant restée muette, le juge compétent pourrait être le juge judiciaire, dans l'hypothèse où le comptable a utilisé les actes de poursuites de droit commun pour contraindre le dirigeant à payer la dette fiscale de la personne morale ; ou le juge administratif dans l'hypothèse de l'utilisation des mesures particulières de poursuites.

Chapitre 2

La contestation des actes de poursuites

652. La contestation des actes de poursuites présente la caractéristique de donner lieu à deux procédures différentes en fonction des mesures de recouvrement forcé utilisées par l'administration. Lorsque l'administration utilise les actes de poursuites de droit commun, la procédure suivie se déroule devant le juge civil qui est juge de la régularité formelle de ces actes (section 1). Mais lorsque la contestation porte sur les mesures particulières de poursuites, la procédure suivie se déroule devant le juge administratif (section 2).

Section 1 : La contestation des actes de poursuites de droit commun

653. La contestation des actes de poursuites de droit commun fait l'économie d'un recours préalable devant l'administration, sous réserve de l'opposition en cas de revendication des meubles et effets saisis (§ 1). Pour le reste, le contribuable doit saisir directement le juge civil. Avant de déterminer le juge compétent, il n'est pas inutile d'apporter des précisions sur l'auteur de la contestation (§ 2), la personne poursuivie devant le juge (§ 3), le droit applicable (§ 4), la juridiction compétente et la procédure à suivre (§ 5) et les voies de recours (§ 6).

§ 1 : Le recours exceptionnel devant l'administration

654. De manière générale, la contestation des actes de poursuite de droit commun est exonérée de l'obligation d'un recours gracieux préalable devant l'administration. Mais, en cas de revendication des meubles et effets saisis, l'opposition n'est recevable devant le tribunal compétent qu'un mois après que le revendicateur l'a soumise au receveur des impôts ayant engagé les poursuites (art. L62 du LPF). Il est utile de rappeler que l'opposition ne suspend pas la saisie pratiquée. Le receveur ne peut suspendre l'exécution de la saisie que si le contribuable offre de se libérer en totalité ou en partie de sa dette.

§ 2 : L'auteur de la contestation : le redevable de l'imposition

655. Identifier l'auteur de la contestation c'est déterminer la personne qui a qualité et intérêt pour agir devant le juge, pour contester la régularité de la procédure de recouvrement suivie. Le recours à la notion

de redevable pour identifier cet auteur se justifie par le fait qu'en matière de recouvrement, ce terme est plus approprié que celui de contribuable. Comme le remarque Marie Masclet de Barbarin, « *les termes de contribuables et de redevables évoquent deux notions parfois utilisées par la doctrine et la jurisprudence de façon indistincte. Leur emploi le plus souvent aléatoire peut ainsi laisser croire à leur synonymie. Il n'en est pourtant rien* »[153].

656. Si le contribuable est la personne assujettie à l'obligation fiscale de déclaration, le redevable est la personne assujettie à l'obligation fiscale de paiement de l'impôt. Le contribuable, comme l'indique son étymologie, est celui qui a obligation de contribuer aux charges publiques en fonction de ses capacités « contributives ». C'est en son nom que les impositions sont établies. Dans la plupart des cas, il est tenu lui-même au règlement de sa dette fiscale ; et c'est à ce titre que le contribuable deviendra alors redevable.

657. Le redevable est donc celui auprès de qui le recouvrement de la créance fiscale peut être réalisé. Il peut être le contribuable lui-même. Mais, il peut aussi être une autre personne, si le contribuable est défaillant. Dans ce cas, l'administration fiscale aura la possibilité de transférer l'obligation de payer sur une personne tierce, en vertu de la règle légale de solidarité de paiement. C'est d'ailleurs ce que résume fort bien Gilles Noël[154] lorsqu'il constate que « *le contribuable est un concept d'assiette ; tandis que le redevable est la personne à l'encontre de qui le paiement de l'impôt peut être recherché : c'est un concept de recouvrement qui recouvre ainsi non seulement le contribuable* stricto sensu *mais aussi les tiers mis en demeure d'acquitter l'impôt* ». De ces éclaircissements sur les notions de contribuable et de redevable, on peut conclure que l'auteur de la contestation sera, selon le cas, le redevable principal (A) ou le redevable solidaire (B) de la créance fiscale.

A/ Le redevable principal

658. Le redevable principal coïncide avec le contribuable. C'est la personne légalement assujettie à l'impôt. C'est en son nom que les impositions émises par AMR sont établies. Le redevable principal a forcément qualité et intérêt pour agir. Le problème se posera en ce qui concerne les redevables solidaires.

---

[153] M. MASCLET de BARBARIN, *op. cit.*, p. 78.

[154] G. NOËL, *La réclamation préalable devant le service des impôts*, LGDJ, Bibliothèques de sciences financières, Tome XXI, 1985, p. 119.

B/ Le redevable solidaire

659. En cas de défaillance du redevable principal, le CGI a prévu, dans le but de sauvegarder l'intérêt du Trésor public, de recourir à certains tiers pour assurer le recouvrement des impôts. Ces personnes qui font l'objet des articles 308 à 311 du CGI et L86 à L88 du LPF, ont été examinées dans le chapitre précédent sur les garanties personnelles du recouvrement des impositions (voir *supra* n° 733 et suivants).

§ 3 : La personne poursuivie devant le juge

660. Dans le contentieux de l'établissement de l'impôt, c'est l'administration qui est poursuivie devant le juge. La personne des agents qui ont établi les impositions contestées importe peu. En matière de contentieux du recouvrement, pour ce qui est de la contestation de la régularité des actes de poursuite de droit commun, la solution est différente. L'action engagée est dirigée contre les personnes qui ont exercé les poursuites, c'est-à-dire les agents de recouvrement et l'État qui les a commissionnés.

A ce sujet, l'article L69 du LPF dispose clairement que « *toute saisie ou vente faite contrairement aux formalités prescrites par le LPF peut donner lieu à des poursuites judiciaires contre ceux qui y ont procédé et les frais restent à leur charge* ». Les personnes qui ont exercé les poursuites au sens de la présente disposition sont les receveurs des impôts territorialement compétents ou les agents de recouvrement placés sous leurs ordres. L'illustration jurisprudentielle est fournie par le jugement n° 2697/CO du 1er avril 2004 du Tribunal de première instance (TPI) de Yaoundé centre administratif, dans l'affaire ministère public et Babissakana (Société Prescriptor) C/ Ananga, Dame Mbele, Abouem Bien-Aimé, État du Cameroun (MINEFI). Le juge a condamné les agents de recouvrement susmentionnés et l'État à dédommager la victime, pour saisie irrégulière ayant causé des préjudices matériel, moral et commercial. Après l'identification du demandeur et du défendeur, il est intéressant d'examiner le droit applicable à l'occasion de la contestation juridictionnelle des actes de poursuite de droit commun.

§ 4 : Le droit applicable

661. En matière de contentieux des voies d'exécution, il existe une spécificité fiscale du fait de la cohabitation de deux sortes de règles : le droit commun des voies d'exécution organisé dans le Code de procédure civile et commerciale et le droit spécial des voies d'exécution organisé dans le Livre des procédures fiscales.

L'application du CPCC ne pose a priori aucun problème dans le contentieux de la régularité des actes de poursuites de droit commun. La loi dispose clairement (art. L55 du LPF), qu'il s'agit de poursuites judiciaires et qu'à cet égard, seuls les tribunaux judiciaires sont compétents pour statuer sur leur validité. Toutefois, lorsque certaines précisions sur la procédure à suivre sont directement déterminées dans le LPF et sont contraires à celles du CPCC, la question du droit applicable devient inévitable.

662. Dans une telle hypothèse de conflit de lois entre le CPCC et le LPF, ce sont les dispositions de ce dernier qui sont applicables. En effet, en vertu d'un principe général du droit, les lois de portée générale ne dérogent pas à celles qui ont un objectif spécial « *generalia specialibus non derogant* ». Les dispositions du LPF priment sur celles du CPCC lorsque les mesures d'exécution sont mises en œuvre aux fins de recouvrement de l'impôt. Cette solution est-elle valable lorsque les dispositions du Code de procédure civile et commerciale en conflit avec celles du LPF procèdent du droit OHADA ?

À cet égard, les articles 336 de l'acte portant organisation des procédures simplifiées de recouvrement et des voies d'exécution, et 10 du traité relatif à l'harmonisation du droit des affaires en Afrique stipulent clairement qu'ils abrogent toutes les dispositions relatives aux matières qu'ils concernent dans les États parties. Cette position a été confirmée par la jurisprudence de la Cour commune de justice et d'arbitrage (CCJA) dans son avis n° 001/2001/EP du 30 avril 2001. De plus, conformément à l'article 45 de la Constitution camerounaise, les traités ou accords internationaux régulièrement approuvés ou ratifiés ont une valeur supérieure à celle des lois.

663. Pour toutes ces raisons, le droit OHADA, en principe, prime sur le LPF en cas de contrariété entre leurs dispositions. Or, pour que ce droit harmonisé puisse mettre en échec le LPF, il faut que le droit fiscal fasse partie des matières couvertes par les Traités OHADA. Interrogée à ce sujet par la Côte d'Ivoire, la CCJA, dans l'avis sus-cité, a répondu clairement que « *le droit fiscal ne fait pas partie à ce jour des matières rentrant dans le domaine du droit des affaires harmonisé tel que défini à l'article 2 du Traité relatif à l'harmonisation du droit des affaires en Afrique* ». Mais la Cour d'Abidjan a nuancé cette position pour ce qui est du cas spécifique du recouvrement des créances fiscales. Suivant son avis, une distinction doit être faite entre les mesures de recouvrement contenues dans les législations des États et antérieures à l'Acte uniforme, portant organisation des procédures simplifiées de recouvrement et des

voies d'exécution, d'une part ; et celles qui lui sont postérieures, d'autre part.

Lorsqu'elles lui sont antérieures, elles demeurent valables dans la mesure où le droit OHADA ne s'applique pas en matière fiscale. Mais, lorsqu'elles lui sont postérieures, « les mesures conservatoires, les mesures d'exécution forcée et procédures de recouvrement, doivent se conformer aux dispositions OHADA ».

Pour savoir lequel des deux droits entre le droit national et le droit OHADA est applicable, il faut toujours rechercher la date d'entrée en vigueur du droit national et la confronter à la date d'entrée en vigueur de l'Acte uniforme susmentionné. Pour mémoire, cet acte a été signé le 10 avril 1998 et est entré en vigueur quatre-vingt-dix jours après.

664. Malgré ces précisions, le problème ne se pose pas s'agissant du droit applicable en matière de contestation des actes de poursuite de droit commun. En effet, la loi fiscale elle-même avait toujours visé le CCPC pour les procédures à suivre en matière de recouvrement forcé. Or, ce même CCPC a été modifié par le droit OHADA. Le problème de contrariété ne pourra donc se poser que par rapport aux mesures de poursuites particulières.

§ 5 : La juridiction compétente

665. L'instance devant la juridiction compétente se déroule normalement devant le juge civil, sauf en cas de voie de fait ou d'abus de fonction établis[155]. Elle se déroule dans un premier temps au niveau des tribunaux d'instance compétents (A), qui sont saisis par assignation ou par requêtes et mémoires (B). Lorsque les parties ne sont pas satisfaites des jugements prononcés, elles peuvent saisir les juridictions supérieures en se servant des voies de recours qui leur sont offertes (C).

A/ Les tribunaux compétents

Les tribunaux compétents sont, selon le cas, le Tribunal de première instance (TPI) ou le Tribunal de grande instance (TGI). La répartition des compétences entre les deux juridictions n'échappe pas aux critères

---

[155] Par le jugement 2697/CO du 1er avril 2004 et l'arrêt confirmatif n° 438/COR du 3 avril 2006, le Tribunal de première instance de Yaoundé centre administratif et la Cour d'appel de la même ville ont rendu un verdict discutable en droit dans l'affaire ministère public et Babissakana (Société Prescriptor) C/ Ananga, Dame Mbele, Abouem Bien-Aimé, État du Cameroun (MINEFI), relative au recouvrement forcé des droits d'enregistrement dus par la requérante. Le juge a condamné les agents de recouvrement susmentionnés pour abus de fonction et concussion sur la base d'une interprétation erronée des textes fiscaux.

classiques de détermination des compétences juridictionnelles qui sont essentiellement d'ordre matériel et territorial.

1/ La compétence matérielle

666. Du point de la compétence matérielle, tous les tribunaux d'instance sont compétents. La ligne de démarcation des compétences entre le TPI et le TGI est déterminée par les montants en litige selon qu'ils sont supérieurs à dix (10 000 000) millions de francs CFA ou pas. Toutefois, il faut préciser que les seuils ainsi définis concernent les créances civiles et commerciales. Les créances purement fiscales ne sont pas expressément visées. Faute de clarification législative sur la compétence des tribunaux, sur les créances fiscales, le droit commun doit nécessairement être appliqué. À la lumière de ces précisions, la répartition des compétences entre les deux juridictions est la suivante : pour les requêtes portant sur les sommes inférieures ou égales à 10 000 000, la juridiction compétente est, en vertu de l'article 15 (1) b) de la loi n° 2006/015 du 29 décembre 2006 portant organisation judiciaire, le Tribunal de première instance. Alors que pour les requêtes portant sur les sommes supérieures à dix (10 000 000) millions, la juridiction compétente est en vertu de l'article 18 (1) b) de la même loi, le Tribunal de grande instance.

2/ La compétence territoriale

667. En ce qui concerne *la compétence territoriale*, le principe constant est celui de la compétence du tribunal du domicile du défendeur. Ce principe est d'ailleurs rappelé par l'article 9 du Code de procédure civile et commerciale. L'administration étant le défendeur, le tribunal compétent sera de toute évidence celui du lieu de situation du service ayant engagé les poursuites contestées. La détermination du tribunal compétent conduit à l'examen du mode de saisine du tribunal.

B/ La saisine du tribunal compétent et l'instruction de la demande

668. Le demandeur qui conteste la régularité des poursuites engagées par l'administration pour le recouvrement forcé de l'impôt a deux possibilités pour introduire son action. Il peut recourir à la procédure de l'assignation (1) ou à la procédure sur requêtes et mémoires (2). La juridiction saisie pourra alors instruire la requête et prononcer son jugement (3).

1/ La procédure de l'assignation

669. L'assignation prévue aux articles 5 à 17 du Code de procédure civile et commerciale est un acte destiné à informer solennellement le

défendeur qu'il est invité à se présenter devant le tribunal pour débattre du litige et le faire trancher par le juge.

Encore appelée « ajournement », l'assignation est signifiée par un huissier de justice. C'est donc cet officier ministériel qui notifie l'assignation à la partie adverse. La signification est le terme juridique qui désigne la notification des actes de procédure aux parties par un huissier.

L'assignation contiendra conformément à l'article 6 du CPCC : la date des jour, mois et an, les nom, profession et domicile du demandeur ; les nom, demeure et matricule de l'huissier ou de l'agent d'exécution, les nom et demeure du défendeur, et mention de la personne à laquelle copie de l'exploit sera laissée ; l'objet de la demande, l'exposé sommaire des moyens ; l'indication du tribunal qui doit connaître la demande (la nature de la juridiction et le lieu où il siège), la date et l'heure de l'audience.

Généralement, le délai ordinaire de l'assignation est de huit (8) jours pour ceux qui sont domiciliés dans le lieu où siège le tribunal compétent. Ce qui est normalement le cas de l'administration.

Une fois l'assignation servie, l'huissier instrumentaire doit la placer au greffe de la juridiction saisie trois jours au moins avant la date de l'audience indiquée. Elle peut aussi être placée par le demandeur lui-même et c'est souvent le cas, car le placement de l'assignation entraîne le versement de la provision qui autorise le greffier en chef à recevoir l'assignation et enrôler l'affaire. Cette provision qui est prévue à l'article 24 du CPCC, vise à garantir le paiement des frais de justice et son montant varie en fonction de la juridiction concernée et des montants en litige.

2/ La procédure sur requêtes et mémoires

670. Si la saisine du juge par voie d'assignation est la procédure de droit commun en matière civile et commerciale, la procédure sur requêtes et mémoires, prévue à l'article 19 du CPCC, est une exception, une possibilité offerte aux parties qui résident à plus de 20 kilomètres du lieu où siège la juridiction saisie. Cette idée d'exception transparaît dans la rédaction de cette disposition « *en toute matière, les parties peuvent saisir la juridiction compétente par requête et plaider sur mémoire...* ». Alors la rédaction de l'article 5 du même code qui dispose que « *les instances en matière civile et commerciale sont introduites par assignations* », souligne que cette dernière est le mode normal de saisine.

671. **La requête introductive d'instance** conformément à l'article 20 du CPCC, doit contenir la date des jour, mois et an, les nom, profession

et domicile du demandeur ; l'objet de la demande, l'exposé sommaire des moyens ; l'indication du tribunal qui doit connaître la demande (la nature de la juridiction et le lieu où il siège), la date et l'heure de l'audience. Cette requête, qui contient en plus un exposé complet de l'affaire et des moyens est adressée avec autant de copie qu'il y a de défendeurs par le demandeur au président de la juridiction compétente par lettre recommandée. Elle doit également mentionner que le demandeur entend plaider suivant la procédure des articles 19 et suivants. Dans les vingt-quatre heures de la réception de la requête, le magistrat rend une ordonnance fixant la date d'audience et remet le dossier au greffier qui, dans les vingt-quatre heures, envoie par pli recommandé avec avis de réception : au défendeur, copie de l'ordonnance et de la requête introductive d'instance ; et au demandeur, copie de l'ordonnance.

3/ L'instruction de la demande et le jugement

672. L'instruction correspond à la mise en état dans la procédure de droit commun devant le juge judiciaire, c'est-à-dire, à la période de l'instance au cours de laquelle les parties s'efforcent de démontrer le bien-fondé de leurs prétentions, mais aussi pendant laquelle le tribunal réunit les éléments qui lui permettront de statuer sur la demande. Elle s'effectue par un échange des mémoires par les parties (3.1), certaines mesures spéciales d'instruction peuvent être ordonnées par le juge (3.2), avant le prononcé du jugement (3.3).

3.1 L'établissement et l'échange des mémoires

673. En matière civile et commerciale, comme c'est le cas pour la contestation des actes de poursuite, la procédure est écrite, c'est-à-dire que l'instruction se déroule par échange de mémoires. Ce caractère essentiellement écrit de la procédure civile, la rapproche de la procédure suivie devant les juridictions administratives.

Les conclusions initiales du demandeur sont contenues dans l'assignation ou la requête introductive d'instance qui tiennent lieu de mémoire en demande. Ce mémoire renferme, à titre de rappel, l'objet de la demande et l'exposé sommaire des moyens. Les diligences prescrites par le juge, à savoir les convocations, les notifications des conclusions, la communication des pièces, etc. sont exécutées par le greffier.

Après réception du mémoire en demande, l'administration doit produire son mémoire en défense qui peut être suivi du mémoire en réplique du demandeur, et éventuellement de la réponse au mémoire en réplique. Cet échange sera poursuivi jusqu'à ce que les parties s'accordent sur le principe de mettre l'affaire en jugement. À la demande des parties, le juge peut ordonner certaines mesures d'instruction.

3.2 Les mesures spéciales d'instruction

674. Des mesures spéciales d'instruction peuvent être ordonnées par le tribunal. Ces mesures qui ne sont pas expressément visées dans le CGI, comme pour le contentieux d'assiette, sont celles qui sont prévues dans le CPCC, dans le cadre des procédures de droit commun. Les principales en sont : la vérification des écritures, l'enquête, la descente sur les lieux et l'expertise.

3.3 Audience et jugement

675. Au terme de l'instruction, les parties seront convoquées à l'audience pour le jugement. Les audiences des tribunaux sont publiques, à moins que cette publicité ne soit dangereuse pour l'ordre public ou les mœurs (art. 26 du CPCC). Lors de l'audience, les parties ou leurs mandataires qui seront tenus de s'exprimer avec modération, sont autorisés à présenter des observations orales ou à développer leurs conclusions. Toutefois, les conclusions déposées au greffe et communiquées à la partie adverse moins de trois jours avant l'audience où l'affaire doit être plaidée, pourront être rejetées comme tardives, ainsi que les pièces qui y seront jointes (art. 31 du CPCC). Les jugements à l'issue de l'instruction sont prononcés publiquement.

Ces jugements qui sont rédigés en minutes, énonceront qu'ils ont été rendus en audience publique et indiqueront clairement la date à laquelle ils ont été rendus. Ils contiendront les noms des magistrats et du greffier qui auront siégé (art. 38 du CPCC). Les jugements contiendront également les noms, professions, domicile des parties, l'acte introductif d'instance et le dispositif des conclusions, les motifs et le dispositif. Le jugement indiquera enfin si les parties se sont présentées en personne ou par mandataires, ou s'il a été jugé sur mémoires produits. Après le prononcé du jugement, les parties peuvent exercer les voies de recours prévues par les textes.

§ 6 : Les voies de recours

676. Il existe deux voies de recours dans le CPCC : les voies de recours qu'on peut considérer d'ordinaires et les voies de recours extraordinaires. Dans la catégorie des voies de recours ordinaires, on retrouve l'appel ; et dans les voies de recours extraordinaires, on retrouve la tierce opposition, la requête civile, la prise à partie et les recours en cassation.

La tierce opposition prévue dans les articles 217 à 222 du CPCC est une voie de recours extraordinaire de rétractation ou de réformation ouverte aux personnes qui n'ont été ni parties ni représentées dans une instance, leur permettant d'attaquer une décision qui leur fait grief et de faire déclarer qu'elle leur est inopposable.

La requête civile prévue dans les articles 223 à 245 du CPCC, est une voie de recours extraordinaire de rétractation par laquelle on revient devant les juges ayant statué sur l'affaire en premier ressort pour leur demander de modifier leur décision initiale que l'on prétend avoir été rendue par erreur.

La prise à partie prévue dans les articles 246 à 257 du CPCC est une procédure permettant, en cas de déni de justice, de concussion, de dol, de faute lourde professionnelle, d'agir en responsabilité civile contre un magistrat.

Les développements qui suivent porteront sur l'appel (A) et le pourvoi en cassation (B), qui sont les voies de recours les plus utilisées dans les procédures contentieuses.

A/ L'appel

677. « *L'appel est une voie de recours de droit commun et de réformation ou d'annulation par laquelle une partie qui se croit lésée par un jugement, défère le procès et le jugement aux juges du degré supérieur*[156] ». Ainsi défini, l'appel a deux finalités essentielles : il est une voie de recours de réformation et une voie de recours d'annulation. L'appel est une voie de réformation dans la mesure où il permet un deuxième examen du procès par une juridiction supérieure à celle qui a statué en premier ressort. Cette réformation vise à réparer les erreurs des premiers juges. L'appel est une voie de recours d'annulation dans la mesure où il permet l'annulation d'un jugement irrégulier. L'examen de l'appel s'articulera sur les décisions susceptibles d'appel (1), les parties à l'appel (2), les délais d'appel (3), la forme et le contenu de l'appel (4), les effets de l'appel (5) et enfin, l'instruction et le jugement de l'appel (6).

1/ Les décisions susceptibles d'appel

678. Au regard des dispositions de l'article 22 de la loi n° 2006/015 du 29 décembre 2006, *la Cour d'appel est compétente pour connaître : des appels interjetés à l'encontre des décisions rendues par les juridictions*

[156] La voie d'appel, « Colloque national de droit judiciaire », février, 1963, Aix-en-Provence, cité par J. VINCENT et S. GUINCHARD dans *Procédure civile*, *op. cit.* p. 922.

autres que la Cour suprême et la Cour d'appel elle-même ; des appels formés contre les ordonnances du juge d'instruction. À la lecture de cette énumération des attributions de la Cour d'appel, il ressort clairement que la voie d'appel est, de manière générale, ouverte en toute matière contre les jugements de première instance, sauf autre disposition contraire d'un texte particulier.

2/ Les parties à l'appel

679. Lorsque le jugement de premier ressort est critiqué, qui peut interjeter appel et contre qui ? Toute évidence nous enseigne que l'appel ne peut être formé que par les parties au premier procès. Dans le cas qui nous concerne, ce sera naturellement le redevable ou l'État lorsque la décision est défavorable à l'un ou à l'autre ; ou qu'elle n'est pas totalement satisfaisante pour l'un ou l'autre. L'appel peut être principal ou incident selon qu'il est formé par l'appelant ou l'intimé.

L'appel principal est celui formé par la personne qui n'a pas obtenu satisfaction dans le jugement de premier ressort. C'est généralement la personne qui a perdu le procès. Pour former appel, l'appelant devra remplir les conditions générales des actions à savoir : la qualité, l'intérêt et la capacité nécessaire pour agir.

La qualité pour agir découle de la participation au premier procès. En effet, « *on ne peut avoir qualité pour appeler que si on a été partie au procès de première instance. Sinon l'appel est irrecevable et celui qui est resté étranger aux débats ne peut user que de la tierce opposition* [157] ». L'intérêt découle de la « *succombance* » au premier procès. L'intérêt de l'appelant est justifié forcément lorsqu'il a succombé au premier procès ou lorsqu'il n'a pas obtenu satisfaction sur toutes ses prétentions.

L'appel incident est celui qui est formé par la partie qui a certes eu gain de cause au premier procès, mais qui n'a pas obtenu une satisfaction totale sur toutes ses prétentions. Cette partie (l'intimé), malgré l'appel principal formé par la partie ayant succombé en premier ressort, forme appel à son tour pour renouveler ses prétentions non satisfaites par les premiers juges. Le droit de former appel est encadré dans des délais précis.

3/ Le délai d'appel

680. Pour l'appelant en principal, le délai pour interjeter appel est de trois mois (art. 192 du CPCC). Ce délai court, pour les jugements contradictoires, à compter du jour de la signification à personne ou à

---

[157] J. VINCENT et S. GUINCHARD, *op. cit.*, p. 929.

domicile réel ou d'élection. Pour les jugements par défaut, il court à compter du jour où l'opposition ne sera plus recevable (art. 193 du CPCC). Pour mémoire, tous les jugements rendus par défaut sont susceptibles d'opposition et cette opposition n'est recevable que pendant la quinzaine, à compter du jour de la signification à personne.

L'expiration du délai d'appel emporte déchéance (art. 193 du CPCC). Il s'agit d'une déchéance absolue consacrée légalement dans un intérêt d'ordre public, pour conférer au jugement l'autorité de la chose jugée après écoulement d'un temps[158]. L'irrecevabilité de l'appel interjeté hors délai est d'ordre public. Les juges d'appel doivent, par conséquent, la relever d'office[159].

Les délais qui viennent d'être examinés concernent l'appel principal, car la loi n'impose aucun délai à l'appel incident. Cet appel peut être relevé à tout moment de la procédure[160]. Le délai d'appel qui est un délai franc ne comprend ni le jour de la signification, ni celui de l'échéance, d'après la jurisprudence de la Cour suprême[161]. L'expiration des délais d'appel emporte une déchéance d'ordre public que le juge doit prononcer d'office même si les parties ne l'ont pas fait.

4/ Forme et contenu de l'appel

681. L'appel est formé par simple requête adressée aux membres de la juridiction d'appel. Cette requête devra contenir les énonciations de la requête introductive d'instance ordinaire, les motifs de l'appel et les conclusions de l'appelant. Il ne sera formé en cause d'appel aucune nouvelle demande, à moins qu'il ne s'agisse de compensation ou que la demande nouvelle ne soit la défense de l'action principale.

La requête d'appel signée de la partie ou de son mandataire sera déposée au greffe de la juridiction d'appel en autant d'exemplaires qu'il y a des parties intimées. Elle pourra y être adressée par la poste sous pli recommandé.

L'appel incident peut être formé par simples conclusions, demandant la réformation de la décision des premiers juges et précisant les griefs sur lesquels porte cette demande ou même reprenant simplement les conclusions de première instance[162].

---

[158] CS, arrêt n° 27/S du 22 du 6 décembre 1966, cité par Samuel Ngué, dans *Code de Procédure civile et commerciale*, édition Minos, Yaoundé, 2001, p. 78.
[159] CS, arrêt n° 85/cc du 22 septembre 1994, dans Samuel Ngué, *op. cit.*, p. 78.
[160] CS, arrêt n° 85/cc du 22 septembre 1994, dans Samuel Ngué, *op. cit.*, p. 79.
[161] Cour suprême. Arrêt n° 27/cc du 21 avril 1964, dans Samuel Ngué, *op. cit.*, p. 76.
[162] CS, arrêt n° 16/S du 9 janvier 1975, Bull n° 32, p. 4749.

5/ Les effets de l'appel

L'appel régulièrement formé a deux effets : un effet suspensif, à moins que l'exécution provisoire ne soit ordonnée sur le jugement de premier ressort et un effet dévolutif. Mais dans certains cas, le juge d'appel peut évoquer l'affaire.

682. *L'effet suspensif* est normal dans la mesure où l'appel est une voie de recours ordinaire qui a pour conséquence naturelle de suspendre l'exécution du jugement attaqué lorsqu'il est formé. Ce trait de caractère le différencie du pourvoi en cassation qui, en matière civile et commerciale, ne suspend pas l'exécution de la décision d'une Cour d'appel.

Dans le cadre de *l'effet dévolutif* de l'appel, le juge d'appel a la même liberté dans l'examen de l'affaire que le premier juge ; et il n'est pas lié par sa position. Le litige est transporté du juge de premier degré au juge de deuxième degré avec toutes les questions de droit et de fait qu'il comporte. C'est seulement l'acte d'appel qui définit les limites du procès soumis à l'examen des juges d'appel.

683. *L'évocation,* prévue à l'article 212 du CPCC « *est une faculté qui appartient au juge du deuxième degré, saisi de l'appel de certains jugements de première instance, de s'emparer de toute l'affaire, et de statuer sur le tout, c'est-à-dire sur l'appel et sur le fond du procès, par une seule et même décision* »[163]. Le juge ne statue dans le cadre de l'effet dévolutif de l'appel que si le jugement contesté a été régulièrement prononcé. S'il ne l'a pas été, et qu'il comporte une cause de nullité, il doit être annulé. Cette cause de nullité peut provenir d'une irrégularité procédurale. La nullité censurera la méconnaissance des règles de compétence ou de procédure par les premiers juges. Un jugement ainsi annulé est considéré comme n'ayant jamais été rendu. C'est pourquoi il ne saurait y avoir lieu à rejugement du litige. Dans ce cas, la juridiction d'appel peut renvoyer l'affaire devant la juridiction de première instance, pour que le litige soit par elle régulièrement jugé. Mais elle peut aussi opter pour la solution rapide du litige. Elle évoquera le fond et statuera.

L'évocation est, par conséquent, le pouvoir reconnu au juge d'appel de trancher un litige qui a fait l'objet d'un premier jugement, censuré par la Cour d'appel, pour une irrégularité procédurale. Le pouvoir d'évocation est utilisé pour la bonne administration de la justice. L'article 212 précité prévoit deux cas de figure pour que le juge d'appel évoque une affaire :

---

[163] J. VINCENT et S. GUINCHARD, *op. cit.*, p. 975.

Le premier cas de figure concerne l'appel d'un jugement en partie définitif et en partie avant dire droit. Lorsqu'un tel jugement est infirmé, la juridiction d'appel pourra évoquer l'affaire à condition que la matière soit susceptible de recevoir une décision définitive.

Le second cas est celui dans lequel la juridiction d'appel infirme ou annule des jugements sur le fond, soit pour vice de forme, soit pour toute autre cause. Ici, le juge d'appel pourra, comme pour le cas précédent, évoquer l'affaire. Mais dans tous les cas où l'infirmation est prononcée pour violation des règles de compétence, le renvoi sera toujours ordonné.

6/ L'instruction et le jugement de l'appel

684. Conformément à l'article 214 du CPCC, les autres règles concernant les tribunaux d'instance seront observées devant la Cour d'appel. De cette énonciation, il résulte que les parties procèderont à l'échange des mémoires jusqu'à ce qu'elles estiment que l'affaire est en l'état d'être jugée. Au besoin, toutes les mesures d'instruction nécessaires pourraient être ordonnées par les juges d'appel.

Au terme de l'instruction, les parties comparaîtront à l'audience pour le prononcé de la décision de la Cour d'appel. Conformément à l'article 21(1) de la loi du 29 décembre 2006, portant organisation judiciaire, toute affaire relevant de la Cour d'appel est jugée par trois (3) magistrats du siège membres de ladite cour. En conséquence, un arrêt rendu par moins de trois magistrats peut sur pourvoi être cassé par la Cour suprême qui est saisie lorsque les parties ou l'une des parties n'est pas satisfaite du verdict de la Cour d'appel. Les audiences et les jugements se dérouleront conformément aux dispositions respectives des articles 25 à 34 du CPCC et, 38 à 61 du même Code.

B/ Le pourvoi en cassation

685. Le pourvoi en cassation est une voie de recours extraordinaire puisqu'elle n'est pas suspensive d'exécution[164] et ne peut être formée que pour des causes limitativement énumérées. Le pourvoi s'exerce, en application de l'article 37 de la loi n° 2006/016 du 29 décembre 2006, fixant l'organisation et le fonctionnement de la Cour suprême, contre les décisions rendues en dernier ressort par les Cours et tribunaux en matière civile, commerciale et contre les actes juridictionnels émanant des juridictions inférieures et devenus définitifs, dans tous les cas où l'application du droit est en cause. Les développements qui suivent

[164] CS. arrêt n° 9 du 11 décembre 1962, Bull n° 7, p. 391.

porteront sur les cas d'ouverture à pourvoi (1), la forme et le délai du pourvoi (2), l'instruction du pourvoi et le jugement (3).

1/ Les cas d'ouverture à pourvoi

686. Au regard de l'article 35 de la loi précitée, les décisions des juridictions inférieures donnent lieu à pourvoi lorsqu'elles méconnaissent les règles suivantes : l'incompétence ; la dénaturation des faits de la cause ou des pièces de la procédure ; le défaut, la contradiction ou l'insuffisance des motifs, le vice de forme (lorsque la décision attaquée n'a pas été rendue par le nombre de juges prescrit par la loi ou l'a été par des juges qui n'ont pas siégé à toutes les audiences ; lorsque la parole n'a pas été donnée au ministère public ou que celui-ci n'a pas été représenté ; lorsque la règle relative à la publicité de l'audience, sous réserve des exceptions prévues par la loi, n'a pas été observée.) ; la violation de la loi ; la non-réponse aux conclusions des parties ou aux réquisitions du ministère public ; le détournement de pouvoir ; la violation d'un principe général du droit ; le non-respect de la jurisprudence de la Cour suprême ayant statué en sections réunies d'une Chambre ou en Chambres réunies.

L'article 37 de la même loi précise les attributions de la Chambre judiciaire qui est compétente pour connaître : des décisions rendues en dernier ressort par les Cours et tribunaux en matière civile, commerciale, pénale, sociale et de droit traditionnel ; des actes juridictionnels émanant des juridictions inférieures et devenus définitifs dans tous les cas où l'application du droit est en cause ; de toute autre matière qui lui est expressément attribuée par la loi.

2/ Délai et forme du pourvoi

687. Le délai du pourvoi est de trente (30) jours en matière civile et commerciale. Les formes et délais sont substantiels à la validité du pourvoi, et leur inobservation entraîne la nullité de l'acte de pourvoi[165]. Au terme de l'article 42 de la loi sus-citée, le pourvoi en matière judiciaire est formé, à peine d'irrecevabilité, par déclaration au greffe de la juridiction dont émane la décision. La déclaration de pourvoi est faite soit par le demandeur en personne ou par son conseil, soit par un mandataire muni d'une procuration spéciale dûment légalisée. Cette déclaration est signée par le greffier et le demandeur ou son représentant.

Le demandeur est tenu de verser une taxe de pourvoi de dix mille (10 000) francs, dont sont dispensés l'État, les collectivités publiques territoriales décentralisées et les établissements publics administratifs. Il

---

[165] CS. Arrêt n° 312 du 24 octobre 1961, Bull n° 5, p. 190.

verse en outre une somme suffisante à titre de consignation, destinée à couvrir les frais de reproduction du dossier de procédure. Le montant de cette consignation est fixé par ordonnance du président de la juridiction qui a rendu la décision attaquée. La taxe et la consignation prévues à l'article 44 de la loi n° 2006/016 du 29 décembre 2006 sus-citée, fixant l'organisation et le fonctionnement de la Cour suprême, sont versées au greffe de la juridiction ayant rendu la décision.

Au moment de la déclaration du pourvoi, le greffier notifie par écrit au demandeur qu'il lui appartient de faire parvenir au greffe dans un délai de trente (30) jours à peine de déchéance, soit le nom de son avocat, soit sa demande d'assistance judiciaire en cas d'indigence. Le greffier qui reçoit la déclaration du pourvoi doit dresser un procès-verbal établi en quatre (4) exemplaires.

Dès réception du pourvoi et dans un délai de quinze (15) jours, le greffier en chef de la juridiction dont émane la décision attaquée dénonce le pourvoi au ministère public et aux autres parties par exploit d'huissier (art. 48 (1)). Dans un délai maximum de soixante (60) jours, à compter de la déclaration du pourvoi, le même greffier met le dossier en état de pourvoi.

Ce dossier, en autant d'exemplaires que des parties plus cinq (5), comprend : l'acte de pourvoi, le procès-verbal prévu à l'article 46 (3), les conclusions et mémoires, le jugement rendu en premier ressort, une expédition de la décision frappée de pourvoi et les notes d'audience de la juridiction. Il comprend également, le cas échéant, l'acte d'appel, les conclusions et les mémoires déposés devant la Cour d'appel, les expéditions des décisions avant dire droit ainsi que les pièces constatant l'exécution des mesures d'instruction.

3/ L'instruction du pourvoi

Seront successivement examinés : l'échange des mémoires (3.1), la mise en état du dossier et l'examen du pourvoi (3.2), l'audience et jugement (3.3), l'Arrêt de la Cour suprême (3.4) et les effets de l'Arrêt de cassation ou d'annulation (3.5).

3.1 L'échange des mémoires

688. Pendant le déroulement de la procédure devant la Cour suprême, le demandeur est considéré comme ayant élu domicile au cabinet de l'avocat constitué ou désigné. Dès réception du pourvoi, le greffier en chef de la Cour suprême ouvre un dossier et communique quatre (4) exemplaires du dossier du pourvoi au président de la Chambre qui les

distribue aux membres de la collégialité et au ministère public. Les autres exemplaires sont mis à la disposition des parties ou de leurs conseils.

Avant toute mise en demeure pour la production du mémoire, le greffier en chef doit vérifier si la décision frappée de pourvoi a été enregistrée. Dans le cas contraire, le demandeur du pourvoi doit régulariser sa situation au regard de la formalité d'enregistrement dans un délai de soixante (60) jours sous peine d'irrecevabilité de son recours.

Lorsque la situation de la décision attaquée est régularisée par rapport à la formalité d'enregistrement, le greffier en chef de la Chambre informe l'avocat du demandeur qu'il dispose d'un délai de trente (30) jours pour déposer au greffe son mémoire ampliatif[166] (art. 53). Ce mémoire est déposé en autant d'exemplaires qu'il y a des parties plus cinq (5). Le délai de trente (30) jours est prescrit à peine de déchéance et sans préjudice, le cas échéant, de l'action en responsabilité pour faute professionnelle contre l'avocat. Toutefois, le demandeur au pourvoi peut, dans un délai de dix (10) jours, demander le rabattement de l'arrêt de déchéance en établissant que la cause de la déchéance ne lui est pas imputable.

Le mémoire ampliatif, qui doit être dûment timbré par feuillet, doit articuler et développer les moyens de droit invoqués à l'appui du pourvoi. Le défaut de timbrage, nonobstant une lettre du greffier en chef signifiée par voie d'huissier, dans un délai de quinze (15) jours entraîne l'irrecevabilité du pourvoi.

Dès réception du mémoire ampliatif, le greffier en chef de la Chambre le fait notifier au défendeur par exploit d'huissier. Ce dernier doit, dans un délai de trente (30) jours, à compter du lendemain de cette notification, adresser personnellement ou par l'entremise de son avocat, un mémoire en réponse (art. 56) au greffier en chef de la Chambre, en autant d'exemplaires qu'il y a de demandeurs, plus cinq (5).

Le mémoire en réponse est ensuite transmis au demandeur par voie d'huissier, qui peut produire, s'il l'estime utile, dans un délai de quinze (15) jours son mémoire en réplique (art. 57). Ce dernier mémoire est, le cas échéant, transmis au défendeur pour produire éventuellement dans le même délai son mémoire en réponse.

---

[166] Le mémoire ampliatif est selon la définition qu'en donne le lexique des termes juridiques, le document contenant l'exposé des prétentions d'un plaideur. L'échange des mémoires est une des caractéristiques de la procédure devant la Cour suprême.

Tous ces délais relatifs à la production et l'échange des mémoires peuvent à tout moment être réduits de moitié ou exceptionnellement de deux tiers, par ordonnance du président de la Chambre à la requête du Procureur général ou des parties au pourvoi.

3.2 La mise en état du dossier et l'examen du pourvoi

689. Lorsque toutes les formalités relatives à l'échange des mémoires sont accomplies, le dossier est mis en état de recevoir la décision. Le dossier est également réputé en état, lorsqu'à l'expiration du délai de trente (30) jours prévu à l'article 56 (2), le défenseur n'a pas déposé de mémoire en réponse. C'est aussi le cas, lorsque quinze (15) jours après la notification du mémoire en réponse, le demandeur n'a pas répliqué ; ou lorsque quinze (15) jours après la réception du mémoire en réplique, le défendeur n'a pas répondu.

Dès la mise en état du dossier, il est transmis au président de la Chambre pour la fixation de la date de l'examen du pourvoi. La décision est prise par la formation des sections réunies dans les trente (30) jours qui suivent la réception du dossier par le président. Lorsque le pourvoi apparaît suffisamment fondé, la Cour rend un arrêt d'admission de pourvoi non motivé. En revanche, lorsqu'il apparaît manifestement mal fondé, la Cour rend un arrêt de rejet motivé. Elle peut également, suivant le cas, déclarer le pourvoi irrecevable ou le demandeur déchu de son recours.

En cas d'admission du pourvoi et dès la signature de l'arrêt d'admission, le greffier en chef de la Chambre transmet quatre exemplaires de chaque document ou pièces produits par les parties ou leurs conseils au président de la section compétente pour distribution aux membres de la collégialité et désignation d'un rapporteur. Un exemplaire des mêmes documents et pièces, ainsi qu'une expédition de l'arrêt d'admission, sont transmis au Procureur général.

Lors de l'examen du dossier de pourvoi, le rapporteur peut soulever d'office les moyens prévus à l'article 35 (1) de la loi fixant organisation et fonctionnement de la Cour suprême, qui énumère les cas d'ouverture à pourvoi, qui, en vertu du deuxième alinéa du même article, peuvent être soulevés d'office par la Cour.

Lorsque le rapporteur a terminé l'examen du dossier, il transmet son rapport, sous pli confidentiel, en six (6) exemplaires au président de la Chambre. Ce dernier communique un exemplaire au Procureur général dans les mêmes conditions, pour que celui-ci propose une solution au litige dans ses conclusions. Comme le rapporteur, le Procureur général, peut d'office soulever tout moyen prévu par l'article 35 (1) susmentionné.

Les conclusions du Procureur général sont adressées, sous pli confidentiel, au président de la Chambre dans un délai de trente (30) jours. Ce dernier les transmet à son tour à la section concernée. Le dossier est ensuite retourné au greffe. Le président de la section concernée peut alors au terme de ce processus, fixer la date d'enrôlement.

3.3 Audience et jugement

690. La date d'audience arrêtée, est notifiée au Procureur général, aux membres de la formation concernée par le greffier en chef de la Chambre qui fait citer les parties à leur domicile élu et affiche le rôle de l'audience. À l'audience, le rapporteur lit son rapport, les conseils des parties et le Procureur général développent leurs arguments à l'appui de leurs mémoires et conclusions. Ils présentent, le cas échéant, leurs observations sur le rapport. Lorsque les solutions proposées par le rapporteur et le Procureur Général sont divergentes, l'affaire est mise en délibéré.

3.4 L'Arrêt de la Cour suprême

691. À l'issue de la procédure, les arrêts sont rendus par trois (3) membres de la Cour à la majorité des voix (art. 66). L'arrêt est rendu soit sur le siège, soit après délibéré à jour fixe. Les arrêts de la Chambre judiciaire ne comportent pas de qualité mais seulement l'énoncé et l'analyse des moyens produits, les moyens et la décision. Ils comportent également : la date de l'arrêt ; la composition de la Chambre ; les noms des parties ; le cas échéant, la décision qui a accordé l'assistance judiciaire. Ils mentionnent en outre que le rapporteur a donné lecture de son rapport, que les parties ont été entendues en leurs observations et le Procureur général en ses conclusions. Enfin, ces arrêts précisent également qu'ils ont été rendus en audience publique.

Les arrêts rendus par la Cour suprême revêtent essentiellement deux formes : ils sont soit des arrêts de rejet du pourvoi, soit des arrêts de cassation ou d'annulation. Le premier cas de figure intervient lorsque le moyen soulevé par le pourvoi n'est pas fondé et qu'il n'existe pas de moyen à soulever d'office (art. 67 (3)). Dans cette hypothèse, le pourvoi est rejeté purement et simplement par la Chambre, et le demandeur condamné à payer les dépens à cause de sa « succombance », art. 69 (1).

Le deuxième cas de figure survient lorsque le pourvoi est fondé ou qu'un moyen d'office prévu à l'article 35 (1) a été soulevé. Dans cette hypothèse, la Chambre casse et annule la décision qui lui est déférée, elle évoque et statue si l'affaire est en état d'être jugée au fond, art. 67 (2).

3.5 Les effets de l'arrêt de cassation ou d'annulation

692. Lorsque l'arrêt casse la décision de la Cour d'appel, deux conséquences peuvent être envisagées : la cassation peut être suivie d'un renvoi, comme elle peut ne pas être suivie de renvoi.

S'agissant de la cassation suivie de renvoi, c'est l'hypothèse la plus courante. Dans ce cas, l'affaire est renvoyée pour un réexamen à la Cour d'appel ayant prononcé l'arrêt cassé, composée différemment, ou à une autre Cour d'appel, pour un rejugement. Cette première hypothèse est celle qui a toujours eu lieu dans la mesure où la Cour suprême, juge de la régularité et de la validité juridique de la décision des juridictions inférieures, ne constituait pas un troisième degré de juridiction.

Pour ce qui est de la cassation non suivie de renvoi, elle peut se produire dans deux cas : dans le premier cas, l'arrêt de cassation fait suite à un pourvoi exercé par le procureur général de la Cour suprême dans le seul intérêt de la loi contre une décision des juridictions inférieures, devenue définitive et entachée de violation de la loi. La cassation intervenue à la suite d'un tel pourvoi ne produit aucun effet à l'égard des parties (art. 36 (a)), sauf sur ordre du ministre de la Justice (art. 36 (b)). Son intérêt est seulement de faire jurisprudence.

693. Le deuxième cas est le plus intéressant, car il ouvre la voie à un rejugement au fond de l'affaire par la Cour suprême à travers un pouvoir d'évocation. En effet, les dispositions de l'article 67 (2) de la nouvelle loi du 29 décembre 2006, fixant l'organisation et le fonctionnement de la Cour suprême, prévoient expressément que « *lorsque la Chambre casse et annule la décision qui lui est déférée, elle évoque et statue si l'affaire est en état d'être jugée au fond.* Et *l'affaire est reconnue en état d'être jugée au fond lorsque les faits, souverainement constatés et appréciés par les juges du fond, permettent d'appliquer la règle de droit appropriée* ». Par cette disposition, il est expressément autorisé à la Cour de sortir de son rôle traditionnel, qui l'empêchait de juger les affaires qui lui étaient déférées au fond. Dorénavant, la haute juridiction a l'obligation de se constituer en troisième degré de juridiction et statuer sans renvoi au fond « *lorsque les faits, souverainement constatés et appréciés par les juges du fond, permettent d'appliquer la règle de droit appropriée* ». L'évocation envisagée ici s'apparente à une obligation pour la Cour lorsque les faits constatés et appréciés par les juges de la Cour d'appel permettent l'application de la règle de droit appropriée.

Cette interprétation se justifie lorsqu'on compare l'évocation de la Cour suprême à celle de la Cour d'appel qui est une faculté au regard des dispositions de l'article 212 du CPCC. Cet article dispose en substance « *qu'en cas d'appel d'un jugement partie définitif et partie avant dire droit, la juridiction d'appel pourra évoquer l'affaire à condition que la matière soit susceptible de recevoir une décision définitive* ». Toutefois, on peut noter que la Cour conserve la faculté d'évoquer ou non dans la mesure où il lui revient d'apprécier que les faits constatés et appréciés par les juges du fond permettent de donner une décision définitive au litige.

La solution apportée au fond du litige par la Cour suprême, officiant comme troisième degré de juridiction, est irrévocable. Cette évolution, qui n'est pas sans rappeler celle observée en France[167], va dans le bon sens dans la mesure où elle allège les lourdeurs procédurales inhérentes aux renvois.

Section 2 : La contestation des mesures particulières de poursuites

694. Contrairement à la contestation des actes de poursuites de droit commun qui relève de la compétence du juge judiciaire et est dépourvue d'un recours administratif préalable, la contestation des mesures particulières de poursuites relève du juge administratif et, la saisine de ce juge est précédée d'une réclamation préalable devant l'administration. Le Tribunal de première instance de Douala-Bonanjo a reconnu son incompétence pour connaître des contestations concernant les mesures particulières de poursuites, dans l'affaire Société Europe Afrique services (EAS. SA) C/ Direction générale des impôts. Pour cette juridiction, « *les mesures particulières de saisie entreprises sur la base d'un avis à tiers détenteur sont des actes administratifs, ressortant de la compétence exclusive du juge administratif conformément aux dispositions combinées de l'article L80 du Code général des impôts et 2 de la loi n° 2006/022 du 29 décembre 2006 fixant l'organisation et le fonctionnement des tribunaux administratifs ; nous déclarons par voie de conséquence incompétent à connaître de la présente cause* »[168]. Cette compétence du juge administratif est à première vue contraire au droit OHADA.

---

[167] L'article 627 du Nouveau code de procédure civile français promulgué en 1979 prévoit deux cas de cassations sans renvoi : Dans le premier cas, « la Cour de cassation peut casser sans renvoi lorsque la cassation n'implique pas qu'il soit à nouveau statué sur le fond ». Dans le deuxième cas, les Chambres de la Cour de cassation, la Chambre mixte, l'Assemblée plénière ont la possibilité de casser sans renvoi et de mettre fin au litige en prononçant une décision sur le fond « lorsque les faits tels qu'ils ont été souverainement constatés et approuvés par le juge du fond, permettent (à la Cour) d'appliquer les règles de droit appropriées ».

[168] TPI de Douala-Bonanjo, ordonnance n° 187 du 6 septembre 2016, affaire Société Europe Afrique services (EAS. SA) C/ Direction générale des impôts.

Mais cette contrariété n'est qu'apparente dans la mesure où le juge OHADA a lui-même reconnu dans son avis n° 001/2001/EP du 30 avril 2001 susmentionné que « *le droit fiscal ne fait pas partie à ce jour des matières rentrant dans le domaine du droit des affaires harmonisé tel que défini à l'article 2 du Traité relatif à l'harmonisation du droit des affaires en Afrique* ». Ce principe général vaut de manière absolue pour les mesures concourant à l'assiette de l'impôt. Mais, pour celles qui sont relatives au recouvrement de l'impôt, la CCJA a apporté une réponse nuancée. Deux hypothèses sont à envisager selon que les dispositions en contradiction avec le Traité lui sont antérieures ou postérieures.

Lorsqu'elles lui sont antérieures, elles demeurent valables dans la mesure où le droit OHADA ne s'applique pas en matière fiscale. Lorsqu'elles lui sont postérieures, « *les mesures conservatoires, les mesures d'exécution forcée et procédures de recouvrement doivent se conformer aux dispositions OHADA* ». La question à poser devient ainsi celle de savoir si les mesures particulières de recouvrement sont antérieures ou postérieures au droit OHADA.

La réponse est sans équivoque. Les mesures particulières de poursuite sont antérieures. À ce titre, l'avis à tiers détenteur et la fermeture de l'établissement existaient déjà dans le CGI publié en 1973. Le blocage des comptes, pour sa part, a été introduit dans le CGI par la loi de finances 1977-1978. Les juges de l'ordre judiciaire, saisis, doivent par conséquent se déclarer incompétents.

L'autre particularité de la contestation juridictionnelle des mesures particulières de poursuites est ainsi l'obligation du recours préalable devant l'administration. Qu'est-ce qui peut justifier cette différence de traitement entre ces deux types de mesures de recouvrement forcé ? Il est très difficile de trouver une réponse logique à cette interrogation. La seule réponse est la volonté du législateur qui qualifie les mesures particulières de poursuites d'actes administratifs. On peut alors se demander en quoi les actes de poursuites de droit commun, qui relèvent totalement pour leur mise en œuvre de l'administration, ne sont pas des actes administratifs.

Il faut en effet souligner que l'avis de mise en recouvrement, titre exécutoire, qui constate la créance fiscale de l'administration et qui permet à cette dernière d'engager le recouvrement forcé des impôts, est un acte que l'administration se délivre à elle-même sans l'intervention d'un juge. Or, on observe que pour les particuliers qui entendent recouvrer leurs créances, il faut impérativement l'intervention d'un juge qui doit prononcer une injonction à payer.

De plus, l'administration n'a pas besoin de solliciter les services d'un huissier de justice pour procéder au recouvrement forcé de sa créance. Elle dispose en effet de ses propres agents de recouvrement, surtout en matière de saisie vente des biens mobiliers ou saisie-attribution. Ces observations faites, il convient de relever que le redevable doit d'abord saisir l'administration (§ 1) avant de saisir le juge (§ 3), comme en principe les recours dirigés contre les décisions administratives n'ont pas d'effets suspensifs, le redevable qui conteste la régularité de l'acte de poursuites, peut demander au juge le sursis à exécution de cet acte (§ 2).

§ 1 : La contestation devant l'administration des mesures particulières de poursuites

695. Les délais de réclamation et les autorités compétentes pour instruire et statuer sont les mêmes que ceux mentionnés pour la réclamation préalable en matière de contentieux d'assiette (voir *supra* 367 et 368). À ce sujet, l'article L80 du LPF dispose que les mesures particulières de poursuites sont des actes administratifs. C'est pourquoi elles peuvent être contestées devant l'administration conformément aux dispositions des articles L116 et suivants du présent Livre.

Le redevable pourra donc successivement saisir le Directeur général des impôts, le Directeur des grandes entreprises ou le chef du centre régional des impôts compétent dans un délai de trente (30) jours à compter de la notification du premier acte de procédure dans l'optique du recouvrement forcé. Ces autorités ont un délai de trente (30) jours pour statuer. Par la suite, il pourra saisir le ministre des Finances dans un délai de trente (30) jours, et ce dernier aura un délai de deux (2) mois pour rendre sa décision.

On peut s'interroger sur l'opportunité de ces saisines successives qui ont beaucoup plus un sens dans le contentieux d'assiette. Le contentieux du recouvrement reposant exclusivement sur la contestation des mesures de recouvrement et non sur celle du bien-fondé de l'imposition, ces étapes successives peuvent avoir pour effet de retarder le recouvrement si on se situe du côté de l'administration. On voit mal comment l'administration peut poursuivre le recouvrement alors que le redevable a engagé une action en contestation de la régularité de la procédure. Au terme de l'instruction, l'administration peut rejeter la demande du redevable, si elle estime que les mesures prises sont conformes à la loi. Ce dernier peut alors saisir le juge. Mais cette saisine du juge ne peut porter que sur le rejet prononcé par le ministre des Finances. Le contribuable qui conteste l'acte de recouvrement peut solliciter le sursis à exécution devant juge, pendant que son recours est en instruction devant l'administration.

§ 2 : Le sursis à exécution

696. En principe, le recours contre une mesure particulière de recouvrement ne suspend pas la poursuite de l'exécution de cet acte. En effet, dans le cadre de la contestation des mesures particulières de poursuites qui sont qualifiées par la loi d'actes administratifs, les redevables ne peuvent pas bénéficier du sursis de paiement qui est prévu pour le contentieux d'assiette. Il n'y a donc pas d'équivalent du sursis de paiement dans le contentieux du recouvrement. Cependant, le redevable n'est pour autant pas dépourvu d'actions visant à suspendre l'exécution de l'acte de recouvrement forcé. C'est pourquoi il pourra utilement faire recours à la procédure du sursis à exécution du contentieux administratif de droit commun, qui a été examiné dans le cadre du contentieux d'assiette. À titre de rappel, nous évoquerons les conditions du sursis à exécution et la décision du juge (A), et les effets de cette décision (B).

A/ Les conditions d'octroi du sursis et décision du juge

697. Le sursis à exécution, au regard des exigences de l'article 30 de la loi n° 2006/022 du 29 décembre 2006 fixant l'organisation et le fonctionnement des tribunaux administratifs, ne peut être accordé que « *si l'exécution est de nature à causer un préjudice irréparable et que la décision attaquée n'intéresse ni l'ordre public, ni la sécurité ou la tranquillité publiques* ». De la lecture de cette disposition, il s'ensuit que le sursis à exécution est subordonné à deux conditions essentielles : la poursuite de l'exécution de la décision attaquée peut entraîner des conséquences irréparables ; cette décision ne doit intéresser ni l'ordre public, ni la sûreté et la tranquillité publiques. On peut noter un assouplissement de ces conditions avec la suppression de l'avis conforme du ministère public. En effet, l'article 16 de la loi n° 75/17 du 8 décembre 1975 fixant la procédure devant la Cour suprême statuant en matière administrative conditionnait l'octroi du sursis à exécution à l'avis conforme du ministère public.

Lorsque ces conditions sont réunies, le sursis sollicité peut être ordonné par le président du Tribunal administratif après communication à la partie adverse et conclusions du ministère public. D'une manière générale, le juge administratif a eu une interprétation très libérale des conditions ci-dessus. À ce propos, il a toujours considéré que la poursuite du recouvrement des impositions peut entraîner des conséquences irréparables, d'une part, et qu'elle n'intéresse ni l'ordre public, ni la sécurité ou la tranquillité publiques, d'autre part. Cette attitude est notamment illustrée dans l'ordonnance n° 01/OSE/PCA/CS/91-92 du 1er novembre 1991, affaire Ndengue Thomas C/ État du Cameroun et l'ordonnance n° 06/OSE/PCA/CS/91-92 du 11 mars 1992, affaire Ngamaleu Dominique C/ État du Cameroun (voir *supra* n° 473).

B/ Les effets de la décision du juge sur le sursis à exécution

698. Deux cas de figure peuvent être envisagés, suivant que la décision du juge est favorable ou non au demandeur. Dans le premier cas, c'est-à-dire lorsque le sursis est accordé au demandeur, l'ordonnance de sursis à exécution est notifiée aux parties en cause dans les vingt-quatre (24) heures. Et l'effet de l'acte attaqué est suspendu à compter du jour de cette notification. Mais l'ordonnance prononçant le sursis à exécution devient caduque si, après la décision de l'administration sur son recours gracieux préalable, le tribunal n'est pas saisi de la requête introductive d'instance, dans le délai de soixante (60) jours qui suivent cette décision.

Dans le second cas, lorsque le juge estime que les conditions ne sont pas réunies, il peut par ordonnance refuser d'accorder le sursis à exécution et cette ordonnance peut faire l'objet d'un pourvoi devant la Chambre administrative de la Cour suprême. Et ce pourvoi contre une ordonnance de sursis à exécution d'un acte administratif suspend de plein droit l'exécution de ladite ordonnance.

L'arrêt de rejet du pourvoi formé contre une ordonnance ayant prononcé un sursis à exécution devient caduc si quinze (15) jours après le rejet du recours gracieux, le tribunal n'est toujours pas saisi, de la requête introductive du recours contentieux.

L'arrêt rendu sur pourvoi contre une ordonnance en matière de sursis à exécution est notifié aux parties en cause dans les vingt-quatre (24) heures. L'effet de l'acte attaqué est suspendu à compter du jour de cette notification.

§ 3 : La contestation des mesures particulières de poursuite devant le juge administratif

699. Le redevable non satisfait par la décision du ministre des Finances peut porter sa contestation devant le Tribunal administratif dans les soixante (60) jours qui suivent la notification de la décision de rejet de sa demande. Il dispose du même délai en cas de rejet implicite de sa demande, par le silence du ministre pendant les soixante (60) jours qui suivent sa saisine. La procédure devant cette juridiction est celle qui a été décrite dans les chapitres précédents (voir *supra* n° 513 et suivants). Après le tribunal administratif, le requérant peut exercer toutes les voies de recours qui lui sont ouvertes.

Chapitre 3

La contestation de l'obligation de payer

700. L'existence de l'obligation de payer est la deuxième branche du contentieux du recouvrement, même si elle n'est pas formellement consacrée dans le LPF. Le présent chapitre examinera la notion et le champ d'application de l'existence de l'obligation de payer d'une part (section 1) et la procédure contentieuse d'autre part (section 2).

Section 1 : Notion et champ d'application de l'existence de l'obligation de payer

L'examen de la notion de l'existence de l'obligation de payer (§ 1) permettra par la suite de préciser son champ d'application (§ 2).

§ 1 : La notion de l'existence de l'obligation de payer

701. La contestation de l'existence de l'obligation de payer se distingue à la fois de celle de la régularité de la procédure d'imposition et du bien-fondé des impositions, qui renvoie au contentieux d'assiette ; et de celle de la régularité formelle des actes de poursuite en vue du recouvrement forcé des impôts légalement dus, qui nous renvoie au contentieux de la régularité des poursuites examinées dans le chapitre précédent.

Cette précision faite, l'existence de l'obligation de payer renvoie à la contestation du bien-fondé des poursuites. C'est la légitimité même des poursuites engagées qui est ici en cause. Cette légitimité peut être remise en cause du fait de la contestation du montant de la dette, compte tenu des paiements effectués ou de l'exigibilité de la somme réclamée ; elle peut aussi concerner tout autre motif ne remettant pas en cause l'assiette de l'impôt.

§ 2 : Le champ d'application de l'existence de l'obligation de payer

702. Le droit processuel camerounais est resté muet sur la consécration formelle de la contestation de l'existence de l'obligation de payer. Celle-ci est formellement reconnue dans certaines législations étrangères[169].

---

169 Ainsi, l'article 471 du CGI gabonais mentionne les contestations portant sur l'existence ou la quotité de la dette qui sont du ressort de la juridiction administrative,

Cette absence de reconnaissance formelle de ce pan du contentieux du recouvrement dans nos textes n'induit pas pour autant son inexistence dans la réalité. En effet, il n'est pas rare dans la pratique que les réclamations reçues au niveau de l'administration ensuite au niveau du juge aient pour objet l'inexistence de l'obligation de payer, du fait que cette obligation incombe à l'ancien exploitant d'une entreprise. L'illustration de cette hypothèse est fournie par l'affaire KAMSU Albert C/ État du Cameroun dans le jugement n° 51/2008/CA/CS du 2 avril 2008 de la Chambre administrative de la Cour suprême[170]. C'est aussi le cas du fait de l'inexistence de la dette[171].

---

alors que les poursuites de droit commun (commandement, saisie et vente) sont de la compétence des tribunaux judiciaires.
De son côté, l'article L281 du LPF français distingue clairement la contestation de la régularité de l'acte de poursuites de celle de l'obligation de payer. Cet article précise ainsi que « les contestations ne peuvent porter que : 1° soit sur la régularité en la forme de l'acte ; soit sur l'existence de l'obligation de payer, sur le montant de la dette compte tenu des paiements effectués, sur l'exigibilité de la somme réclamée, ou sur tout autre motif ne remettant pas en cause l'assiette et le calcul de l'impôt ».

[170] Sieur KAMSU Albert est exploitant de l'établissement Prestige Hôtel de Yaoundé, qu'il a acquis le 6 juillet 1992, auprès de la Société générale de banque du Cameroun (SGBC). La banque elle-même avait acquis cet immeuble, abritant l'ancien « Impérial Hôtel » par adjudication au moyen du jugement n° 104 du 11 décembre 1991 du TGI de Yaoundé, purgeant ainsi l'hypothèque de premier rang inscrit sur cet immeuble à son profit par Monsieur TALFO François, commerçant à Douala. Or, au moment de sa cession, Impérial Hôtel avait une dette fiscale de 8 863 197 FCFA, au titre des années 1989-1990 et 1990-1991. Le 9 octobre 2003, sieur KAMSU a reçu du Directeur du Trésor des sommations sans frais pour se libérer de la dette fiscale sus-évoquée, matérialisée par un avis de mise en recouvrement, en sa qualité d'exploitant de Prestige Hôtel. En réaction à ces sommations, le requérant a saisi le chef de centre provincial des impôts de Centre 1 pour contester cette dette fiscale au motif qu'elle est illégale et antérieure à son exploitation de l'hôtel. Cette exploitation a débuté au cours de l'année 1994, après obtention de l'autorisation du ministère du Tourisme le 21 mars. En conséquence, le vrai redevable de cette dette est l'ancien exploitant d'Impérial Hôtel. L'administration n'ayant pas réagi à sa première requête, en poursuivant le recouvrement à travers l'émission d'un ATD reçu le 11 mai 2004, le requérant a saisi le Directeur du Trésor (DT) qui a rejeté ses recours le 18 juin 2004 et le 7 juillet 2004. Sieur KAMSU a alors saisi le ministre des Finances le 29 juillet 2004, pour solliciter l'annulation de la décision du DT et la réparation du préjudice subi. Le ministre a rejeté son recours par une décision du 22 septembre 2004, en confirmant la décision du Directeur du Trésor. C'est pourquoi il a saisi la Chambre administrative de la Cour suprême le 18 octobre pour solliciter l'annulation de la décision du DT, la réparation des dommages subis et le sursis à exécution de ladite décision.

[171] L'affaire ministère public et Babissakana (Société Prescriptor) C/ Ananga, Dame Mbele, Abouem Bien-Aimé, État du Cameroun (MINEFI), relative au recouvrement forcé des impôts, susmentionnée, qui a fait l'objet de deux décisions du TPI de Yaoundé centre administratif et de la Cour d'appel de Yaoundé, en est une illustration.

C'est généralement le cas lorsque l'administration n'a pas mis ses états à jour et pense à tort que le contribuable n'a pas apuré sa dette fiscale. C'est aussi le cas lorsque le comptable poursuivant n'est pas informé des dégrèvements accordés par l'administration. C'est encore le cas lorsque le contribuable a bénéficié d'un sursis de paiement. De même, lorsque la créance publique est frappée de prescription ou lorsque l'administration ne retrouve plus le titre exécutoire sur la base duquel les poursuites sont exercées. Sur cette dernière hypothèse, la Chambre administrative de la Cour suprême du Cameroun a annulé les impositions pour motif de prescription dans l'affaire MOMO MOMO André contre l'État du Cameroun[172].

D'une manière générale, toute contestation, qui survient dans la phase de recouvrement de l'impôt et qui ne remet pas en cause l'assiette ou le calcul des impositions d'une part et la régularité formelle de l'acte de poursuites d'autre part, relève indubitablement de la contestation de l'existence de l'obligation de payer. C'est notamment le cas lorsque les redevables solidaires prévus dans les articles 308 à 311du CGI et L86 à L88 du LPF contestent le bien-fondé de leur obligation de payer. Dans cette perspective, l'article L86 du LPF dispose clairement que « *l'avis de mise en recouvrement régulièrement établi est exécutoire non seulement à l'encontre du contribuable qui y est inscrit mais à l'encontre de ses représentants ou ayants droit* ». Un tel recours donne à ces personnes la qualité et l'intérêt pour contester, devant le juge, la régularité des mesures entreprises à leur encontre. D'ailleurs, à ce sujet, la loi précise que « *le tiers détenteur est solidaire du paiement des sommes réclamées en cas de négligence coupable, défaillance avérée ou complicité établie* ».

Dans tous les cas, il très important de bien cerner la nature de la contestation dans la mesure où elle détermine pour une large part la procédure contentieuse à suivre et la compétence juridictionnelle.

Dans cette affaire, le requérant a cité les agents de recouvrement à comparaître devant le juge pénal au motif que ces derniers ont pratiqué une saisie irrégulière et abusive de son matériel dans le but de recouvrer les droits d'enregistrement d'un montant de 584 000 qu'il aurait déjà acquitté. On peut bien constater que dans cette affaire, la contestation ne porte pas sur le bien-fondé des droits réclamés, le redevable estime les avoir payés, mais, sur l'existence de l'obligation de payer qui est éteinte du fait du paiement.

[172] CS/CA, jugement n° 09/05-06 du 2 novembre 2005, affaire MOMO André C/ État du Cameroun : « Attendu qu'au terme de l'article 290 du Code général des impôts, les réclamations fiscales se prescrivent dans un délai de quatre (4) ans ; attendu qu'en l'espèce que les impôts locatifs pour les années 1987 et 1988 ont été mis en recouvrement le 19 novembre 1998 ; qu'ils sont ainsi prescrits en vertu du texte repris ci-dessus ; qu'il y a par conséquent lieu de dire le recours fondé et d'annuler les impositions litigieuses ».

Section 2 : La procédure contentieuse

703. La procédure contentieuse suivie sur les litiges portant sur la contestation de la régularité formelle des actes de poursuite est différente de celle applicable dans les litiges relatifs à l'existence de l'obligation de payer, ou tout autre motif ne remettant pas en cause l'imposition. Cette différence est notamment observée sur la détermination du juge compétent.

Dans le premier cas, le juge compétent est le juge de l'exécution, c'est-à-dire le juge de la régularité des poursuites, qui peut être le juge administratif, lorsque la contestation porte sur les mesures particulières de poursuites ; ou le juge judiciaire lorsque la contestation porte sur les actes de poursuites de droit commun.

Dans le second cas, c'est-à-dire la contestation de l'existence de l'obligation de payer, la compétence du juge judiciaire doit logiquement être écartée. La contestation du redevable ne portant pas sur la régularité formelle des actes de poursuites, mais sur le bien-fondé de celles-ci, le juge compétent est normalement le juge administratif. C'est ce dernier qui est exclusivement habilité à statuer sur les contestations portant sur l'assiette de l'impôt, depuis l'entrée en vigueur de la directive CEMAC sur les droits d'enregistrement du 30 septembre 2013, qui a été transposée dans le CGI camerounais par la loi de finances pour 2016. En rappel, l'assiette de l'impôt porte notamment sur la détermination de la matière imposable (assiette au sens strict), le calcul de l'impôt ou liquidation et l'identification du redevable. S'agissant de la contestation d'un acte administratif, la compétence du juge administratif, c'est-à-dire des tribunaux administratifs, est indiscutable.

La contestation de l'existence de l'obligation de payer relevant du juge administratif, la procédure exige la saisine préalable de l'administration avant la saisine du juge, c'est-à-dire un recours gracieux préalable. C'est pourquoi nous examinerons d'abord la réclamation préalable (§ 1) avant la contestation juridictionnelle (§ 2).

§ 1 : La réclamation préalable

704. La vraie question, et en même temps la vraie difficulté, est de savoir si ce recours doit s'effectuer en plusieurs étapes comme pour le contentieux d'assiette et celui de la contestation des mesures particulières de poursuites ; ou s'il s'agit d'une saisine unique de l'administration, dans le cadre de la procédure administrative contentieuse de droit commun. Dans le premier cas de figure, les dispositions du LPF sont limpides, la réclamation préalable se déroule d'abord devant le chef du

centre régional des impôts, le directeur des grandes entreprises ou le directeur général des impôts en fonction des montants contestés. Après l'échec de cette première démarche, le demandeur est obligé dans un second temps de saisir le ministre des Finances.

Dans le second cas, rien n'a été prévu dans les textes particuliers. Ce qui est logique dans la mesure où la contestation de l'existence de l'obligation de payer est formellement absente du CGI. Mais, comme il a été rappelé, les litiges de cette nature existent. C'est notamment le cas de l'affaire KAMSU Albert C/ État du Cameroun, qui a donné lieu à une décision de la Chambre administrative de la Cour suprême, par le jugement n° 51/2008/CA/CS du 2 avril 2008 (voir supra n° 170). Dans cette affaire, les parties et le juge administratif ont confondu le contentieux d'assiette et celui du recouvrement. Le contribuable a contesté l'illégalité des poursuites engagées à son encontre, à cause du fait qu'il n'était pas redevable des impôts dus par l'ancien exploitant de l'établissement. L'administration avait, en effet, fait jouer la solidarité de paiement entre le cédant et le cessionnaire des impôts dus, conformément au CGI. Dans sa contestation, le contribuable a invoqué les dispositions du CGI relatives à la contestation de l'assiette de l'impôt. L'administration et le juge l'ont suivi dans le même égarement procédural, et son recours a été rejeté pour défaut de recours gracieux préalable.

La confusion observée sur la nature réelle de la contestation, qui faut-il le rappeler relève du contentieux du recouvrement et non de celui de l'assiette, ne nous permet pas de tirer les leçons sur la procédure à suivre dans le cadre du recours gracieux préalable, et quelle autorité saisir. Le LPF n'ayant pas formellement prévu la contestation de l'existence de l'obligation de payer, il nous semble logique de recourir au droit commun, pour trouver une esquisse de solution. Le droit commun nous renvoie à la loi n° 2006/022 du 29 décembre 2006 fixant l'organisation et le fonctionnement des tribunaux administratifs. Conformément à l'article 17 (1) de cette loi, le RGP est adressé à *l'autorité auteur de l'acte attaqué dans le délai de deux (2) mois*. Dans le cas d'espèce, il s'agit uniquement du comptable poursuivant, sans obligation de saisine de son supérieur hiérarchique.

§ 2 : La contestation juridictionnelle de l'existence de l'obligation de payer

Cette contestation se déroule devant les juridictions administratives (A), mais avant la décision de l'administration ou de la juridiction saisie, le contribuable peut obtenir un sursis à exécution de la décision attaquée (B).

A/ La contestation devant les juridictions administratives

La contestation se déroule en premier et dernier ressort devant les tribunaux administratifs, puis en cassation devant la Chambre administrative de la Cour suprême. Dans le cadre de l'examen du recours devant les tribunaux administratifs, il convient de déterminer le TA territorialement compétent et le délai de sa saisine.

705. **S'agissant du Tribunal administratif territorialement compétent**, l'article 15 de la loi n° 2006/022 du 29 décembre 2006 sus-citée qui précise que le Tribunal administratif compétent est celui : dans le ressort duquel a légalement son siège l'autorité qui a pris la décision attaquée ; de la résidence du demandeur ; de la situation des biens ; du lieu d'exécution du contrat ; du fait dommageable si ce fait est imputable à une décision.

Puisqu'il s'agit d'un contentieux du recouvrement, ceci suppose la possibilité d'utiliser les actes de poursuite de droit commun ou des mesures particulières de poursuites. L'usage de ces moyens peut concerner la saisie des biens, l'avis à tiers détenteur, le blocage des comptes bancaires ou la fermeture de l'établissement. Ce qui signifie que plusieurs tribunaux administratifs sont susceptibles d'être compétents. C'est notamment le cas du tribunal du siège de l'autorité ayant pris la décision attaquée, le tribunal de la résidence du demandeur ou le tribunal de la situation des biens. Lorsque le demandeur n'est pas satisfait de la décision du TA, il peut se pourvoir en cassation devant la Chambre administrative de la Cour suprême.

706. **Pour ce qui est du délai de saisine du Tribunal administratif**, il est de soixante (60) jours à compter de la décision de rejet du recours gracieux conformément à l'article 18 (1) de la loi sus-citée du 29 décembre 2006. L'alinéa (2) du même article précise que ce délai court du lendemain du jour de la notification à personne ou à domicile élu. Ces délais sont prorogés si le requérant a dans l'intervalle déposé une demande d'assistance judiciaire, ou saisi une juridiction incompétente. Dans ce cas, le recours contentieux est valablement introduit dans les soixante (60) jours qui suivent la notification de la décision statuant l'assistance judiciaire ou sur la compétence (art. 19 de la même loi).

B/ Le sursis à exécution

707. Le contribuable qui conteste l'obligation de payer peut obtenir la suspension de l'action en recouvrement par le biais du sursis à exécution,

examiné au chapitre précédent, dans les conditions prévues à l'article 30 de la loi n° 2006/022 du 29 décembre 2006 fixant l'organisation et le fonctionnement des tribunaux administratifs. À titre de rappel, le sursis est accordé : si l'exécution est de nature à causer un préjudice irréparable et que la décision attaquée n'intéresse ni l'ordre public, ni la sécurité ou la tranquillité publiques, après communication à la partie adverse et conclusions du ministère public.

TROISIÈME PARTIE

LE CONTENTIEUX SPÉCIFIQUE DES IMPÔTS LOCAUX

708. Le contentieux fiscal qui vient d'être examiné dans les deux premières parties de cet ouvrage concerne essentiellement les impôts, droits et taxes divers prélevés pour l'État ou pour les organismes publics de l'État dotés d'une autonomie financière, par les services fiscaux de l'État, c'est-à-dire l'administration fiscale. Rentrent également dans ce champ les prélèvements effectués par l'État pour le compte des collectivités territoriales décentralisées, c'est-à-dire les communes et les régions. Mais comme un volet non négligeable de la fiscalité locale est assis, liquidé, émis et recouvré par les services fiscaux de la collectivité, le contentieux généré par ces opérations spécifiques présente certaines particularités par rapport au contentieux fiscal de droit commun généré par les activités des services fiscaux de l'État. C'est ce contentieux spécifique qui fait l'objet de cette partie de l'ouvrage. Pour mieux comprendre cette spécificité, il est utile d'apporter des précisions sur le champ d'application des impôts locaux (chapitre 1) et de dérouler la procédure contentieuse relative à ces impôts (chapitre 2).

Chapitre 1

Le champ d'application des impôts locaux

709. La notion d'impôts locaux au sens large rassemble toutes les ressources fiscales des collectivités territoriales décentralisées (CTD), c'est-à-dire tous les prélèvements obligatoires de ces collectivités. Conformément à l'article C2 du CGI, ces prélèvements comprennent : les impôts communaux ; les centimes additionnels communaux sur les impôts et taxes de l'État ; les taxes communales ; et les impôts et taxes des régions. Ces prélèvements sont collectés par deux voies différentes. Il y a d'abord les prélèvements opérés par les services fiscaux de l'État au profit de ces collectivités (section 1) et les prélèvements opérés par les services fiscaux de ces collectivités (section 2).

Section 1 : Les prélèvements opérés par les services fiscaux de l'État

710. Le système de décentralisation en vigueur au Cameroun connaît deux types de collectivités territoriales : les communes et les régions. Les prélèvements effectués par les services fiscaux de l'État au profit de ces collectivités sont répertoriés en fonction de leur destination. Les prélèvements perçus au profit des communes (§ 1) sont de ce fait à distinguer de ceux des régions (§ 2), et ils sont collectés dans les mêmes conditions que ceux de l'État (§ 3).

§ 1 : Les prélèvements perçus au profit des communes

711. Au regard de l'article C 7 du CGI, les produits des impôts communaux perçus par l'État proviennent de la contribution des patentes, la contribution des licences, l'impôt libératoire, la taxe foncière sur les propriétés immobilières, la taxe sur les jeux de hasard et de divertissement, les droits de mutation d'immeubles, le droit de timbre automobile, la redevance forestière et le droit de timbre sur la publicité.

A cette liste répertoriant les prélèvements qualifiés « *d'impôts communaux* », on doit ajouter les centimes additionnels communaux prévus aux articles C53 à C56 bis du CGI. Ces centimes qui s'ajoutent à hauteur de 10 % du principal, sur les impôts et taxes de l'État, sont greffés notamment sur l'impôt sur le revenu des personnes physiques, l'impôt sur les bénéfices des sociétés et la taxe sur la valeur ajoutée. Ils constituent la proportion la plus importante des impôts collectés par l'administration fiscale.

Enfin, on ne saurait oublier de mentionner la taxe de développement local prévue à l'article C57 qui est perçue en même temps que l'impôt sur le revenu des personnes physiques, l'impôt libératoire et la patente.

§ 2 : Les impôts perçus au profit des régions

712. À la lecture de l'article C118 du CGI, les produits des impôts affectés en totalité ou en partie aux régions sont les droits de timbre sur les cartes grises, le droit de timbre d'aéroport ; la taxe à l'essieu ; les redevances sur les ressources de la forêt, de la pêche et de la faune ; les redevances sur les ressources en eau ; les redevances sur les ressources pétrolières ; les taxes ou redevances sur les ressources minières ; la redevance sur les ressources halieutiques et de l'élevage ; les taxes et/ou les redevances sur les ressources énergétiques ; les taxes et/ou redevances sur les ressources du secteur gazier ; les taxes et/ou redevances aérospatiales et la redevance d'usage de la route.

§ 3 : Les conditions de collecte par l'administration fiscale

713. Les impôts locaux dont la collecte incombe aux services fiscaux de l'État sont émis et recouvrés dans les mêmes conditions que ceux de l'État, conformément à l'article C6 (3) du CGI. Et conformément à l'article C4 (2), les recettes fiscales collectées par l'administration fiscale pour le compte des collectivités territoriales, comme d'ailleurs celles de tous les organismes publics, font l'objet d'une retenue de 10 % au titre des frais d'assiette et de recouvrement. Ces frais sont reversés à l'administration fiscale.

Section 2 : Les prélèvements effectués par les services fiscaux des collectivités

Les collectivités territoriales ont une compétence propre sur la collecte des impôts locaux spécifiques. À ce titre, l'article C61 du CGI dispose que le conseil municipal peut voter au profit du budget communal, des droits et taxes dits « taxes communales » (§ 1) ; les modalités de perception de ces prélèvements sont particulières (§ 2).

§ 1 : Les différentes taxes communales

714. Ces taxes, conformément à l'article C62 du CGI comprennent la taxe d'abattage du bétail, la taxe communale sur le bétail, la taxe sur les armes à feu, la taxe d'hygiène et de salubrité, les droits de fourrière, les droits de place sur les marchés, les droits sur les permis de bâtir ou

d'implanter, les droits d'occupation temporaire de la voie publique, la taxe de stationnement, les droits d'occupation des parcs de stationnement, les tickets de quai, la taxe sur les spectacles, les droits de stade, la taxe sur la publicité, le droit de timbre communal, la redevance pour dégradation de la chaussée, la taxe communale de transit ou de transhumance, la taxe sur le transport des produits de carrières, les droits de parkings, et la taxe sur les produits de récupération.

A ces taxes communales, on peut ajouter les « taxes régionales » collectées par les communes conformément à l'article C119 du CGI, dans la mesure où les organes de la région ne sont pas encore fonctionnels. Rentrent dans cette catégorie les taxes et/ou redevances sur les ressources touristiques, les taxes et/ou redevances aérospatiales, et les droits d'exploitation des établissements classés dangereux, insalubres ou incommodes.

§ 2 : Les modalités de perception des impôts locaux spécifiques

715. Les modalités de perception des taxes communales sont prévues et précisées dans le CGI. En règle générale, toutes ces taxes doivent être déclarées et acquittées spontanément par le contribuable aux services compétents de la commune, dans les délais prévus par le CGI, pour la perception de chaque taxe. Les services communaux sont également compétents pour contrôler ces taxes (A) et opérer le recouvrement forcé, le cas échéant (B).

A/ Le contrôle des taxes communales

716. L'article C132 (2) du CGI dispose clairement que le contrôle des taxes communales est exercé par les services compétents de la commune. Pour que ces contrôles soient effectués dans des conditions régulières, les agents communaux doivent être nommément mandatés et munis d'une note de mission délivrée par l'autorité compétente, sous peine de nullité, conformément à l'article C134 du CGI.

B/ Le recouvrement forcé des taxes communales

Avant d'examiner la procédure applicable au recouvrement forcé des « taxes communales » (2), il faut souligner que les mesures de recouvrement forcé prévues dans le LPF ne sont pas applicables à ces taxes (1). De plus, on peut s'interroger sur la conformité des mesures prévues à l'article C130 (2) au droit OHADA (3).

1/ L'inapplicabilité des mesures de recouvrement forcé du LPF aux taxes communales

717. Les actes de poursuite de droit commun prévus aux articles L55 à L70 du Livre des procédures fiscales, les mesures particulières de

poursuites prévues aux articles L71 à L80 du même Livre, pour le recouvrement forcé des impôts, droits et taxes dus à l'État et « *les impôts communaux* » ne sont pas applicables pour le recouvrement forcé des taxes communales. Cette interprétation est déduite de la lecture des dispositions combinées des articles C1er (4) et C130 (1) du LPF.

L'article C1er (1) dispose que « *sauf dispositions spécifiques de la présente loi* », les procédures fiscales applicables aux droits et taxes de l'État sont reprises mutatis mutandis pour l'assiette, l'émission, le recouvrement, les poursuites, le contrôle et le contentieux des impôts, taxes et redevances dus aux communes, aux communautés urbaines, aux communes d'arrondissement et aux régions. Pour sa part, et dans la même logique, l'article C130 (1) précise qu'à défaut de paiement dans les délais prescrits, les impôts locaux font l'objet de recouvrement forcé conformément au Livre des procédures fiscales du Code général des impôts, « sous réserve des spécificités prévues par la présente loi ». Les deux dispositions se réfèrent aux spécificités prévues par la loi portant fiscalité locale. Cette loi a donné une énumération exhaustive des taxes communales qui fait l'objet des articles C61 et C62 du CGI. Le recouvrement forcé des taxes dites communales est prévu à l'article C130 (2) du CGI, et constitue l'exception évoquée dans les dispositions des articles C1er (4) et C130 (4).

2/ Les mesures de recouvrement forcé applicables aux taxes communales

719. En cas de non-paiement d'une taxe communale dans les délais légaux, la commune peut procéder au recouvrement forcé de ladite taxe au travers de l'émission d'un titre exécutoire. Conformément aux dispositions de l'article C130 (2) du CGI, ce titre exécutoire a un effet immédiat, et permet à la commune de procéder à la saisie des marchandises, des biens ou des bêtes. La loi n'a pas précisé l'autorité compétente pour émettre le titre exécutoire. Mais on peut considérer, au regard de son importance, que la responsabilité de son émission incombe au chef de l'exécutif municipal, c'est-à-dire au maire.

La commune peut, dans un délai de trente (30) jours à compter de la date de saisie, procéder à la vente aux enchères des biens saisis. Pendant toute la durée de la saisie, les frais inhérents à la garde et à la conservation des biens sont à la charge de leurs propriétaires défaillants.

La vente des biens saisis est autorisée par le chef de l'exécutif municipal et exécutée par le receveur municipal, par l'intermédiaire de ses agents de recouvrement dans la forme des ventes effectuées par voie judiciaire. Chaque vente dont le produit est immédiatement versé à la caisse du receveur municipal donne lieu à l'établissement d'un procès-verbal, et à la délivrance d'une quittance au saisi. Le receveur municipal conserve le surplus du produit jusqu'à la liquidation des frais.

3/ La conformité au droit OHADA de l'article C130 (2) du CGI

720. On peut légitimement s'interroger sur la conformité de l'article C130 (2) du CGI au droit OHADA sur le recouvrement des créances. En effet, les articles 336 de l'acte portant organisation des procédures simplifiées de recouvrement et des voies d'exécution, et 10 du Traité relatif à l'harmonisation du droit des affaires en Afrique stipulent clairement qu'ils abrogent toutes les dispositions relatives aux matières qu'ils concernent dans les États parties. Cette position a été confirmée par la jurisprudence de la Cour commune de justice et d'arbitrage (CCJA) dans son avis sus-examiné du 30 avril 2001. La seule exception concernait les mesures de recouvrement forcé antérieures à l'entrée en vigueur du texte OHADA sur le recouvrement des créances et les voies d'exécution. Ces mesures sont toujours applicables. A contrario, les mesures de recouvrement forcé qui sont postérieures ne sont pas applicables. C'est le cas des dispositions de la loi sur la fiscalité locale qui a été promulguée en décembre 2009. En cas de contestation, le juge saisi peut valablement écarter la loi contraire à OHADA, pour appliquer les stipulations du droit supranational.

Chapitre 2

La procédure contentieuse spécifique relative aux impôts locaux

721. Les impôts locaux concernés par cette procédure spécifique sont essentiellement les « *taxes communales* » au sens des articles C61 et C62 du CGI. Il s'agit des taxes votées par le conseil municipal de la commune, émises et recouvrées par les services compétents de la commune. Les réclamations relatives à ces taxes relèvent de la juridiction contentieuse lorsqu'elles tendent à obtenir soit la réparation d'erreurs commises dans l'assiette ou le calcul des impositions, soit le bénéfice d'un droit résultant d'une disposition législative ou réglementaire (art. C137 du CGI). La contestation des taxes communales exige du contribuable une réclamation préalable devant l'administration (section 1) avant l'instance devant le juge (section 2).

Section 1 : La réclamation préalable

Nous examinerons les conditions de recevabilité de la réclamation préalable (§ 1) et la décision des autorités compétentes sur la réclamation préalable (§ 2).

§ 1 : Les conditions de recevabilité de la réclamation préalable

722. Conformément à l'article C138 du CGI, deux autorités sont habilitées à examiner la réclamation du contribuable en matière de taxes communales. Il s'agit du chef de l'exécutif municipal dans un premier temps, et du préfet dans un second temps, lorsque la décision du chef de l'exécutif ne satisfait pas le requérant. Nous examinerons successivement les délais de saisine de ces autorités (A), la forme et le contenu de la réclamation (B).

A/ Les délais de réclamation

723. Deux délais sont à examiner, à savoir le délai de saisine du chef de l'exécutif municipal et le délai de saisine du préfet.

S'agissant du délai de saisine du chef de l'exécutif municipal, il est de trente (30) jours à partir de la date d'émission du titre de créance ou de la connaissance certaine de l'imposition, conformément à l'article C138 (1) du CGI. Ce délai est donc similaire à celui ouvert pour la contestation des impôts et taxes émis par les services fiscaux de l'État.

Pour ce qui est de la saisine du préfet, la loi est restée muette en ce qui concerne le délai ouvert au contribuable après une réponse expresse du chef de l'exécutif municipal. C'est aussi le cas après un rejet implicite de sa demande lorsque le chef de l'exécutif municipal a gardé le silence pendant quinze (15) jours à compter de la date de la réclamation du contribuable, conformément à l'article C138 (3) du CGI.

D'ailleurs, la loi ne mentionne pas expressément le cas de figure où le chef de l'exécutif municipal a répondu formellement à la réclamation dans un délai qui est supposé être de quinze (15) jours. Ce qui amène à s'interroger si la saisine du préfet n'est obligatoire qu'en cas de silence du chef de l'exécutif sur la réclamation. Une telle interprétation ne saurait être retenue, dans la mesure où l'intention du législateur est de permettre à l'autorité de tutelle du chef de l'exécutif qu'est le préfet à donner son avis (ses recommandations) sur la réclamation avant la décision finale du chef de l'exécutif. Les règles de délai étant d'ordre public, le non-respect des délais sus-examinés par le contribuable expose sa demande contentieuse à un rejet pour réclamation prématurée ou réclamation tardive.

Sa réclamation sera prématurée, lorsqu'elle est introduite avant la notification du titre de créance ou la connaissance certaine de l'imposition, quand elle est adressée au chef de l'exécutif municipal. Elle sera également prématurée, lorsque le préfet a été saisi alors que le chef de l'exécutif municipal n'avait pas encore épuisé le délai de quinze (15) jours qui lui est accordé par loi.

Sa réclamation sera tardive, si le chef de l'exécutif municipal est saisi après l'expiration du délai de trente (30) jours à compter de la date de la notification du titre de créance, ou celle de la connaissance certaine de l'imposition.

B/ La forme et le contenu de la réclamation

724. Au-delà du délai, *la réclamation, adressée au chef de l'exécutif municipal*, pour être recevable, doit comprendre une demande assortie des timbres fiscaux et communaux et dûment signée du réclamant ou de son mandataire, des indications sur la nature de la taxe en cause et sur son montant, un exposé sommaire des moyens et conclusions du requérant, une copie de tout document justifiant le cas échéant du paiement de la totalité de la taxe non contestée (art. C138 (2)).

Outre les éléments susmentionnés, produits au niveau du chef de l'exécutif municipal, *la réclamation présentée au préfet* doit à peine d'irrecevabilité comprendre les justificatifs de paiement de 15 % de la partie contestée (art. C138 (3) du CGI).

Les indications sur la nature de la taxe contestée et son montant sont très importantes dans la mesure où c'est l'objet de la demande présentée devant le chef de l'exécutif municipal et le préfet qui lie le contentieux. En effet, en raison de la règle de l'identité des demandes présentées devant l'administration et devant le juge, le contribuable ne saurait contester devant le juge les taxes n'ayant pas été soumises à l'administration dans le cadre de sa réclamation préalable.

§ 2 : La décision des autorités compétentes sur la réclamation préalable

725. Deux autorités sont compétentes pour examiner la réclamation préalable du contribuable. Il s'agit d'abord du chef de l'exécutif municipal qui peut être le maire ou le délégué du gouvernement selon le cas (A). Il s'agit ensuite du préfet qui est saisi quand le requérant n'est pas satisfait par la décision expresse ou implicite du chef de l'exécutif municipal. Toutefois, le préfet n'a qu'un rôle consultatif dans la mesure où ses recommandations (B) ne lient pas le chef de l'exécutif municipal à qui revient le dernier mot sur la réclamation préalable (C).

A/ La décision du chef de l'exécutif municipal

726. Le chef de l'exécutif municipal dispose d'un délai de quinze (15) jours pour statuer sur la réclamation. Sa décision peut être une admission totale de la réclamation, c'est-à-dire un dégrèvement de la totalité des taxes contestées ; elle peut être une admission partielle de la réclamation, dans ce cas, il prononcera un dégrèvement partiel des taxes ; sa décision peut enfin être un rejet total de la réclamation. Le recours du contribuable est également considéré comme ayant fait l'objet d'une décision implicite de rejet, lorsque régulièrement saisi, le chef de l'exécutif municipal est resté muet pendant un délai de quinze (15) jours.

B/ La recommandation du préfet au chef de l'exécutif municipal

727. Lorsque le réclamant n'est pas satisfait par la décision d'admission partielle ou de rejet total du chef de l'exécutif municipal, il peut saisir directement le préfet, autorité de tutelle de ce dernier, pour lui soumettre sa réclamation. Il dispose également de la même faculté si le chef de l'exécutif n'a pas répondu à sa réclamation dans le délai de quinze (15) jours après sa saisine, c'est-à-dire qu'il a gardé le silence. Mais la loi n'a prévu aucun délai pour cette saisine, comme nous l'avons vu plus haut.

Une fois saisi, de la réclamation du contribuable, le préfet sollicite l'avis du service fiscal de l'État territorialement compétent, qui ne le lie pas dans sa décision. Lorsque les arguments du requérant sont reconnus fondés, le représentant de l'État recommande au chef de l'exécutif municipal le dégrèvement total ou partiel des taxes en cause. Cette recommandation doit être formulée dans un délai de quatre-vingt-dix (90) jours, à compter de la date de saisine du préfet par le requérant. Passé ce délai, la réclamation du contribuable est considérée comme ayant fait l'objet d'une décision implicite de rejet de la part du représentant de l'État. Le contribuable pourrait alors porter sa réclamation devant le juge compétent.

C/ La décision finale du chef de l'exécutif municipal

728. Le préfet, représentant de l'État et tutelle du chef de l'exécutif municipal, ne dispose pas de pouvoir décisionnel en matière de contentieux des taxes communales spécifiques. Son rôle est uniquement d'émettre une recommandation qui peut être suivie ou pas par le magistrat municipal. C'est d'ailleurs pour cette raison que la seule décision à soumettre au juge de l'impôt est celle de ce dernier. À cet égard, l'article C139 (2) du CGI dispose clairement que « *le silence gardé par le préfet ou le refus du chef de l'exécutif municipal d'exécuter les recommandations du préfet dans les 90 jours de la saisine de ce dernier vaut décision implicite de rejet et ouvre droit à la saisine du juge de l'impôt en contestation de l'acte du chef de l'exécutif municipal* ». En clair, la décision finale du magistrat municipal, sur la réclamation préalable après la saisine du préfet, doit intervenir au plus tard dans un délai de quatre-vingt-dix (90) jours à compter de la date de saisine du représentant de l'État.

Section 2 : L'instance devant le juge administratif

729. La contestation des décisions du chef de l'exécutif municipal en matière de taxes communales relève de la compétence du juge administratif qui est explicitement mentionnée dans l'article C140 (2) du CGI. Au regard de ce texte, le recours contentieux porté devant la juridiction administrative compétente obéit aux règles et procédures prévues par le Livre des procédures fiscales pour les impôts d'État (voir *supra* n° 513 et suivants).

En clair, à l'exception notable *du délai de saisine du juge qui est de trente (30) jours* à compter de la date de rejet de sa réclamation par le magistrat municipal, la procédure est rigoureusement celle qui a été prévue pour les impôts émis par les services fiscaux de l'État. Dans cette perspective, au regard de l'article L128 du LPF, la requête du contribuable, pour être recevable, doit être présentée par écrit, signée par le requérant ou son représentant dûment habilité et accompagnée de deux copies de la requête sur papier libre ; elle doit également contenir l'exposé sommaire des faits, moyens et conclusions de la partie. Cette requête doit, en plus, préciser le montant des dégrèvements en droits et en pénalités sollicités et être accompagnée d'une copie de la décision contestée du chef de l'exécutif municipal.

QUATRIÈME PARTIE

LES AUTRES RECOURS JURIDICTIONNELS IMPLIQUANT L'ADMINISTRATION FISCALE

730. Le contentieux fiscal au sens étroit de la notion telle qu'elle vient d'être étudiée dans les trois premières parties, renferme essentiellement, le contentieux d'assiette et celui du recouvrement. Vu sous cet angle, le contentieux fiscal ne doit donc pas être confondu avec d'autres actions impliquant l'administration fiscale qui n'ont rien de commun avec la contestation du bien-fondé des impositions ou de la régularité formelle de leur établissement. Elles n'ont également rien de commun avec la contestation de la régularité des mesures prises par l'administration pour effectuer le recouvrement forcé des créances fiscales. C'est notamment le cas du recours pour excès de pouvoir (chapitre 1), de la responsabilité encourue par l'État du fait des agissements de l'administration fiscale (chapitre 2) et de la responsabilité pénale des contribuables du fait de la fraude fiscale (chapitre 3).

Chapitre 1

Le recours pour excès de pouvoir contre les décisions des autorités fiscales

731. À l'examen des recours formés par les contribuables devant les tribunaux administratifs nouvellement créés, on remarque que l'objet du recours, dans la plupart des cas, porte sur l'annulation des impositions pour excès de pouvoir. Or, en matière de contentieux fiscal au sens étroit du terme et surtout en matière de contentieux d'assiette, l'objet du recours n'est autre que la décharge des impositions, lorsque le contribuable sollicite le dégrèvement de la totalité des impôts émis ou la réduction lorsqu'il sollicite un dégrèvement partiel. La confusion entre le recours pour excès de pouvoir et celui contentieux en matière fiscale est surtout une illustration de la maîtrise approximative par les acteurs des particularités du contentieux fiscal. C'est pourquoi nos développements porteront sur la définition et les caractéristiques du recours pour excès de pouvoir (section 1), son domaine d'application en matière fiscale (section 2), les conditions de recevabilité de ce recours (section 3) et enfin, les causes d'annulation et le juge compétent (section 4).

Section 1 : Définition et caractéristiques du recours pour excès de pouvoir

La définition du recours pour excès de pouvoir (§ 1) nous permettra d'identifier ses principaux caractères (§ 2).

§ 1 : La définition du recours pour excès de pouvoir

732. Le recours pour excès de pouvoir est un recours de droit commun par lequel toute personne, justifiant d'un intérêt et d'une qualité, peut demander l'annulation par le juge administratif d'un acte administratif (décision exécutoire) entaché d'illégalité. Son nom ne doit pas faire illusion, car l'excès de pouvoir, dont il est question ici, signifie simplement non-conformité au droit. En effet, le recours pour excès de pouvoir « *constitue, par excellence, la sanction du principe de légalité ; c'est pourquoi le Conseil d'État fait de son existence un principe général du droit ; seul le législateur peut l'écarter pour une catégorie d'actes, par un texte exprès et formel* »[173]. Cette singularité du recours pour excès de pouvoir transparaît dans ses caractères.

---

[173] Jean RIVERO, *Droit administratif*, Dalloz, 3e édition, 1967, p. 208.

§ 2 : Les caractéristiques du recours pour excès de pouvoir

733. Ses principales caractéristiques reposent sur la violation de la règle de droit. Pour constater et sanctionner cette illégalité, le recours pour excès de pouvoir est déclenché par quatre cas d'ouverture classiques, systématisés par la jurisprudence du Conseil d'État français et repris par le législateur camerounais. Ainsi, suivant les dispositions de l'article 2 (3) a) de la loi n° 2006/022 du 29 décembre 2006 fixant l'organisation et le fonctionnement des tribunaux administratifs, l'excès de pouvoir est constitué par le vice de forme, l'incompétence, la violation d'une disposition légale ou réglementaire et le détournement de pouvoir.

C'est un recours en annulation, dirigé contre un acte qu'il tend à faire disparaître de façon absolue et définitive. Mais il ne tend qu'à cela. Dans son office, le juge se borne seulement à l'annulation de l'acte. Ceci différencie foncièrement le REP du plein contentieux qui, à travers l'annulation de la décision préalable, tend à la condamnation de la personne publique dont elle émane.

C'est pour cela que l'on considère que le recours pour excès de pouvoir a *un caractère objectif.* Ce caractère objectif est fondé sur le double fait que d'une part, parce que « *procès fait à un acte* » *et non à une personne,* pour reprendre l'excellente formule d'Édouard LAFERRIÈRE citée par le professeur CHAPUS[174], ce recours tend non à la reconnaissance d'un droit subjectif, mais à la sanction d'une règle de droit. La seule question posée au juge étant : l'acte attaqué est-il légal ? Et d'autre part, l'annulation prononcée par le juge, et qui entraîne avec elle la sortie de l'acte de l'ordre juridique, produit un effet *erga omnes,* c'est-à-dire qu'elle vaut pour tout le monde. Alors que la décision du juge, accordant le dégrèvement total ou partiel des impositions au contribuable, ne vaudra que pour ce dernier. Et l'acte, dont l'application a entaché la régularité de l'imposition ou son bien-fondé, continuera d'être en vigueur. C'est pour cette raison qu'il est utile de circonscrire le champ d'application du recours pour excès de pouvoir en matière fiscale.

Section 2 : Domaine d'application du recours pour excès de pouvoir en matière fiscale

Contrairement au recours pour excès de pouvoir, recours objectif qui relève du contentieux de l'annulation, le recours contentieux en matière fiscale, recours subjectif, relève du plein contentieux (§ 1). Ce qui

---

[174] René CHAPUS, *Droit du contentieux administratif,* Montchrestien, 5e édition, p. 162.

délimite restrictivement les actes de l'administration fiscale susceptibles de faire l'objet du recours pour excès de pouvoir (§ 2).

§ 1 : Les recours en matière fiscale relèvent du plein contentieux

734. Dans sa classification des contentieux, Édouard LAFERRIÈRE dans son *Traité de la juridiction administrative et des recours contentieux* divise le contentieux administratif en quatre branches : le contentieux de pleine juridiction, de l'annulation, de l'interprétation et de la répression[175]. IL a effectué cette classification en se plaçant du point de vue des pouvoirs de la juridiction administrative. Nous ne retenons ici que la distinction entre le contentieux de l'annulation et celui de pleine juridiction ou plein contentieux.

Dans *le contentieux de l'annulation* dont le recours pour excès de pouvoir en constitue l'exemple type, les pouvoirs du juge y sont limités à l'annulation des actes illégaux de l'administration.

Alors que dans *le contentieux de pleine juridiction*, les pouvoirs du juge sont très étendus lorsqu'il statue entre l'administration et les requérants, comme les tribunaux judiciaires le font entre les justiciables. Il prononce notamment des condamnations pécuniaires, comme dans le recours en indemnisation du fait des actes de l'administration, qui sera examiné dans le chapitre suivant.

735. En matière fiscale, le recours pour excès de pouvoir, qui a pour but d'obtenir l'annulation d'un acte administratif illégal et de le sortir de l'ordre juridique, est strictement délimité. Car, comme le souligne clairement la jurisprudence du Conseil d'État français, confirmant en cela la classification des recours opérée par le professeur Édouard LAFERRIÈRE, « *les réclamations et recours formés en matière fiscale relèvent par nature du plein contentieux* »[176]. En effet, alors que le juge de l'excès de pouvoir doit se borner à annuler en tout ou en partie la décision administrative qui lui est déférée, sans pouvoir se substituer à l'administration pour prendre une autre décision, « *le juge de l'impôt doit, lui-même, déterminer définitivement le montant de l'impôt dû par le contribuable* ». Le même juge ne peut se borner à fixer l'assiette dudit impôt sans le liquider lui-même, que si le litige ne porte que sur la base d'imposition et non sur la détermination du taux applicable et sur le calcul des droits résultant de ce taux. « *Il s'agit donc bien de plein*

---

[175] René CHAPUS, *op. cit.*, p. 153.

[176] CE sect. 29 juin 1962, n° 53.090, sociétés des aciéries de Pompey : Recueil Lebon, p. 438.

contentieux en ce sens que les pouvoirs du juge ne sont limités que par l'obligation de droit commun qui lui incombe d'appliquer les textes en vigueur en la matière »[177]. Il existe ainsi en matière fiscale un véritable *recours parallèle*[178] ou alternatif qui garantit au contribuable un résultat plus efficace sur sa réclamation. Le recours pour excès de pouvoir ne pouvant pas lui procurer un résultat de même niveau, les actes administratifs susceptibles de faire l'objet d'un tel recours en matière fiscale sont limités.

§ 2 : Les actes administratifs susceptibles de faire l'objet du recours pour excès de pouvoir en matière fiscale

736. Le recours pour excès de pouvoir n'est recevable que contre les actes des autorités administratives contenant décision faisant grief, c'est-à-dire une décision qui lèse les intérêts du requérant. Cette décision peut être formalisée dans un acte écrit. Elle peut également résulter du silence de l'administration ou de son abstention. Ce qui exclut les actes des personnes privées, du pouvoir législatif, des personnes étrangères et même des actes de gouvernement. En matière fiscale, seuls *les actes détachables* de la procédure d'établissement et de recouvrement de l'impôt peuvent faire l'objet d'un recours pour excès de pouvoir. C'est le cas normal des actes réglementaires (A). Mais, pour les actes individuels ou non réglementaires qui sont généralement *non détachables* des procédures d'assiette et de recouvrement, ce recours sera exceptionnel (B).

A/ Le recours pour excès de pouvoir est normal pour les actes réglementaires

737. « *L'acte réglementaire peut se définir comme étant celui qui, émanant d'une autorité administrative, édicte une norme à caractère général et impersonnel susceptible de s'appliquer à l'ensemble des personnes ou situations visées par cette norme* »[179]. Un règlement ne crée pas de droit acquis. Il peut en conséquence être modifié ou abrogé à tout moment. C'est pourquoi sa légalité peut être contestée par la voie du recours pour excès de pouvoir ou par celle de l'exception d'illégalité soulevée à l'appui d'un recours dirigé contre une mesure appliquant ce

---

[177] C. DAVID, O. FOUQUET, B. PLAGNET, P.-F. RACINE, *Les grands arrêts de la jurisprudence fiscale*, Dalloz, 3e éd., 2000, p. 859.

[178] « On dit qu'il existe un recours parallèle à celui pour excès de pouvoir lorsqu'un administré, pour obtenir l'annulation de l'acte qui lui fait grief, tient de la loi une action autre que ce recours, de telle sorte qu'il pourrait théoriquement choisir entre deux voies contentieuses ». Jean RIVERO, *Droit administratif*, Dalloz, 1967, p. 219.

[179] Georges LATIL, *Contentieux fiscal*, Éditions Francis Lefebvre, 2002, p. 737.

règlement. L'acte réglementaire peut prendre la forme d'une ordonnance non encore ratifiée par le Parlement, d'un décret du président de la République ou du Premier ministre, d'un arrêté, d'une décision, ou même d'une circulaire comportant des prescriptions juridiques.

738. Les actes réglementaires, par leur portée générale, sont indiscutablement détachables des opérations d'établissement et de recouvrement de l'impôt. « *Seuls de tels actes devraient justifier un recours en annulation, car eux seuls sont susceptibles de modifier l'ordonnancement juridique, de changer l'état du droit et donc de léser un intérêt protégé par une norme supérieure* »[180]. Sont dans cette perspective susceptibles d'un recours pour excès de pouvoir les actes ci-après identifiés par le professeur Chapus[181] : les textes réglementaires fixant le régime d'un impôt, quant à son assiette et à son taux. On peut, à titre d'illustration, citer le décret n° 2014/1881/PM du 4 juillet 2014 fixant les modalités d'évaluation administrative des immeubles en matière fiscale. Ce texte réglementaire est une application de l'article 546 bis du CGI. Au moment de sa publication, il pouvait être attaqué pour excès de pouvoir s'il n'était pas conforme à la loi. On peut citer d'autres textes de même finalité[182]. Dans la même catégorie des actes détachables, on peut évoquer les délibérations des conseils municipaux instituant une taxe ou fixant son tarif, de même que les circulaires administratives émanant du ministre des Finances ou du directeur général des impôts.

739. **Il est très important de préciser que le rôle des circulaires est d'interpréter et de clarifier les dispositions des lois, décrets et arrêtés, tout en leur restant fidèles**. En effet, « *les circulaires, qu'elles portent cette dénomination ou tout autre à la fantaisie de leur auteur, doivent impérativement respecter l'ensemble des normes juridiques : Constitution, traités, lois, décrets et arrêtés* ». Bien plus, « *la circulaire ne peut ni créer une norme, ni contredire, ni ajouter, ni compléter les normes juridiques existantes* »[183]. Dans cette veine, le juge administratif

---

[180] *Ibidem.*

[181] R. CHAPUS, *op. cit.*, p. 545.

[182] À titre d'exemple, on peut citer le décret n° 98/009/PM du 23 janvier 1998 fixant l'assiette et les modalités de recouvrement des droits, redevances et taxes relatifs à l'activité forestière ; le décret n° 2006/3023/PM du 29 décembre 2006 fixant les modalités d'évaluation administrative des immeubles en matière fiscale ; l'arrêté n° 00366/MINFI/SG/DGI/DGD du 19 novembre 2013 précisant les modalités de mise en œuvre des avantages fiscaux et douaniers de la loi n° 2013/004 du 18 avril 2013 fixant les incitations à l'investissement privé en République du Cameroun.

[183] Catherine BERGEAL, *Savoir rédiger un texte normatif*, Berger-Levrault, 4e édition, 2001, p. 116-117.

français a développé une abondante jurisprudence reposant sur la distinction entre les circulaires qui sont conformes aux dispositions législatives et réglementaires en vigueur et celles qui, au contraire, ajoutent à ces dispositions. Les premières sont considérées comme ne faisant pas grief et ne sont pas pour cette raison susceptibles d'un recours pour excès de pouvoir. En revanche, les secondes, c'est-à-dire celles qui ajoutent à la loi, sont regardées comme présentant un caractère réglementaire et peuvent dès lors être attaquées devant le juge de l'excès de pouvoir, leur illégalité ne faisant aucun doute[184]. Normal pour les actes réglementaires qui ont un caractère impersonnel, le recours pour excès de pouvoir est exceptionnel pour les actes non réglementaires

B/ Le recours pour excès de pouvoir est exceptionnel pour les actes individuels et les actes non réglementaires

740. L'« *acte individuel est un acte destiné à produire des effets, au profit ou à l'encontre, d'un destinataire déterminé ou de plusieurs destinataires individualisés* »[185]. C'est en cela qu'il est souvent opposé à l'acte réglementaire. Pour les actes individuels et non réglementaires, le recours pour excès de pouvoir n'est possible que s'ils font grief. Toutefois, deux situations peuvent être envisagées : les actes faisant grief et détachables de la procédure d'imposition (1) et ceux non détachables de la procédure d'imposition (2).

1/ Le cas des actes faisant grief et détachables de la procédure d'imposition

741. Dans le cas des actes faisant grief et détachables de la procédure d'imposition, le requérant n'a pas la possibilité de saisir le juge de l'impôt qui officie en matière de plein contentieux, dans la mesure où son recours ne porte pas sur la contestation de la procédure de l'imposition.

C'est notamment le cas en matière de juridiction gracieuse, pour la demande de remise ou de modération. Même s'il est vrai que dans ce type de demande, le contribuable sollicite une mesure de faveur de l'administration, il n'en demeure pas moins vrai que l'obtention de cette faveur est conditionnée par la réunion de certains critères objectifs définis aux articles L141 et suivants du LPF. L'administration ne doit, par conséquent, pas refuser la remise ou la modération sollicitée sans motiver

---

[184] Parfois, l'administration essaye de rattraper une insuffisance contenue dans la loi de finances dans la circulaire interprétative de ladite loi. Ces précisions, apportées par voie de circulaire et qui ne sont pas conformes à la loi, peuvent être attaquées devant le juge de l'excès de pouvoir.

[185] *Lexique des termes juridiques*, Dalloz, 20e édition, 2013, p. 21.

sa décision en fait et en droit. Elle doit, à titre d'exemple, démontrer que le demandeur ne se trouve pas dans une situation de gêne et d'indigence justifiant l'abandon sollicité des impositions. Le même raisonnement vaut pour la demande de décharge de responsabilité.

Le contribuable non satisfait par la décision de l'administration peut contester celle-ci devant le juge de l'excès de pouvoir, en suivant la procédure normale. S'il estime les arguments du contribuable fondés, le juge peut annuler la décision de l'administration, et invitant celle-ci à réexaminer la situation du requérant.

On peut également évoquer les décisions de refus d'agrément du contribuable à un régime de faveur, les décisions de refus d'un quitus fiscal ou une attestation de non-redevance. De même, une entreprise, ayant fait l'objet du rejet de sa demande d'inscription sur la liste des entreprises agréées à opérer les retenues à la source des impôts, peut contester cette décision devant le juge de l'excès de pouvoir. Elle peut démontrer qu'elle est lésée par rapport aux entreprises opérant dans le même secteur et ayant obtenu l'habilitation. Toutes ces mesures, n'ayant aucun rapport avec la procédure d'imposition, ne sont pas susceptibles d'être attaquées par la voie du recours de pleine juridiction. Mais peuvent faire l'objet du recours pour excès de pouvoir en vertu du principe général de droit d'après lequel tout acte administratif est susceptible de faire l'objet d'un tel recours, à condition pour son auteur de justifier de la qualité et de l'intérêt pour agir. Si les actes détachables de la procédure d'imposition faisant grief sont susceptibles de faire l'objet du recours pour excès de pouvoir, il en va différemment pour les actes non détachables.

2/ Le cas des actes non détachables

742. En matière spécifiquement fiscale, le principe est qu'on ne peut pas contester les actes posés par l'administration fiscale dans la procédure d'imposition indépendamment de la contestation des impositions ou de la procédure utilisée pour leur recouvrement. On considère que ces actes ne sont pas détachables de la procédure d'imposition. Mais, même dans le cadre de la « *détachabilité* » des actes, pour reprendre la formulation du professeur René CHAPUS[186], une distinction s'impose suivant qu'ils sont contestés par les tiers ou par les destinataires des impositions.

---

[186] René CHAPUS, *Droit du contentieux administratif*, Montchrestien, coll. Domat, droit public, 5e éd., 1995, p. 545.

Lorsqu'ils sont contestés par les tiers, qui, par définition, n'ont aucune possibilité de former un recours de plein contentieux, ils sont susceptibles de faire l'objet d'un recours pour excès de pouvoir. Ces actes sont considérés comme détachables à leur égard, dans la mesure où ils ne sont pas assujettis à l'impôt contesté.

En revanche, lorsqu'ils sont contestés par leurs destinataires, c'est-à-dire les personnes assujetties à l'impôt, le principe est qu'ils ne sont pas détachables des opérations d'établissement et de recouvrement de l'impôt. Ils sont pour cette raison insusceptibles de recours pour excès de pouvoir. Les destinataires concernés, disposant *d'un recours parallèle,* ne peuvent contester la régularité et le bien-fondé de ces actes que devant le juge de l'impôt, dans le cadre du plein contentieux. C'est le lieu d'observer que, si on peut être d'accord avec le professeur Joseph OWONA sur le mutisme de nos textes sur la notion de recours parallèle[187], force est de constater qu'en matière fiscale, l'existence d'un recours autonome donne aux contribuables toutes les garanties pour obtenir l'annulation des impositions illégales.

À titre d'illustration, les irrégularités, constatées sur les actes relatifs à la procédure de vérification de comptabilité (avis de vérification, déroulement des opérations de contrôles, notification de redressement, réponse aux observations du contribuable et émission de l'AMR), concourent à l'assiette des impôts. Il en est de même pour les actes pris dans le cadre des contrôles sur pièces. Les irrégularités concernant ces actes sont insusceptibles de recours pour excès de pouvoir et doivent être portées devant le juge de l'impôt. Ces précisions, apportées sur la nature des actes de l'administration susceptibles d'annulation dans le cadre du recours pour excès de pouvoir, nous autorisent à examiner les conditions de recevabilité de la demande.

Section 3 : Les conditions de recevabilité du recours pour excès de pouvoir

743. Les conditions de recevabilité sont celles que le recours doit remplir pour que le juge consente à l'examiner au fond, c'est-à-dire à se demander si l'acte attaqué est légal ou non. Si l'une des conditions fait défaut, le juge refuse d'aller plus en avant ; il rejette le recours comme irrecevable. Au-delà de la nature de l'acte qui a été examinée, ces conditions portent sur l'existence d'un recours gracieux préalable (§ 1), le délai du recours (§ 2) et la personne du requérant (§ 3).

---

[187] Joseph OWONA, *Le contentieux administratif camerounais*, L'Harmattan, 2011, p. 153.

§ 1 : Le recours gracieux préalable

744. Aux termes de l'article 17 de la loi n° 2006/022 du 29 décembre 2006 fixant l'organisation et le fonctionnement des tribunaux administratifs, le recours devant le Tribunal administratif n'est recevable qu'après rejet d'un recours gracieux adressé à l'autorité auteur de l'acte attaqué ou à celle statutairement habilitée à représenter la collectivité publique ou l'établissement public en cause. Il s'agit là d'une règle très ancienne dans le droit processuel administratif. Ce recours revêt une importance capitale pour au moins deux raisons déjà examinées lors de l'étude du contentieux fiscal : Il est un moyen d'ordre public, c'est-à-dire le juge a l'obligation de le soulever même si le défendeur ne l'a pas fait. Et cette exigence a été maintes fois rappelée par la jurisprudence. La deuxième raison est que l'objet de la demande présentée devant le juge doit être identique à celui de celle qui a préalablement été présentée devant l'administration, en vertu du principe de l'identité d'objet entre les deux recours. Lorsque les deux objets ne sont pas identiques, le recours juridictionnel sera déclaré irrecevable pour défaut de RGP. En clair, c'est le recours gracieux qui, le premier, délimite la matière litigieuse. À la différence du contentieux fiscal qui est régi par un droit spécial, plusieurs étapes ne sont pas obligatoirement nécessaires avant la saisine du juge. Le recours administratif préalable obligatoire ne comporte en matière d'excès de pouvoir qu'une seule étape. Aussi, examinerons-nous le délai du recours gracieux préalable (A), les autorités habilitées à le recevoir (B) et la décision de ces autorités (C).

A/ Le délai du recours gracieux préalable en matière de recours pour excès de pouvoir

745. Conformément à l'article 17 (3), le recours gracieux doit, sous peine de forclusion, être formé dans *les trois (3) mois de la publication ou de la notification de la décision attaquée.* Ce délai de saisine de ces autorités, comme d'ailleurs tous les délais de procédure en vigueur au Cameroun, est un délai franc, lorsqu'aucune loi spéciale n'en dispose autrement, en application de l'article 605 du Code de procédure civile et commerciale qui dispose que le jour de signification et celui de l'échéance ne seront point comptés pour tous les actes. L'alinéa 2 du même article précise que lorsque le dernier jour d'un délai quelconque de procédure est un jour férié, le délai sera prorogé jusqu'au lendemain. Pour la Cour suprême, « *l'article 605 placé à la fin du Code sous la rubrique "dispositions générales" semble bien devoir régir l'ensemble de la procédure. Cet article s'applique aux lois spéciales quand elles ne*

dérogent pas aux lois générales »[188]. Or, un délai est dit franc lorsque ni le premier jour, le point de départ (le *dies a quo* : jour de la notification ou de l'évènement faisant courir le délai), ni le dernier jour, le point d'arrivée (le *dies ad quem* : date de l'échéance) ne sont pris en compte[189]. Toutes les conséquences du non-respect des délais, relativement aux réclamations prématurées et tardives examinées dans l'étude du contentieux fiscal, sont valables ici (voir *supra* n° 370 à 375).

746. Ce délai de trois (3) mois est différent des délais accordés aux autorités fiscales dans le cadre du contentieux des impositions (voir *supra* n° 366 et suivants). À cet effet, il convient de rappeler que le contribuable dispose d'un délai de trente (30) jours à compter de la réception de l'avis de mise en recouvrement ou de la connaissance certaine des impositions, pour saisir le chef de centre régional des impôts, le directeur des grandes entreprises et le Directeur général des impôts (art. L116 du LPF). Lorsqu'il n'est pas satisfait de leurs décisions, il dispose d'un délai de trente (30) jours pour saisir le ministre des Finances, dans ce qui fera office de recours gracieux préalable (art. L118 et L119 du LPF). Ces délais qui traduisent bien la différence entre le contentieux fiscal et le contentieux de l'excès de pouvoir ne doivent pas par conséquent faire l'objet de confusions. Ce constat vaut également pour les autorités habilitées à recevoir le recours gracieux préalable dans le cadre du recours pour excès de pouvoir.

B/ Les autorités habilitées à recevoir le recours gracieux préalable en matière de contentieux de l'excès de pouvoir

Pour éviter que le requérant puisse saisir n'importe quelle autorité dans le cadre de son recours gracieux préalable, les textes successifs en la matière ont pris le soin de déterminer les autorités habilitées à recevoir le recours gracieux préalable. Nous examinerons la situation avant la loi n° 2006/022 du 29 décembre 2006 fixant l'organisation et le fonctionnement des tribunaux administratifs (1), la situation après cette loi (2) et la conséquence du recours adressé à une autorité incompétente (3).

1/ La situation avant la loi n° 2006/022 du 29 décembre 2006

747. Avant la loi du 29 décembre 2006, le recours gracieux préalable était régi par l'article 12 de l'ordonnance n° 72-6 du 26 août 1972 fixant l'organisation et le fonctionnement de la Cour suprême. C'est cette haute juridiction, à titre de rappel, qui était compétente en matière de

---

[188] CS, arrêt n° 33/CC du 27 avril 1978, Bull n° 39 P55856. RCD n° 26 1983, P75-78.
[189] Sébastien BISSARDON, *Guide du langage juridique*, 2e édition, Litec, 2005, p. 207.

contentieux en premier ressort avec la Chambre administrative de ladite Cour, et en appel en deuxième ressort avec l'Assemblée plénière de la même Cour. Au regard de l'article 12 de l'ordonnance susmentionnée, « *le recours devant la Cour suprême n'est recevable qu'après rejet d'un recours gracieux préalable adressé au ministre compétent ou à l'autorité statutairement habilitée à représenter la collectivité publique ou l'établissement public en cause* ».

L'autorité adressataire du recours était clairement identifiée s'agissant des recours formés contre les actes des autorités administratives de l'État. Il s'agissait clairement du « *ministre compétent* ». Cette solution du ministre compétent donnait au recours administratif un double aspect de recours hiérarchique et de celui gracieux préalable, lorsque la décision contestée émanait d'un collaborateur du ministre.

La notion *de ministre compétent* avait été précisée par le décret n° 73-51 du 10 février 1973 relatif à la représentation de l'État en justice. Aux termes de ce décret, les ministres compétents en matière de recours gracieux préalable sont « *les chefs des départements directement intéressés* » par le litige. Par conséquent, lorsque l'activité d'un département ministériel donné était à l'origine d'une contestation de la part d'un administré, c'est le ministre chef dudit département qui était compétent pour connaître du recours gracieux préalable.

Mais cette notion de ministre compétent avait souvent été source de difficulté, lorsque le recours concernait un acte du président de la République, qui, par définition, n'est pas ministre. Le RGP devait-il être adressé au président de la République, ou devait-il être adressé au secrétaire général de la Présidence de la République ? Dans son jugement n° 1/CS-CA/79-80 du 29 novembre 1979, affaire ESSIMI Fabien C/ État du Cameroun, le requérant avait adressé son recours gracieux au président de la République. Ce dernier était l'auteur du décret n° 78-407 du 19 septembre 1978 qui l'avait révoqué du corps des fonctionnaires de la Sûreté nationale. La Chambre administrative de la Cour suprême, statuant en premier ressort, avait sévèrement rejeté sa requête contentieuse, en la déclarant irrecevable, motif pris de ce que Sieur ESSIMI Fabien devait adresser son RGP au secrétaire général de la Présidence de la République.

En appel, l'Assemblée plénière de la Cour suprême, dans l'arrêt avant dire droit n° 13/A/ADD du 13 mai 1982, avait infirmé le jugement de la Chambre administrative et reconnu la validité du RGP adressé au président de la République, en déclarant recevable le recours de Sieur ESSIMI Fabien. Pour le professeur Roger Gabriel NLEP, cette décision de la haute juridiction résolvait le problème des recours adressés au président de la République. Le professeur ajoutait en guise de conclusion, en reprenant la suggestion du professeur Henri Jacquot « *qu'il aurait peut-être été plus avisé de décider que pour l'État, les recours gracieux doivent être adressés soit à l'autorité qui a pris la décision contestée ou causé le dommage, soit à son supérieur hiérarchique* »[190]. Cette solution préconisée par ces éminents professeurs a été en partie prise en compte dans la loi de 2006 qui dispose clairement que le RGP doit être adressé à « *l'autorité auteur de l'acte attaqué* ».

2/ La situation après la loi n° 2006/022 du 29 décembre 2006 fixant l'organisation et le fonctionnement des tribunaux administratifs

748. L'article 17 (1) de la loi susmentionnée dispose que le recours devant le Tribunal administratif n'est recevable qu'après rejet d'un recours gracieux préalable adressé à *l'autorité auteur de l'acte attaqué ou à celle statutairement habilitée à représenter la collectivité publique... en cause*.

S'agissant des collectivités territoriales, rien n'a changé. La formulation de l'article 12 de l'ordonnance 72-6 du 26 août 1972 a été maintenue. L'autorité compétente, pour recevoir le recours gracieux préalable, est toujours celle qui est statutairement habilitée à représenter la collectivité en cause. Ce qui signifie que c'est soit le délégué du gouvernement, pour les communautés urbaines, et les maires pour les autres communes. Lorsque les conseils régionaux seront effectivement mis en place, les régions seront représentées par les présidents des conseils régionaux et ce sont ces autorités qui seront habilitées à recevoir le recours gracieux contre les délibérations des conseils régionaux ou les actes du président du conseil. Les collectivités ont été visées ici parce qu'elles ont une compétence en matière fiscale, qu'elles tiennent des lois. C'est notamment la fixation des tarifs et des taux de certaines impositions pour lesquelles la loi a déterminé les fourchettes et a laissé aux collectivités la latitude de déterminer les taux et les tarifs applicables dans leurs collectivités. Les délibérations fixant ces tarifs et taux peuvent être entachées d'illégalité et donc susceptibles de recours pour excès de pouvoir.

749. En revanche, en ce qui concerne les autorités de l'État, cette nouvelle formulation tranche avec l'article 12 de l'ordonnance 72-6 du

[190] Roger Gabriel NLEP, *L'administration publique camerounaise, « contribution à l'étude des systèmes africains d'administration publique »*, LGDJ, 1986, p. 264-265.

26 août 1972 qui visait clairement le *ministre compétent*. Au regard de l'article 17 de la loi de 2006, le ministre ne disposant plus du monopole de la représentation de l'État en justice dans son département ministériel, il partage désormais cette prérogative avec ses collaborateurs auteurs des décisions attaquées. Bien plus, dans l'étude du contentieux fiscal (voir *supra* n° 359), nous avons noté que le recours administratif préalable obligatoire avant la saisine du juge de l'impôt se déroulait en deux étapes : le contribuable devait d'abord saisir les autorités du premier niveau de réclamation et, en cas d'insatisfaction, il devait ensuite saisir le ministre des Finances, avant éventuellement de saisir le juge. Le recours hiérarchique adressé au ministre des Finances, contre la décision de ses collaborateurs, est encore obligatoire ici, alors que dans le cadre du contentieux de l'excès de pouvoir, il n'y a qu'une seule étape et une seule autorité à saisir avant la saisine du juge : « *l'autorité auteur de l'acte attaqué* ».

750. Dans ces conditions, les autres autorités susceptibles de recevoir le recours gracieux préalable, lorsque les décisions des autorités statuant sur les questions fiscales sont contestées, sont le ministre des Finances ou ses collaborateurs de la Direction générale des impôts, auteurs des décisions faisant grief. Il s'agit notamment du directeur général des impôts qui prend souvent les circulaires qui peuvent être contraires aux lois et règlements ; du directeur des grandes entreprises, des chefs de centre régionaux des impôts ; des receveurs des impôts qui sont chargés de l'action en recouvrement. Même s'il faut reconnaître qu'en dehors du Directeur général des impôts, généralement auteur des instructions et circulaires qui peuvent parfois être illégales, les actes des autres responsables entrent dans la catégorie des décisions donnant lieu à un recours parallèle : le recours contentieux en matière fiscale qui relève du plein contentieux. Toutefois, ces autorités étant chargées de délivrer les quitus et autre attestation de non-redevance aux contribuables, les éventuels refus de ces documents peuvent faire l'objet du recours pour excès de pouvoir.

751. Au-delà de ces autorités relevant du ministère des Finances, la difficulté pouvait naître des recours gracieux adressés au président de la République et au Premier ministre. En effet, il ne faut pas perdre de vue le fait que le président de la République et le Premier ministre sont compétents pour prendre des textes d'application en matière fiscale, par actes réglementaires (ordonnances, décret…) en vertu de la constitution du régime financier de l'État ou des lois de finances. Ces textes peuvent être entachés d'illégalités susceptibles de faire l'objet du recours pour excès de pouvoir. Mais au regard de la solution apportée par le juge dans

l'affaire ESSIMI Fabien sus-citée, il n'y a plus a priori de difficulté si l'auteur de cet acte est le président de la République ou le Premier ministre. Ce sont ces autorités que le justiciable devra saisir dans son recours gracieux préalable. Dans ce cas, la difficulté subsistante relativement aux autorités habilitées à recevoir le recours gracieux préalable concerne le cas où ce recours est adressé à une autorité incompétente.

3/ Le problème de la saisine d'une autorité incompétente

752. Dans le droit processuel administratif français, « *lorsque l'acte est susceptible d'un recours administratif et que l'intéressé a commis une erreur sur l'autorité qualifiée pour en connaître, la jurisprudence se montre extrêmement bienveillante et admet dans presque tous les cas que le recours conserve le délai* », rappelle le professeur Roger Gabriel NLEP[191], en citant les professeurs AUBY et DRAGO. Le professeur CHAPUS va dans le même sens quand il relève que l'exigence de saisir l'autorité compétente « *est interprétée avec un grand libéralisme, de façon à tenir compte du risque non négligeable d'erreurs excusables en raison de la complexité des structures administratives* »[192]. Et les autorités françaises sont allées plus loin à travers le décret du 28 novembre 1983 concernant les rapports entre l'administration et les usagers. En application de l'article 7 de ce décret, « *quand une autorité d'État (ou d'un établissement public administratif de l'État) est saisie à tort, elle est tenue de transmettre la demande à l'autorité compétente, quelle que soit la personne publique dont relève cette autorité, c'est-à-dire même s'il s'agit d'une autorité décentralisée. Et la transmission est réputée faite dès la saisine de l'autorité incompétente* ».

753. Dans le droit processuel administratif camerounais et en l'absence de tout texte sur la question, c'est une solution radicalement opposée à la solution française que le juge administratif camerounais a adoptée en matière d'acheminement d'un recours gracieux préalable à une autorité incompétente. « *De ce point de vue, la position constante du juge administratif avant comme après la réforme de 1972 peut se résumer en une seule phrase : un recours gracieux préalable "mal dirigé" équivaut à un non-recours* ». Plusieurs décisions[193] confirment

---

[191] Roger Gabriel NLEP, *L'administration publique camerounaise, « contribution à l'étude des systèmes africains d'administration publique »*, LGDJ, 1986, p. 268.

[192] René CHAPUS, *Droit du contentieux administratif*, Montchrestien, coll. Domat, droit public, 5e éd., 1995, p. 436.

[193] Arrêt n° 3/CS-AP du 27 octobre 1972, MOUTACKIE Joseph Lebrun C/ État du Cameroun ; jugement n° 24/CS-CA/77-78 du 13 juillet 1978, ESSOMBA NTONGA Gabriel C/ État du Cameroun.

cette position du juge qui déclare irrecevable le recours mal dirigé. Cette position a encore récemment été confirmée par la Chambre administrative de la Cour suprême dans son jugement n° 83/2008/CA/CS du 18 juin 2008 relatif à l'affaire Syndicat national des professionnels de la comptabilité C/ État du Cameroun (MINFI) : « *Attendu qu'en l'espèce, par une lettre du 31 mars 1997, le syndicat a envoyé un recours gracieux à Son Excellence Monsieur le Premier ministre chef du gouvernement alors que ce recours aurait dû être adressé au ministre des Finances, ministre compétent ; qu'il s'ensuit que le recours du Syndicat national des professionnels de la comptabilité est irrecevable comme mal dirigé* »[194]. L'identification des autorités habilitées à recevoir le RGP nous amène à examiner leurs décisions sur le recours.

C/ La décision des autorités saisies sur le RGP

754. Lorsqu'elles sont saisies dans le cadre du RGP, les autorités compétentes disposent d'un délai de trois (3) mois pour se prononcer sur le recours. La décision de ces autorités peut revêtir deux formes : elle peut être une décision expresse ou formelle, c'est-à-dire une réponse écrite dans le délai susmentionné. Dans ce cas, si elle donne satisfaction au requérant, son recours s'achève. En revanche, si elle ne lui donne pas satisfaction, il pourra saisir le juge dans le délai prescrit par la loi.

La décision peut être implicite, c'est l'hypothèse où l'autorité saisie n'a pas répondu dans le délai de trois (3) mois qui lui était imparti, dans ce cas, l'article 17 (2) de la loi n° 2006/022 du 29 décembre 2006 sur les tribunaux administratifs dispose que : Constitue un rejet du recours gracieux le silence gardé par l'autorité pendant un délai de trois (3) mois sur une demande ou réclamation qui lui est adressée. Ce délai court à compter de la notification du recours gracieux, c'est-à-dire à compter de la date de réception du recours par les services de l'autorité compétente. Le mutisme de l'autorité compétente dans le délai de trois (3) mois après sa saisine constitue un rejet implicite du RGP.

Une fois de plus, on constate que ce délai est différent de celui qui est appliqué dans le contentieux fiscal (voir *supra* n° 367 et 368). En effet, dans ce contentieux particulier, les autorités saisies au premier niveau de la réclamation disposent de trente (30) jours à compter de la date de réception de la réclamation pour répondre à celle-ci (art. L116 (4) et L118 (2) du LPF). Le ministre saisi au second niveau dispose d'un délai de deux (2) mois pour se prononcer (art. L123 et L124 du LPF). Ces

---

[194] CS/CA, jugement n° 83/2008/CACS du 18 juin 2008, Affaire Syndicat national des professionnels de la comptabilité C/ État du Cameroun (MINFI).

délais ne sont donc pas à confondre avec le délai applicable en matière de recours pour excès de pouvoir.

Muni de la décision de rejet formel ou implicite de son recours gracieux, le contribuable doit saisir le juge dans le délai légal. *Mais il convient de rappeler que l'objet de son recours juridictionnel doit être identique à celui de son RGP, sous peine d'irrecevabilité du premier pour défaut du second.*

§ 2 : Le délai de saisine du juge de l'excès de pouvoir

755. Après le rejet implicite ou explicite de son recours gracieux préalable, le requérant dispose *d'un délai de soixante (60) jours* pour saisir le Tribunal administratif compétent à compter de la décision de rejet. Ce délai court à compter du lendemain du jour de la notification à personne à domicile élu (art. 18 de la loi n° 2006/022 du 29 décembre 2006). Ce délai est prorogé si le requérant a, dans l'intervalle, déposé une demande d'assistance judiciaire (A) ou saisi une juridiction incompétente. Dans ce cas, le recours contentieux est valablement introduit dans les soixante (60) jours qui suivent la notification de la décision statuant sur la demande d'assistance judiciaire ou sur la compétence (art. 19 de la loi n° 2006/022 du 29 décembre 2006). Dans tous les cas, le non-respect de ce délai peut entraîner soit un recours tardif (B), soit un recours précoce (C).

A/ L'assistance judiciaire

756. Elle est régie par la loi n° 2009/004 du 14 avril 2009 portant organisation de l'assistance judiciaire. Cette assistance est accordée sur demande aux catégories de personnes physiques jugées indigentes en raison de l'insuffisance de leurs ressources pour faire valoir leur droit en justice ou pour poursuivre l'exécution des actes et procédures d'exécution antérieures obtenus. Sont qualifiés d'indigents pour bénéficier de l'assistance : les hommes de rang de toutes les armes pendant la durée de leur service, les personnes assujetties à l'impôt libératoire, les personnes non visées par la loi, exposées à des frais qu'elles ne peuvent supporter ou le conjoint en charge d'enfants mineurs, en instance de divorce et ne disposant d'aucun revenu propre.

Pour l'appréciation de cette qualité, il est tenu compte des éléments extérieurs : train de vie, existence de biens meubles ou immeubles qu'ils soient ou non producteurs de revenus. Les ressources du conjoint et celles des personnes vivant habituellement à son foyer sont également prises en considération.

B/ Le recours tardif

757. Le recours tardif est celui qui est adressé au juge après l'expiration du délai de soixante (60) jours, à compter de la date de notification par l'administration de la décision de rejet de la réclamation préalable. Un tel recours est voué au rejet, pour motif de forclusion, conformément à l'article 18 sus-cité. C'est d'ailleurs la position constante du juge. Il en est de même lorsque le ministre des Finances ne s'étant pas prononcé dans le délai de deux (2) mois, le contribuable a saisi le juge après le délai de soixante (60) jours qui lui est imparti.

Le juge administratif va plus loin, et considère que la réclamation est tardive lorsque le ministre des Finances a été saisi tardivement. C'est en ce sens que s'est prononcée la Chambre administrative de la Cour suprême par jugement n° 32/87-88 du 28 novembre 1987, affaire Kemayou Pierre C/ État du Cameroun : « *Attendu qu'en l'espèce outre que la réclamation adressée le 22 décembre 1982 au ministre des Finances, en réaction au commandement du 15 novembre 1982, l'a été tardivement puisque les impositions contestées ont été émises en avril 1976 ou antérieurement, le requérant, qui conteste la totalité desdites impositions, n'est pas en mesure de justifier le paiement de 20 % d'assiettes alors que cette formalité est prescrite à peine d'irrecevabilité ; qu'il s'ensuit que son recours est doublement irrecevable* ».

C/ Le recours précoce

758. Lorsque le juge a été saisi alors que l'autorité compétente n'avait pas encore épuisé le délai qui lui était imparti, pour statuer sur le recours du demandeur, ce recours sera rejeté pour motif de réclamation précoce ou prématurée, comme l'illustre le jugement n° 27/ CS/CA/89-90 du 3 mai 1990 de la Chambre administrative de la Cour suprême dans l'affaire Société SOCABOIS contre l'État du Cameroun : « *Attendu que la règle du recours gracieux préalable a une portée générale et d'ordre public ; que les délais prévus à cet effet sont, dans tous les cas, impératifs ; attendu que des règles ci-dessus rappelées, la jurisprudence a déduit et réaffirmé à travers maintes décisions que tout recours contentieux introduit avant l'épuisement de la procédure administrative d'examen préalable du recours gracieux est prématuré et, partant irrecevable ; qu'en l'espèce, le recours gracieux a été exercé suivant requête du 25 août 1986 reçue le 29 septembre 1986 au ministère des Finances, que le délai réservé à l'autorité compétente pour se prononcer expirait le 30 décembre 1986, le juge administratif ne pouvait être valablement saisi qu'après cette dernière date, et ce, pendant un délai de soixante (60)*

jours ; qu'il s'ensuit qu'en formant précocement son recours devant la Chambre administrative par requête y enregistrée le 30 octobre 1986, soit un (1) mois seulement après l'introduction de son recours gracieux, la Société camerounaise de bois ne s'est pas conformée aux vœux de la loi. Par ces motifs, la requête est irrecevable comme précoce ».

§ 3 : La personne du requérant

759. « *Au sens propre du terme, le requérant est la personne pour le compte de laquelle le recours est formé, par elle-même ou par une autre personne (avocat, mandataire, représentant légal, judiciaire ou statutaire)* »[195]. Bien que le recours pour excès de pouvoir soit ouvert contre toutes les décisions de l'administration, et que la conséquence de l'annulation prononcée par le juge soit l'anéantissement complet et rétroactif de l'acte censuré. Ce recours « *n'est pas une action populaire offerte à tout citoyen contre n'importe quel acte* »[196]. C'est pourquoi son exercice est subordonné à une condition très générale qu'on retrouve dans toutes les procédures contentieuses et que doit remplir le requérant à savoir sa capacité d'agir en justice (A). Il doit également justifier que l'annulation qu'il sollicite présente pour lui un intérêt personnel (B). Quand ce n'est pas le requérant lui-même qui défend ses intérêts, la personne qui le représente doit justifier la qualité qui l'habilite à représenter les intérêts du requérant (C).

A/ La capacité du requérant

760. Le requérant doit avoir la capacité juridique d'ester en justice, ce qui « *signifie avoir l'aptitude légale (notamment, l'âge requis pour les personnes physiques ou l'existence légale pour les personnes morales) pour agir en justice* »[197]. « *La capacité est la condition sans laquelle il est en principe exclu que le requérant puisse exercer lui-même son recours* »[198]. S'agissant des personnes physiques, leur capacité est appréciée selon les règles du droit civil. Sont par conséquent exclus du bénéfice de l'exercice direct du recours contentieux devant le juge administratif les mineurs non émancipés, les incapables, les aliénés et les prodigués. Les personnes morales capables d'agir en justice sont celles qui sont légalement constituées.

---

[195] René CHAPUS, *Droit du contentieux administratif*, Montchrestien, 5e édition, 1995, p. 341.

[196] Jean RIVERO, *Droit administratif*, Dalloz, 3e édition, 1967, p. 216.

[197] Maurice KAMTO, *Droit administratif processuel du Cameroun*, Presses universitaires du Cameroun, 1990, p. 20.

[198] René CHAPUS, *Droit du contentieux administratif*, Montchrestien, 5e édition, 1995, p. 343.

B/ L'intérêt donnant qualité pour agir

761. Pour le professeur CHAPUS, « *l'existence d'un intérêt donnant qualité à agir se situe au tout premier rang des conditions de recevabilité. C'est de sa lésion que le requérant tire le titre juridique qui l'habilite à saisir le juge* »[199]. La notion d'intérêt pour agir renvoie au gain escompté par le requérant en exerçant un recours contentieux. En effet, comme le relève le professeur RIVERO, alors que le recours de plein contentieux tend à la reconnaissance d'un droit subjectif, et est réservé au titulaire de ce droit, le recours pour excès de pouvoir, recours objectif, exige seulement du requérant qu'il ait intérêt à obtenir l'annulation ; cela veut dire que la décision attaquée doit avoir une incidence sur sa situation personnelle, qui se trouvera améliorée si cette décision disparaît. « *Le recours ne sanctionne donc pas le droit de tout Français à ce que l'administration respecte la légalité, mais son droit de ne pas souffrir personnellement de l'illégalité* »[200]. Cette définition a le mérite de ressortir la différence entre l'intérêt dans le recours de plein contentieux, comme c'est le cas du contentieux fiscal, et celui pour excès de pouvoir. Dans le premier cas, il n'est pas difficile pour le requérant de démontrer son intérêt. Le contribuable qui conteste le bien-fondé d'une imposition ou la régularité de la procédure suivie pour son recouvrement a toujours un intérêt évident à obtenir le dégrèvement de l'imposition ou l'annulation de la procédure de recouvrement utilisée par l'administration. Alors que dans le cadre du recours pour excès de pouvoir, il lui est demandé de justifier pourquoi l'anéantissement d'un acte administratif, qui a une portée générale, servira ses intérêts personnels. Aussi, devons-nous reconnaître avec le professeur CHAPUS que l'intérêt doit être personnel, légitime et pertinent.

La première exigence que doit remplir l'intérêt est donc qu'il doit être *personnel.* Cette exigence s'oppose à ce que le recours soit exercé *pour la défense de la légalité* par un requérant qui n'invoque rien d'autre que sa qualité de citoyen. Mais l'intérêt peut aussi être collectif ; c'est le cas lorsque l'acte juridique concerne les entités juridiques telles que les associations ou les syndicats.

L'intérêt doit ensuite être *légitime.* Ce qui implique que le recours exercé pour la sauvegarde d'une situation irrégulière ou immorale est irrecevable.

---

[199] René CHAPUS, *op. cit.*, p. 360.
[200] Jean RIVERO, *Droit Administratif*, Dalloz, 3e édition, 1967, p. 216.

L'intérêt doit enfin être *pertinent* ou *adéquat*, c'est-à-dire la qualité en laquelle agit le requérant doit être en correspondance avec ce qu'est la décision litigieuse. En d'autres termes, le type d'intérêt invoqué doit être en rapport avec elle.

L'existence de l'intérêt est appréciée à la date où le recours est exercé. Ensuite, l'intérêt est apprécié par rapport aux conclusions dont le juge est saisi, c'est-à-dire par rapport à l'objet de la demande. Il en résulte pour le professeur CHAPUS que « *dès lors que le requérant a intérêt à obtenir ce qu'il demande, il a intérêt à se prévaloir de tous moyens qui lui paraissent utiles ; c'est-à-dire un moyen ne peut pas être rejeté pour défaut d'intérêt du requérant à l'invoquer* »[201].

Enfin, l'intérêt que le juge apprécie s'il donne qualité à agir est uniquement l'intérêt invoqué par le requérant. L'intérêt ne suffit pas, le requérant doit aussi avoir la qualité pour agir.

C/ La représentation des parties

762. Le requérant est la personne pour le compte de laquelle le recours est formé, par elle-même ou par une autre personne. Cette définition de la notion de requérant signifie que pour une raison ou pour une autre, cette personne peut solliciter une ou plusieurs autres personnes pour assurer sa représentation. Au regard de l'article 20 de la loi n° 2006/022 du 29 décembre 2006 fixant l'organisation et le fonctionnement des tribunaux administratifs, la partie qui ne comparaît pas en personne peut se faire représenter par un avocat ou un mandataire qui doit justifier son mandat par la production d'un acte authentique ou celui sous seing privé légalisé par l'autorité compétente. Le mandataire a le pouvoir de signer les requêtes et mémoires aux lieu et place de son mandant, de recevoir les convocations adressées à son mandant et les notifications qui lui sont faites, conformément à l'article 22 de la loi sus-citée.

De la lecture de cette disposition, il ressort que, contrairement à ce qui est consacré dans le droit français, où le ministère d'un avocat est obligatoire, devant les juridictions administratives camerounaises, le ministère d'un avocat est facultatif. L'avocat ou le mandataire dûment habilité est une solution pour pallier l'empêchement du requérant.

C'est d'ailleurs pour cette raison que les personnes morales de droit public sont représentées devant la juridiction administrative par l'autorité habilitée à recevoir le recours gracieux préalable. Et cette autorité peut se faire représenter par un fonctionnaire, un agent de l'État ou d'une collectivité territoriale décentralisée (art. 23 de la loi du 29 décembre

---

[201] René CHAPUS, *op. cit.*, p. 361.

2006 sus-citée). Les conditions de recevabilité précisées, il est utile de rappeler les causes d'annulation et le juge compétent en matière de recours pour excès de pouvoir.

Section 4 : Les causes d'annulation et la juridiction compétente

Les causes d'annulation, dans le cadre du recours pour excès de pouvoir, constituent, dans l'appellation consacrée, les cas d'ouverture de ce recours dont l'analyse (§ 1) sera suivie de celle de la juridiction compétente (§ 2).

§ 1 : Les cas d'ouverture du recours pour excès de pouvoir

763. Au regard de l'article 2 (3) a) de la loi n° 2006/022 du 29 décembre 2006 fixant l'organisation et le fonctionnement des tribunaux administratifs, l'excès de pouvoir est constitué par le vice de forme, l'incompétence, la violation d'une disposition légale ou réglementaire et le détournement de pouvoir. Les deux premiers vices entachent la légalité externe de l'acte (A) et les deux derniers, sa légalité interne (B).

A/ Les vices entachant la légalité externe de l'acte

Les deux vices entachant la légalité externe de l'acte sont l'incompétence (1) et le vice de forme (2).

1/ L'incompétence

764. L'incompétence est, pour le professeur Jean RIVERO[202], « *le vice qui entache une décision lorsque son auteur n'avait pas le pouvoir légal de la prendre* ».

Pour le même auteur, de toutes les formes d'illégalité, c'est la plus grave, les agents publics n'ayant de pouvoir que sur la base et dans les limites des textes qui fixent leurs attributions ; au-delà, ils cessent de participer à l'exercice de la puissance publique. C'est pourquoi les règles de compétence sont d'ordre public : l'incompétence doit être relevée d'office par le juge, même si le plaideur n'a pas songé à l'invoquer à l'appui de son recours ; elle ne peut être couverte par l'approbation ultérieure de l'autorité compétente.

Au-delà de cette définition complète de la notion, l'incompétence est souvent appréciée sous deux angles : l'angle matériel et celui territorial. Dans le domaine de la fiscalité qui nous concerne, la question de la compétence territoriale ne soulevant pas beaucoup de difficultés, nous

---

[202] Jean RIVERO, *Droit administratif*, Dalloz, 3e édition, 1967, p. 223.

nous attarderons un peu plus sur les aspects d'incompétence *ratione materiae*. On peut recenser les cas suivants :

L'agent administratif a empiété sur la compétence du législateur. C'est l'hypothèse où les autorités chargées du pouvoir exécutif ont pris des actes dans un domaine exclusivement réservé par la constitution au législateur, sans être habilitées par une loi. En matière fiscale, à titre de rappel : la création des impôts et taxes et la détermination de l'assiette, du taux et des modalités de recouvrement de ceux-ci relèvent de la compétence exclusive du législateur. Les autorités exécutives ou administratives ne peuvent y intervenir que sur habilitation expresse. L'hypothèse n'est pas rare où pour pallier l'insuffisance de la loi fiscale, les autorités fiscales prennent des mesures par instructions et circulaires, parfois illégales. De telles mesures peuvent être attaquées pour le double motif de leur illégalité au fond et surtout de l'incompétence de leur auteur à les prendre.

L'agent administratif a empiété sur la compétence de son supérieur. C'est l'hypothèse où le Directeur général des impôts qui ne dispose d'aucun pouvoir réglementaire a empiété sur la compétence du ministre, qui, lui, dispose d'un pouvoir réglementaire par délégation du président de la République.

L'empiétement du supérieur hiérarchique sur les compétences légales du subordonné est également source d'incompétence du premier. À cet égard, le Directeur général des impôts ne peut pas se substituer au chef de centre régional des impôts ou au directeur des grandes entreprises, pour statuer sur une réclamation contentieuse, relevant de la compétence de ces autorités subordonnées. Il en est de même pour le ministre des Finances. Ce dernier ne peut pas empiéter sur la compétence du Directeur général des impôts et sur celle des collaborateurs de ce dernier. Toutefois, il convient de souligner ici que « *le supérieur dispose du pouvoir d'instruction avant l'acte, du pouvoir de réformation ou d'annulation ensuite, sous réserve des droits acquis ; mais il ne peut déposséder le subordonné de sa compétence légale* »[203].

2/ Le vice de forme

765. Tout acte administratif doit être pris dans le respect de certaines règles de forme et de procédure. Le vice de forme résulte de la méconnaissance des règles qui fixent, pour chaque acte, cette procédure et ces formes. Pour le professeur Joseph OWONA, « *le droit administratif camerounais est pour l'essentiel un droit des décrets et des*

---

[203] Jean RIVERO, *op. cit.*, p. 225.

arrêtés pris par les autorités administratives et exécutives. Un certain formalisme rentre en compte pour leur régularité, parallélisme des formes et formalités préalables prédéterminées »[204]. Ces formes et procédures ont souvent pour finalité de garantir les intérêts des citoyens et des usagers.

Toutefois, tous les vices entachant les règles de forme et de procédure n'ont pas pour effet d'entraîner la nullité de l'acte concerné. La jurisprudence établit une hiérarchie entre les vices entachant une formalité substantielle et ceux qui portent atteinte à une formalité accessoire. Pour les vices entachant une formalité substantielle, la sanction du juge est généralement de prononcer l'annulation de l'acte concerné. En revanche, les vices entachant les formalités accessoires demeurent sans influence sur la validité de l'acte.

B/ Les vices entachant la légalité interne de l'acte

Les vices entachant la légalité interne de l'acte sont constitués de la violation d'une disposition légale ou réglementaire (1) et le détournement de pouvoir (2).

1/ La violation d'une disposition légale ou réglementaire

766. Ce cas d'ouverture est le plus large et il est résumé dans le système français par la notion de violation de la loi. La loi étant entendue ici dans son sens le plus large. Il sanctionne la violation de toutes les règles en dehors des règles de compétence, de forme et de but. Le contrôle exercé par ce cas d'ouverture vise le contenu de l'acte et ses motifs de fait et de droit. « *C'est par la violation de la loi que le recours pour excès de pouvoir sanctionne le principe de légalité dans son ensemble* »[205]. « *Le cas d'ouverture de violation d'une disposition légale ou réglementaire, retenu par la législation camerounaise, va au bout de la logique de respect du principe de légalité : force doit rester en dernière analyse à la loi, et l'autorité administrative doit respecter ses propres règles. L'acte administratif ne peut être en contradiction flagrante avec une loi ou une disposition réglementaire antérieure* »[206]. Il doit être conforme au droit positif constitué des règles écrites : normes constitutionnelles, conventionnelles, législatives, jurisprudentielles (principes généraux du droit) et réglementaires.

---

[204] Joseph OWONA, *Le contentieux administratif camerounais*, L'Harmattan, 2011, p. 154.
[205] Jean RIVERO, *Droit administratif*, Dalloz, 3e édition, 1967, p. 229.
[206] Joseph OWONA, *Le contentieux administratif camerounais*, L'Harmattan, 2011, p. 169.

Pour le professeur RIVERO, la violation est directe lorsque l'administration a agi comme si la loi n'existait pas, en n'en tenant aucun compte. Il y a violation par fausse interprétation lorsque l'administration connaissant la règle en a donné une interprétation que le juge estime erronée. Il en est de même lorsque le texte choisi comme fondement de la décision ne s'appliquait pas à celle-ci, la jurisprudence emploie parfois l'expression « *manque de base légale* » pour cette forme particulière de violation de la loi.

La violation de la loi constitutive d'excès de pouvoir peut découler **d'une erreur commise sur les motifs de fait de la décision**. En effet, comme le souligne le Pr RIVERO, il arrive fréquemment que la loi elle-même fasse, d'une situation de fait, la condition nécessaire d'un acte. L'administration n'est habilitée à prendre cet acte que lorsque la situation de fait existe. « *En pareil cas, il est impossible d'apprécier la légalité de l'acte sans examiner ce qu'il en est des faits invoqués ; leur existence, leur conformité aux prévisions légales ne relèvent pas du pouvoir discrétionnaire, mais de la compétence liée, donc de l'examen du juge* »[207]. Par exemple, l'article 330 du Code général des impôts donne à l'administration, à travers le droit de préemption, la faculté de se substituer à l'acquéreur d'un bien ou au bénéficiaire du droit à un bail si elle juge utile, et si elle estime le prix porté à l'acte insuffisant. Le droit de préemption est donc subordonné à l'existence de cette situation de fait, à savoir l'insuffisance du prix de la transaction. À la différence de la violation d'une disposition légale ou réglementaire, le détournement de pouvoir sanctionne le but de l'acte qui ne respecte pas la fin légale.

2/ Le détournement de pouvoir

767. L'administration, à la différence du particulier, n'a pas le libre choix du but de ses actes. De façon générale, elle ne doit jamais exercer ses compétences qu'en vue de la satisfaction de l'intérêt public, en vertu d'un principe général de droit ; de façon plus particulière, les textes assignent à certaines compétences un but précis. Le détournement de pouvoir est le vice qui entache un acte par lequel l'administration, en méconnaissance de ces règles, a poursuivi un but différent de celui que le droit lui assignait, détournant ainsi de sa fin légale le pouvoir qui lui était confié. Il y a détournement de pouvoir quand l'auteur de l'acte a poursuivi un but étranger à l'intérêt général.

En clair, il y a détournement de pouvoir lorsqu'une autorité administrative use de ses pouvoirs dans un but autre que celui en vue

---

[207] Jean RIVERO, *Droit administratif*, Dalloz, 3e édition, 1967, p. 229.

duquel ils lui ont été conférés. Le détournement de pouvoir peut ainsi résulter de ce que l'auteur de l'acte n'a pas poursuivi un but d'intérêt public, mais son intérêt propre ou celui d'un tiers, ou a poursuivi un but d'intérêt public autre que celui qu'il était autorisé à suivre.

Le détournement de pouvoir peut aussi s'assimiler à un détournement de procédure, lorsque l'administration utilise une procédure administrative à des fins autres que celles auxquelles elle aurait dû légalement servir.

Dans la pratique, ce cas d'ouverture est difficile à établir, c'est pourquoi on peut efficacement se contenter de la violation d'une règle législative ou réglementaire qui est plus facile à établir. Les causes d'annulation identifiées, il nous reste à déterminer le juge compétent pour connaître du recours pour excès de pouvoir.

§ 2 : La juridiction compétente en matière de recours pour excès de pouvoir

769. La juridiction administrative est seule compétente pour statuer sur les recours pour excès de pouvoir, conformément aux dispositions de la loi n° 2006/022 du 29 décembre 2006 fixant l'organisation et le fonctionnement des tribunaux administratifs. Cette compétence revient à titre exclusif, en premier et dernier ressort, aux tribunaux administratifs (A), le système camerounais n'ayant accordé aucune compétence propre à la Chambre administrative de la Cour suprême, à l'inverse de ce qui est observé dans le système français. Cette dernière n'intervient qu'en cassation et résiduellement en interprétation ou en appréciation d'un acte législatif ou réglementaire (B). Cette dévolution des compétences, au sein de la juridiction administrative camerounaise, s'est démarquée de l'option prise dans le système français (C).

A/ Les tribunaux administratifs : juges exclusifs en premier et dernier ressort du recours pour excès de pouvoir

La procédure à suivre devant les tribunaux administratifs étant celle qui a été examinée dans le chapitre traitant du règlement des litiges fiscaux devant les juridictions administratives (voir *supra* n° 528 et suivants), nos développements porteront succinctement sur la compétence matérielle (1) et celle territoriale (2) de ces tribunaux.

1/ La compétence matérielle des tribunaux administratifs en matière d'excès de pouvoir

770. Au regard de l'article 2 (2) de la loi n° 2006/022 du 29 décembre 2006, les tribunaux administratifs connaissent en dernier ressort de l'ensemble du contentieux administratif concernant l'État, les

collectivités publiques décentralisées et les établissements publics administratifs. Pour être plus précis, ils connaissent « *en premier et dernier ressort* » de ce contentieux. En effet, contrairement au système français qui comporte trois niveaux (les tribunaux administratifs, les cours administratives d'appel et le Conseil d'État au sommet), le système camerounais ne comprend que deux niveaux et ne prévoit pas d'appel des jugements des tribunaux pour le contentieux administratif de droit commun. Ce contentieux comprend notamment, conformément à l'alinéa (3) (a) de l'article 2 susmentionné, les recours en annulation pour excès de pouvoir. Les décisions ou actes administratifs susceptibles d'être déférés devant le juge de droit commun de l'excès de pouvoir sont ceux que nous avons examinés (voir *supra* n° 916 et suivants). Le seul rappel utile est que les tribunaux administratifs camerounais sont compétents, quel que soit l'auteur ou la nature de l'acte attaqué. Cette précision est importante et signifie que ces tribunaux sont compétents pour connaître des ordonnances du président de la République, tant qu'elles n'ont pas encore été ratifiées. De même, ils peuvent connaître des décrets du président de la République et du Premier ministre. Ils sont également compétents sur les actes réglementaires et non réglementaires des ministres. La compétence exclusive en matière d'excès de pouvoir des tribunaux administratifs affirmée, il reste à préciser le Tribunal administratif territorialement compétent.

2/ La compétence territoriale en matière d'excès de pouvoir

771. Au regard des dispositions de l'article 15 de la loi n° 2006/022 du 29 décembre 2006 sus-évoquée, le Tribunal administratif territorialement compétent, à titre de rappel, est celui : dans le ressort duquel a légalement son siège l'autorité qui a pris la décision attaquée ; de la résidence du demandeur ; de la situation des biens ; du lieu d'exécution du contrat ; et du fait dommageable si ce fait est imputable à une décision.

Au regard de tous ces critères de détermination de la compétence territoriale, on peut conclure qu'en matière d'excès de pouvoir, le tribunal compétent est celui dans le ressort duquel a légalement son siège l'autorité qui a pris la décision attaquée ou celui de la résidence du demandeur. Les parties non satisfaites par la décision du Tribunal administratif peuvent se pourvoir en cassation devant la Cour suprême.

B/ La Chambre administrative de la Cour suprême : juge de cassation des jugements des tribunaux administratifs en matière d'excès de pouvoir

772. Lorsque les tribunaux ont statué en premier et dernier ressort en matière d'excès de pouvoir, les parties n'ayant pas obtenu satisfaction

peuvent exercer un pourvoi en cassation devant la Chambre administrative de la Cour suprême contre la décision du Tribunal administratif.

Contrairement au système français qui réserve au Conseil d'État une compétence directe sur certains actes dans le cadre du recours pour excès de pouvoir, la Chambre administrative de la Cour suprême du Cameroun n'a aucune attribution similaire. Elle ne peut intervenir dans cette matière que dans le cadre du pourvoi en cassation. On peut observer, avec un brin de curiosité, l'évolution de la procédure contentieuse administrative qui a connu un système dans lequel la Chambre administrative de la Cour suprême statuait en premier ressort et l'Assemblée plénière de la même Cour statuait en appel sans possibilité de pourvoi pour les parties. Le système actuel a consacré le pourvoi après la décision de premier ressort, qui est en même temps celle de dernier ressort, puisqu'il n'y a pas de possibilité d'appel.

Le demandeur, dans le cadre du pourvoi, peut, à titre de rappel et conformément à l'article 35 (1) de la loi n° 2006/016 fixant l'organisation et le fonctionnement de la Cour suprême, se fonder sur l'incompétence, la dénaturation des faits de la cause ou des pièces de procédures, le défaut de contradiction ou l'insuffisance des motifs, le vice de forme, la violation de la loi, la non-réponse aux conclusions des parties ou aux réquisitions du ministère public, le détournement de pouvoir, la violation d'un principe général de droit, le non-respect de la jurisprudence de la Cour suprême ayant statué en sections réunies d'une Chambre ou en Chambres réunies.

La procédure devant la Cour suprême est celle qui a été examinée plus haut dans le cadre de l'étude du contentieux fiscal devant les juridictions administratives (voir *supra* n° 579).

C/ La dévolution des compétences en matière d'excès de pouvoir dans le système français

773. Dans le système français[208], c'est le Conseil d'État qui est compétent pour connaître des recours pour excès de pouvoir contre les décrets en vertu d'un décret-loi du 30 septembre 1953. En effet, après la création des tribunaux administratifs, dans le cadre de la réforme de 1953, qui sont devenus juges de droit commun du contentieux administratif en premier ressort, le Conseil d'État a conservé une compétence directe sur certaines matières. Cette compétence concerne

---

[208] René CHAPUS, *Droit du contentieux administratif*, Montchrestien, 5e édition, 1995, p. 236 et 238.

tous les décrets, qu'ils émanent du président de la République ou du Premier ministre, qu'ils portent sur les actes réglementaires ou les actes individuels et les actes non réglementaires. C'est aussi le cas des ordonnances qui sont des actes administratifs tant qu'elles n'ont pas encore été ratifiées par le Parlement. De même, la haute juridiction française est compétente lorsque le recours pour excès de pouvoir est dirigé contre les actes réglementaires des ministres.

Si le recours pour excès de pouvoir relève exclusivement du contentieux de l'annulation, l'action en responsabilité du fait des agissements de l'administration fiscale relève du contentieux de pleine juridiction.

Chapitre 2

Contentieux de l'indemnisation du fait des agissements de l'administration fiscale

774. Le Pr Jean RIVERO constate que « *l'activité de l'administration comme toute activité est génératrice de dommages, d'autant plus fréquents et lourds qu'elle met en œuvre les moyens puissants* ». Bien que survenant dans le cadre de la poursuite d'un but d'intérêt général par l'administration, les dommages ainsi causés aux victimes méritent une réparation, ne serait-ce qu'en vertu du principe d'égalité de tous devant les charges publiques. Cette égalité est rompue pour les victimes, qui peuvent obtenir réparation dans certaines conditions, dans le cadre juridique de la responsabilité administrative, qui est une responsabilité de nature civile.

De par ses prérogatives de puissance publique, liées à ses missions de mobilisation et de collecte des ressources dont l'État a besoin pour son fonctionnement, les activités de l'administration fiscale, tant en ce qui concerne les procédures d'assiette de l'impôt que celles relatives à son recouvrement, génèrent souvent des dommages pour les contribuables. « *Le préjudice dont le contribuable peut ainsi être victime, du fait de l'action des services fiscaux, ne peut pas totalement être couvert par les intérêts moratoires* »[209].

Ce constat fait dans le contexte français qui est très avancé en matière de protection des intérêts du contribuable est valable et d'actualité au Cameroun d'où la responsabilité de l'administration fiscale et, partant de l'État, dans le cadre d'une action en indemnisation du préjudice subi par le contribuable. Nos développements porteront sur les conditions de mise en œuvre de la responsabilité des services fiscaux (section 1) et la réparation du préjudice subi devant les juridictions compétentes (section 2).

Section 1 : Les conditions de mise en œuvre de la responsabilité des services fiscaux

775. Pour établir la responsabilité de toute personne en droit public comme en droit privé, il faut la réunion de trois conditions à savoir :

---

[209] Georges LATIL, *Contentieux fiscal*, Francis Lefebvre, 2002, p. 758.

l'existence d'un préjudice encore appelé dommage (§ 1), le rattachement de ce préjudice à une personne déterminée qu'on appelle l'imputabilité (§ 2) et enfin, le fait générateur de ce dommage qu'on appelle encore le fait dommageable (§ 3).

§ 1 : L'existence d'un préjudice indemnisable

776. Le préjudice n'ouvre droit à réparation que s'il présente certains caractères intrinsèques. Comme en droit privé, le préjudice indemnisable doit être certain, spécial, anormal, porter sur une situation juridiquement protégée et peut être matériel ou moral.

Le préjudice certain est celui qui est né et actuel, c'est-à-dire celui qui a déjà été réalisé. Ce qui exclut de l'indemnisation le préjudice simplement éventuel. À l'inverse de la jurisprudence française qui intègre également le préjudice futur, c'est-à-dire celui qui interviendra inéluctablement et dont on peut prévoir l'évaluation, « *la démarche du juge camerounais est plus rigoureuse. Il considère que seul un préjudice "actuel" peut donner droit à réparation à l'exclusion de tout préjudice futur* »[210].

Le préjudice spécial est celui qui est particulier à la victime et non commun à l'ensemble des membres de la collectivité. « *Dans ce dernier cas, l'égalité de tous devant les charges publiques, qui sous-tend l'ensemble de la théorie, n'est pas blessée* »[211].

Le préjudice anormal est celui qui excède les inconvénients inhérents au fonctionnement d'un service, les servitudes qu'impose toute vie collective.

Le préjudice doit porter sur une situation juridiquement protégée[212]. Par cette formule, la jurisprudence du Conseil d'État français entend exclure du droit à réparation les personnes qui se trouvent dans une situation illégitime ou illégale, le cas notamment de la concubine de la victime d'un accident mortel. Toutefois, la haute juridiction française a abandonné ces solutions juridiquement fragiles et socialement retardataires dans l'arrêt AP/CE, du 23 mars 1978 : Dame MUËSSER, veuve LECOMPTE où il décide que le fait pour une personne de vivre plusieurs années en concubinage et d'avoir avec son compagnon une liaison suffisamment stable et continue lui donne vocation à obtenir réparation du préjudice que lui cause le décès de son compagnon.

---

[210] Roger Gabriel NLEP, *L'administration publique camerounaise, « contribution à l'étude des systèmes africains d'administration publique »*, LGDJ, 1986, p. 344.
[211] Jean RIVERO, *Droit administratif*, Dalloz, 3e édition, 1967, p. 244.
[212] Jean RIVERO, *op. cit.*, p. 245.

Le juge judiciaire camerounais, dans la lignée de son homologue français, a accepté d'indemniser la concubine d'une personne décédée des suites d'un accident de circulation, comme l'illustre le jugement n° 33/CS-CA du 28 septembre 1978, affaire OWOUNDI Jean Louis C/ État du Cameroun[213]. Le préjudice connu, il faut le rattacher à l'œuvre d'une personne particulière.

Le préjudice doit être matériel. Ce qui signifie qu'il doit avoir des conséquences d'ordre patrimonial, soit par des dépenses qu'il entraîne, soit par des pertes qu'il provoque : atteinte aux biens. Dans le cadre des activités des services fiscaux, il n'est pas difficile d'établir la matérialité du préjudice subi et de l'évaluer pécuniairement. Le cas peut se présenter lorsque l'administration a fermé l'établissement, pour le recouvrement des impôts qui s'avèrent indus, toute la période de fermeture génère un manque à gagner qui peut être évalué. Dans le même ordre d'idée, la fermeture de l'établissement peut entraîner la détérioration des marchandises périssables qui seront impropres à la commercialisation ; le préjudice ainsi subi peut être évalué. Dans la même logique, l'entreprise peut faire faillite après un lourd redressement fiscal qui s'est avéré après épuisement de la procédure contentieuse non justifié et s'est soldé au profit du contribuable par un dégrèvement.

777. La vraie question peut être posée sur la possibilité du *préjudice moral*. En effet, après des balbutiements jurisprudentiels au cours desquels ce type de préjudice n'était pas indemnisable, motif pris de ce que la douleur morale n'est pas monétairement quantifiable, la jurisprudence a évolué dans le sens de l'indemnisation du préjudice moral. La douleur morale ou la souffrance pouvait donc avoir un prix : le *pretium doloris*. C'est notamment le cas dans l'affaire, non fiscale, Madame KWEDI Augustine C/ État du Cameroun sur laquelle la Cour fédérale de justice a alloué des dommages et intérêts à la requérante du fait de la mort de son fils de 14 ans par un accident de circulation, causé par un chauffeur de la délégation du gouvernement camerounais à Douala. Pour la Cour : « *Attendu qu'une mère est en droit de se prévaloir*

---

[213] Jugement n° 33/CS-CA du 28 septembre 1978, affaire OWOUNDI Jean Louis C/ État du Cameroun. Dans cette affaire, l'imprudence au volant de Sieur OWOUNDI a provoqué l'accident qui a été fatal à MBOCK TSAMA, concubin de NGO YAS Élise. Le juge judiciaire a condamné Sieur OWOUNDI à une amende de 30 000 FCFA et à verser les dommages et intérêts de 1 500 000 FCFA à Dame NGO YAS en réparation du préjudice moral subi par la perte de son concubin. L'État du Cameroun s'est substitué à son agent fautif, comme le prévoit la loi, pour le versement de l'indemnité, et a établi un ordre de recette contre son agent fautif, dans le cadre de l'action récursoire. Sieur OWOUNDI a saisi le juge administratif pour contester cet ordre de recette, et le juge lui a donné tort.

d'une atteinte à ses sentiments d'affection par la perte d'un fils de 14 ans ; qu'on ne peut douter de sa douleur véritable, que la douleur morale, qui résulte pour elle de la disparition prématurée de son fils est par elle-même génératrice d'un préjudice indemnisable »[214]. Peut-on établir un préjudice moral imputable à l'activité des services fiscaux ? Le cas peut se poser pour les ayants droit du contribuable victime d'une crise cardiaque fatale à l'annonce d'un redressement fiscal particulièrement lourd qui s'avère injustifié. Mais il n'est pas facile de prouver le lien de causalité, pour rendre un tel préjudice indemnisable.

§ 2 : L'existence d'un lien de causalité direct ou l'imputabilité

778. Le préjudice n'est réparable qu'autant qu'on peut l'imputer au fait d'une personne publique déterminée. Le préjudice direct est celui qui résulte directement de l'activité administrative. Le juge administratif camerounais fait de l'existence d'un lien direct de cause à effet entre le fait dommageable imputé à l'administration et le préjudice subi par la victime la condition sine qua non de la mise en œuvre de la responsabilité de la puissance publique ; et ceci, quel que soit le régime de la responsabilité applicable : responsabilité pour faute ou celle sans faute[215]. La Chambre administrative de la Cour suprême l'a rappelé dans son arrêt du 28 décembre 1978, affaire BAHA NGUÉ Jean C/ État du Cameroun : « *Considérant que Baha Ngué ne pouvant rapporter la preuve d'un lien de causalité entre l'accident, l'administration et le préjudice qu'il a subi, il devrait saisir le juge judiciaire d'une action en réparation contre le chauffeur et le propriétaire du véhicule* »[216]. Cette approche exclut le *dommage indirect*, car « *l'administration n'est pas responsable de celles des conséquences de ses actes qui n'ont pu se réaliser que par l'intervention d'un tiers ; entre elle et le dommage, le lien de causalité doit être direct* »[217].

779. Pour le Conseil d'État français, l'existence de ce lien de causalité résulte de l'appréciation souveraine des juges du fond. Le juge de cassation n'exerce qu'un contrôle restreint limité à la dénaturation des faits. Et la jurisprudence administrative a cru nécessaire d'insister sur la nécessité du lien de causalité et le fait que la personne qui réclame une indemnité ne puisse démontrer que son préjudice découle directement des

---

[214] CFJ/SCAY, arrêt n° 10 du 16/03/67, Madame KWEDI EYOUM Augustine C/ État du Cameroun.

[215] Roger Gabriel NLEP, *L'Administration publique camerounaise, « contribution à l'étude des systèmes africains d'administration publique »*, LGDJ, 1986, p. 347.

[216] Salomon BILONG, *Mémento de la Jurisprudence administrative du Cameroun*, Éditions Les Clés, 2014, p. 35.

[217] Jean RIVERO, *Droit administratif*, Dalloz, 3e édition, 1967, p. 247.

agissements imputés à l'administration est un moyen d'ordre public qui peut être soulevé d'office par le juge et à tout moment de la procédure[218]. C'est pourquoi « *le juge de cassation exerce sur l'existence de cette causalité directe un contrôle étendu à la qualification juridique des faits* ». L'illustration parfaite se trouve dans cette affaire où une société avait vu son stock saisi et vendu à perte alors que le service d'assiette n'avait pas transmis au service du recouvrement sa demande de sursis de paiement, on comprend que le préjudice ainsi subi est la conséquence directe de la faute du service d'assiette et qu'il doit être indemnisé alors que, dans la même affaire, les pertes d'exploitation et la perte du fonds de commerce ne peuvent être regardées comme résultant de cette faute, dès lors que la situation économique et financière de la société s'était déjà fortement dégradée et que les poursuites avaient été régulièrement engagées pour le paiement d'autres impositions[219]. La troisième condition pour prétendre à l'indemnisation est l'existence du fait générateur du préjudice.

§ 3 : Le fait générateur du préjudice

780. Le préjudice étant synonyme de dommage subi, son fait générateur est encore appelé fait dommageable. Tout dommage n'entraîne pas nécessairement, pour son auteur, l'obligation de le réparer. Celle-ci n'existe qu'autant que l'acte qui a causé le dommage présente certains caractères qui fondent la responsabilité. « *En droit privé, c'est l'acte fautif seul qui engage son auteur ; exceptionnellement, la responsabilité peut s'attacher à la création d'un risque. La responsabilité de la puissance publique de même est liée à la notion de faute ; exceptionnellement, elle peut exister en l'absence de faute* »[220]. Seules les personnes physiques peuvent commettre des fautes ; les actes fautifs de l'administration sont nécessairement le fait de ses agents d'où l'intérêt d'identifier le titulaire de la responsabilité. C'est pourquoi il faut distinguer parmi les fautes, ayant causé le préjudice indemnisable, celles qui ne sont pas détachables du comportement normal de l'administration et constituent des fautes de service imputables à la personne publique et engageant sa responsabilité devant les juridictions compétentes (A), celles qui sont détachables de l'exercice normal de la fonction et constituent des fautes personnelles imputables à leurs auteurs et engageant leurs responsabilités devant les juridictions compétentes (B) et celles qui sont imputables à l'administration et à ses agents, le cas du

---

[218] Georges LATIL, *Contentieux fiscal*, Francis Lefebvre, 2002, p. 773.
[219] *Ibidem*.
[220] Jean RIVERO, *Droit administratif*, Dalloz, 3e édition, 1967, p. 248.

cumul des fautes (C). Enfin, nous examinerons les cas possibles de fautes susceptibles d'engager la responsabilité des services fiscaux (C).

A/ La notion de faute de service

781. La faute de service est une défaillance dans le fonctionnement normal du service, incombant à un ou plusieurs agents de l'administration, mais non imputable à eux personnellement[221]. L'examen des caractéristiques de la faute de service (1) sera suivi des cas d'application pratique (2).

1/ Les caractéristiques de la faute de service

La faute de service est d'abord une *défaillance dans le fonctionnement normal d'un service*. Ceci s'explique par le fait que de tout service, on est fondé à attendre un certain niveau moyen, variable selon sa mission et selon les circonstances ; la faute apparaît au-dessous de ce niveau. Cette faute n'est pas commise par l'administration prise de manière abstraite, mais elle est toujours commise par ses préposés, c'est-à-dire ses agents, personnes physiques. La responsabilité pour faute de service est donc une responsabilité du fait de l'homme.

Il peut exister une responsabilité du fait des choses qui se situe dans le cadre de *la responsabilité sans faute*. C'est notamment le cas de la responsabilité pour risque, de la responsabilité qui résulte de l'inexécution des décisions de justice ou de la responsabilité qui résulte du fait que la puissance publique impose des mesures d'ordre économique ou social à une entreprise privée dans l'intérêt général. Dans ce dernier cas, une entreprise, souhaitant licencier une partie de son personnel non essentiel, peut être contrainte par la puissance publique de renoncer à ces licenciements, au péril de sa survie. Dans ce cas, le préjudice subi ne procède pas d'un comportement fautif de l'administration. La responsabilité va résider dans l'atteinte au principe d'égalité devant les charges publiques.

La faute de service, ensuite, *incombe à un ou plusieurs agents et ne leur est pas imputable personnellement*. C'est ce fait qui distingue la faute de service de celle personnelle. Dans la faute de service, comme le souligne le Pr RIVERO, la personne de l'agent n'est pas prise en considération ; il n'en est responsable, ni vis-à-vis de la victime, ni vis-à-vis de l'administration. La responsabilité remonte directement à la personne publique dont relève l'agent. Cette solution est justifiée par le fait que le comportement de l'agent n'est pas détachable de ce qui est

---

[221] Jean RIVERO, *op. cit.*, 1967, p. 249.

attendu de lui pour le fonctionnement normal du service. C'est pour cette raison que l'administration doit couvrir son fonctionnaire poursuivi devant les tribunaux judiciaires pour une faute présentant les caractères de la faute de service et se substituer à lui pour la réparation du préjudice, sans recourir à l'action récursoire. La faute de service, ainsi caractérisée, dans le cadre administratif général peut avoir des applications pouvant engager la responsabilité des services fiscaux.

2/ Les fautes susceptibles d'engager la responsabilité des services fiscaux

782. La responsabilité de l'État du fait des agissements des services fiscaux peut trouver son origine dans le cadre de l'action des services d'assiette, comme dans celle de ceux du recouvrement. Nous examinerons successivement l'attitude du juge français dans l'appréciation de la faute de service susceptible d'engager la responsabilité de l'administration (1) et l'attitude du juge camerounais en la matière (2).

2.1 Le cas des services fiscaux en France

783. Pour le juge français, toute faute n'est pas susceptible d'engager la responsabilité de l'administration. Aussi, opère-t-il une distinction entre la faute lourde et celle simple. Pour lui, les fautes commises par les services fiscaux dans le cadre de leurs missions d'assiette et de recouvrement de l'impôt ne peuvent engager la responsabilité de l'administration, donc entraîner une indemnisation, que lorsqu'elles constituent des fautes lourdes. Cette jurisprudence ancienne a été réaffirmée dans une décision du Conseil d'État du 29 décembre 1997 (commune d'Arcueil). La haute juridiction considère en effet que les erreurs commises par l'administration fiscale, lors de l'exécution d'opérations qui se rattachent aux procédures d'établissement ou de recouvrement de l'impôt, ne sont pas en principe susceptibles, en raison de la difficulté que présente généralement la mise en œuvre de ces procédures, d'engager la responsabilité de l'État que si elles constituent une faute lourde[222].

Cette confirmation de la jurisprudence ancienne rend exceptionnel l'engagement de la responsabilité des services fiscaux sur la base d'une faute simple, comme semblait l'amorcer la décision du Conseil d'État dans l'affaire Bourgeois (CE, 27 juillet 1990 n° 44676, Bourgeois).

[222] Georges LATIL, *Contentieux fiscal*, Francis Lefebvre, 2002, p. 765.

Dans cette affaire, concernant un contribuable qui avait été imposé à la suite d'une erreur matérielle du service des impôts sur une base de 315 663 F, alors qu'il avait déclaré un salaire de 35 336 FCFA, le juge a constaté que « *les erreurs ainsi relevées dans la saisie et le traitement informatisé des déclarations et dans l'exécution automatique des prélèvements mensuels ont été commises lors de l'exécution d'opérations qui, si elles se rattachent aux procédures d'établissement et de recouvrement, ne comportent pas de difficultés particulières tenant à l'appréciation de la situation des contribuables ; qu'elles sont constitutives d'une faute de nature à engager la responsabilité de l'État* »[223]. Cette jurisprudence est demeurée exceptionnelle. Si le juge français n'engage la responsabilité de l'administration qu'en cas de faute lourde, son homologue camerounais ne s'embarrasse pas de ce genre de distinction.

2.2 Le cas des services fiscaux au Cameroun

784. Le Pr Roger Gabriel NLEP observe que contrairement à la situation française, en droit camerounais, le juge administratif ne fait pas de distinction, suivant les difficultés du service à accomplir, entre les différentes catégories de fautes susceptibles d'engager la responsabilité de la puissance publique. Il s'éloigne donc considérablement des principes posés par l'arrêt Blanco, aux termes desquels « **la responsabilité de l'État n'est ni générale, ni absolue et varie suivant les besoins du service** ».

Pour le professeur, le juge administratif camerounais applique plutôt en la matière les règles du Code civil au fondement et aux conséquences inverses. En effet, tout fait quelconque de l'administration qui cause à autrui un dommage entraîne sa réparation par la puissance publique, à moins que le législateur n'en dispose autrement. Le juge répressif confirme ce constat dans l'affaire Babissakana (Société Prescriptor)[224], en énonçant qu'« *attendu que les prévenus sont des fonctionnaires employés par l'État, que c'est dans l'exercice de leurs fonctions que les actes répréhensibles mis à leur charge ont été perpétrés, que l'État du Cameroun cité par ailleurs a désigné un représentant pour défendre ses*

---

[223] *Ibidem.*

[224] Tribunal de première instance de Yaoundé centre administratif, jugement n° 2697/CO du 1er avril 2004 et Cour d'appel de Yaoundé, arrêt n° 438/COR du 3 avril 2006, affaire ministère public et Babissakana (Société Prescriptor) C/ Ananga, Dame Mbele, Abouem Bien-Aimé, État du Cameroun (MINEFI). L'État du Cameroun a été condamné à payer à la partie civile la somme de 4 600 000 FCFA en réparation des préjudices matériel, moral et commercial subis.

agents et ses intérêts, qu'il y a lieu de déclarer l'État du Cameroun civilement responsable conformément à l'article 1384 du Code civil ».

La responsabilité de l'administration peut être engagée, lorsque les agents missionnés par le chef du Centre départemental des impôts de Meinganga pour le contrôle des vignettes automobiles se mettent à contrôler la patente des transporteurs et à procéder aux redressements, avec de graves dérapages, au mépris des procédures légales prévues. C'est l'objet de l'arrêt n° 175/COR du 8 juin 2006 de la Cour d'appel de l'Adamaoua qui a confirmé le jugement du TPI Meinganga.

Dans les affaires précitées, comme dans la plupart des affaires pour lesquelles la responsabilité des services fiscaux est engagée, les plaignants invoquent, généralement, l'abus de fonction des agents accusés, lors du recouvrement forcé des impositions, au moyen des mesures particulières de poursuites. Ce qui engage la responsabilité personnelle de ces agents.

B/ La responsabilité des agents pour faute personnelle

785. La faute personnelle est, par opposition à celle de service, celle qui se détache de l'exercice de la profession. Elle peut s'en détacher matériellement, c'est le cas de la faute commise en dehors de l'exercice de la fonction, sans lien avec elle. Elle peut s'en détacher psychologiquement, lorsque, bien que commise dans le service, elle révèle non pas « *un administrateur plus ou moins sujet à l'erreur, mais l'homme avec ses faiblesses, ses passions et ses imprudences* », pour reprendre les formules célèbres d'Édouard LAFERRIÈRE. Cette attitude peut se produire lorsque « *l'agent a obéi à des mobiles personnels : recherche de son propre intérêt, animosité à l'égard de la victime, désir de vengeance, etc. La gravité exceptionnelle de la faute ne s'explique que par la nature profonde de l'agent, sa brutalité, son intempérance, sa couardise* »[225].

Le juge répressif camerounais illustre très bien la responsabilité des agents publics pour faute personnelle, à travers le jugement n° 2697/CO du 1er avril 2004 du Tribunal de première instance (TPI) de Yaoundé centre administratif, dans l'affaire ministère public et Babissakana (Société Prescriptor) C/ Ananga, Dame Mbele, Abouem Bien-Aimé, État du Cameroun (MINEFI). Dans cette affaire, le juge a condamné les agents de recouvrement pour abus de fonction et concussion. Pour bien comprendre la décision des juges, les faits de l'espèce méritent d'être rappelés.

---

[225] Jean RIVERO, *Droit administratif*, Dalloz, 3e édition, 1967, p. 259.

À la suite d'un contrôle sur pièces, l'administration avait mis à la charge de la société Prescriptor, représentée par Babissakana, par AMR n° 034 du 7 mars 2002, une somme d'un montant global de 646 384 FCFA, soit 323 192 en principal et 323 192 en pénalités, au titre des droits d'enregistrement non acquittés sur les marchés publics. La requérante, estimant avoir payé les droits notifiés, a saisi l'administration fiscale pour les contester et a sollicité par la même occasion un sursis de paiement en payant une somme de 64 538 représentant 10 % des droits contestés. L'administration a rejeté ses recours successifs et a commis ses agents pour le recouvrement forcé des droits. Ces derniers ont procédé à la saisie de son matériel informatique. Le requérant a alors saisi le TPI susmentionné, par voie de citation directe, pour contester la régularité de la saisie effectuée, au motif que les agents de recouvrement n'étaient pas munis d'une contrainte régulièrement établie par le receveur des impôts et rendue exécutoire par le président du Tribunal d'instance, conformément à l'article 411 du CGI. Il a ensuite accusé ces agents de trouble de jouissance, escroquerie, abus de pouvoir et abus de fonction et concussion. Il a enfin réclamé à ces agents et à l'État, au titre de la réparation civile des préjudices matériel, moral et commercial subis, le paiement de la somme de 185 000 000 de FCFA.

Le juge correctionnel a rejeté les chefs d'accusation de trouble de jouissance et d'escroquerie, pour faits non établis. Il a en revanche admis l'irrégularité de l'AMR ayant servi de base au recouvrement forcé, ainsi que le bien-fondé des accusations d'abus de fonction et de concussion. C'est pourquoi il a condamné les agents de recouvrement à une amende pénale de 50 000 FCFA pour chacun et au paiement à la partie civile de la somme de 4 600 000 FCFA au titre des préjudices subis. Enfin, le juge a déclaré l'État civilement responsable des condamnations prononcées. Ce jugement du TPI a été confirmé en tous ses points par la Cour d'appel du centre (arrêt n° 438/COR du 3 avril 2006). Ces décisions du juge suscitent deux observations sur l'illégalité du titre exécutoire (AMR) et sur l'accusation d'abus de fonction et de concussion.

S'agissant de l'illégalité du titre exécutoire, il est reproché à l'administration fiscale d'avoir émis les droits d'enregistrement au moyen de l'avis de mise en recouvrement (AMR) prévu à l'article L53 du LPF, pour le recouvrement des impôts directs et autres taxes sur le chiffre d'affaires, à l'époque des faits en 2002. Or, conformément à l'article 411 du CGI, les droits d'enregistrement non payés dans les délais font l'objet d'un titre de perception visé et déclaré exécutoire sans frais par le président du Tribunal d'instance dans le ressort duquel est établi le centre des impôts du poursuivant[226]. À la lumière de ces deux dispositions de la loi, c'est à tort que l'administration a utilisé l'AMR, au lieu du titre de perception déclaré exécutoire par le juge compétent, pour l'émission des droits contestés. Pour ce vice de procédure, les impositions querellées ont été annulées à juste titre.

Mais, pour ce qui est de l'abus de fonction, il suppose, au regard de la jurisprudence de la Cour suprême, la réunion cumulative de deux éléments matériels de son auteur : premièrement, il faut que le fonctionnaire *ait agi en dehors du cadre administratif de ses fonctions* ; en second lieu, il faut que l'acte du fonctionnaire *ait porté préjudice au particulier* (CS, arrêt n° 186/P du 13 mars 1975 Bull n° 32 P ; 4655).

En appréciant la démarche des fonctionnaires au regard des deux conditions posées par la haute juridiction, il ressort que les agents de recouvrement condamnés ont été régulièrement missionnés par leurs supérieurs hiérarchiques, pour le recouvrement des impôts dus par la société Prescriptor. Par voie de conséquence, tous les actes qu'ils ont pris l'ont été dans le cadre normal de l'exécution de leurs fonctions. Le juge le reconnaît, lui-même : « *Attendu que les prévenus sont des fonctionnaires employés par l'État ; que c'est dans l'exercice de leurs fonctions que les actes répréhensibles mis à leur charge ont été perpétrés, que l'État du Cameroun cité par ailleurs a désigné un représentant pour défendre ses agents et ses intérêts qu'il y a lieu de déclarer l'État du Cameroun civilement responsable conformément à l'article 1384 du Code civil* ». Bien que l'AMR soit irrégulier, il n'est pas de leur responsabilité, en tant que simples agents d'exécution, d'apprécier la régularité de ce titre de créance.

C'est donc à tort que le juge répressif, qui, du reste, n'était pas compétent dans cette affaire purement civile, les a condamnés. Par ailleurs, il convient de souligner que ce juge s'est fondé sur le fait que les

[226] Depuis l'entrée en vigueur de la loi n° 2015/019 du 21 décembre 2015 portant loi de finances pour l'exercice 2016, les articles 411 du CGI et L53 du LPF ont été modifiés. L'article 411 nouveau du CGI dispose désormais que « les droits, taxes et, en général, toutes impositions de sommes quelconques dont la perception incombe normalement à la Direction générale des impôts sont recouvrés suivant les règles définies par le Livre des procédures fiscales. Ces créances font, à défaut de paiement dans les délais, l'objet d'un avis de mise en recouvrement émis par le centre des impôts territorialement compétent ». Au regard de cette nouvelle rédaction de l'article 411 du CGI, dictée par les modifications introduites dans la nouvelle directive CEMAC sur les droits d'enregistrement, le titre de perception visé par le président du tribunal territorialement compétent, qui était le titre exécutoire en matière de recouvrement forcé des droits d'enregistrement, a été supprimé. Et l'article L53 du LPF a été modifié pour s'adapter à cette nouvelle donne.

agents ont poursuivi le recouvrement malgré l'acquittement par le contribuable d'une somme représentant 10 % des droits contestés, pour obtenir un sursis de paiement. Or, le sursis de paiement prévu à l'article L121 du LPF n'est uniquement applicable que dans le cadre de la contestation devant l'administration des impôts directs et des taxes sur le chiffre d'affaires et n'est pas valable en matière de droits d'enregistrement. Bien plus, il convient de rappeler que conformément à l'article 412 du CGI, en vigueur à l'époque des faits[227], « *le redevable qui conteste le bien-fondé de la réclamation ou la quotité des sommes réclamées ne peut former opposition dans les trois (3) mois de la réception de la notification du titre de perception qu'après paiement préalable du principal des droits. Les amendes, pénalités et tous accessoires sont réservés jusqu'à la décision de justice* ». Pour l'ensemble de ces raisons, les agents de recouvrement avaient pleinement agi dans le « *cadre administratif de leurs fonctions* ». Et la qualification d'abus de fonction n'était pas fondée.

786. Cette erreur, grave d'interprétation des textes fiscaux par le juge, découle de son conditionnement par le contexte camerounais dans lequel certaines dérives des agents peu scrupuleux sont légion. C'est ainsi que ces agents peuvent, sans l'aval officiel du service, donc de leur hiérarchie, engager des opérations de contrôle aux seules fins « *d'arnaquer les contribuables* ». C'est aussi parfois le cas du sous-préfet qui organise le contrôle de l'impôt libératoire dans une ville dans laquelle se trouvent les services fiscaux de l'État, seuls compétents en la matière.

De tels comportements peuvent être considérés comme détachés matériellement et psychologiquement du service. Matériellement, parce que bien qu'étant des agents de l'administration, cette dernière n'a pas initié les contrôles ayant causé le préjudice aux victimes. Psychologiquement, parce que les contrôles avaient pour seul but de satisfaire l'intérêt personnel de leurs auteurs. Ces comportements engagent totalement la responsabilité personnelle des agents impliqués.

Section 2 : La réparation du préjudice devant les juridictions compétentes

Les analyses porteront sur les modalités de réparation du préjudice (§ 1) et les juridictions compétentes (§ 2).

[227] L'article 412 du CGI a été modifié, par la loi de finances pour l'exercice 2016, pour arrimer la procédure contentieuse en matière de droits d'enregistrement, à la procédure prévue dans les articles L116 et suivants du LPF pour les impôts directs.

§ 1 : Les modalités de réparation du préjudice

787. Dans le droit positif camerounais, la réparation du préjudice subi par la victime est dominée par le mécanisme de la substitution, compte non tenu de la nature de la faute : faute de service ou celle personnelle. Cette réparation ne soulève guère de difficultés particulières, s'agissant de la faute de service dans la mesure où elle incombera totalement à l'administration. Et celle-ci devra assurer la totalité du dédommagement, même si la victime a choisi de poursuivre civilement l'agent public. C'est ce qu'on appelle endossement. C'est d'ailleurs ce qui est réaffirmé avec force dans l'article 26 du décret n° 94/199 du 7 octobre 1994 portant statut général de la fonction publique qui dispose que : « *l'État doit lorsqu'un fonctionnaire est poursuivi par un tiers pour faute de service et dans la mesure où une faute personnelle détachable de l'exercice de ses fonctions n'est pas imputable à ce fonctionnaire, le couvrir des condamnations civiles prononcées contre lui* ».

En revanche, lorsqu'elle incombe personnellement à son ou ses agents ou bien en cas de cumuls de fautes (c'est-à-dire, l'administration et son agent ont chacun une part de responsabilité dans le préjudice subi), les difficultés peuvent naître. Il y aura en effet trois types de rapports : le rapport entre l'administration concernée et la victime, celui entre l'agent auteur du dommage et la victime et celui entre l'administration et l'agent auteur du dommage. Mais, comme le constate avec pertinence le professeur NLEP, « *la solution adoptée au Cameroun en matière de délimitation de la responsabilité respective des uns et des autres... privilégie deux types de rapports en organisant l'effacement de l'agent auteur du dommage vis-à-vis de la victime et la substitution automatique de la puissance publique à son agent dans l'indemnisation du tiers* »[228]. C'est pourquoi nos développements porteront par conséquent sur les rapports entre l'administration et la victime (A) et ceux entre l'administration et son agent auteur de l'acte fautif (B).

A/ Les rapports entre l'administration et la victime

788. Dans la foulée des lois qui l'ont devancée[229], la loi n° 2006/022 du 29 décembre 2006 fixant l'organisation et le fonctionnement des tribunaux administratifs délimite le domaine d'application du contentieux

---

[228] Roger Gabriel NLEP, *L'administration publique camerounaise, « contribution à l'étude des systèmes africains d'administration publique »*, LGDJ, 1986, p. 352.

[229] Loi du 19 novembre 1965 portant réforme du contentieux administratif au Cameroun (art. 14), loi du 14 juin 1967 fixant l'organisation et le fonctionnement de la Cour fédérale de justice (art. 14) et ordonnance 72-6 du 26 août 1972 fixant l'organisation et le fonctionnement de la Cour suprême (art. 9).

administratif en y dessinant avec précision les contours de la responsabilité administrative et surtout, les modalités d'indemnisation de la victime. À cet effet, si l'article 2 (3) b) de la loi susvisée évoque les actions en indemnisation du préjudice causé par un acte administratif, c'est l'article 3 (1) qui fixe avec netteté le régime juridique de l'indemnisation en attribuant une compétence très large aux tribunaux de droit commun. Ces tribunaux « *connaissent, conformément au droit privé, de toute autre action ou litige, même s'il met en cause les personnes morales énumérées à l'article 2 (l'État, les collectivités publiques territoriales décentralisées et les établissements publics administratifs), la responsabilité desdites personnes morales étant à l'égard des tiers, substituée de plein droit à celle de leurs agents auteurs des dommages causés dans l'exercice même de leurs fonctions* ». Ce qui nous conduit à examiner les conditions de la mise en œuvre de la substitution automatique de responsabilité (1) et les modalités de mise en œuvre de cette substitution (2).

1/ Les conditions de mise en œuvre de la substitution automatique de l'État à l'agent fautif pour l'indemnisation du préjudice

789. Au regard des dispositions de l'article 3 sus-citée de la loi n° 2006/022 du 29 décembre 2006 et conformément à l'article 26 du décret n° 94/199 du 7 octobre 1994 portant statut général de la fonction publique, « *la responsabilité civile de l'État se substitue de plein droit à celle du fonctionnaire condamné pour faute personnelle commise contre un tiers dans l'exercice ou à l'occasion de l'exercice de ses fonctions* ». À la lecture de ces deux textes, deux conditions sont essentielles à la mise en œuvre de la substitution automatique de la personne publique à son agent pour l'indemnisation de la victime : l'auteur de l'acte doit avoir la qualité de fonctionnaire au sens large du terme ou d'agent public et le dommage doit avoir été causé par cet agent public dans l'exercice de ses fonctions.

S'agissant de la qualité d'agent public de l'auteur du préjudice, il faut souligner que la notion « d'agents publics » recouvre plusieurs réalités, ou mieux, plusieurs types de personnels. Il s'agit des fonctionnaires au sens étroit du terme, c'est-à-dire des agents qui relèvent du statut général de la fonction publique, d'une part ; des contractuels d'administration qui sont des travailleurs relevant du Code du travail, des décisionnaires et des journaliers qui sont soumis à un statut de droit privé, d'autre part. Sont également agents publics les collaborateurs occasionnels des personnes morales de droit public mentionnées à l'article 2 de la loi n° 2006/022 du 29 décembre 2006.

Dans le cas particulier de l'administration fiscale, il faut relever que le gros de ses effectifs est constitué des personnels non fonctionnaires au sens strict du terme. La qualité d'agent public ne suffisant pas, il faut que le préjudice causé à la victime soit survenu à l'occasion de l'exercice des fonctions de l'agent concerné.

Pour ce qui est du dommage causé par l'agent dans l'exercice de ses fonctions, l'agent auteur du fait dommageable était-il dans l'exercice de ses fonctions ? De la réponse à cette question dépend l'obligation pour la personne publique de se substituer automatiquement à son agent pour la réparation due à la victime. Les textes organisant la substitution de responsabilité étant restés muets sur la question, il appartient aux juges de fond d'apprécier si l'agent public a agi dans l'exercice de ses fonctions. C'est exactement ce qu'il fait dans l'affaire ministère public et Babissakana (Société Prescriptor) C/ Ananga, Dame Mbele, Abouem Bien-Aimé, État du Cameroun (MINEFI), sus-évoquée : « *Attendu que les prévenus sont des fonctionnaires employés par l'État, que c'est dans l'exercice de leurs fonctions que les actes répréhensibles mis à leur charge ont été perpétrés, que l'État du Cameroun cité par ailleurs a désigné un représentant pour défendre ses agents et ses intérêts qu'il y a lieu de déclarer l'État du Cameroun civilement responsable conformément à l'article 1384 du Code civil* ».

Pour le Pr NLEP, contrairement au système français dans lequel une telle appréciation devant le juge judiciaire doit donner lieu à un renvoi préjudiciel devant son homologue administratif, au Cameroun, la compétence du juge judiciaire est totale, pour l'appréciation souveraine de la notion « *d'exercice des fonctions* ». C'est pour cette raison que le système camerounais de responsabilité entraîne « *la disparition, dans les rapports entre l'agent auteur de l'acte dommageable et la victime, de la distinction classique du droit français entre la faute personnelle et la faute de service. Il importe simplement que cet agent ait été dans l'exercice de ses fonctions administratives au moment de l'accomplissement de l'acte* »[230]. Lorsque les deux conditions relatives à la qualité de l'agent public auteur du dommage et la commission de ce dommage dans l'exercice des fonctions sont remplies, il reste à préciser les modalités de la substitution de responsabilité.

[230] Roger Gabriel NLEP, *L'Administration publique camerounaise, « contribution à l'étude des systèmes africains d'administration publique »*, LGDJ, 1986, p. 356.

2/ Les modalités de mise en œuvre de la substitution de responsabilité

790. Le mécanisme de mise en œuvre de la substitution de responsabilité peut être décomposé en deux phases : l'établissement de la responsabilité de l'agent et l'endossement de ladite responsabilité par la personne publique.

La responsabilité de l'agent public est établie lorsqu'il est poursuivi par le juge judiciaire. Ce dernier étant incompétent pour apprécier la responsabilité des personnes morales de droit public, c'est seulement lorsque la responsabilité de l'agent est établie que celle de la puissance publique peut être engagée par endossement. Le juge judiciaire en question peut aussi bien être juge pénal que juge civil. C'est dans ce sens que s'est prononcé le Conseil du contentieux administratif dans son arrêt n° 608/CCA du 29 juillet 1957, PASSALIS Alexandre C/ État du Cameroun. Pour cette juridiction administrative, « *les juridictions répressives ne peuvent statuer que sur des actions civiles en réparation du dommage... qu'accessoirement à l'action pénale dirigée contre l'auteur de l'infraction ; qu'une action ne peut également être exercée contre l'employeur civilement responsable devant la juridiction répressive qu'accessoirement aux poursuites exercées contre l'auteur de l'infraction* ». Dans l'affaire Babissakana (société Prescriptor), l'État « *a été déclaré civilement responsable de condamnations pécuniaires ainsi prononcées* » parce que ses agents ont été reconnus coupables des infractions d'abus de fonction et de concussion : « *Attendu que les prévenus sont des fonctionnaires employés par l'État, que c'est dans l'exercice de leurs fonctions que les actes répréhensibles mis à leur charge ont été perpétrés, que l'État du Cameroun cité par ailleurs a désigné un représentant pour défendre ses agents et ses intérêts, qu'il y a lieu de déclarer l'État du Cameroun civilement responsable conformément à l'article 1384 du Code civil* »[231].

Les analyses qui précèdent illustrent que « *devant le juge répressif, la solution semble plus aisée dans la mesure où la responsabilité pénale et personnelle de l'agent étant déjà retenue, il est loisible de mettre directement en cause son commettant par le biais de la constitution de la*

[231] Jugement n° 2697/CO du 1er avril 2004 du Tribunal de première instance (TPI) de Yaoundé centre administratif, dans l'affaire ministère public et Babissakana (Société Prescriptor) C/ Ananga, Dame Mbele, Abouem Bien-Aimé, État du Cameroun (MINEFI).

partie civile »[232]. Le problème semble plus ardu lorsqu'aucune faute pénale ne peut être reprochée à l'agent, ou que ce dernier ne fait pas l'objet de poursuite devant le juge répressif. L'établissement de la responsabilité personnelle de l'agent étant un préalable à la mise en œuvre de la technique de substitution, il est donc loisible à la victime d'assigner l'administration et son agent à la fois. Dès lors que la responsabilité civile de ce dernier est établie, elle est automatiquement endossée par l'administration.

Cette technique de substitution consacrée par le droit positif camerounais est « *un mécanisme original qui a pour principal effet de faire disparaître l'agent à l'égard de la victime et qui, de la sorte, sauvegarde les intérêts de ce dernier* »[233]. Mais la responsabilité de l'agent à l'égard de la personne publique va reparaître après l'indemnisation de la victime.

B/ Les rapports entre l'administration et son agent auteur du dommage

791. Une fois que l'administration s'est substituée à son agent pour des besoins d'un dédommagement efficace de la victime, conformément aux textes en vigueur, elle se retourne sur son agent auteur du dommage en cas de faute personnelle de ce dernier, pour obtenir le remboursement des sommes payées, pour le compte de cet agent fautif. Elle utilise ainsi le mécanisme de *l'action récursoire* dont nous allons préciser les contours (1) et les modalités de mise en œuvre (2).

1/ Les contours de l'action récursoire

792. L'action récursoire a pour but, après que la victime a été dédommagée, de fixer définitivement la part contributive de l'agent et de la personne publique en fonction de la part prise par chacun dans la commission du dommage. En France, l'action récursoire a été consacrée par la jurisprudence, à travers l'arrêt LARUELLE (CE, 28 juillet 1951). Elle peut fonctionner dans les deux sens, c'est-à-dire, l'agent public, qui a payé intégralement l'indemnité en cas de cumul de fautes, peut également saisir le juge administratif pour obtenir le remboursement des sommes payées pour le compte de la personne publique.

---

[232] Roger Gabriel NLEP, *L'administration publique camerounaise, « contribution à l'étude des systèmes africains d'administration publique »*, LGDJ, 1986, p. 358.
[233] *Ibidem.*

Au Cameroun, c'est à travers l'affaire OWOUNDI Jean Louis C/ État du Cameroun[234] que le juge administratif a consacré l'action récursoire. Dans cette affaire, l'administration, après avoir indemnisé la concubine de la victime d'un accident de circulation causé par la faute de sieur OWOUNDI, avait émis à l'encontre de l'intéressé un ordre de recette dont le montant était celui des sommes versées à la concubine du défunt. Le requérant a alors saisi la juridiction administrative, pour obtenir l'annulation de cet ordre de recette. Sa demande a été rejetée par le juge, motif pris de ce que « *l'ordre de recette a été pris en application du principe qui veut que l'administration possède une action récursoire contre le fonctionnaire ; que l'État ayant réparé le préjudice causé à NGO YAS Élise par la faute commise dans le service, c'est à juste titre qu'il s'est retourné contre le recourant, pour recouvrer les sommes dépensées* ».

Après cette consécration jurisprudentielle, « *le droit de la fonction publique a consacré l'action récursoire de l'État en cas de substitution de plein droit de la responsabilité civile de l'État à celle du fonctionnaire condamné pour faute personnelle commise contre un tiers dans l'exercice ou à l'occasion de l'exercice de ses fonctions* (art. 26 du décret n° 94/199 du 7 octobre 1994 »[235]. Il convient de souligner que cette action « *n'est pas exclusive des sanctions disciplinaires encourues du fait de la faute personnelle. Le principe* non bis in idem *ne joue pas ici, car ce n'est pas une sanction. L'État essaie seulement de recouvrer l'argent des contribuables et n'entreprend pas de nouvelles poursuites pour les mêmes faits* »[236]. Les modalités pratiques de mise en œuvre de l'action récursoire ont été précisées par un arrêté du ministre en charge de la fonction publique.

2/ Les modalités de mise en œuvre de l'action récursoire

793. La mise en œuvre de l'action récursoire fait l'objet de l'arrêté n° 6437/CAB/MFPRA du 21 septembre 2000. Au regard de ce texte, lorsque la responsabilité civile de l'État se substitue de plein droit à celle du fonctionnaire condamné pour faute personnelle commise contre un tiers dans l'exercice ou à l'occasion de l'exercice de ses fonctions, le ministre utilisateur dispose d'un pouvoir d'appréciation du degré de responsabilité de l'agent public concerné.

---

[234] Jugement n° 33/CS-CA du 28 septembre 1978, Owoundi Jean Louis C/ État du Cameroun.

[235] Joseph OWONA, *Contentieux administratif de la République du Cameroun*, L'Harmattan, 2011, p. 139.

[236] Joseph OWONA, *op. cit.*, p. 140.

À cet effet, il détermine la fraction correspondante des dommages à imputer à l'intéressé, puis il saisit le ministre chargé de la solde pour exécution. Ce dernier va émettre un ordre de recettes à l'encontre de l'agent public incriminé. Des retenues sont alors opérées sur la solde du mis en cause dans la limite de la quotité saisissable. Cet ordre de recettes peut faire l'objet d'une contestation par l'agent public mis en cause devant le juge administratif, par la voie du recours pour excès de pouvoir.

Après les précisions apportées sur les modalités d'indemnisation des victimes, il n'est pas inutile de clarifier les compétences juridictionnelles dans le contentieux de l'indemnisation du préjudice subi du fait des agissements de l'administration, car malgré les apparences, ce n'est pas si simple.

§ 2 : Les procédures juridictionnelles pour l'indemnisation du préjudice subi du fait des agissements de l'administration fiscale

794. Au regard des développements qui précèdent, les actions contentieuses en matière d'indemnisation des préjudices subis du fait des agissements des personnes morales de droit public en général et, dont des services fiscaux en particulier, relèvent à la fois des juridictions administratives (A) et de celles judiciaires (B).

A/ La procédure devant la juridiction administrative

Avant de dérouler la procédure proprement dite (2), il convient de rappeler la compétence de la juridiction administrative en la matière (1).

1/ La compétence de la juridiction administrative en matière d'indemnisation

795. La juridiction administrative étant composée des tribunaux administratifs en premier ressort et de la Chambre administrative de la Cour suprême en cassation, dans la matière qui nous concerne, les actions des parties se déroulent en premier ressort devant ces tribunaux, qui conformément à l'article 2 de la loi n° 2006/022 du 29 décembre 2006, connaissent en dernier ressort de l'ensemble du contentieux administratif concernant l'État, les collectivités publiques territoriales… Ces actions se déroulent en cassation devant la Chambre administrative de la Cour suprême. La compétence d'une juridiction, quelle qu'elle soit, a d'abord une double dimension : la compétence matérielle et celle territoriale. Les tribunaux administratifs n'échappent pas à cette logique organisationnelle.

La compétence matérielle de ces tribunaux en matière d'indemnisation du préjudice causé par les agissements des personnes publiques est définie à l'article 2 (3) b) de la loi n° 2006/022 du 29 décembre 2006 qui dispose que le contentieux administratif comprend notamment les actions en indemnisation du préjudice causé par un acte administratif. Les juridictions administratives sont compétentes en cas de faute de service, c'est-à-dire lorsque la faute commise par l'agent ne lui est pas imputable personnellement. L'hypothèse peut se présenter lorsque le contribuable, remplissant toutes les conditions légales, a sollicité le sursis de paiement et le service d'assiette n'avait pas communiqué cette information au service du recouvrement ; ce dernier a entrepris les actions ayant causé un préjudice indemnisable au contribuable. Dans cette hypothèse, un dysfonctionnement du service étant à l'occasion du dommage, on ne saurait l'imputer à titre personnel à l'agent du recouvrement qui n'a fait que son travail.

La compétence territoriale est définie à l'article 15 de la même loi qui dispose que le Tribunal administratif territorialement compétent est celui dans le ressort duquel a légalement son siège l'autorité qui a pris la décision attaquée ; de la résidence du demandeur ; de la situation des biens ; du lieu d'exécution du contrat ; du fait dommageable si ce fait est imputable à une décision. En dehors du lieu d'exécution du contrat, les agissements des services fiscaux ayant causé un préjudice aux contribuables sont susceptibles d'être portés devant les tribunaux administratifs des autres cas de figure à savoir celui : dans le ressort duquel a légalement son siège l'autorité qui a pris la décision attaquée ; de la résidence du demandeur ; de la situation des biens ; du lieu d'exécution du contrat ; du fait dommageable si ce fait est imputable à une décision.

2/ Le déroulement de la procédure

796. La procédure devant les tribunaux administratifs est celle qui a été examinée dans les chapitres précédents (voir *supra* n° 743 et suivants). Nous nous focaliserons sur le recours gracieux préalable et sur la nécessité de ne pas cumuler le recours fiscal et celui en indemnité.

S'agissant du recours gracieux préalable, il est, comme dans le cas du recours pour excès de pouvoir, adressé à l'autorité auteur de l'acte attaqué ou à celle statutairement habilitée à représenter la collectivité publique… en cause. Dans le cas qui nous concerne, l'autorité auteur de l'acte attaqué doit être entendue comme celle qui a pris la décision ayant causé le dommage.

Ce recours gracieux doit parvenir à cette autorité dans *le délai de **six (6) mois** suivant la réalisation du dommage ou sa connaissance*, conformément à l'article 17 de la loi n° 2006/022 du 29 décembre 2006. Ce délai de six (6) mois est différent du délai de trois (3) mois prévu pour le recours pour excès de pouvoir et du délai d'un (1) mois pour la saisine des autorités fiscales de premier niveau et celui de deux (2) mois pour la saisine du ministre au deuxième niveau de la réclamation préalable dans le cadre du contentieux de l'imposition. Les conséquences attachées au non-respect du délai sont les mêmes que celles qui ont été examinées dans le cadre des recours contentieux en matière fiscale, en ce qui concerne notamment les recours tardifs et prématurés (voir *supra* n° 370 à 375).

Pour ce qui est de la nécessité de distinguer le recours fiscal et celui en indemnité, elle répond à la question de savoir si le contribuable peut, dans le cadre de son recours contentieux en matière fiscale, solliciter une indemnisation du préjudice subi du fait des agissements des services fiscaux. Cette question pose le problème du lien entre le recours fiscal et celui en indemnisation. La réponse est assurément négative, les deux recours ayant des finalités distinctes et même des règles procédurales distinctes. À ce titre, l'objet du contentieux d'assiette est d'obtenir le dégrèvement total ou partiel des impositions payées ou à payer. Le contentieux du recouvrement, quant à lui, vise à obtenir l'annulation de la procédure suivie par l'administration pour effectuer le recouvrement des impôts, ou à faire reconnaître l'inexistence de l'obligation de payer, alors que le recours en indemnisation vise la réparation d'un dommage subi. Les deux recours fiscaux cités dont la procédure est réglée dans le Livre des procédures fiscales ne sont pas traités dans les mêmes délais que le recours en indemnisation. De plus, le juge de l'impôt est le juge de la régularité de l'imposition ou du bien-fondé de celle-ci. C'est au terme du contentieux de l'imposition que le contribuable, ayant obtenu gain de cause, peut demander son dédommagement. Il n'est pas sûr qu'avant l'épuisement du contentieux fiscal stricto sensu, on puisse parler d'un préjudice subi.

Dans le système français dont on peut utilement s'inspirer, le principe de séparation des contentieux est rigoureusement respecté pour deux raisons, au regard de la jurisprudence : les conclusions aux fins d'indemnités sont irrecevables devant le juge de l'impôt, d'une part ; et le préjudice à réparer doit être distinct de celui qui résulte du paiement de l'impôt, d'autre part.

Sur la première raison, le Conseil d'État a rappelé à maintes reprises dans une jurisprudence ancienne que « *les conclusions aux fins d'indemnités présentées au Tribunal administratif dans une demande tendant à décharge (dégrèvement total) ou à la réduction (dégrèvement partiel) d'une imposition déterminée sont irrecevables* » (CE, 25 mai 1936 n° 52209 ; CE, 13 juillet 1965 n° 41784). À ce propos, la Cour administrative de Nantes rappelle que « *les requêtes en matière d'impôts directs et de taxes sur le chiffre d'affaires ou de taxes assimilées dont l'assiette ou le recouvrement est confiée à la direction départementale des impôts sont présentées, instruites et jugées dans les formes prévues dans le LPF, dont les dispositions s'opposent à ce que des demandes de dommages et intérêts puissent être jointes aux demandes de décharge ou de réduction d'impôts, du fait qu'elles sont jugées suivant des règles de procédure distinctes* » (CAA Nantes 2 mai 1996 n° 93-985)[237].

La deuxième raison est fondée sur le fait que les actions tendant à la réparation du préjudice causé par un comportement fautif des services fiscaux ne doivent pas permettre au contribuable de se faire attribuer sous forme d'indemnité ce qu'il n'a pu obtenir ou ce qu'il a négligé de demander au juge de l'impôt. Il est par conséquent nécessaire que le requérant puisse faire état d'un préjudice distinct du préjudice financier correspondant aux impositions payées à tort (CE, 30 octobre 1996 n° 141043 Ass)[238]. Au-delà des juridictions administratives, les actions en indemnisation du préjudice causé par les services fiscaux sont surtout portées devant les juridictions judiciaires.

B/ La procédure devant les juridictions judiciaires

797. Dans le système camerounais, le juge judiciaire a plénitude de compétence en matière d'établissement de la responsabilité de l'agent ayant commis la faute ainsi que de l'imputation du dommage. Et pour le Pr NLEP, « *cette prérogative est dévolue au juge civil et au juge répressif* ».

Devant le juge civil, la responsabilité personnelle de l'agent sera établie sur la base des principes posés par l'article 1382 du Code civil : d'où la nécessité pour la victime d'établir non seulement la faute elle-même, mais également le lien de causalité entre cette faute et le préjudice subi. Devant le juge répressif, lorsque la responsabilité pénale personnelle de l'agent est établie, il est plus facile de mettre directement en cause son commettant.

---

[237] Georges LATIL, *Contentieux fiscal*, Francis Lefebvre, 2002, p. 777.
[238] Georges LATIL, *op. cit.*, p. 778.

Dans les deux cas, les procédures devant les deux juridictions sont celles qui sont prévues dans leur droit commun processuel, à savoir l'assignation des responsables du dommage, dans le cadre de la procédure devant le juge civil ; la citation directe ou le dépôt d'une plainte, dans le cadre de la procédure devant le juge répressif.

Ce contentieux de la responsabilité est différent du contentieux fiscal en ce qu'il vise à obtenir la condamnation de l'État pour faute et la réparation des dommages subis par le contribuable. Or, le contentieux fiscal de droit commun vise la contestation des impositions émises ou leur mode de recouvrement. Différent du contentieux de la responsabilité du fait des services fiscaux, le contentieux fiscal est également à distinguer de la répression pénale des infractions fiscales.

Chapitre 3

La répression pénale de la fraude fiscale

798. La fraude fiscale est d'abord réprimée par des sanctions administratives, mais, certains manquements dépassant les seuils fixés par la loi ou revêtant un caractère de gravité sont sanctionnés par les tribunaux répressifs, en vertu des articles L107 à L114 du LPF. Ces tribunaux peuvent infliger les peines d'emprisonnement et les amendes. À cet effet, il faut préciser que les sanctions fiscales sont plus lourdes financièrement que les amendes pénales. D'où l'utilité essentiellement dissuasive et pédagogique des sanctions pénales par leurs aspects humiliants pour le délinquant.

La nature même de ces sanctions pénales nous permet de distinguer les rôles du juge administratif (juge fiscal) et de celui pénal en matière de fraude fiscale avec Monsieur Jérôme MICHEL pour qui « *la fraude fiscale est une notion pénale. Le juge administratif n'est pas le juge répressif, mais le juge de la légalité de l'établissement des impôts directs nationaux et locaux et de la taxe sur la valeur ajoutée* »[239]. Même si, à regarder de plus près, la notion de fraude fiscale n'est pas absente du contentieux administratif fiscal, car le juge administratif est le censeur ultime des qualifications de « manœuvres frauduleuses » faites par l'administration pour justifier l'application des sanctions fiscales appropriées y relatives.

Dans son office, le rôle du juge de l'impôt n'est pas de prononcer une sentence punitive contre le contribuable fraudeur, comme a pour mission de le faire le juge répressif. Au contraire, son objectif, dans le cadre du litige, est de contrôler la légalité de l'établissement de l'impôt quand celle-ci est contestée par le contribuable, la régularité des contrôles fiscaux, notamment externes, le bien ou le mal-fondé des redressements et des diverses pénalités fiscales dont ces derniers peuvent être assortis. C'est pourquoi il faut reconnaître avec Jérôme MICHEL que « *les deux instances, la pénale et la fiscale, sont étanches et se poursuivent jusqu'à leur terme sans jamais se rencontrer* ». « Ce sont les fameux principes d'indépendance et d'autonomie des procédures fiscale et pénale, avec les

[239] Jérôme MICHEL, « Le juge administratif français et la fraude fiscale », in *Revue Française de Finances Publiques*, n° 127, août 2014, p. 164.

conséquences, qu'on sait, qui peuvent paraître choquantes pour le non-initié comme l'hypothèse d'école où un contribuable peut être condamné pour fraude fiscale et obtenir devant le juge de l'impôt la décharge intégrale des impositions initiales »[240]. Nos développements porteront sur l'incrimination de la fraude fiscale (section 1), la procédure suivie pour la répression (Section 2) et les sanctions prononcées (section 3).

Section 1 : L'incrimination

799. L'incrimination prévue aux articles L107 et L108 du LPF repose sur une notion claire et extensive de la fraude. À cet effet, l'article L107 du LPF, qui a un champ d'application extrêmement large, incrimine le fait de se soustraire frauduleusement ou de tenter de se soustraire frauduleusement à l'établissement, au paiement, au reversement total ou partiel des impôts, droits et taxes visés dans le CGI. La fraude fiscale se définit ainsi comme la soustraction frauduleuse à l'établissement ou au paiement de l'impôt par la méconnaissance des obligations fiscales applicables. Le délit de fraude fiscale dans un délai précis, pour ne pas être prescrit (§ 1). La fraude fiscale étant réalisée, comme toute infraction pénale, nécessite la réunion de l'élément matériel (§ 2) et l'élément intentionnel (§ 3).

§ 1 : Date du délit et prescription

800. À quelle date l'infraction est-elle commise ? Faute de jurisprudence purement camerounaise en la matière, le droit, comparé avec la jurisprudence de la Cour de cassation française, nous donne des pistes de solution[241]. Cette jurisprudence envisage le cas du délit général de fraude fiscale et celui du délit comptable.

En ce qui concerne le délit général de fraude fiscale, l'infraction est commise : soit au jour du dépôt d'une déclaration minorée souscrite dans les délais légaux ; soit en cas de défaut de souscription dans les délais prescrits, à la date d'expiration du délai légal fixé pour le dépôt de la déclaration ; soit à la date du dernier acte créant l'insolvabilité en cas d'organisation d'insolvabilité.

S'agissant du délit comptable, l'infraction est consommée à la date à laquelle l'écriture mensongère a été inscrite sur les documents comptables ou à celle à laquelle aurait due être passée l'écriture omise. En cas de pluralité ou d'enchaînement d'écritures, le délai de prescription court à compter de la passation de la dernière écriture irrégulière.

[240] Jérôme MICHEL, *op. cit.*, p. 164.
[241] *Précis de fiscalité 2002*, Tome 2, n° 7382.

S'agissant d'une comptabilité commerciale, une écriture irrégulière passée en cours d'exercice se trouve renouvelée lors de la transcription des comptes annuels sur le livre d'inventaire.

Les plaintes peuvent être déposées jusqu'à la fin de la quatrième année qui suit celle au cours de laquelle l'infraction a été commise. *La prescription de l'action publique est suspendue* pendant une durée maximale de six (6) mois entre la date de la saisine de la Commission des infractions fiscales et la date à laquelle cette commission émet un avis.

§ 2 : L'élément matériel

801. Matériellement, la fraude fiscale peut revêtir plusieurs formes. Au titre des moyens frauduleux qui permettent la soustraction à l'impôt, l'article L107 du LPF incrimine :

- en premier lieu, l'omission ou le refus exprès de faire les déclarations dans les délais prescrits ; cette forme de fraude résulte de la simple abstention ;
- en deuxième lieu, la dissimulation d'une part des sommes sujettes à impôt est visée ; il s'agit ici d'un mensonge écrit ou d'une réticence ;
- en troisième lieu, l'article L107 vise les personnes qui organisent leur insolvabilité ou qui mettent obstacle au recouvrement de l'impôt.

En complément de l'article L107, l'article L108 incrimine la personne :

- qui omet de passer ou de faire passer les écritures ou fait passer des écritures inexactes et fictives dans les livres journaux et inventaires prévus par le Code de commerce ou dans les documents qui en tiennent lieu, ainsi que toute personne qui est convaincue d'avoir établi ou aidé à établir les faux bilans ;
- qui, par voie de fait de menaces ou manœuvres concertées, organise ou tente d'organiser le refus collectif de l'impôt, ou incite le public à refuser ou à retarder le paiement de l'impôt ;
- qui, enfin, produit des pièces fausses ou reconnues inexactes en vue d'obtenir, en matière d'impôts et taxes, des dégrèvements ou remboursements de quelque nature que ce soit.

§ 3 : L'élément intentionnel

802. La volonté de fraude n'est pas difficile à établir. Elle se déduit du caractère volontaire du défaut de déclaration ou de la dissimulation. Cette volonté est *a fortiori* inhérente au recours à des manœuvres frauduleuses. En droit comparé, la Chambre criminelle de la Cour de cassation française juge que « *la seule constatation d'une dissimulation volontaire de sommes sujettes à l'impôt suffit à caractériser en tous ses éléments constitutifs le délit de fraude fiscale, sans qu'il soit nécessaire d'établir l'existence de manœuvres frauduleuses* ». Ce caractère volontaire d'une dissimulation se déduisait de la fréquence et de l'importance des dissimulations affectant les déclarations ou qu'il se déduisait encore du recours à des manœuvres frauduleuses. La même instance a encore jugé que « *le caractère volontaire d'un défaut de déclaration se déduisait suffisamment de la persistance du contribuable à ne pas effectuer ses déclarations, malgré les mises en demeure de l'administration* »[242].

803. À titre additionnel, il est utile de relever que le juge administratif français, qui est le juge de l'impôt, comme son homologue camerounais, exige que pour caractériser *la mauvaise foi* d'un contribuable, deux conditions simultanées doivent être remplies : d'une part, une intention d'éluder l'impôt (élément subjectif) et, d'autre part, une insuffisance ou une omission dans les déclarations (élément objectif). Pour le même juge, *la manœuvre frauduleuse*, à ne pas confondre avec la mauvaise foi, se caractérise par deux éléments : il faut d'une part qu'il y ait un agissement du contribuable, c'est-à-dire une action positive et non une simple omission ou une abstention, et d'autre part cet agissement ou ce montage doit avoir eu pour objet d'égarer l'administration ou de rendre plus difficile l'exercice de son pouvoir de contrôle[243].

Section 2 : La procédure suivie pour la répression de la fraude fiscale

La procédure suivie dans le cadre de la répression pénale des infractions fiscales présente la particularité de dépendre du dépôt préalable de la plainte par le ministre des Finances (§ 1) à la suite de l'avis de la Commission des infractions fiscales (§ 2).

---

[242] Arrêts cités par BRIEUC DE MORDANT DE MASSIAC, « La répression de la fraude fiscale par les juridictions correctionnelles », *Revue française des finances publiques*, n° 65, mars 1999, p. 39.

[243] Gilles BACHELIER, « Les sanctions fiscales dans la jurisprudence du Conseil d'État », *Revue française des finances publiques*, n° 65, mars 1999, p. 30 et 31.

§ 1 : Le dépôt de la plainte par le ministre des Finances

804. La répression pénale de la fraude fiscale ne peut être engagée que par le dépôt préalable d'une plainte par le ministre des Finances. Cette formalité reste obligatoire et d'ordre public. Son caractère d'ordre public est marqué par la formule « sous peine d'irrecevabilité » qui introduit l'article L112 du LPF. Cette exigence légale déroge au droit commun de la procédure pénale. En effet, le délit de fraude fiscale n'est pas poursuivi d'office et directement par le procureur de la République. Cette compétence exclusive du ministre des Finances se justifie par le fait que le fondement juridique de la répression pénale de la fraude fiscale se trouve non pas dans le Code pénal[244], mais dans le Livre des procédures fiscales, en ses articles L107 à L114. Certes, l'article 183 du Code pénal prévoit toujours l'infraction du refus de l'impôt, sous forme de délit. Mais depuis l'incrimination de la fraude fiscale dans le Code général des impôts qui fait office de loi spéciale, le Code pénal n'est plus applicable, en vertu du principe d'interprétation selon lequel *les dispositions spéciales dérogent aux dispositions générales (special generalibus derogant)*.

§ 2 : L'avis de la Commission des infractions fiscales

805. Le dépôt d'une plainte pour fraude fiscale par le ministre des Finances est effectué sur la base des constats établis sur procès-verbal par des agents assermentés de l'administration fiscale ayant pris une part personnelle et directe dans la constatation des faits constitutifs de l'infraction (art. L112 du LPF). Ce qui signifie que ce sont les inspecteurs – vérificateurs ayant effectué les redressements, qui doivent constater la fraude. Par voie de conséquence, l'infraction constatée par les agents n'ayant pas pris une part personnelle et directe peut être invalidée par le juge. Lorsque le ministre approuve le projet de saisine du juge, il doit obligatoirement saisir la Commission des infractions fiscales. C'est pourquoi nous examinerons la composition de cette Commission (A), son mode de fonctionnement (B) et la portée de ses avis (C).

A/ La composition de la Commission des infractions fiscales

806. La Commission, dont l'organisation et le fonctionnement sont fixés par décret n° 95/464/PM du 20 juillet 1995 du Premier ministre, est présidée par un magistrat. Elle comprend en outre deux (2) représentants

---

[244] L'article 183 du Code pénal qui n'est pas encore abrogé formellement traite du délit de refus de l'impôt. Mais cet article n'est plus applicable en vertu du principe de la primauté du droit spécial sur le droit général. Dans le cas d'espèce, le Code pénal fait figure de droit général alors que le LPF du CGI fait figure de droit spécial.

du ministère chargé des Finances, deux (2) magistrats de l'ordre judiciaire désignés par le président de la Cour suprême, deux (2) représentants de l'ordre des avocats désignés par le barreau, un (1) représentant de l'ordre national des experts-comptables désigné par le président dudit ordre, un (1) conseil fiscal agréé désigné par ses pairs, un (1) représentant de la Chambre de commerce, d'industrie et des mines, un (1) représentant du Groupement interprofessionnel du Cameroun, un (1) représentant du Syndicat national des petites et moyennes entreprises. Le président peut inviter toute personne physique ou morale à prendre part avec voix consultative aux travaux de la commission en raison de ses compétences. Le secrétariat de la commission est assuré par la direction en charge des impôts. De fait, le secrétaire permanent de la commission est le chef de la Cellule de répression des infractions fiscales de la DGI.

Au regard de cette composition, on note une présence notable des magistrats, mais également, une forte présence des représentants des milieux d'affaires et des professions libérales à l'instar des avocats, des experts-comptables et des conseils fiscaux. C'est sans doute cette surreprésentation des professions qui, par définition, ont vocation à défendre les intérêts des contribuables, qui explique les difficultés de l'administration fiscale à obtenir des avis favorables pour les poursuites.

B/ Mode de fonctionnement de la Commission des infractions fiscales

807. La commission est saisie par le ministre des Finances qui lui adresse le dossier de l'affaire assorti de ses propositions conformément à l'article 5 du décret sus-cité. Dès sa saisine, le président de la commission désigne un rapporteur qui va assurer l'instruction et le secrétariat informe le contribuable mis en cause par lettre recommandée avec accusé de réception ou notifiée par tout moyen laissant trace écrite. Il lui communique l'essentiel des griefs qui motivent cette saisine et l'invite en même temps à faire parvenir à la commission, dans un délai de trente (30) jours, à compter de la notification, les informations qu'il estimerait nécessaires. Le président de la commission communique ces informations au ministre des Finances s'il l'estime nécessaire. Il peut aussi recueillir auprès de ce dernier tout renseignement nécessaire. L'absence de réponse du contribuable dans le délai précité vaut acceptation des griefs formulés à son encontre (art. 6 (2) du décret).

Au terme de l'instruction, le rapporteur communique son rapport à tous les membres de la commission qui vont en prendre connaissance. L'affaire sera discutée et délibérée à une session de la commission. Cette délibération ne peut être valable qu'en présence des deux tiers au moins de ses membres, y compris le président. Si ce quorum n'est pas atteint, la commission est à nouveau convoquée et, dans ce cas, les membres présents peuvent valablement délibérer. Lors de cette session, le contribuable n'est pas admis à présenter des observations orales par lui-même ou par son mandataire. La commission, dont les séances ne sont pas publiques, délibère en dehors de l'autorité qui l'a saisie et du contribuable. Les avis de la commission sont rendus à la majorité simple des membres présents. En cas de partage des voix, celle du président est prépondérante.

Après délibération, la commission rend un avis motivé qui est notifié au ministre des Finances par son président. Cet avis peut revêtir deux formes : Il peut être défavorable à la mise en mouvement de l'action publique, dans ce cas, le contribuable sera informé de cet avis par le secrétariat de la commission. Il peut être favorable ; dans ce cas, le contribuable sera informé par la DGI lors du dépôt de la plainte.

C/ La portée des avis de la Commission des infractions fiscales

808. La vraie question relativement au rôle de la CIF est de savoir la portée réelle de ses avis. En effet, contrairement à ce qui est observé en France où les poursuites doivent être engagées par l'administration sur « *avis conforme* » de la Commission des infractions fiscales, au Cameroun, le ministre des Finances n'est pas formellement lié par l'avis. Le législateur n'a pas précisé à l'article L112 que le dépôt de la plainte est conditionné à un avis conforme de la CIF. Ce qui amène à poser la question de savoir si la juridiction saisie pourra admettre la recevabilité de la plainte du MINFI, malgré un avis contraire de la CIF. À notre avis, la plainte serait recevable, la seule formalité exigée par la loi étant l'avis de la CIF. Mais dans la réalité, on voit mal le ministre poursuivre une action vouée à l'échec, car contraire à l'avis de la CIF.

Section 3 : Les sanctions

809. La détermination de la juridiction compétente pour réprimer la fraude fiscale (§ 1) nous permettra d'examiner les sanctions qu'elle peut être amenée à prononcer (§ 2).

§ 1 : La juridiction compétente pour réprimer la fraude fiscale

Avant de déterminer la juridiction compétente pour la répression de la fraude fiscale (B), il est utile de préciser la vraie qualification juridique de cette fraude dans la classification des infractions (A).

A/ La qualification juridique de la fraude fiscale dans la classification des infractions pénales

810. Pour déterminer la vraie qualification juridique de la fraude fiscale, il faut recourir à l'article 21 du Code pénal qui procède à la classification des infractions. Au regard des dispositions de cet article, les infractions sont classées en crime, délit et contravention selon les peines principales qui les sanctionnent. À cet effet, *sont qualifiées de crimes* les infractions punies de la peine de mort ou d'une peine privative de liberté dont le maximum est supérieur à dix (10) ans. *Les délits*, pour leur part, sont les infractions punies d'une peine privative de liberté ou d'une amende lorsque la peine privative de liberté est supérieure à dix (10) jours et n'excède pas dix (10) ans ou que le maximum de l'amende est supérieur à 25 000 FCFA. Enfin, *les contraventions* sont les infractions punies d'un emprisonnement qui ne peut excéder dix (10) jours ou d'une amende qui ne peut excéder 25 000 FCFA.

Au regard de ces qualifications, *la fraude fiscale, quel que soit le montant des sommes concernées, est pour le législateur un délit et non un crime*, dans la mesure où le maximum de la peine privative de liberté, prévu par l'article L107 du LPF, est de cinq (5) ans pour cette infraction. Or, lorsque le montant des sommes détournées ou la valeur des biens détournés excède 100 000 FCFA, le détournement constitue, pour le législateur, un crime dans la mesure où la peine privative de liberté va de quinze ans à vingt ans.

Certes, la fraude fiscale peut occasionner un important manque à gagner à l'État. Mais, la riposte de ce dernier face à cette fraude se trouve dans le CGI et le LPF à travers les sanctions fiscales ou sanctions administratives qui ont été examinées (voir *supra* n° 248 et suivants) et qui sont de très loin plus lourdes que les amendes pénales. C'est pour cette raison que le législateur n'a pas jugé utile de faire de l'infraction de fraude fiscale un crime.

811. Ce constat n'est pas banal dans la mesure où en droit répressif camerounais, cette différence de qualification est considérable au regard des dérives de certains services supérieurs de contrôle de l'État qui assimilent abusivement la fraude fiscale au détournement de deniers publics. En effet, dans certaines affaires récentes impliquant les distributeurs des produits pétroliers n'ayant pas payé normalement la Taxe spéciale sur les produits pétroliers (TSPP), ces services à l'issue des contrôles ont cru découvrir des détournements de deniers publics et ont recommandé la saisine des juridictions pénales compétentes pour la

répression de ces détournements qui, de ce fait, devenaient des crimes et non des délits. Or, il s'agit en réalité de la fraude fiscale.

Cette assimilation abusive et très contestable de la fraude fiscale au détournement qui n'a pas encore été validée par les juridictions méconnaît totalement le principe susmentionné de la primauté du droit spécial sur celui général et celui aussi fondamental de l'interprétation stricte de la loi pénale. En effet, en matière pénale, « *le principe de la légalité impose la rédaction de textes clairs et précis : les détails superflus dans les autres lois sont indispensables dans les lois criminelles* »[245]. Portalis soulignait à ce sujet qu'« *en matière criminelle, il faut des lois précises et point de jurisprudence* »[246]. Les exigences de clarté et de précision valent tant pour les incriminations et les sanctions que pour les règles de procédure. Ces exigences rejoignent un autre grand principe d'après lequel *l'interprétation cesse lorsqu'un texte est clair (*interpretatio cessat in claris*)*. La nature délictuelle de la fraude fiscale ne faisant pas l'objet d'un doute, c'est le juge correctionnel qui est compétent pour la connaître.

B/ La juridiction compétente en matière de fraude fiscale

812. Conformément à l'article L114 du LPF, les poursuites en vue de l'application des sanctions pénales dans le cadre de la lutte contre la fraude fiscale sont portées devant le tribunal correctionnel dans le ressort duquel l'un quelconque des impôts en cause aurait dû être établi ou acquitté. Au regard des dispositions de cet article, comme d'ailleurs de celles qui prévoient les peines, la juridiction compétente en matière de répression de la fraude fiscale est le tribunal correctionnel, c'est-à-dire le Tribunal de première instance (TPI).

Une fois la plainte déposée, le procureur de la République reprend sa maîtrise de l'opportunité des poursuites. Mais, lors de cette phase judiciaire, l'administration peut se constituer partie civile (art. L114 du LPF). Cela lui permet à tous les stades de la procédure de fournir tous les documents et renseignements, de répondre aux arguments des prévenus et de s'opposer éventuellement à leurs manœuvres dilatoires.

§ 2 : Les sanctions prononcées par le juge

Le législateur a prévu deux catégories de sanctions pour la répression par le juge correctionnel de la fraude fiscale. Il s'agit des peines principales (A) et des peines complémentaires (B).

---

[245] Patrick KOLB et Laurence LETURMY, *Droit pénal général*, 2e édition, Gualino, Lextenso éditions, p. 64.

[246] Patrick KOLB et Laurence LETURMY, *op. cit.*, p. 64.

A/ Les peines principales

813. Lorsque la procédure a été bien respectée, les sanctions prononcées par le juge sont de deux ordres : les peines privatives de liberté et les amendes. À cet effet, les personnes coupables de fraudes fiscales sont passibles, conformément à l'article L107, d'un emprisonnement d'un (1) à cinq (5) ans et d'une amende de cinq cent mille (500 000) à cinq millions (5 000 000). Conformément à l'article L110 du LPF, les peines susmentionnées sont doublées en cas de récidive.

B/ Les peines complémentaires

814. Les peines complémentaires sont également prévues à l'article L111. À ce titre, le tribunal correctionnel peut prononcer les déchéances prévues aux articles 30 et 31 du Code pénal ; interdire temporairement pendant une période n'excédant pas cinq (5) ans le droit d'exercer, directement ou par personne interposée, pour son compte ou le compte d'autrui, toute profession industrielle, commerciale ou libérale. Pour couronner le tout, le tribunal correctionnel ordonne également, dans tous les cas, la publication intégrale ou par extraits du jugement dans un journal d'annonces légales. Les frais de publications étant à la charge du condamné.

CINQUIÈME PARTIE

LA JURIDICTION GRACIEUSE

815. La juridiction gracieuse est l'ensemble des procédures administratives, qui permettent de résoudre les litiges opposant l'administration fiscale aux contribuables, en dehors de toute intervention du juge. Elle concerne les litiges tendant aux remises, modérations, décharges de responsabilité et transactions, même si dans les textes camerounais, la transaction est rattachée à la juridiction contentieuse dans l'article L125 du LPF[247].

Mais cette localisation de la transaction dans la juridiction contentieuse est très récente. Elle relève surtout d'un volontarisme contestable des rédacteurs du nouveau Code général des impôts, après sa refonte par la loi n° 2002/003 du 19 avril 2002, portant Code général des impôts. Avant cette refonte, la transaction avait toujours été logée dans la rubrique concernant la juridiction gracieuse.

Malgré cette option du législateur, nous continuons à considérer qu'elle relève de la juridiction gracieuse. En effet, la transaction permet au contribuable et à l'administration de déterminer le montant de la dette fiscale à payer, moyennant des concessions réciproques, dont le renoncement à toute action contentieuse, qui peut se révéler comme un dilatoire, compte tenu du fait que les impôts contestés sont solidement justifiés en fait et en droit. C'est pour cette raison que dans cet ouvrage, la transaction est traitée dans le cadre de la juridiction gracieuse, qui comprendra les remises et les modérations (chapitre 1), la transaction (chapitre 2) et la décharge de responsabilité (chapitre 3).

---

[247] Voir Livre des procédures fiscales.

Chapitre 1

Les remises et les modérations

816. De toutes les composantes de la juridiction gracieuse, les demandes de remise et de modération sont celles que l'administration reçoit le plus. Dans la quasi-totalité des cas, les remises ou les modérations sollicitées concernent les pénalités lorsque le contribuable a acquitté la totalité de l'impôt en principal. Dans le cadre du présent chapitre, l'étude portera sur les notions et champ d'application (section 1), la forme et les délais de la demande (section 2) et le traitement par l'administration de la demande (section 3).

Section 1 : Notions et champ d'application

817. S'agissant de la notion, le LPF n'a donné aucune définition des termes « remise » et « modération ». Son article 141 se borne seulement à énoncer que la juridiction gracieuse connaît des demandes tendant à obtenir la remise ou la modération des impôts directs régulièrement établis, en cas de gêne ou d'indigence mettant les redevables dans l'impossibilité de se libérer envers le Trésor ; la remise ou la modération d'amendes fiscales ou de majorations d'impôts lorsque ces pénalités, intérêt de retard et, le cas échéant, les impositions principales, sont définitives. Pour sa part, l'article 410 du CGI, qui évoque les notions en matière des droits d'enregistrement, se borne à énoncer laconiquement que la modération ou la remise des pénalités et amendes peut être accordée par les autorités compétentes de chaque pays.

C'est seulement au niveau de l'article 571 du CGI qui complète l'article 410 susmentionné du même Code que nous avons une esquisse de définition. Encore que, même dans ce cas, la définition proposée concerne la modération, et la définition de la remise sera envisagée par un raisonnement *a contrario*.

Au terme de cet article 571, la modération est synonyme de remise partielle des pénalités, amendes ou astreintes. Il évoque à cet effet « *la modération ou la remise partielle des pénalités, amendes ou astreintes* ». De cette définition de la modération, on peut déduire que la remise est l'abandon de la totalité des pénalités, amendes ou astreintes pour les droits d'enregistrement.

Cette définition, retenue de l'ancien Code de l'enregistrement, peut valablement s'appliquer aux autres impôts directs, taxes assimilées et leurs pénalités et amendes. Elle est d'ailleurs sinon similaire, du moins très proche de celle retenue par la doctrine administrative française. Pour l'administration fiscale française, « *la remise est l'abandon pur et simple de la totalité des impositions et la modération est l'abandon pur et simple d'une partie des impositions* »[248].

Pour ce qui est du champ d'application, et en matière d'impôts directs et taxes assimilées, le sort réservé aux demandes de remise et de modération est différent, selon qu'elles concernent les impositions non définitives (§ 1) d'une part, ou celles définitives (§ 2) d'autre part. La situation des droits d'enregistrement et de timbres est particulière (§ 3).

§ 1 : Le cas des impositions non définitives

818. En matière d'impositions non définitives, la remise ou la modération s'applique uniquement aux impôts directs. Seuls les droits en principal sont concernés. Par conséquent, les impôts indirects, dont les taxes sur le chiffre d'affaires et les autres impôts collectés auprès des tiers, en sont totalement exclus. Il en est de même des amendes et majoration. La remise ou la modération ne peut être accordée que pour motif de gêne ou d'indigence du contribuable.

Un impôt est qualifié de direct lorsqu'il est établi directement à la charge de celui qui doit en supporter le prélèvement. Cet impôt frappe des situations stables, au contraire de l'impôt indirect qui frappe des faits intermittents, constatés au jour le jour. Le fait générateur de l'impôt direct survient à des dates fixes. Alors que pour l'impôt indirect, il survient à des dates non fixes. Pour résumer, l'impôt direct se caractérise par la permanence des faits auxquels il se réfère. À titre d'illustration, l'ensemble des cédules relatives à l'Impôt sur le revenu des personnes physiques (IRPP), l'Impôt sur les sociétés (IS), la taxe foncière et la patente constituent des impôts directs, tandis que la TVA, les droits d'accises et les droits d'enregistrement constituent des impôts indirects.

§ 2 : Le cas des impositions définitives

819. Une imposition est considérée comme définitive lorsqu'elle ne peut plus faire l'objet d'un recours contentieux. Elle est de ce fait juridiquement inattaquable. Une imposition acquiert une telle immunité dans deux hypothèses :

Premièrement, une imposition est définitive lorsque les délais de recours contentieux sont expirés. Dans le droit processuel, le non-respect des délais de réclamation entraîne une irrecevabilité d'ordre public. En

[248] Direction générale des impôts, *Précis de Fiscalité 2002*, Tome 2, Livre VII, p. 183.

second lieu, une imposition est réputée définitive lorsqu'une décision juridictionnelle a irrévocablement mis un terme à toute contestation (décision d'une juridiction de première instance, non frappée d'appel dans les délais ; décision d'une juridiction d'appel n'ayant pas fait l'objet d'un pourvoi en cassation ou enfin décision de la juridiction de cassation).

En matière d'impositions définitives, la remise ou la modération s'applique exclusivement aux impôts directs en ce qui concerne les droits en principal et, uniquement, pour des motifs de gêne et d'indigence. Elles s'appliquent également aux pénalités et amendes de tous les impôts, y compris les impôts indirects, pour motif de gêne et d'indigence.

§ 3 : Le cas spécifique des droits d'enregistrement et de timbre

820. En matière de droits d'enregistrement, les remises et les modérations ne concernent que les pénalités, amendes et astreintes conformément aux dispositions combinées des articles 410 et 571 susvisés du CGI. Les droits en principal en sont donc totalement exclus. Cette exclusion rapproche cette disposition de l'article L142 du LPF qui exclut, du champ des remises et modération, *les impôts sur le chiffre d'affaires et les autres impôts collectés auprès des tiers pour le compte du Trésor public*. La décision d'accorder une remise ou une modération n'est pas totalement discrétionnaire. Elle dépend étroitement du retard pris dans le paiement des droits en principal.

À cet égard, la remise, c'est-à-dire l'abandon total, des pénalités de retard, ne peut être accordée qu'après paiement intégral des droits simples et lorsque le retard est inférieur à un (1) mois. La modération ou la remise partielle ne peut, quant à elle, être accordée que lorsque le retard est supérieur à un (1) mois, après paiement intégral des droits simples et d'une amende fiscale de 10 %.

Section 2 : Forme et délai de la demande

820. En matière de remise et de modération, la loi n'a prévu aucun délai dans lequel les demandes doivent être adressées à l'administration. Elles peuvent donc être formées à toutes époques, après la mise en recouvrement des impôts et pénalités émis.

Pour ce qui est de leur forme, ces demandes sont établies sur une simple lettre. L'article L143 du LPF précise qu'elles ne sont pas soumises au droit de timbre. Elles doivent être individuelles et signées par le contribuable ou son mandataire. Elles doivent contenir les indications nécessaires pour identifier l'imposition en cause et être accompagnées d'une copie de l'avis de mise en recouvrement.

Section 3 : Traitement par l'administration des demandes de remise et de modération

Dans le cadre de la recherche constante de l'amélioration de ses rapports avec les contribuables, l'administration fiscale essaie de traiter les demandes de remise ou de modération dans des délais raisonnables (§ 1). Un traitement objectif de ces demandes suppose l'existence des critères objectifs pour l'appréciation de celles-ci (§ 2) avant la décision d'admission ou de rejet de l'administration (§ 3).

§ 1 : Le délai de traitement

821. La loi ne fixe aucun délai précis pour le traitement par l'administration des demandes gracieuses de remise ou de modération. Il est seulement précisé qu'après examen, l'administration notifie par écrit sa décision de remise, de modération ou celle de rejet. Peut-on appliquer ici les délais prévus pour la réclamation administrative préalable à toute saisine du juge en matière de demande contentieuse ? À ce propos, il faut rappeler que saisis d'une réclamation contentieuse, le chef de centre régional des impôts, le directeur des grandes entreprises et le Directeur général des impôts disposent d'un délai de trente (30) jours pour répondre à la réclamation du contribuable, et le délai accordé au ministre en charge des Finances est de deux (2) mois pour répondre à la même réclamation.

Ces délais ne peuvent être appliqués pour la simple raison que le régime juridique des demandes gracieuses est différent des demandes contentieuses. Bien plus, dans le cadre de l'examen des demandes gracieuses, les trois (3) étapes de saisines des différentes autorités compétentes ont été maintenues dans l'ordre hiérarchique, alors qu'en matière de demandes contentieuses, il n'y a plus que deux (2) étapes. Mais cette indétermination du délai ne signifie pas que l'administration dispose en la matière d'une marge de manœuvre illimitée. De fait, conformément à l'article L145 du LPF, le contribuable qui n'est pas satisfait par la décision d'une autorité peut saisir son supérieur hiérarchique jusqu'au ministre. Si l'autorité saisie a choisi de s'abstenir, dans quel délai le contribuable peut-il saisir son supérieur hiérarchique ? En effet, il est notoirement admis en droit administratif que constitue une décision implicite de rejet le silence de l'administration observé pendant une période déterminée. C'est la solution retenue par le législateur français[249]. Elle n'est évidemment pas valable en droit camerounais.

---

[249] Dans une loi du 12 avril 2000 et son décret d'application, relative aux droits des citoyens dans les relations avec les administrations, le législateur français dispose qu'est réputée avoir fait l'objet d'un rejet une demande gracieuse de remise d'impôts directs ou

Dans l'objectif d'accélérer le recouvrement des impôts, l'administration fiscale, dans sa circulaire relative au traitement du contentieux[250], demande à ses collaborateurs de traiter les demandes gracieuses dans un délai maximum de cinq (5) jours. Mais ce délai peut paraître trop court, si dans le cadre de l'instruction de la demande, il faut effectuer des recherches permettant une appréciation objective de celle-ci. On peut cependant constater dans la pratique que l'administration répond généralement avec beaucoup de célérité aux demandes gracieuses. Mais l'examen attentif des notes d'instruction des agents montre que la solution proposée ne repose pas souvent sur une argumentation s'appuyant sur des critères solides d'appréciation.

§ 2 : Les critères d'appréciation de la demande

822. La loi n'a pas déterminé les critères devant permettre à l'administration d'apprécier les demandes gracieuses en vue des dégrèvements. Certes, la demande gracieuse de remise ou de modération doit être fondée sur la gêne et l'indigence. Mais aucun texte réglementaire n'ayant apporté des précisions utiles sur l'appréciation de ces demandes, la doctrine administrative camerounaise a suppléé à cette carence en déterminant les critères d'appréciation (A), qui bien qu'intéressants, sont moins précis que ceux arrêtés par la doctrine administrative française (B).

A/ Les critères d'appréciation de la demande par l'administration fiscale camerounaise

823. La décision d'octroyer des remises ou des modérations aux contribuables qui en font la demande peut avoir des répercussions sur la trésorerie de l'État. De plus, accorder des dégrèvements fantaisistes pourrait avoir pour conséquence de rompre le principe de l'égalité devant les charges publiques qui justifie le paiement par les citoyens contribuables des impôts, droits et taxes dus aux collectivités publiques. C'est d'ailleurs pour cette raison qu'à travers deux circulaires datées du 8 mai 2008 (1) et du 13 avril 2010 (2), l'administration a déterminé des critères objectifs d'appréciation des demandes.

1/ Les critères de la circulaire du 8 mai 2008

Dans sa circulaire datée du 8 mai 2008 relative au traitement du contentieux fiscal, l'administration détermine les critères d'appréciation

---

de pénalités à laquelle l'administration n'a pas répondu dans un délai de deux (2) mois, une demande de transaction à laquelle l'administration n'a pas répondu dans un délai de quatre (4) mois.

[250] Circulaire cadre du 8 mai 2008, p. 18.

de la demande gracieuse en posant des conditions différentes selon qu'il s'agit d'une remise ou d'une modération des impôts en principal, ou d'une remise ou d'une modération des pénalités.

S'agissant des impôts en principal, il est demandé aux agents instructeurs de veiller au préalable à procéder à la recherche d'informations sur les motifs de gêne invoqués par les contribuables, en tenant compte de critères précis. Bien que la remise gracieuse soit une mesure de faveur reconnue à l'administration, elle nécessite pour sa mise en œuvre que des éléments pertinents soient réunis pour guider la décision de l'autorité compétente.

La première source d'information pour l'agent instructeur doit être le dossier de demande de remise gracieuse introduit par le contribuable qui devrait comprendre l'ensemble des pièces justifiant la précarité de sa situation, notamment les certificats d'indigence, des constats d'huissier, des jugements des tribunaux, des procès-verbaux de conciliation, etc. Logiquement, une demande ne comportant pas ces éléments doit faire l'objet d'un rejet.

Pour ce qui est des pénalités, il est demandé au service instructeur d'apprécier si les pénalités découlent ou non de manœuvres frauduleuses et si elles ont été sous-tendues par la bonne ou la mauvaise foi du contribuable. Il convient également de se rapporter au dossier fiscal du contribuable pour évaluer les éléments de son patrimoine, ses antécédents fiscaux et le niveau de respect de ses obligations déclaratives. De même, l'effort contributif déjà consenti par le redevable doit être pris en compte.

En l'absence de ces données ou lorsqu'elles ne sont pas suffisamment édifiantes, l'administration se réserve le droit de rejeter la demande de remise gracieuse des pénalités ou, le cas échéant, d'accorder une remise minimale, qui ne devrait pas excéder 10 % du montant des pénalités dues, sauf dérogation du Directeur général des impôts ou du ministre en charge des Finances.

2/ Les critères de la circulaire du 13 avril 2010

Dans la même perspective que la circulaire du 8 mai 2008 qui est signée du Directeur général des impôts, la circulaire du 13 avril 2010 du ministre des Finances, relative aux modalités d'octroi des remises gracieuses des pénalités, exige à peu près les mêmes conditions. Au regard de cette circulaire qui rappelle que l'octroi des remises qui doit toujours reposer sur des critères objectifs ne saurait être systématique, les contribuables éligibles sont ceux qui ont au préalable acquitté l'intégralité de la dette fiscale en principal, n'ont pas fait l'objet des pénalités de mauvaise foi (100 %) ou de manœuvres frauduleuses (150 %) à l'occasion des différents contrôles fiscaux et enfin, sont à jour de leurs obligations de déclaration et de paiement des impôts à versement spontanés (patente, TVA, acompte de l'impôt sur le revenu).

C'est le lieu de préciser ici qu'un contribuable, qui accepte le bien-fondé d'une partie des impôts qui lui sont notifiés dans un AMR, en acquittant seulement le principal de ces impôts acceptés, n'est pas fondé à solliciter une remise gracieuse des pénalités afférentes aux impôts acceptés et payés, tant qu'il conteste encore les autres impôts du même AMR. C'est pourtant l'attitude de certains contribuables. Les critères appliqués par le fisc français sont intéressants à examiner.

B/ Les critères d'appréciation de la demande par l'administration fiscale française

824. La démarche suivie par l'administration fiscale française pour apprécier les demandes gracieuses fait une distinction claire entre les critères d'appréciation des demandes des particuliers (1) et ceux qui servent à l'appréciation des demandes des entreprises (2)[251].

1/ Les critères propres aux particuliers

Le seul critère retenu par le législateur français est la gêne et l'indigence. Mais la décision de remise ou de modération ne saurait résulter du seul constat d'une insuffisance ponctuelle de ressources. Elle trouve le plus souvent son origine dans les effets combinés du décalage de la période de paiement de l'impôt et une perte imprévisible des revenus (chômage).

La gêne et l'indigence peuvent aussi trouver leur origine du fait des circonstances exceptionnelles : c'est le cas du décès d'un conjoint, l'invalidité ou une maladie grave ayant occasionné des dépenses anormalement élevées.

La décision de remise ou de modération peut enfin résulter d'une disproportion entre l'importance de la dette fiscale et le niveau des revenus du contribuable (accumulation d'arriérés ou rappel suite à un contrôle fiscal). Du fait du délai de prescription des rappels de droits éludés qui est de quatre (4) ans, les redressements opérés interviennent souvent quand le contribuable ne connaît plus la même prospérité.

Dès lors, l'appréciation de la situation du contribuable doit toujours relever d'une approche individualisée, c'est-à-dire, prenant en compte

[251] *Guide du rédacteur du contentieux*, n° 2, « Les demandes gracieuses ».

l'ensemble des particularités du dossier, sans omettre le comportement habituel. Le contribuable déclare-t-il régulièrement ? Respecte-t-il les engagements pris ? A-t-il déjà fourni des efforts pour se libérer de sa dette ? Après avoir répondu à toutes ces questions, il faut faire preuve de pragmatisme et déterminer les capacités réelles de paiement du débiteur : en tenant compte du patrimoine et de l'ensemble des ressources des personnes vivant avec le contribuable, en prenant en considération les dépenses indispensables à la vie courante du foyer familial (nourriture, santé, logement), en s'assurant que les dépenses invoquées sont en rapport avec ses ressources, en tenant compte de l'étendue de la dette fiscale : s'assurer que l'octroi de délais de paiement ne peut suffire à apurer la dette et tenir compte, le cas échéant, de la nature des dettes autres que fiscales.

2/ Les critères propres aux entreprises

Une remise ou une modération ne doit être accordée que lorsque les entreprises connaissent de graves difficultés économiques qui les mettent dans l'incapacité absolue de s'acquitter de leurs impositions, sauf à compromettre la marche de leur exploitation et mettre en péril leur pérennité. Il est important de faire preuve de réalisme, dans la mesure où les sommes maintenues doivent demeurer en rapport avec les facultés réelles de paiement du contribuable. Il faut également prendre en considération le comportement habituel du demandeur au regard de ses obligations fiscales : antécédents fiscaux, respect des obligations déclaratives, nature des infractions commises et attitude habituelle du requérant à l'égard du Trésor public. Il faut enfin vérifier que les problèmes ponctuels de trésorerie peuvent être résolus par l'octroi de simples délais de paiement.

§ 3 : La décision de l'administration

L'étude de la nature de la décision (A) sera suivie de celle de sa mise en œuvre (B).

A/ Nature de la décision

825. À l'issue de l'examen des différents critères d'appréciation, la demande peut donner lieu soit à une décision de rejet, soit à une décision de remise ou de modération. En cas de décision de rejet, l'administration notifie au contribuable la position prise. Elle n'est pas obligée de la motiver. Il reste toutefois au contribuable la possibilité de saisir le supérieur hiérarchique de l'autorité compétente, ayant pris la décision, jusqu'au ministre chargé des Finances. En cas de décision de remise ou de modération, l'administration notifie le dégrèvement au contribuable et

informe le comptable public compétent afin que ce dernier abandonne les poursuites engagées sur la totalité des impôts, en cas de remise gracieuse ou sur une partie des impôts, en cas de modération.

B/ Mise en œuvre de la décision

826. L'examen de la mise en œuvre de la décision appelle un double regard sur le plan théorique, c'est-à-dire législatif, et sur le plan pratique, c'est-à-dire le comportement de l'administration en la matière.

S'agissant du volet théorique de la procédure décisionnelle, l'article L144 du LPF dispose sans ambiguïté qu'après examen, l'administration notifie par écrit sa décision de remise, de modération ou de rejet. L'article L145 du même livre complète le précédent en énonçant sereinement et clairement qu'en cas de remise ou de modération, la décision est notifiée par le chef de centre régional des impôts et le directeur des grandes entreprises, dans la limite de trente (30) millions en principal et trente (30) millions en pénalités ; par le Directeur général des impôts dans la limite de cent (100) millions en principal et cent (100) millions en pénalités ; enfin, par le ministre en charge des Finances pour les montants supérieurs à cent (100) millions en principal et cent (100) millions en pénalités.

En matière des droits d'enregistrement, la compétence de dégrèvement, qui est étendue au chef de centre des impôts, se décline globalement de la manière suivante conformément à l'article 571 du CGI : le chef de centre des impôts compétent dans la limite de un million (1 000 000) de FCFA, le chef de centre régional des impôts ou le directeur des grandes entreprises dans la limite de cinq millions (5 000 000) de FCFA, le Directeur général des impôts dans la limite de vingt millions (20 000 000) de FCFA et le ministre des Finances pour les montants supérieurs à vingt millions (20 000 000) de FCFA. À titre de rappel, les remises et les modérations ne s'appliquent qu'aux pénalités et majorations en matière de droits d'enregistrement.

Dans la pratique, la mise en œuvre de la décision se déroule en deux temps : premièrement, l'administration fait connaître au contribuable par une correspondance qui lui est adressée qu'une suite favorable a été réservée à sa demande et qu'un dégrèvement lui a été accordé. Cette correspondance, dont une copie est envoyée aux services de recouvrement, est signée par l'autorité légalement compétente pour prononcer le dégrèvement.

Deuxièmement, un arrêté signé par le ministre en charge des Finances, constatant les dégrèvements accordés à plusieurs contribuables au cours d'une période déterminée, formalise et régularise tous les dégrèvements prononcés. Cet arrêté est préparé par la division du contentieux de la DGI.

C'est au regard de cet arrêté que le chef de poste comptable compétent apure les créances fiscales concernées en les retirant de ses Restes à recouvrer (RAR). Il ne faudrait pas se méprendre sur la portée réelle de l'arrêté de dégrèvement qui ne fait que constater les dégrèvements prononcés. Il ne se substitue pas à la décision prise par le Directeur général des impôts, le directeur des grandes entreprises, ainsi que les chefs de centres régionaux des impôts, dans leur domaine de compétence.

En effet, après la décision de ces autorités, les poursuites sont immédiatement interrompues lorsque le dégrèvement porte sur la totalité de la dette fiscale du contribuable. A contrario, lorsque le dégrèvement porte sur une partie seulement de la dette, les poursuites sont immédiatement relancées.

Chapitre 2

La transaction

827. D'après l'article 2044 du Code civil, la transaction « *est un contrat par lequel les parties terminent une contestation ou préviennent une contestation à naître* ». En matière fiscale, elle est prévue à l'article L125 du LPF et est une convention passée entre l'administration et le contribuable, portant atténuation totale ou partielle des impositions, lorsque celles-ci ne sont pas encore devenues définitives. La doctrine administrative définit la transaction comme « *un accord par lequel l'administration et le contribuable font des concessions réciproques sur une affaire déterminée afin d'éviter les contestations ultérieures de quelque nature que ce soit* »[252]. Nous examinerons le champ d'application de la transaction (section 1) et les modalités de sa mise en œuvre (section 2).

Section 1 : Champ d'application de la transaction

828. L'examen du champ d'application de la transaction permet de dégager trois certitudes : premièrement, la transaction est applicable en toutes matières fiscales (impôts directs, TVA, droits d'enregistrement et de timbre…).

Deuxièmement, elle concerne toutes les impositions (droits en principal, en pénalités). Cette extension de la transaction aux pénalités est applicable depuis la modification de l'article L125 susmentionné du LPF par la loi du 15 décembre 2009 portant loi de finances pour l'exercice 2010. Avant cette modification, la transaction ne portait que sur les pénalités, et les droits en principal en étaient totalement exclus. Même si, dans la pratique, l'administration fiscale transigeait parfois sur le principal de l'impôt et les intérêts de retard.

Enfin, la transaction n'est possible que si les impositions ne sont pas encore devenues définitives. À titre de rappel, une imposition est considérée comme définitive lorsqu'elle ne peut plus faire l'objet d'une contestation.

Mais une disposition, de la LF pour 2015 et reprise par l'article quatrième de la LF pour 2016, permet, pour une durée très limitée,

---

[252] Circulaire du 28 janvier 2015 précisant les modalités d'application des dispositions fiscales de la loi du 23 décembre 2014 portant loi de finances pour 2015.

l'extension exceptionnelle de la transaction aux créances fiscales datant d'au moins cinq (5) ans à compter de la date d'émission de l'avis de mise en recouvrement et pour lesquelles les recours administratifs sont épuisés dans les conditions fixées à l'article L125 du CGI. Les contribuables, souhaitant bénéficier de cette mesure, ont un délai d'un (1) an pour formuler leur demande de transaction. La doctrine administrative a précisé que cette mesure concernait les créances fiscales émises avant le 1er janvier 2011, pour l'exercice 2015 et le 1er janvier 2012, pour l'exercice 2016, et pour lesquelles soit le ministre des Finances s'est déjà prononcé, soit celles qui sont en phase du contentieux juridictionnel, ou enfin, celles dont les délais de recours auprès du ministre des Finances ont expiré.

On peut observer que par rapport aux conditions normales de transaction prévues par l'article L125 du LPF, cette mesure n'est bénéfique que pour les contribuables forclos pour la saisine du ministre des Finances, dans le cadre de la réclamation préalable. En effet, les contribuables ayant épuisé la contestation juridictionnelle des impositions ne sont pas éligibles. Alors qu'au regard de l'actuel article L125, les contribuables en contentieux devant les juridictions ont toujours la possibilité de recourir à la transaction et clore ainsi le litige les opposant à l'administration.

Section 2 : Modalités et mise en œuvre de la transaction

L'examen des modalités de la transaction (§ 1) précèdera celui de sa mise en œuvre (§ 2).

§ 1 : Les modalités de la transaction

829. En principe, l'initiative de la transaction appartient à l'administration. Rien n'interdit que le contribuable puisse solliciter une transaction, dans la mesure où il s'agit d'un contrat liant les deux parties. Elle intervient dans les deux hypothèses suivantes énumérées par l'article L125 du LPF :

- avant la mise en recouvrement suivant une procédure de contrôle, c'est-à-dire, à l'issue de la procédure de redressement, que celle-ci soit contradictoire ou d'office ;
- après la mise en recouvrement durant toute la procédure contentieuse.

L'administration s'engage à consentir une modération ou un abandon total des impositions. En contrepartie, le contribuable s'engage à ne pas introduire une réclamation ultérieure. Il s'engage aussi à se désister des réclamations ou des requêtes introduites si la transaction a lieu durant la procédure contentieuse. Il s'engage enfin à payer immédiatement les droits et pénalités restant à sa charge.

§ 2 : La mise en œuvre de la transaction

830. La transaction relevant du Directeur général des impôts, les demandes des contribuables doivent lui être adressées. Les dossiers des contribuables sollicitant une transaction doivent préciser la nature de la créance, les éléments qui fondent la demande et les termes de la transaction proposée.

Au terme de l'examen de la demande du contribuable, le DGI apprécie l'opportunité de celle-ci et fait des propositions au ministre des Finances. Ce dernier ayant la compétence exclusive pour autoriser la mise en œuvre de la transaction.

En cas d'accord du ministre des Finances, le DGI en fait notification au demandeur, en précisant que ce dernier ne pourra plus faire une réclamation ultérieure sur les mêmes impositions et devra se désister immédiatement des requêtes déjà introduites. De même, le bénéficiaire devra s'acquitter immédiatement des droits et pénalités restant à sa charge, sauf circonstances particulières.

En revanche, lorsque le contribuable refuse la transaction ou ne respecte pas ses engagements dans les termes prévus par celle-ci, la transaction devient caduque. Et l'administration réactive immédiatement les procédures de recouvrement sous réserve des dispositions légales sur le sursis de paiement.

Pour terminer, on peut observer que depuis que la législation camerounaise a étendu la transaction à toutes les impositions (en principal et en pénalités), l'administration a résolu plusieurs litiges par le biais de cette procédure.

Chapitre 3

La décharge de responsabilité

831. La décharge de responsabilité, prévue à l'article L141 du LPF, est une procédure visant à dispenser de l'obligation du paiement des impôts les tiers mis en cause en qualité de responsables solidaires, par application des dispositions du CGI ou de toutes autres dispositions des lois fiscales. En clair, outre le redevable lui-même, certaines personnes tierces peuvent être recherchées par les comptables publics pour le paiement des impôts émis. Les analyses qui suivent porteront sur le champ d'application de la décharge de responsabilité (section 1), la forme de la demande du tiers mis en cause et la décision de l'administration (section 2).

Section 1 : Champ d'application

832. L'article L141 reste lacunaire sur la décharge de responsabilité. Il se contente d'énoncer que « *la décharge de responsabilité incombe à certaines personnes quant au paiement d'impositions dues par un tiers* ». Pour avoir une vision claire de cette notion relativement à son champ d'application, il convient de se reporter à l'article 344 de l'ancienne version du CGI. Cet article disposait en substance que « *les tiers, qui, par application des dispositions du Code général des impôts ou de toute autre disposition des lois fiscales, sont tenus de payer les impôts en l'acquit des redevables, peuvent soumettre à la juridiction gracieuse une demande tendant à être dispensés de l'obligation qu'ils assument en vertu des dispositions précitées* ».

Cette rédaction très claire et précise nous permet de constater que le champ d'application de la juridiction gracieuse, relativement à la décharge de responsabilité, est très vaste et illimité. *Très vaste* parce qu'il intègre toutes les dispositions contenues dans le CGI, créant la solidarité du paiement des impôts, et celles des autres lois fiscales non prévues dans ledit CGI. C'est pour cette raison que la décharge de responsabilité peut s'appliquer aux droits d'enregistrement et du timbre. *Illimité* dans la mesure où la procédure de décharge de responsabilité peut s'appliquer aux situations virtuelles à créer par le législateur. Au regard des précisions apportées, l'examen du champ d'application peut être abordé en matière d'impôts directs (§ 1) et d'impôts indirects (§ 2).

§ 1 : En matière d'impôts directs

833. En matière d'impôts directs, la responsabilité solidaire des tiers est prévue dans les articles L86 à L88 du LPF. À ce propos, l'article L86 pose le principe général de la solidarité de paiement lorsqu'il dispose que l'avis de mise en recouvrement (AMR), régulièrement établi, est exécuté non seulement à l'encontre du contribuable qui y est inscrit, mais aussi à l'encontre de ses représentants ou ayants droit.

À ce titre, sont tenus de payer, en l'acquit du redevable sur la demande qui est faite par l'agent chargé du recouvrement et à concurrence des sommes dont ils sont ou seront dépositaires ou débirentiers, tout employeur, tout fermier ou tout locataire et, d'une manière générale, tout débiteur ou tout tiers détenteur. Le tiers détenteur est solidaire du paiement des sommes réclamées en cas de négligence coupable, défaillance avérée ou complicité établie.

En cas de cession, quelles qu'en soient les conditions, le cessionnaire peut être tenu pour responsable solidairement avec le cédant du montant des impôts émis et restant à émettre. Le cessionnaire ne peut être mis en cause qu'au titre de la période non prescrite et seulement jusqu'à concurrence du prix de cession, si celle-ci est faite à titre onéreux, ou de la valeur retenue pour la liquidation des droits de transmission entre vifs, si elle a lieu à titre gratuit.

Les conjoints sont également responsables solidairement, en matière d'impôt sur le revenu conformément à l'article L87 du LPF. Les héritiers ou légataires peuvent être poursuivis solidairement et conjointement à raison des impôts non encore payés par leurs auteurs.

Enfin, l'article L88 prévoit le recouvrement de l'impôt auprès des dirigeants des sociétés lorsque ces derniers sont coupables de l'organisation de l'insolvabilité des sociétés en cause par des manœuvres frauduleuses. Cette disposition vise les personnes qui exercent, en droit ou en fait, directement, ou indirectement la direction effective de la société.

§ 2 : En matière d'impôts indirects (droits d'enregistrement)

834. En application de l'article 308 du CGI, les officiers publics qui auraient fait pour les parties l'avance des droits d'enregistrement pourront en poursuivre le paiement, conformément aux dispositions légales relatives au recouvrement des frais dus aux notaires avoués et huissiers.

En matière de baux et locations quelconques, bailleurs et preneurs sont responsables solidairement, pour les droits simples et, le cas échéant, pour les pénalités, en application de l'article 310 du CGI. Enfin, selon les dispositions de l'article 311 du CGI, les droits et déclarations des mutations par décès seront payés par les héritiers, donataires ou légataires. Les cohéritiers sont solidaires.

Section 2 : La forme de la demande et la décision de l'administration

L'examen de la forme de la demande (§ 1) sera suivi de celui de la décision de l'administration (§ 2).

§ 1 : La forme de la demande de décharge

835. La loi n'a apporté aucune clarification sur la forme de la demande. Les précisions de l'article L143 concernent explicitement les demandes tendant à obtenir une remise ou une modération. Mais, faute de clarification pour ce qui est des demandes en décharge, les exigences de l'article L143 peuvent utilement être reprises ici. Dans ce cas, la demande qui doit être formulée sur papier libre, non timbré, devra contenir les indications nécessaires pour l'identification de l'imposition en cause et être accompagnée d'une copie de l'AMR. Pour ce qui est du délai de la demande, rien n'a été prévu. Ce qui est au demeurant logique, dans la mesure où il s'agit d'une demande gracieuse.

§ 2 : La décision de l'administration

836. Contrairement à ce qui est prévu pour les demandes de remise, de modération et de transaction où les autorités compétentes pour statuer sont clairement définies, en matière de décharge de responsabilité, la loi reste muette. Ce vide législatif n'a pas été comblé par la doctrine administrative. Face à ce manque de précision, doit-on conclure à la compétence exclusive du ministre en charge des Finances ?

Cette solution qui présente l'avantage d'être plus conforme à la pratique de l'administration fiscale est confortée par les dispositions de l'article 344 de l'ancien CGI. Au regard de cet article, les demandes des tiers mis en cause tendant à être dispensés de l'obligation de payer les impôts sont instruites par le directeur du Trésor après avis du directeur des impôts. La décision est prise par le ministre chargé des Finances après avis de la Commission centrale des impôts. Ces dispositions étaient conformes à l'esprit et la lettre de la loi qui accordait à la Direction du Trésor la compétence de droit commun en matière de recouvrement des créances fiscales. Or, depuis plusieurs années, la situation a évolué et la

Direction du Trésor, devenue Direction générale du Trésor et de la coopération financière et monétaire, a perdu l'essentiel de sa compétence en matière de recouvrement. En effet, avec l'entrée en vigueur du nouveau Code général des impôts refondu avec l'ajout d'un Livre des procédures fiscales à travers la loi du 19 avril 2002, la Direction générale des impôts est devenue l'administration disposant de la compétence de droit commun en matière de recouvrement des impôts, droits et taxes de toutes natures émis par ses services opérationnels. Toutefois, la nouvelle rédaction du CGI n'a pas codifié à droit constant, dans le LPF, les dispositions de l'ancien article 344.

1070. En transposant la solution de l'article 344 de l'ancien CGI, on aboutit à l'instruction par le Directeur général des impôts des demandes de décharge de responsabilité, puis à la décision du ministre des Finances. C'est seulement l'avis de la Commission centrale des impôts qui devrait disparaître. Cette instance ayant été supprimée dans la loi de finances pour l'exercice 2014. Mais, bien avant cette suppression, la loi de finances pour 2006 ne conditionnait plus les décisions du ministre des Finances en matière de dégrèvement à l'avis de la Commission centrale des impôts.

BIBLIOGRAPHIE

I. Contentieux administratif et autres procédures contentieuses

A/ Ouvrages

- **Bilong (S)**, *Mémento de la jurisprudence administrative du Cameroun*, Éditions Les Clés, 2014.

- **Chapus (R)**, *Droit du contentieux administratif*, Montchrestien, coll. Domat, *Droit public*, 5e éd., 1995.

- **Jeuland (E)**, *Droit processuel*, LGDJ, 2003.

- **Kamto (M)**, *Droit administratif processuel du Cameroun*, Presses universitaires du Cameroun, Yaoundé, 1990.

- **Nlep (RG)**, *L'administration publique camerounaise, « contribution à l'étude des systèmes administratifs africains »*, LGDJ, 1986.

- **Odent (R)**, *Contentieux administratif*, Tome 1, Dalloz, 2007.

- **Odent (R)**, *Contentieux administratif*, Tome 2, Dalloz, 2007.

- **Owona (J)**, *Contentieux administratif camerounais*, L'Harmattan, 2011.

- **Onana Etoundi (F)** et **Mbock Biumla**, *Cinq ans de jurisprudence commentée de la Cour commune de justice et d'arbitrage de l'OHADA (CCJA)* (1999-2004).

- **Vincent (J) et Guinchard (S)**, *Procédure civile,* 25e édition, Dalloz, 1999.

B/Articles

- **Touchard (J-F)**, « À propos de la responsabilité pour faute de l'administration fiscale », *Revue de droit public*, 1992, n° 3, p. 783 à 817.

II. Contentieux fiscal

A/ Thèses

- **Bern (P),** « La nature juridique du contentieux de l'imposition », Paris LGDJ, 1972.

- **Castagnède (B),** « La répartition des compétences juridictionnelles en matière fiscale ». Thèse de doctorat, Paris II, 1972.

- **Noël (G)**, « La réclamation préalable devant le service des impôts », LGDJ, Bibliothèques de sciences financières, Tome XXI, 1985.

- **Masclet de Barbarin (M)**, « Le contentieux du recouvrement », LGDJ, Bibliothèque de droit public, Tome 243, 2004.

B/ Ouvrages

- **Bachelier (G),** *Le contentieux fiscal*, 2e édition, Litec, 1994.

- **Borras (P) et Garay (A),** *Le contentieux du recouvrement fiscal*, LGDJ, 1994.

- **David (C), Fouquet (O), Plagnet (B), Racine (P.F)**, *Les grands arrêts de la jurisprudence fiscale*, Dalloz, 3e éd., 2000.

- **Herzog (R)** (sous la direction de), *Le juge fiscal*, Economica, 1988.

- **Latil (G)**, *Contentieux fiscal, réclamation sursis de paiement recours juridictionnels modèles et formulaires*, Éditions Francis Lefebvre, 2002.

- **Lambert (T)** (sous la direction de), *Le contentieux fiscal en débat*, LGDJ, 2014.

- **Mbomé (F)**, *Le contentieux fiscal camerounais*, Yaoundé, Presses universitaires d'Afrique, 2000.

- **Pillet (F) et Bangoura (E),** *Guide pratique de la procédure dans le contentieux fiscal*, 3e édition, Litec, 2003

- **Richer (D)**, *Les droits du contribuable dans le contentieux fiscal*, LGDJ, 1997.

C/ Articles

- **Bergères (M-C)**, « La contingence et le contentieux fiscal », *Droit fiscal*, 1999, n° 10, p. 429 à 435.

- **Bienvenu (JJ)**, « Variations sur la difficulté de fonder le partage des compétences juridictionnelles », RFFP, n° 17, 1987

- **Chrétien (M),** « Réflexion sur la dualité juridictionnelle en matière fiscale », Mél Waline, LGDJ, 1974.

- **Fouquet (O),** « La pleine compétence du juge judiciaire de l'impôt », *Revue administrative*, 1999, n° 307, p. 38 à 40.

- **Gaudemet (P-M),** « Réflexion sur les rapports du juge et du fisc », Mél Waline, LGDJ, 1974.

- **Haïm (V),** « De l'opposition à contrainte au contentieux de l'obligation de payer », *Droit fiscal*, 1995, p. 1880 à 1883 ;

- **Haïm (V),** « Les labyrinthes du contentieux du recouvrement », Dalloz, 1995, chron., p. 150 à 154.

- **Noël (G),** « Le règlement administratif des litiges fiscaux sans recours au juge », *Le juge fiscal*, sous la direction de Robert Herzog, Economica (1988).

- **Metenbou (Mathias)**, « Le sursis de paiement et le sursis à exécution dans le contentieux de l'imposition au Cameroun », dans l'ouvrage de François Mbomé, *Le contentieux fiscal camerounais*, Presses universitaires d'Afrique, 2000, p. 195 à 209.

- **Théocharopoulos (L)**, « La juridiction fiscale hellénique », in *Le juge fiscal*, Economica, Paris, 1988, p. 225 à 237.

III. Droit administratif et droit civil

- **Terré (F), Simler (P) et Lequette (Y)**, *Droit civil, les obligations, précis,* Dalloz, 7e édition, 1999.

- **Owona (J)**, *Le droit administratif spécial du Cameroun*, EDICEF, Paris.

IV. Droit fiscal et autres procédures fiscales

A/ Thèses

- **Atanga Fongué (R)**, « Contrôle fiscal et protection du contribuable dans un contexte d'ajustement structurel au Cameroun », L'Harmattan, collection finances publiques, 2007.

- **Ayrault (L)**, « Dans le contrôle juridictionnel de la régularité de la procédure d'imposition », L'Harmattan, collection finances publiques, 2004.

- **Drie (J.C),** « Procédure de contrôle fiscal, la voie de l'équilibre », l'Harmattan, collection finances publiques, 2006.

- **Debat (O)**, « La rétroactivité et le droit fiscal », 2006, édition Defrenois.

B/ Ouvrages

- **Cozian (M)**, *Précis de fiscalité des entreprises*, 27e édition, Litec, 2003.

- **Direction générale des impôts** (France), *Précis de fiscalité 2002*, Tome 2, Livre VII.

- **Gaudemet (PM) et Molinier (J),** « Les Finances publiques », *Fiscalité*, Tome 2, Paris, éditions Montchrestien, 1997.

- **Grosclaude (J) et Marchessou (P),** *Droit fiscal général*, 5e édition, Dalloz, 2005.

- **Grosclaude (J) et Marchessou (P),** *Procédures fiscales*, 2e édition, Dalloz, 2001.

- **Féna-Lagueny (E), Mercier (JY) et Plagnet (B),** « Les impôts en France », *Traité de fiscalité*, 2006-2007, 38e édition, Francis Lefebvre, 2006.

- **Martinez (J-C) et Di Malta (P)**, *Droit fiscal contemporain, l'impôt, le fisc et le contribuable*, tome1, Litec, 1993.

- **Serlooten (P)**, *Droit fiscal des affaires*, 3e édition, édition Dalloz, 2003.

V. Revues

- *Revue française de finances publiques*, « Les sanctions fiscales », LGDJ, n° 65, mars 1999.
- *Revue française de finances publiques*, « L'évasion fiscale internationale », LGDJ, n° 110, avril 2010.

VI. Droit pénal fiscal

- **Lambert (T)** (sous la direction de), « Les sanctions pénales fiscales », L'Harmattan, collection finances publiques, 2007.
- **Bruron (J),** « Droit pénal fiscal », LGDJ, 1993.
- **Tixier (G) et Derouin (P),** « Droit pénal de la fiscalité », Dalloz, 1989.

VII. Recouvrement

A/ Thèses

- **Lefeuvre (A),** « Le paiement en droit fiscal », L'Harmattan, collection finances publiques, 2002.

B/ Ouvrages

- **Assi-Esso (Anne-Marie H), Ndiaw Diouf**, *OHADA, Recouvrement des créances*, Bruylant, Bruxelles, 2002.
- **Legrand (Gérard)**, *Le recouvrement de l'impôt*, Litec, 2006

INDEX

Les index renvoient aux numéros des paragraphes

A

Abus de droit (procédure de), 301

Acompte (IS ou IRPP), 88

Acte détachable, 741

Actes de poursuites, 5, 593

Actes de poursuites de droit commun, 595

Acte individuel, 740

Acte non détachable, 742

Acte non réglementaire, 23, 740

Acte réglementaire, 13, 18, 23, 737

Action récursoire, 791

Appel, 677 ; délai 680 ; effet suspensif, 682 ; effet dévolutif, 682 ; évocation, 683

Appréciation de la légalité, 16

Assignation, 669

Assistance judiciaire, 756

Avis à tiers détenteur, 606

Avis de vérification, 228,246

B

Bien-fondé de l'imposition, 413

Blocage des comptes bancaires, 614

C

Capacité du requérant, 760

Cas d'ouverture du recours pour excès de pouvoir, 763

Cession, 69

Cessation, 69

Charge de la preuve, 275, 300

Charte du contribuable, 228

Circulaires, 739

Commandement de payer (mise en demeure valant), 595

Commission des infractions fiscales, 805

Compensation, 448

Compensation d'assiette, 400

Compétence : des autorités administratives, 378 ; des juridictions, 513, 665

Conclusions, 541

Constitution, 9

Contentieux de l'annulation, 734

Contentieux d'assiette, 4, 72

Contentieux de l'indemnisation, 774

Contentieux de pleine juridiction, 734
Contentieux du recouvrement, 5, 591
Contentieux fiscal (notion), 3
Contrainte extérieure, 686
Contribuable, 656
Contribution des patentes, 145
Contribution des licences, 148
Contrôle ponctuel, 227
Contrôle sur pièces, 214
Créance certaine, 453
Créance exigible, 455
Créance liquide, 454

D

Décès, 69
Décharge de responsabilité, 831
Déclaration et paiement des impôts, droits et taxes, 81
Déclaration pré-remplie, 162
Défaut de déclaration, 278, 319
Dégrèvement d'office, 370
Délai de l'action en recouvrement, 624
Délais d'appel, 580, 680
Délais de réclamation, 384
Délais de prescription, action en recouvrement, 626 ; action en restitution, 443 ; contrôle fiscal, 205
Délai de réclamation, 384
Délai de recours gracieux préalable, 384, 744, 796
Délais de reprise, 205
Délai de saisine du juge, 523, 755
Délai du pourvoi, 687
Délais pour statuer, 419
Délimitation de l'imposition en litige, 403
Demande de compensation, 448
Demandes d'éclaircissements et de justifications, 195
Demandes gracieuses, 6, 369, 815
Demande de remboursement, 440
Demande de restitution, 443
Descente sur les lieux, 560
Désignation d'un représentant fiscal, 282
Détournement de pouvoir, 767
Dissimulation de prix, 333
Doctrine administrative, 56
Droit d'accises, 98
Droit de communication, 171
Droit communautaire, 38
Droit de constatation des stocks, 189
Droit d'enregistrement : délai de déclaration, 127 ; obligation de paiement, 133 ; sanctions, 322
Droit dégressif, 323
Droit d'enquête, 183
Droit de préemption, 337
Droit de vérification, 172
Droit progressif, 323
Droit proportionnel, 323
Durée du contrôle sur place, 242

E

Enquête, 560
Exception d'illégalité, 13, 21
Exception d'inconstitutionnalité, 13
Exception d'inconventionalité, 36
Exclusion des marchés, 622
Existence de l'obligation de payer, 701
Expertise, 556
Exposé des faits, 405

F

Faute de service, 781
Faute personnelle, 785
Fermeture de l'établissement, 619
Fiscalité des entreprises, 85
Fiscalité des ménages, 110
Fraude fiscale, 1017

G

Garanties de l'action en recouvrement, 623
Garanties personnelles, 645
Garanties réelles, 640

H

Hypothèque légale, 643

I

Imposition définitive, 819
Imposition non définitive, 818
Impôt direct, 818
Impôt libératoire, 149
Impôt indirect, 818
Impôts locaux, 709
Incompétence, 764
Incrimination, 799
Insuffisance de déclaration, 309
Insuffisance de prix, 328
Intérêt de retard, 310
Intérêt du requérant, 761
Interprétation et appréciation de la légalité des actes, 17
Interruption du délai de prescription, 630

J

Juridiction contentieuse, 6, 373
Juridiction gracieuse, 6, 721, 815
Jurisprudence, 51

M

Manœuvre frauduleuse, 316
Mauvaise foi, 314
Mémoires, 547
Mesures particulières de poursuites, 605
Mesures d'instruction, 556
Mise en fourrière d'un véhicule, 620
Modération, 816
Moyens, 544
Mutations par décès, 327

N

Notification de redressement, 258

O

Obligation de déclaration et de paiement, 81
Obligation d'immatriculation, 76
Obligations du juge, 563
Observations du contribuable, 264
Office du juge, 563
Opposition à contrôle fiscal, 283

P

Pénalités d'assiette, 308
Pénalités de recouvrement, 342
Période soumise à contrôle, 240
Plus-value sur les cessions immeubles, 112
Pourvoi en cassation, 10, 685, 772
Pouvoirs du juge, 563
Précompte sur achat, 92
Préjudice indemnisable, 776
Prescription, 624
Prescription de l'action en recouvrement, 626
Prescription d'assiette (ou de mise en recouvrement), 625
Prise à partie, 676
Privilège du Trésor, 640
Procédure accusatoire, 511
Procédures d'assiette, 74
Procédures contentieuses, 349
Procédures de contrôle, 170
Procédure de liquidation judiciaire, 638
Procédure de redressement contradictoire, 249
Procédure de redressement judiciaire, 738
Procédure d'urgence, 465
Procédure inquisitoriale, 511
Procédure sur requête et mémoires, 670

R

Recevabilité de la demande, 377
Réclamation préalable, 365 ; impôts locaux, 722
Réclamation prématurée, 389
Réclamation tardive, 390
Recours gracieux préalable, 744
Recours pour excès de pouvoir, 731
Recours prématuré ou précoce, 532, 758
Recours tardif, 537, 957
Recours en rectification d'erreur matérielle, 577
Recours en révision, 578
Rectification spontanée des déclarations, 250
Redevable de l'imposition, 655
Redevable principal, 658
Redevable solidaire, 646, 647, 659
Redevance forestière annuelle, 125
Redevance superficiaire annuelle, 119
Référé administratif, 483
Règlement autonome, 20
Régularité de l'imposition, 408
Remboursement, 440

Remise, 816
Réponse aux observations du contribuable, 270
Représentation des parties, 762
Répression pénale des infractions fiscales, 798
Requérant (personne du), 759
Requête civile, 676
Requête introductive d'instance, 520, 540, 671, 681
Rescrit fiscal, 63
Responsabilité de l'administration fiscale, 782
Responsabilité solidaire des dirigeants, 648
Restitution, 443
Restitution d'office, 370
Retenue à la source, 99, 101, 102, 103
Revenus de capitaux mobiliers, 114
Revenus fonciers, 111

S

Saisie, 597
Saisie conservatoire, 601
Saisie attribution, 603
Sanctions fiscales, 306
Sanctions pénales, 809
Services à compétence nationale, 361
Sources législatives, 50
Sources réglementaires, 50
Sources conventionnelles, 36
Substitution de base légale, 416
Substitution de responsabilité, 788,789
Sursis de paiement, 635
Sursis à exécution, 54, 696
Suspension du délai de prescription, 634

T

Taxation d'office (procédure de), 276
Taxe d'abattage, 124
Taxe *ad valorem*, 121
Taxe à l'extraction des substances de carrière, 120
Taxes communales, 714
Taxe de séjour, 108
Taxe sur la propriété foncière, 151
Taxe spéciale sur les produits pétroliers (TSPP), 117
Taxe spéciale sur le revenu, 107
Taxe sur les jeux de hasard et de divertissement, 156
Tierce opposition, 576, 676
Transaction, 827
Tribunal administratif, 512
Tribunal de grande instance, 665
Tribunal de première instance, 665
TVA, 98

U

Unités de gestion spécialisées de la DGI, 83

V

Vente, 598

Vente amiable, 599
Vente forcée, 600
Vérification des écritures, 560
Vérification générale de comptabilité, 221
Vérification inopinée, 225
Vérification partielle de comptabilité, 224
Vérification de la situation fiscale d'ensemble, 245
Vice de forme, 765
Violation de la loi, 766
Voies de recours, 506, 572, 676

TABLE DES MATIÈRES

REMERCIEMENTS **9**

PRÉFACE **11**

AVANT-PROPOS **13**

ABSTRACT **15**

LISTE DES PRINCIPALES ABRÉVIATIONS **17**

INTRODUCTION GÉNÉRALE **19**

Section 1 : La notion de contentieux fiscal 20
Section 2 : Le cadre juridique du droit du contentieux fiscal 22
§ 1 : La Constitution 22
A/ La Constitution consacre les ordres de juridiction 23
B/ La Constitution précise les attributions du législateur en matière fiscale 24
1/ Le traitement par les juridictions camerounaises des contestations fondées sur l'illégalité des actes réglementaires 24
1.1 Avant la loi n° 2006/022 du 29 décembre 2006 25
1.2 Après la loi n° 2006/022 du 29 décembre 2006 27
2/ Le contrôle exercé par le Conseil d'État français sur les actes réglementaires 28
2.1 La soumission au droit par le juge français des actes des autorités exécutives 28
2.2 La soumission au droit des actes définitifs des autorités administratives au moyen de l'exception d'illégalité 29
3/ Le traitement par les juridictions camerounaises des contestations fondées sur l'inconstitutionnalité des actes législatifs 32
§ 2 : Les sources conventionnelles 38
A/ L'exception d'inconventionalité par rapport au droit communautaire 39
1/ Aperçu sur le contenu du droit communautaire 39
2/ Les juridictions compétentes pour connaître de l'interprétation et de la légalité des actes des États par rapport au droit communautaire 40
B/ L'exception d'inconventionalité par rapport au droit OHADA 41
1/ Le champ d'application du droit OHADA en matière fiscale 41
2/ Les juridictions compétentes pour connaître du droit OHADA 42
§ 3 : Les sources législatives et réglementaires 43
§ 4 : La jurisprudence 44
A/ L'amplification des saisines du juge fiscal 45
B/ Les errements du nouveau juge de l'impôt 46
C/ Les nécessaires clarifications de la Cour suprême 48

§ 5 : La doctrine administrative 49
A/ Le champ d'application de la doctrine administrative 50
1/ Les interprétations des textes invocables par tous les contribuables 50
2/ Le rescrit fiscal 51
B/ La portée réelle de la doctrine administrative 53
1/ La doctrine administrative n'est pas systématiquement opposable au contribuable 53
2/ La doctrine administrative est opposable à l'administration 53

PREMIÈRE PARTIE
LE CONTENTIEUX DE L'ÉTABLISSEMENT DES IMPÔTS 57

TITRE I LES CONSIDÉRATIONS GÉNÉRALES SUR L'ÉTABLISSEMENT DES IMPOSITIONS 59

Chapitre 1 Les procédures d'assiette et de contrôle des impôts, droits et taxes 61
Section 1 : Les procédures d'assiette 61
§ 1 : L'obligation de déclaration aux fins d'immatriculation 61
§ 2 : Les obligations de déclaration et de paiement des impôts, droits et taxes 63
A/ Les obligations des contribuables relevant de la fiscalité des entreprises 64
1/ déclaration et paiement mensuel des acomptes IS, IR, du précompte sur achat, de la TVA et des taxes assimilées et le reversement des impôts retenus à la source 65
1.1 L'acompte IS ou IRPP 65
1.2 Le précompte prévu à l'article 21 (3) du CGI 67
1.3 La taxe sur la valeur ajoutée (TVA) et le droit d'accises 68
1.4 La retenue à la source des acomptes IS, IRPP et de la TVA 68
1.5 La retenue de l'acompte de 5 % prévu à l'article 92 bis 69
1.6 La retenue à la source des revenus fonciers 69
1.7 La retenue à la source des revenus de capitaux mobiliers 69
1.8 La retenue à la source des traitements salaires, pensions et rentes viagères 70
2/ Déclarations et paiements annuels des soldes IS, IRPP et TVA 70
3/ Déclaration et paiement de la taxe spéciale sur le revenu (TSR) 71
4/ Déclaration et paiement de la taxe de séjour 71
5/ Les cas de cession, cessation ou décès 72
B/ Les obligations des contribuables relevant de la fiscalité des ménages 72
1/ Les revenus fonciers 72
2/ Les plus-values sur les cessions d'immeubles 73
3/ Les revenus de capitaux mobiliers 73
4/ Déclaration des revenus des expatriés avant leur départ du Cameroun 73
C/ Obligations relatives aux fiscalités spécifiques 74
1/ Obligations relatives à la taxe spéciale sur les produits pétroliers .. 74
2/ Les obligations relatives au secteur minier 74
3/ Obligations relatives à la fiscalité forestière 77

D/ Obligations relatives aux droits d'enregistrement et de timbre 78
1/ Les délais de déclaration 78
1.1 De 15 jours à un (1) mois 78
1.2 D'un (1) mois à trois (3) mois 78
1.3 Six (6) mois 78
1.4 De trois (3) à six (6) mois 78
2/ Les personnes à qui incombent les obligations de paiement 79
2.1 Les personnes à qui incombe l'obligation principale de paiement 79
2.2 Les personnes à qui incombe l'obligation solidaire de paiement 80
E/ Les obligations relatives à la déclaration et au paiement des impôts et taxes dus aux collectivités territoriales décentralisées 81
1/ La contribution des patentes 81
2/ La contribution des licences 82
3/ L'impôt libératoire 82
4/ La taxe foncière sur les propriétés immobilières (TFPI) 82
5/ La taxe sur les jeux de hasard et de divertissement 84
F/ Les modalités pratiques de paiement des impôts, droits et taxes 85
§ 3 : La procédure de déclaration pré-remplie 85
A/ Définition et champ d'application de la déclaration pré-remplie 85
B/ Les modalités de la mise en œuvre de la déclaration pré-remplie 86
§ 4 : Les obligations et délais de conservation des documents 87
Section 2 : Les procédures de contrôle des impôts droits et taxes 87
§ 1 : Les modes d'investigation ne donnant pas directement lieu à redressement 88
A/ Le droit de communication 88
1/ Distinction du droit de communication et du droit de vérification .. 88
2/ Les personnes et organismes soumis au droit de communication ... 89
3/ La mise en œuvre du droit de communication 90
4/ Sanctions en cas d'infractions 91
B/ Le droit d'enquête 91
1/ Les documents contrôlés 91
2/ La mise en œuvre de la procédure 91
C/ Le droit de constatation des stocks 92
1/ Les personnes soumises au droit de constatation des stocks 92
2/ La mise en œuvre du droit de constatation des stocks 93
D/ Les demandes d'éclaircissements et de justifications 93
1/ L'étendue des deux demandes 94
2/ La mise en œuvre des deux demandes 94
3/ La sanction du refus de répondre : la taxation d'office 95
§ 2 : Les contrôles fiscaux donnant directement lieu à redressement 96
A/ Les délais de reprises 96
1/ le délai général 96
2/ Les délais particuliers 98
B/ Le contrôle sur pièces 98
1/ Le champ d'application des contrôles sur pièces 99
2/ La portée limitée des contrôles sur pièces 99

C/ La vérification de comptabilité 101
1/ La typologie des vérifications de comptabilité 101
2/ Le déclenchement de la vérification 103
3/ Le déroulement de la vérification de comptabilité 104
3.1 Les agents compétents 104
3.2 Le déroulement du contrôle 104
3.3 Les documents à présenter au contrôle 105
3.4 L'irrecevabilité en contentieux des pièces non produites aux vérificateurs 105
3.5 La période soumise à contrôle 106
3.6 La durée de contrôle 107
3.7 L'interdiction de renouveler une vérification achevée 107
D/ La vérification de la situation fiscale d'ensemble 108
§ 3 : La procédure de redressement contradictoire 109
A/ La rectification par le contribuable de ses déclarations 109
1/ La rectification spontanée ne concerne pas les impôts surpayés par le contribuable 109
2/ La rectification spontanée ne concerne que les impôts sous-payés par le contribuable 111
3/ Modalité de rectification spontanée de ses déclarations par le contribuable 111
B/ Le champ d'application de la procédure de redressement contradictoire 112
C/ Le déroulement de la procédure de redressement contradictoire 113
1/ La notification de redressement 113
1.1 Le contenu de la notification de redressement 113
1.2 Le délai d'envoi de la notification de redressement 114
1.3 Les effets de la notification de redressement 115
2/ Les observations du contribuable 115
2.1 Délais de réponse du contribuable 116
2.2 Contenu de la réponse du contribuable 116
3/ La réponse de l'administration aux observations du contribuable 117
3.1 Le délai de réponse aux observations 117
3.2 Le contenu de la réponse aux observations 117
§ 4 : La procédure de taxation d'office 118
A/ Champ d'application de la procédure de taxation d'office (TO) 119
1/ Défaut ou retard de production de déclarations 119
2/ Du non-respect des obligations comptables 119
3/ L'absence de réponse à une demande d'éclaircissements ou de justifications 120
4/ Du défaut de désignation au Cameroun d'un représentant fiscal .. 120
5/ L'opposition à contrôle fiscal 121
6/ La minoration de la déclaration du revenu global imposable à l'IRPP 121
B/ La mise en œuvre de la procédure de taxation d'office 121
1/ La mise en demeure préalable 121
2/ La détermination de l'imposition 122

2.1 La méthode préconisée par l'administration fiscale camerounaise 122
2.2 La position du Conseil d'État français sur le calcul de la TO . 124
C/ Les conséquences de la TO : le renversement de la charge de la preuve 125
§ 5 : La procédure de l'abus de droit 126

Chapitre 2 Les sanctions fiscales 127
Section 1 : Les pénalités d'assiette 127
§ 1 : La répression de l'insuffisance de déclaration 127
A/ L'intérêt de retard appliqué à l'insuffisance de déclaration 128
B/ Les majorations appliquées à l'insuffisance de déclaration 128
1/ La majoration appliquée au contribuable de bonne foi 129
2/ La majoration appliquée au contribuable de mauvaise foi 129
3/ La majoration appliquée à l'auteur des manœuvres frauduleuses. 130
§ 2 : Le défaut de déclaration 131
A/ Le défaut de déclaration entraînant une TO 131
B/ Les sanctions des autres manquements aux obligations déclaratives 131
§ 3 : Les sanctions des infractions sur les droits d'enregistrement 132
A/ La sanction du défaut d'enregistrement et du non-respect des délais de déclaration 133
B/ Les insuffisances du prix 134
C/ Les dissimulations de prix 136
D/ Le droit de préemption 137
§ 4 : Les sanctions spécifiques au non-respect des obligations de facturation 137
Section 2 : Les pénalités de recouvrement 138
Section 3 : Les sanctions particulières liées aux manquements par le contribuable à certaines obligations 138

TITRE II LES PROCÉDURES CONTENTIEUSES 141

Chapitre 1 L'organisation de l'administration chargée du contentieux fiscal 143
Section 1 : L'administration centrale chargée du contentieux fiscal 143
§ 1 : Les structures chargées du contentieux fiscal auprès du ministre des Finances 143
§ 2 : Les structures chargées du contentieux dans les services centraux de la DGI 145
Section 2 : L'administration déconcentrée du contentieux 147
§ 1 : La cellule du contentieux de la DGE 147
§ 2 : Les structures chargées du contentieux dans les centres régionaux des impôts 148

Chapitre 2 Le règlement des litiges fiscaux devant l'administration fiscale : la réclamation préalable 149
Section 1 : Le domaine des recours administratifs préalables obligatoires 150
§ 1 : Les demandes non concernées par les recours administratifs 150
A/ Les demandes gracieuses 150
B/ Les décisions de dégrèvement ou de restitution d'office 150

§ 2 : Les demandes concernées par les recours administratifs 151
§ 3 : Les impôts et taxes concernés par les recours administratifs 152
A/ La situation avant la directive du 30 septembre 2013 sur les droits d'enregistrement 152
B/ La situation après la directive sur les droits d'enregistrement 152
Section 2 : La recevabilité de la demande 153
§ 1 : Les règles de compétence 153
A/ La compétence des autorités de la DGI 154
1/ La compétence du chef de centre régional des impôts (CCRI) 154
2/ La compétence du directeur des grandes entreprises 154
3/ La compétence du directeur général des impôts 154
B/ La compétence du ministre des Finances 155
§ 2 : Les délais de la réclamation 155
A/ Le délai de saisine des autorités du premier niveau 156
B/ Délai de saisine du ministre des Finances 156
1/ La saisine du ministre lorsque les autorités ont respecté le délai .. 156
2/ La saisine du ministre lorsque les autorités de la DGI n'ont pas respecté le délai 157
C/ Les incidences du délai de réclamation 158
1/ Les réclamations prématurées 158
2/ Les réclamations tardives 158
§ 3 : Forme et contenu de la réclamation 159
A/ Le mode de présentation 159
B/ Le contenu de la réclamation 160
C/ Les pièces à produire 161
1/ Les pièces obligatoires 161
2/ Les autres productions 162
Section 4 : L'instruction de la réclamation au fond par l'administration ... 162
§ 1 : La délimitation de l'imposition en litige 163
§ 2 : L'exposé des faits 164
§ 3 : L'examen de la régularité et du bien-fondé de l'imposition en litige 165
A/ La régularité 165
B/ Le bien-fondé 166
Section 5 : La décision de l'administration sur la réclamation préalable ... 168
§ 1 : Les délais pour statuer 168
§ 2 : La décision de l'administration 169
A/ Le contenu de la décision 169
B/ La forme de la décision et la notification au contribuable 170
C/ Les effets de la décision 171
§ 3 : Les suites des dégrèvements prononcés par l'administration 172
A/ Le contribuable n'a pas encore payé les impôts contestés 172
B/ Le contribuable a déjà payé les impôts contestés 173
C/ Le problème des remboursements, restitutions et compensations des impôts payés 173
1/ Le cas des remboursements 173
2/ Le cas des restitutions 175
2.1 Le champ d'application de la restitution 175

2.2 Les modalités pratiques de la restitution 175
3/ Le cas des compensations 176
3.1 La notion de compensation 177
3.2 Les applications de la compensation en matière fiscale 179

Chapitre 3 Les procédures d'urgence : le sursis de paiement 183
Section 1 : La notion de sursis de paiement 183
§ 1 : La définition du sursis de paiement 183
§ 2 : Le sursis de paiement et les procédures similaires 184
A/ Sursis de paiement et sursis à exécution 184
B/ Sursis de paiement et référé administratif 189
Section 2 : Les conditions d'octroi du sursis de paiement 189
§ 1 : Les conditions du sursis devant l'administration 189
A/ Demande et conditions du sursis devant l'administration 190
1/ Au niveau du CRI, du DGE et du DGI 190
2/ Au niveau du ministre 191
B/ Les effets de la demande de sursis de paiement 191
§ 2 : Les conditions du sursis de paiement devant le juge de l'impôt 193
A/ Les conditions d'obtention du sursis de paiement devant le juge 193
B/ Les confusions entretenues par le juge sur les conditions du sursis de paiement et du sursis à exécution 195
Section 3 : La décision sur la demande du sursis de paiement 197
§ 1 : La décision de l'administration sur le sursis de paiement 197
§ 2 : La décision du juge sur le sursis de paiement 198
§ 3 : Le recours contre la décision du juge sur le sursis de paiement 198

Chapitre 4 Le règlement des litiges fiscaux devant la juridiction administrative 199
Section 1 : Les caractéristiques de la procédure devant la juridiction administrative 199
§ 1 : La procédure est écrite 199
§ 2 : La procédure est contradictoire 199
§ 3 : La procédure est inquisitoriale 199
Section 2 : Le Tribunal administratif : juge de premier degré 200
§ 1 : L'organisation interne du Tribunal administratif 200
§ 2 : La compétence des tribunaux administratifs 200
A/ La compétence matérielle des tribunaux administratifs 200
1/ La situation avant la directive CEMAC du 30 septembre 2013 201
2/ La situation après la directive du 30 septembre 2013 202
B/ La compétence territoriale des tribunaux administratifs 202
1/ La compétence territoriale définie par l'article L124 du LPF 202
2/ La compétence territoriale définie par l'article15 de la loi n° 2006/022 du 29 décembre 2006 203
§ 3 : L'introduction de l'instance devant le Tribunal administratif 204
A/ Les personnes habilitées à saisir le Tribunal administratif 204
B/ Le délai de saisine du Tribunal administratif 205
1/ L'application du délai en cas de rejet formel de la réclamation 205
2/ L'application du délai en cas de silence ou de réponse tardive du ministre sur la réclamation 207
3/ Les conséquences du non-respect du délai de recours 210

3.1 Le recours prématuré 210
3.2 Les recours tardifs 213
C/ Le contenu de la requête introductive d'instance 214
1/ Les conclusions 214
2/ Les moyens 216
D/ L'instruction de la requête 217
1/ La production du mémoire en défense 217
1.1 Le délai de production du mémoire en défense 217
1.2 Les conséquences de l'inobservation des délais 217
1.3 L'examen de la requête par l'administration 218
2/ Les mémoires en réplique et en réponse 220
3/ Les mesures d'instruction 220
3.1 L'expertise 221
3.2 Les autres mesures d'instruction 222
E/ Clôture de l'instruction et tenue de l'audience 222
1/ La clôture de l'instruction 223
2/ Convocation et audition des parties 223
3/ L'office du juge 223
3.1 Les pouvoirs du juge 223
3.2 Les obligations du juge 225
4/ Formation de jugement 227
Section 3 : les voies de recours 227
§ 1 : Les voies de recours extraordinaires 228
A/ L'opposition 228
B/ La tierce opposition 228
C/ Le recours en rectification d'erreur matérielle 228
D/ Le recours en révision 229
§ 2 : L'introduction du pourvoi 229
A/ Délai du pourvoi en cassation 229
B/ Les personnes admises au pourvoi 230
C/ L'objet du pourvoi 230
D/ Les moyens du pourvoi 231
§ 3 : Instruction et jugement de l'affaire par la Chambre administrative 231

DEUXIÈME PARTIE
LE CONTENTIEUX DU RECOUVREMENT 235

Chapitre 1 Les actes de poursuites 237
Section 1 : les actes de poursuites de droit commun 237
§ 1 : La mise en demeure valant commandement de payer 237
§ 2 : La saisie 238
§ 3 : La vente 238
A/ La vente amiable 239
B/ La vente forcée 239
§ 4 : Les autres formes de saisie 239
A/ La saisie-conservatoire 239
B/ La saisie-attribution 240
Section 2 : Les mesures particulières de poursuites 240
§ 1 : L'avis à tiers détenteur (ATD) 241

A/ Le champ d'application de l'ATD 241
B/ Forme et mise en œuvre de l'ATD 242
C/ Les effets de l'avis à tiers détenteur 243
§ 2 : Le blocage des comptes bancaires 243
A/ Champ d'application du blocage des comptes bancaires 244
B/ Mise en œuvre du blocage des comptes bancaires 244
C/ Effets et fin du blocage des comptes bancaires 245
§ 3 : La fermeture de l'établissement 246
§ 4 : La mise en fourrière d'un véhicule 246
§ 5 : La contrainte extérieure et l'exclusion des marchés 247
Section 3 : Les garanties du recouvrement des créances fiscales 247
§ 1 : Le délai de l'action en recouvrement et prescription 247
A/ Délai de prescription de l'action en recouvrement des créances fiscales 248
1/ Le point de départ du délai de prescription 249
2/ Les créances concernées et non concernées par le délai 249
B/ Les évènements modifiant le délai de prescription 249
1/ L'interruption du délai de la prescription 249
2/ La suspension du délai de la prescription 250
2.1 Le sursis de paiement 251
2.2 L'ouverture d'une procédure de redressement ou de liquidation judiciaire 252
C/ La mise en œuvre de l'effet extinctif de la prescription 252
§ 2 : Les garanties réelles 253
A/ Le privilège du Trésor 253
1/ La définition du privilège du Trésor 253
2/ Le champ d'application du privilège du Trésor 253
3/ La mise en œuvre du privilège du Trésor 254
B/ L'hypothèque légale 255
1/ La notion d'hypothèque légale 255
2/ La mise en œuvre de l'hypothèque légale 256
§ 3 : Les garanties personnelles 257
A/ Les redevables solidaires en matière d'impôts directs et taxes sur le chiffre d'affaires 257
B/ Les redevables solidaires en matière de droits d'enregistrement et de timbre 258
C/ La responsabilité solidaire des dirigeants des sociétés 259
1/ Les dirigeants susceptibles d'être mis en cause 259
2/ Les agissements justifiant la responsabilité 260
2.1 Les agissements doivent être des manœuvres frauduleuses 260
2.2 Les agissements ont totalement compromis le recouvrement des créances fiscales 261
3/ La mise en œuvre de la responsabilité 261

Chapitre 2 La contestation des actes de poursuites 263
Section 1 : La contestation des actes de poursuites de droit commun 263
§ 1 : Le recours exceptionnel devant l'administration 263
§ 2 : L'auteur de la contestation : le redevable de l'imposition 263
A/ Le redevable principal 264

B/ Le redevable solidaire 265
§ 3 : La personne poursuivie devant le juge 265
§ 4 : Le droit applicable 265
§ 5 : La juridiction compétente 267
A/ Les tribunaux compétents 267
1/ La compétence matérielle 268
2/ La compétence territoriale 268
B/ La saisine du tribunal compétent et l'instruction de la demande 268
1/ La procédure de l'assignation 268
2/ La procédure sur requêtes et mémoires 269
3/ L'instruction de la demande et le jugement 270
3.1 L'établissement et l'échange des mémoires 270
3.2 Les mesures spéciales d'instruction 271
3.3 Audience et jugement 271
§ 6 : Les voies de recours 271
A/ L'appel 272
1/ Les décisions susceptibles d'appel 272
2/ Les parties à l'appel 273
3/ Le délai d'appel 273
4/ Forme et contenu de l'appel 274
5/ Les effets de l'appel 275
6/ L'instruction et le jugement de l'appel 276
B/ Le pourvoi en cassation 276
1/ Les cas d'ouverture à pourvoi 277
2/ Délai et forme du pourvoi 277
3/ L'instruction du pourvoi 278
3.1 L'échange des mémoires 278
3.2 La mise en état du dossier et l'examen du pourvoi 280
3.3 Audience et jugement 281
3.4 L'Arrêt de la Cour suprême 281
3.5 Les effets de l'arrêt de cassation ou d'annulation 282
Section 2 : La contestation des mesures particulières de poursuites 283
§ 1 : La contestation devant l'administration des mesures particulières de poursuites 285
§ 2 : Le sursis à exécution 286
A/ Les conditions d'octroi du sursis et décision du juge 286
B/ Les effets de la décision du juge sur le sursis à exécution 287
§ 3 : La contestation des mesures particulières de poursuite devant le juge administratif 287

Chapitre 3 La contestation de l'obligation de payer 289
Section 1 : Notion et champ d'application de l'existence de l'obligation de payer 289
§ 1 : La notion de l'existence de l'obligation de payer 289
§ 2 : Le champ d'application de l'existence de l'obligation de payer 289
Section 2 : La procédure contentieuse 292
§ 1 : La réclamation préalable 292
§ 2 : La contestation juridictionnelle de l'existence de l'obligation de payer 293

A/ La contestation devant les juridictions administratives 294
B/ Le sursis à exécution 294

TROISIÈME PARTIE
LE CONTENTIEUX SPÉCIFIQUE DES IMPÔTS LOCAUX 297

Chapitre 1 Le champ d'application des impôts locaux 299
Section 1 : Les prélèvements opérés par les services fiscaux de l'État 299
§ 1 : Les prélèvements perçus au profit des communes 299
§ 2 : Les impôts perçus au profit des régions 300
§ 3 : Les conditions de collecte par l'administration fiscale 300
Section 2 : Les prélèvements effectués par les services fiscaux des collectivités 300
§ 1 : Les différentes taxes communales 300
§ 2 : Les modalités de perception des impôts locaux spécifiques 301
A/ Le contrôle des taxes communales 301
B/ Le recouvrement forcé des taxes communales 301
1/ L'inapplicabilité des mesures de recouvrement forcé du LPF aux taxes communales 301
2/ Les mesures de recouvrement forcé applicables aux taxes communales 302
3/ La conformité au droit OHADA de l'article C130 (2) du CGI 303

Chapitre 2 La procédure contentieuse spécifique relative aux impôts locaux 305
Section 1 : La réclamation préalable 305
§ 1 : Les conditions de recevabilité de la réclamation préalable 305
A/ Les délais de réclamation 305
B/ La forme et le contenu de la réclamation 306
§ 2 : La décision des autorités compétentes sur la réclamation préalable 307
A/ La décision du chef de l'exécutif municipal 307
B/ La recommandation du préfet au chef de l'exécutif municipal 307
C/ La décision finale du chef de l'exécutif municipal 308
Section 2 : L'instance devant le juge administratif 308

QUATRIÈME PARTIE
LES AUTRES RECOURS JURIDICTIONNELS IMPLIQUANT L'ADMINISTRATION FISCALE 311

Chapitre 1 Le recours pour excès de pouvoir contre les décisions des autorités fiscales 313
Section 1 : Définition et caractéristiques du recours pour excès de pouvoir 313
§ 1 : La définition du recours pour excès de pouvoir 313
§ 2 : Les caractéristiques du recours pour excès de pouvoir 314
Section 2 : Domaine d'application du recours pour excès de pouvoir en matière fiscale 314
§ 1 : Les recours en matière fiscale relèvent du plein contentieux 315
§ 2 : Les actes administratifs susceptibles de faire l'objet du recours pour excès de pouvoir en matière fiscale 316

A/ Le recours pour excès de pouvoir est normal pour les actes réglementaires....316
B/ Le recours pour excès de pouvoir est exceptionnel pour les actes individuels et les actes non réglementaires....318
1/ Le cas des actes faisant grief et détachables de la procédure d'imposition....318
2/ Le cas des actes non détachables....319
Section 3 : Les conditions de recevabilité du recours pour excès de pouvoir....320
§ 1 : Le recours gracieux préalable....321
A/ Le délai du recours gracieux préalable en matière de recours pour excès de pouvoir....321
B/ Les autorités habilitées à recevoir le recours gracieux préalable en matière de contentieux de l'excès de pouvoir....322
1/ La situation avant la loi n° 2006/022 du 29 décembre 2006....322
2/ La situation après la loi n° 2006/022 du 29 décembre 2006 fixant l'organisation et le fonctionnement des tribunaux administratifs....324
3/ Le problème de la saisine d'une autorité incompétente....326
C/ La décision des autorités saisies sur le RGP....327
§ 2 : Le délai de saisine du juge de l'excès de pouvoir....328
A/ L'assistance judiciaire....328
B/ Le recours tardif....329
C/ Le recours précoce....329
§ 3 : La personne du requérant....330
A/ La capacité du requérant....330
B/ L'intérêt donnant qualité pour agir....331
C/ La représentation des parties....332
Section 4 : Les causes d'annulation et la juridiction compétente....333
§ 1 : Les cas d'ouverture du recours pour excès de pouvoir....333
A/ Les vices entachant la légalité externe de l'acte....333
1/ L'incompétence....333
2/ Le vice de forme....334
B/ Les vices entachant la légalité interne de l'acte....335
1/ La violation d'une disposition légale ou réglementaire....335
2/ Le détournement de pouvoir....336
§ 2 : La juridiction compétente en matière de recours pour excès de pouvoir....337
A/ Les tribunaux administratifs : juges exclusifs en premier et dernier ressort du recours pour excès de pouvoir....337
1/ La compétence matérielle des tribunaux administratifs en matière d'excès de pouvoir....337
2/ La compétence territoriale en matière d'excès de pouvoir....338
B/ La Chambre administrative de la Cour suprême : juge de cassation des jugements des tribunaux administratifs en matière d'excès de pouvoir 338
C/ La dévolution des compétences en matière d'excès de pouvoir dans le système français....339

Chapitre 2 Contentieux de l'indemnisation du fait des agissements de l'administration fiscale....341

Section 1 : Les conditions de mise en œuvre de la responsabilité des services fiscaux 341
§ 1 : L'existence d'un préjudice indemnisable 342
§ 2 : L'existence d'un lien de causalité direct ou l'imputabilité 344
§ 3 : Le fait générateur du préjudice 345
A/ La notion de faute de service 346
1/ Les caractéristiques de la faute de service 346
2/ Les fautes susceptibles d'engager la responsabilité des services fiscaux 347
2.1 Le cas des services fiscaux en France 347
2.2 Le cas des services fiscaux au Cameroun 348
B/ La responsabilité des agents pour faute personnelle 349
Section 2 : La réparation du préjudice devant les juridictions compétentes 352
§ 1 : Les modalités de réparation du préjudice 353
A/ Les rapports entre l'administration et la victime 353
1/ Les conditions de mise en œuvre de la substitution automatique de l'État à l'agent fautif pour l'indemnisation du préjudice 354
2/ Les modalités de mise en œuvre de la substitution de responsabilité 356
B/ Les rapports entre l'administration et son agent auteur du dommage 357
1/ Les contours de l'action récursoire 357
2/ Les modalités de mise en œuvre de l'action récursoire 358
§ 2 : Les procédures juridictionnelles pour l'indemnisation du préjudice subi du fait des agissements de l'administration fiscale 359
A/ La procédure devant la juridiction administrative 359
1/ La compétence de la juridiction administrative en matière d'indemnisation 359
2/ Le déroulement de la procédure 360
B/ La procédure devant les juridictions judiciaires 362

Chapitre 3 La répression pénale de la fraude fiscale 365
Section 1 : L'incrimination 366
§ 1 : Date du délit et prescription 366
§ 2 : L'élément matériel 367
§ 3 : L'élément intentionnel 368
Section 2 : La procédure suivie pour la répression de la fraude fiscale 368
§ 1 : Le dépôt de la plainte par le ministre des Finances 369
§ 2 : L'avis de la Commission des infractions fiscales 369
A/ La composition de la Commission des infractions fiscales 369
B/ Mode de fonctionnement de la Commission des infractions fiscales 370
C/ La portée des avis de la Commission des infractions fiscales 371
Section 3 : Les sanctions 371
§ 1 : La juridiction compétente pour réprimer la fraude fiscale 371
A/ La qualification juridique de la fraude fiscale dans la classification des infractions pénales 372
B/ La juridiction compétente en matière de fraude fiscale 373
§ 2 : Les sanctions prononcées par le juge 373

A/ Les peines principales 374
B/ Les peines complémentaires 374

CINQUIÈME PARTIE
LA JURIDICTION GRACIEUSE 375

Chapitre 1 Les remises et les modérations 377
Section 1 : Notions et champ d'application 377
§ 1 : Le cas des impositions non définitives 378
§ 2 : Le cas des impositions définitives 378
§ 3 : Le cas spécifique des droits d'enregistrement et de timbre 379
Section 2 : Forme et délai de la demande 379
Section 3 : Traitement par l'administration des demandes de remise et de modération 380
§ 1 : Le délai de traitement 380
§ 2 : Les critères d'appréciation de la demande 381
A/ Les critères d'appréciation de la demande par l'administration fiscale camerounaise 381
1/ Les critères de la circulaire du 8 mai 2008 381
2/ Les critères de la circulaire du 13 avril 2010 382
B/ Les critères d'appréciation de la demande par l'administration fiscale française 383
1/ Les critères propres aux particuliers 383
2/ Les critères propres aux entreprises 384
§ 3 : La décision de l'administration 384
A/ Nature de la décision 384
B/ Mise en œuvre de la décision 385

Chapitre 2 La transaction 387
Section 1 : Champ d'application de la transaction 387
Section 2 : Modalités et mise en œuvre de la transaction 388
§ 1 : Les modalités de la transaction 388
§ 2 : La mise en œuvre de la transaction 389

Chapitre 3 La décharge de responsabilité 391
Section 1 : Champ d'application 391
§ 1 : En matière d'impôts directs 392
§ 2 : En matière d'impôts indirects (droits d'enregistrement) 392
Section 2 : La forme de la demande et la décision de l'administration 393
§ 1 : La forme de la demande de décharge 393
§ 2 : La décision de l'administration 393

BIBLIOGRAPHIE 395

INDEX 401

Questions juridiques aux éditions L'Harmattan

Dernières parutions

DÉLINQUANCE SÉRIELLE ET POLICE JUDICIAIRE
Impini Jean-François
Sérialité de la délinquance, information judiciaire, analyse criminelle sérielle désignent des notions familières mais peu étudiées par les sciences criminelles. Postulant l'idée assez commune d'une délinquance largement réitérante, l'ouvrage tente de dérouler le fil logique que pourrait suivre l'investigation policière pour exploiter de façon systématique ce caractère sériel des infractions.
(Coll. Sécurité et société, 37.50 euros, 372 p.)
ISBN : 978-2-343-11147-6, ISBN EBOOK : 978-2-14-002864-9

LES MICRO-ÉTATS EUROPÉENS
Étude historique, juridique et fiscale
(Andorre, Liechtenstein, Monaco, Saint-Martin, Vatican)
Blevin Pierre-Alexis – Préface d'Anne-Marie Le Pourhiet
Morcelée pendant plusieurs siècles en diverses seigneuries et autres entités à caractère étatique, l'Europe est à la fin du XIXe siècle le théâtre d'une véritable refonte des États qui la composent. Les micro-États semblent dès lors rencontrer des difficultés dans l'affirmation de leur souveraineté. Ainsi, les garanties constitutionnelles et institutionnelles sont-elles suffisantes pour assurer leur indépendance et leur intégrité ? Cet ouvrage donne une véritable définition des « micro-États européens » et analyse leur résistance face à une évolution historique européenne majeure.
(Coll. Logiques Juridiques, 53.00 euros, 616 p.)
ISBN : 978-2-343-10015-9, ISBN EBOOK : 978-2-14-002545-7

QUEL STATUT SOCIAL POUR LE CHEF D'ENTREPRISE ET LE DIRIGEANT DE SOCIÉTÉS ?
Turc Annabelle – Préface de Gérard Vachet
Le statut social des dirigeants de sociétés est un sujet en constante évolution, en raison des changements de législation et du rapprochement du régime social des indépendants vers le régime salarié. Mais, pour connaître ou choisir son statut social, le chef d'entreprise (ou le mandataire social) doit se pencher sur de nombreux facteurs. Le statut social des dirigeants est-il susceptible d'évoluer vers une harmonisation du régime salarié et du régime social des indépendants (RSI) ? Et quel conseil donner au dirigeant en quête du statut le plus rentable pour lui ?
(Coll. Défis, 49.00 euros, 688 p.)
ISBN : 978-2-343-11093-6, ISBN EBOOK : 978-978-2-14-002819-9

LA SOCIÉTÉ PAR ACTIONS SIMPLIFIÉE ET LE FINANCEMENT D'ENTREPRISES EN DIFFICULTÉ
Feydel Romain
Le droit des sociétés français sait se montrer concurrentiel. La société par actions simplifiée (SAS), couplée au mécanisme de la procédure de sauvegarde accélérée, présente des avantages. Ce montage

en cascade démontre la complémentarité du fonds professionnel de capital investissement (FPCI) avec la SAS. Ainsi, la SAS permet de constituer une copropriété d'instruments financiers et de mettre en application la stratégie d'investissement. L'auteur démontre l'importance de la société de gestion de portefeuille, mais également de la holding de rachat, ainsi que de la filiation et du pacte d'actionnaires dans cette opération de *leveraged turn around.*
(20.50 euros, 204 p.)
ISBN : 978-2-343-10712-7, ISBN EBOOK : 978-2-14-002584-6

CRIMINALITÉ EN COL BLANC
Délinquance d'affaires, délinquance financière, délinquance fiscale
Sous la direction de Jacques Delga
Cet ouvrage à caractère pluridisciplinaire, où chaque auteur a librement choisi le thème à traiter, fait référence à la construction de modèles criminels astucieux. Il revient sur la difficulté de prévenir ou de réprimer le crime en col blanc, les renseignements, la cybercriminalité, la corruption ou encore la lutte contre les comptes bancaires non déclarés. De nombreux exemples français, mais aussi étrangers sont cités : Amazon, Société Générale, Clearstream, Madoff, Cahuzac, etc., permettant ainsi de revenir sur le traitement de cette criminalité en col blanc.
(Coll. Colloques et rencontres, 39.00 euros, 418 p.)
ISBN : 978-2-343-10388-4, ISBN EBOOK : 978-2-14-002649-2

GÉOGRAPHIES POLICIÈRES
Ignorance concertée et propagande ennemie
Fines Louise
Trois études de cas (les *starlight tours* au Canada ; les manifestations qui se sont déroulées au sommet du G8 à Gênes ; et l'intervention déployée à l'encontre des grévistes à Marikana) servent de prétexte pour explorer un phénomène historique : la neutralisation des personnes indésirables. En effet, à l'aune d'un idéal démocratique, il importe de mieux saisir les critères, circonstances et facteurs qui contribuent à faire en sorte que des individus sont classés dans la catégorie « personnes indésirables ».
(Coll. Questions contemporaines, 19.50 euros, 190 p.)
ISBN : 978-2-343-10689-2, ISBN EBOOK : 978-2-14-002576-1

QUELLE NOUVELLE POLITIQUE DE L'ÉNERGIE POUR L'UNION EUROPÉENNE ?
Azébazé Labarthe Danielle
Il faudra attendre 2009 pour qu'une politique de l'énergie soit introduite dans le droit européen, ce qui pousse à s'interroger sur la nature et la portée exacte des interventions de l'Union dans le domaine de l'énergie. Cette ébauche de politique énergétique trouvera son ancrage juridique dans des bases juridiques indirectes ou subsidiaires, et en particulier dans celles relatives à l'établissement d'un marché intérieur. Pourtant, l'énergie est loin d'être un objet économique ordinaire : la soumission de ce secteur aux seules règles du marché pourrait être préjudiciable. Il est donc nécessaire de prévoir une véritable politique énergétique commune.
(Coll. Logiques Juridiques, 55.00 euros, 634 p.)
ISBN : 978-2-343-10532-1, ISBN EBOOK : 978-2-14-002473-3

VOYAGE AU CŒUR DES PROPRIÉTÉS PUBLIQUES
Iacono Geneviève
Ce voyage au coeur des propriétés publiques tente de relever le défi d'une présentation simple et attractive du droit des propriétés publiques. L'ouvrage aborde de nombreux exemples de gestion domaniale (protection du domaine public maritime, gestion des forêts, consolidation des digues...) et traite les questions relatives aux grandes mutations du patrimoine des entreprises publiques (SNCF, la Poste ou EDF) pour illustrer la tension entre le droit européen de la concurrence et les exigences du service public. La difficile conciliation entre les logiques de protection et/ou de valorisation des propriétés publiques ouvre la réflexion sur ces enjeux.
(Coll. Le Droit aujourd'hui, 19.00 euros, 180 p.)
ISBN : 978-2-343-10495-9, ISBN EBOOK : 978-2-14-002512-9

ÉTHIQUE ET PATRIMOINE CULTUREL
Regards croisés
Sous la direction de Géraldine Goffaux Callebaut
Le droit ne permet plus de répondre seul à toutes les problématiques du patrimoine culturel et il faut souvent faire appel à d'autres types de règles, plus souples et souvent mieux partagées, que sont les règles éthiques. Ce sont essentiellement les professionnels qui en sont les bâtisseurs. Dans ce contexte, quel est le rôle de l'éthique ? Quel est le lien entre éthique et déontologie ? Quelle approche faut-il avoir de ce concept ? Éthique individuelle ou collective ? Éthique de l'institution, de la profession ? Codifiée ou informelle ?
(Coll. Droit du Patrimoine culturel et naturel, 36.00 euros, 350 p.)
ISBN : 978-2-343-10605-2, ISBN EBOOK : 978-2-14-002466-5

LE PROCÈS RANUCCI
Témoignage d'un juré d'assises
Donadini Geneviève - Préface de Gilles Perrault
Début 1976, le procès de Christian Ranucci a lieu au tribunal d'Aix-en-Provence. Il sera condamné à mort. Sa grâce sera refusée. Il sera guillotiné le 28 juillet 1976. Jeune mère de famille de 35 ans, Geneviève Donadini fit partie du jury d'assises. Elle a vécu dans le silence que lui imposait la loi pendant plusieurs décennies. Quarante ans après, elle raconte cette terrible expérience à laquelle elle a participé bien malgré elle et qui a marqué sa vie.
(Coll. La justice au quotidien, 13.00 euros, 106 p.)
ISBN : 978-2-343-10540-6, ISBN EBOOK : 978-2-14-002396-5

L'ORDRE JURIDIQUE COMMUNAUTAIRE DE LA CEMAC
Gnimpieba Tonnang Edouard
Préface de Bernard-Raymond Guimdo Dongmo
L'échec de l'Union douanière et économique de l'Afrique centrale (UDEAC) a poussé à remettre en question toutes les politiques d'intégration économique engagées depuis les accessions à la souveraineté internationale. Cet échec a conduit à relancer la construction communautaire sur de nouvelles bases visant un marché commun, garantissant la libre circulation des facteurs de production. Il s'agit de faire de l'espace de la CEMAC (Communauté économique et monétaire des États d'Afrique centrale) un espace de liberté, de démocratie et d'États de droit devant reposer sur un nouvel ordre juridique.
(Harmattan Cameroun, 25.50 euros, 246 p.)
ISBN : 978-2-343-10512-3, ISBN EBOOK : 978-2-14-002503-7

L'INTERVENTION DES TIERCES PARTIES DANS LE RÈGLEMENT DES DIFFÉRENDS À L'OMC
Nguyen Ngoc Ha - Préface de Marie-Pierre Lanfranchi
L'intervention des tierces parties dans le règlement des différends à l'OMC présente des spécificités par rapport à d'autres juridictions internationales. Dans l'ensemble, ces spécificités permettent aux tierces parties de jouer un rôle important dans ce système, en répondant aux besoins d'information du juge, en aidant la défense des intérêts à différents niveaux et surtout en renforçant les capacités et compétences des pays en développement. L'intervention comporte parfois des risques et des limites, mais son bilan, globalement positif, plaide en faveur du renforcement des droits des tierces parties.
(48.00 euros, 576 p.)
ISBN : 978-2-343-10483-6, ISBN EBOOK : 978-2-14-002260-9

LES INSTRUMENTS DE L'ACTION PUBLIQUE ET LES DISPOSITIFS TERRITORIAUX
Sous la direction de Némery Jean-Claude, Thuriot Fabrice
Les instruments de l'action publique (IAP) recouvrent des réalités multiples déjà balisées par des travaux universitaires reconnus. Destinés au pilotage et au développement de l'action publique, ils sont constitués de politiques, de mesures et de dispositifs recouvrant des dimensions juridiques, financières, d'organisation et de communication. Cet ouvrage a pour but d'en montrer la

diversité de conception, de gestion et d'effet, à travers des travaux théoriques, méthodologiques et empiriques dans plusieurs pays. Il couvre ainsi un large spectre de dispositifs de gouvernance, de développement durable, et de planification, d'Europe en Amérique du Nord, en passant par l'Afrique.
(Coll. Administration et Aménagement du Territoire, 24.50 euros, 234 p.)
ISBN : 978-2-343-10393-8, ISBN EBOOK : 978-2-14-002168-8

VICTOR HUGO ET LES MAGISTRATS
Foulon Marcel
Victor Hugo est le seul à avoir prononcé autant de condamnations *ad hominem* contre les magistrats de son siècle. Le XIXe siècle cherche en effet son présent et s'interroge sur son avenir. « L'homme-siècle » participe à tous ces débats et prononce ses condamnations en poète. Il croit à la puissance politique de la poésie. Le juriste et le citoyen pourront constater quels considérables changements a effectué le monde des juges depuis Hugo, mais aussi que, si aucun juge ne sanctionna ces magistrats iniques, c'est la poésie qui les condamna à la plus sévère des dégradations, celle de l'Histoire.
(Coll. Droit privé et sciences criminelles, 21.50 euros, 200 p.)
ISBN : 978-2-343-10413-3, ISBN EBOOK : 978-2-14-002185-5

DROITS DE L'HOMME ET DROITS DE LA FEMME
Regard historique, philosophique et politique ou évidence d'une secondarité
Hounsounon-Tolin Paulin
Préface du Professeur Henri Bah / Postface du Professeur Abiola Félix Iroko
Cet ouvrage, à l'intersection de l'approche historique, philosophique, politique, voire religieuse, de la question des droits de l'homme, cherche à faire ressortir la sacralité de la citoyenneté. Les droits de la femme, au regard de la théorie stoïcienne de l'égalité des fautes et des vertus chez Sénèque, dégage une égalité naturelle homme/femme en même temps qu'une égalité factice homme/femme fait perdre à la gent féminine sa féminité. Aussi l'ouvrage aborde-t-il à juste titre la question de l'humanisme qu'il convient de prôner de nos jours.
(Coll. Points de vue, 15.00 euros, 136 p.)
ISBN : 978-2-343-10346-4, ISBN EBOOK : 978-2-14-002257-9

LE DROIT INTERNATIONAL ET LES GUERRES DE NOTRE TEMPS
Lagot Daniel
Ce livre présente les aspects essentiels du « droit de la guerre », avec ses grands principes, mais aussi ses ambiguïtés et ses problèmes, et discute la manière dont il est interprété et appliqué dans les guerres de notre temps. Parmi les questions évoquées se trouvent la résolution Unis pour la paix de l'Assemblée générale des Nations Unies, ainsi que la « responsabilité de protéger ». Une partie importante est consacrée au droit international humanitaire de la guerre. Cet ouvrage présente également des bilans des actions de l'ONU et de la justice internationale.
(Coll. Questions contemporaines, 22.50 euros, 211 p.)
ISBN : 978-2-343-10265-8, ISBN EBOOK : 978-2-14-002303-3

LES ENJEUX PATRIMONIAUX DE LA SÉPARATION
Questions récurrentes
Sous la direction de et textes réunis par Antonini-Cochin Laetitia
Confondus pendant la vie commune, les intérêts patrimoniaux des conjoints doivent être démêlés et liquidés lors de la séparation. Ces questions d'ordre liquidatif relèvent souvent de la compétence du juge aux affaires familiales. La séparation révèle souvent d'importantes disparités de situation et des préjudices qu'il convient de compenser et de réparer. Se posent alors plusieurs questions telles que l'évaluation de la prestation compensatoire, de l'allocation de dommages et intérêts ou encore de l'attribution du logement de la famille.
(Coll. Droit privé et sciences criminelles, 14.00 euros, 114 p.)
ISBN : 978-2-343-09830-2, ISBN EBOOK : 978-2-14-001613-4

L'HARMATTAN ITALIA
Via Degli Artisti 15; 10124 Torino
harmattan.italia@gmail.com

L'HARMATTAN HONGRIE
Könyvesbolt ; Kossuth L. u. 14-16
1053 Budapest

L'HARMATTAN KINSHASA
185, avenue Nyangwe
Commune de Lingwala
Kinshasa, R.D. Congo
(00243) 998697603 ou (00243) 999229662

L'HARMATTAN CONGO
67, av. E. P. Lumumba
Bât. – Congo Pharmacie (Bib. Nat.)
BP2874 Brazzaville
harmattan.congo@yahoo.fr

L'HARMATTAN GUINÉE
Almamya Rue KA 028, en face
du restaurant Le Cèdre
OKB agency BP 3470 Conakry
(00224) 657 20 85 08 / 664 28 91 96
harmattanguinee@yahoo.fr

L'HARMATTAN MALI
Rue 73, Porte 536, Niamakoro,
Cité Unicef, Bamako
Tél. 00 (223) 20205724 / +(223) 76378082
poudiougopaul@yahoo.fr
pp.harmattan@gmail.com

L'HARMATTAN CAMEROUN
TSINGA/FECAFOOT
BP 11486 Yaoundé
699198028/675441949
harmattancam@yahoo.com

L'HARMATTAN CÔTE D'IVOIRE
Résidence Karl / cité des arts
Abidjan-Cocody 03 BP 1588 Abidjan 03
(00225) 05 77 87 31
etien_nda@yahoo.fr

L'HARMATTAN BURKINA
Penou Achille Some
Ouagadougou
(+226) 70 26 88 27

L'HARMATTAN SÉNÉGAL
10 VDN en face Mermoz, après le pont de Fann
BP 45034 Dakar Fann
33 825 98 58 / 33 860 9858
senharmattan@gmail.com / senlibraire@gmail.com
www.harmattansenegal.com

www.ingramcontent.com/pod-product-compliance
Lightning Source LLC
LaVergne TN
LVHW021153061026
849535LV00002B/451

* 9 7 8 2 3 4 3 1 1 3 2 2 7 *